HISTORIA

Colecția *Historia* este coordonată de Mihai-Răzvan Ungureanu.

Yuval Noah Harari, *21 Lessons for the 21st Century*

Copertă: după designul original al lui Suzanne Dean
Pe copertă: © iStockphoto.com/the-lightwriter

www.polirom.ro

Editura POLIROM
Iași, B-dul Carol I nr. 4; P.O. BOX 266, 700506
București, Splaiul Unirii nr. 6, bl. B3A,
sc. 1, et. 1, sector 4, 040031, O.P. 53

Descrierea CIP a Bibliotecii Naționale a României:

HARARI, YUVAL NOAH

21 de lecții pentru secolul XXI / Yuval Noah Harari; trad. din lb. engleză de Lucia Popovici. – Iași: Polirom, 2018

Conține bibliografie. – Index

ISBN print: 978-973-46-7570-8
ISBN ePub: 978-973-46-5856-5
ISBN PDF: 978-973-46-5857-2

I. Popovici, Lucia (trad.)

94

Printed in ROMANIA

Yuval Noah
Harari

21 de lecţii pentru secolul XXI

Traducere de Lucia Popovici

POLIROM
2018

Soțului meu Itzik, mamei mele Pnina și bunicii mele Fanny, pentru dragostea și sprijinul pe care mi le-au oferit ani la rând

Cuprins

Partea a III-a

DISPERAREA ŞI SPERANŢA

Partea a IV-a

ADEVĂRUL

Partea a V-a

FLEXIBILITATEA

Introducere

Într-o lume inundată de informaţii irelevante, claritatea înseamnă putere. Teoretic, oricine se poate implica în dezbaterea legată de viitorul omenirii, dar cu greu poate păstra o viziune clară. Deseori, nici măcar nu observăm că are loc o dezbatere sau care sunt problemele-cheie. Miliarde de oameni nu îşi permit luxul de a investiga, fiindcă avem lucruri mai presante de făcut: trebuie să mergem la serviciu, să ne ocupăm de copii sau să ne îngrijim de părinţii în vârstă. Din nefericire, istoria nu face rabat. Dacă viitorul omenirii este decis în absenţa ta, deoarece eşti prea ocupat să-ţi hrăneşti şi să-ţi îmbraci copiii, tu şi ei nu veţi fi scutiţi de consecinţe. E foarte nedrept; dar cine a spus că istoria e dreaptă?

În calitate de istoric, nu le pot oferi oamenilor mâncare sau haine – dar pot încerca să le ofer puţină claritate, contribuind astfel la echilibrarea condiţiilor globale de joc. Iar dacă asta ajută chiar şi câţiva oameni în plus să se alăture dezbaterii cu privire la viitorul speciei noastre, eu mi-am făcut treaba.

Prima mea carte, *Sapiens*, a urmărit trecutul omului, cercetând felul în care o primată neînsemnată a devenit stăpâna planetei Pământ.

Homo deus, a doua mea carte, a explorat viitorul pe termen lung al vieţii, examinând cum ar fi posibil ca oamenii să devină la un moment dat zei şi care ar putea fi destinul ultim al inteligenţei şi conştiinţei.

În această carte vreau să mă concentrez asupra prezentului. Mă aplec asupra chestiunilor curente şi a viitorului imediat al societăţilor umane. Ce se întâmplă chiar acum? Care sunt cele mai mari provocări şi opţiuni actuale? La ce anume ar trebui să fim atenţi? Ce ar trebui să-i învăţăm pe copiii noştri?

Desigur, şapte miliarde de oameni au şapte miliarde de priorităţi şi, după cum am precizat deja, e un lux relativ rar să ne gândim la imaginea de ansamblu. O mamă necăsătorită care se chinuie să crească doi copii într-o mahala din Mumbai se gândeşte ce să pună pe masă ; refugiaţii dintr-o barcă din mijlocul Mediteranei scrutează orizontul în căutarea uscatului ; iar un muribund dintr-un spital supraaglomerat din Londra îşi adună toate forţele rămase pentru încă o răsuflare. Cu toţii au probleme mult mai presante decât încălzirea globală sau criza democraţiei liberale. Nici o carte nu poate aprecia cum se cuvine toate aceste necazuri şi eu nu am ce lecţii să le ofer oamenilor aflaţi în asemenea situaţii. Nu pot decât să sper că voi învăţa din ele.

Agenda mea aici este globală. Analizez forţele majore care modelează societăţile din întreaga lume şi care vor influenţa, probabil, viitorul planetei noastre în ansamblu. Poate că schimbarea climatică nu îi preocupă câtuşi de puţin pe oamenii care se confruntă cu o problemă de viaţă şi de moarte, dar e posibil ca la un moment dat să facă mahalalele din Mumbai nelocuibile, să trimită noi valuri uriaşe de refugiaţi pe Mediterana şi să declanşeze o criză globală a sistemului sanitar.

Realitatea se ţese din numeroase fire, iar această carte încearcă să trateze diferite aspecte ale situaţiei noastre globale dificile, fără să pretindă că este exhaustivă. Spre deosebire de *Sapiens* şi *Homo deus*, cartea de faţă nu îşi propune să fie o naraţiune istorică, ci mai curând o selecţie de lecţii. Aceste lecţii nu se încheie cu soluţii simple, ci îşi propun să dea şi mai mult de gândit şi să-i ajute pe cititori să ia parte la unele dintre cele mai importante dezbateri ale vremurilor noastre.

De fapt, cartea a fost scrisă în urma discuţiilor cu publicul. Multe capitole au luat naştere ca răspuns la întrebările pe care mi le-au adresat cititorii, jurnaliştii şi colegii. Versiuni anterioare ale unor secţiuni au fost publicate deja sub diverse forme, ceea ce mi-a permis să primesc feedback şi să-mi pun la punct argumentele. Unele secţiuni se axează pe tehnologie, altele pe politică, altele pe religie, iar altele pe artă. Anumite capitole preamăresc înţelepciunea omului, altele subliniază rolul esenţial al prostiei omeneşti. Însă întrebarea crucială rămâne aceeaşi : ce se întâmplă în lumea de astăzi şi care este sensul profund al evenimentelor ?

Ce înseamnă ascensiunea lui Donald Trump ? Ce putem face în legătură cu epidemia de ştiri false ? De ce se află democraţia liberală în criză ? S-a întors Dumnezeu ? Este iminent un nou război mondial ? Ce civilizaţie domină lumea - Occidentul, China, islamul? Ar trebui ca Europa să-şi ţină porţile deschise pentru imigranţi? Poate naţionalismul să rezolve problemele inegalităţii şi ale schimbării climatice? Ce ar trebui să facem în privinţa terorismului?

Deşi această carte adoptă o perspectivă globală, nu neglijez nivelul personal. Dimpotrivă, vreau să subliniez legăturile dintre marile revoluţii ale epocii noastre şi viaţa interioară a indivizilor. De exemplu, terorismul este deopotrivă o problemă politică globală şi un mecanism psihologic intern. Terorismul funcţionează prin declanşarea fricii în adâncul sufletelor noastre şi prin acapararea imaginaţiei private a milioane de indivizi. În mod similar, criza democraţiei liberale nu are loc doar în parlamente şi la secţiile de votare, ci şi în neuroni şi în sinapse. E un clişeu să remarci că ceea ce este personal este politic. Dar într-o perioadă în care oamenii de ştiinţă, corporaţiile şi guvernele învaţă să pătrundă în creierul uman, acest truism este mai sinistru ca oricând. Prin urmare, cartea oferă observaţii atât cu privire la comportamentul indivizilor, cât şi al societăţilor.

O lume globală pune o presiune fără precedent asupra moralităţii şi a comportamentului nostru personal. Fiecare dintre noi este prins în nenumărate pânze de păianjen atotcuprinzătoare, care, pe de o parte, ne îngrădesc mişcările, dar, în acelaşi timp, transmit până şi cea mai măruntă mişcare a noastră către destinaţii îndepărtate. Rutina noastră zilnică influenţează viaţa oamenilor şi animalelor din celălalt capăt al pământului, iar anumite gesturi personale pot face ca întreaga lume să ia pe neaşteptate foc, aşa cum s-a întâmplat cu autoincendierea lui Mohamed Bouazizi în Tunisia, care a stârnit Primăvara Arabă, şi cu femeile care au mărturisit că au fost hărţuite sexual şi au declanşat mişcarea #MeToo.

Această dimensiune globală a vieţii noastre personale înseamnă că este mai important ca oricând să ne dăm la iveală prejudecăţile religioase şi politice, privilegiile rasiale şi de gen şi complicitatea la persecuţia instituţională, de care nici nu suntem conştienţi. Însă este oare acesta un demers realist? Cum pot eu să găsesc o bază etică solidă într-o lume care se întinde cu mult dincolo de orizonturile mele, care scapă cu totul de sub controlul omului şi care pune la îndoială toţi zeii şi toate ideologiile?

Cartea începe cu o analiză a problemelor politice şi tehnologice actuale. La sfârşitul secolului XX se părea că marile lupte ideologice dintre fascism, comunism şi liberalism se încheiaseră cu victoria copleşitoare a liberalismului. Politica democratică, drepturile omului şi capitalismul de tip laissez-faire păreau menite să cucerească lumea întreagă. Dar, ca de obicei, istoria a luat o întorsătură neaşteptată şi, după ce fascismul şi comunismul s-au prăbuşit, liberalismul se află acum la ananghie. Aşadar, încotro ne îndreptăm?

Această întrebare este cu atât mai tulburătoare cu cât liberalismul pierde credibilitate tocmai când revoluţia tehnologiei informaţiei şi a biotehnologiei ne confruntă cu cele mai mari provocări pe care le-a întâlnit vreodată specia noastră. E posibil ca fuziunea tehnologiei informaţiei şi a biotehnologiei să scoată în curând miliarde de oameni de pe piaţa muncii şi să submineze atât libertatea, cât şi egalitatea. Se poate ca algoritmii Big Data să creeze dictaturi digitale în care toată puterea să fie concentrată în mâinile unei elite minuscule, iar majoritatea oamenilor să sufere nu din pricina exploatării, ci a unui lucru mult mai rău – irelevanţa.

Am discutat pe larg despre fuziunea tehnologiei informaţiei şi a biotehnologiei în anterioara mea carte, *Homo deus*. Dar, în vreme ce aceasta din urmă se concentra asupra perspectivelor pe termen lung – secole şi chiar milenii –, cartea de faţă se axează pe crizele sociale, economice şi politice actuale. Aici mă interesează nu atât crearea la un moment dat a vieţii anorganice, cât mai curând ameninţările la adresa statului bunăstării şi a anumitor instituţii precum Uniunea Europeană.

Cartea nu încearcă să acopere toate impacturile noilor tehnologii. În mod deosebit, cu toate că tehnologia promite multe lucruri nemaipomenite, intenţia mea aici este să evidenţiez în principal ameninţările şi pericolele. Întrucât corporaţiile şi antreprenorii care se află în fruntea revoluţiei tehnologice au tendinţa firească de a-şi ridica în slăvi creaţiile, este sarcina sociologilor, filosofilor şi istoricilor ca mine să tragă semnalul de alarmă şi să explice toate felurile în care lucrurile o pot lua razna rău de tot.

După ce schiţăm provocările cu care ne confruntăm, în a doua parte a cărţii analizăm o gamă variată de potenţiale reacţii. Ar putea inginerii de la Facebook să folosească IA pentru a crea o comunitate globală care să protejeze egalitatea şi libertatea omului? Poate că soluţia constă în inversarea procesului de globalizare şi reînvestirea statului-naţiune cu putere? Poate că trebuie să ne întoarcem şi mai mult în timp, la izvoarele nesecate de speranţă şi înţelepciune ale tradiţiilor religioase străvechi?

În a treia parte a cărţii vedem cum, deşi provocările tehnologice nu au precedent, iar dezacordurile politice sunt foarte pronunţate, omenirea le poate face faţă dacă ne ţinem temerile sub control şi adoptăm vederi mai umile. Această parte investighează ce se poate face în legătură cu ameninţarea terorismului, cu pericolul războiului global şi cu prejudecăţile şi duşmăniile care stârnesc asemenea conflicte.

A patra parte dezbate noţiunea de post-adevăr şi se întreabă în ce măsură mai putem să înţelegem evenimentele globale şi să facem distincţie între fărădelege şi dreptate. Este *Homo sapiens* capabil să priceapă lumea pe care a creat-o? Mai există o graniţă clară ce separă realitatea de ficţiune?

În a cincea şi ultima parte adun laolaltă diferitele idei şi adopt o perspectivă mai generală asupra vieţii într-o epocă a uluirii şi confuziei, când vechile poveşti s-au destrămat, iar până acum nu a apărut nici o poveste nouă care să le ia locul. Cine suntem? Ce ar trebui să facem în viaţă? De ce tipuri de competenţe avem nevoie? Având în vedere tot ce ştim şi ce nu ştim despre ştiinţă, despre Dumnezeu, despre politică şi despre religie, ce putem spune despre sensul vieţii în ziua de azi?

Poate că sună prea ambiţios, dar *Homo sapiens* nu poate aştepta. Filosofia, religia şi ştiinţa intră în criză de timp. Oamenii dezbat sensul vieţii de mii de ani. Nu putem continua această dezbatere la nesfârşit. Criza ecologică iminentă, ameninţarea tot mai mare a armelor de distrugere în masă şi apariţia noilor tehnologii perturbatoare nu vor permite acest lucru. Poate cel mai important, inteligenţa artificială şi biotehnologia oferă omenirii puterea de a remodela şi a reproiecta viaţa. Cât de curând, cineva va trebui să decidă cum să folosească această putere – pe baza unei poveşti implicite sau explicite despre sensul vieţii. Filosofii sunt oameni foarte răbdători, dar inginerii sunt mult mai puţin răbdători, iar investitorii sunt cei mai puţin răbdători dintre toţi. Dacă nu ştii ce să faci cu puterea de a crea viaţă, forţele pieţei nu te vor aştepta o mie de ani să vii cu o soluţie. Mâna invizibilă a pieţei îţi va impune propria replică oarbă. Dacă nu vrei să laşi viitorul vieţii la mila rapoartelor trimestriale de venit, ai nevoie să ştii destul de limpede ce înseamnă viaţa.

În ultimul capitol îmi permit să fac câteva remarci personale, ca de la sapiens la sapiens, chiar înainte să cadă cortina peste specia noastră şi să înceapă o dramă cu totul diferită.

Înainte de a porni în această călătorie intelectuală, aş vrea să subliniez un aspect deosebit de important. O bună parte din carte dezbate neajunsurile viziunii liberale despre lume şi ale sistemului democratic. Asta nu pentru că aş crede că democraţia liberală este exclusiv problematică, ci mai curând întrucât, după mine, este cel mai de succes şi mai versatil model politic pe care l-au creat oamenii până acum ca să facă faţă provocărilor lumii moderne. Deşi poate că nu e potrivit pentru orice societate, în orice stadiu de dezvoltare, şi-a dovedit valoarea în mai multe societăţi şi în mai multe situaţii decât oricare dintre alternativele sale. Prin urmare, atunci când examinăm noile provocări pe care le avem în faţă, este necesar să înţelegem limitările democraţiei liberale şi să explorăm felul în care putem să-i adaptăm şi să-i îmbunătăţim instituţiile actuale.

Din nefericire, în climatul politic actual, orice apreciere critică privind liberalismul şi democraţia ar putea fi deturnată de autocraţi şi de diverse mişcări iliberale, interesaţi doar să discrediteze democraţia liberală, în loc să se angajeze într-o discuţie deschisă legată de viitorul omenirii. Deşi dezbat cu dragă inimă problemele democraţiei liberale, nu tolerează aproape deloc criticile la adresa lor.

Ca autor, am fost nevoit aşadar să fac o alegere dificilă. Să-mi expun părerea în mod deschis, cu riscul ca vorbele să-mi fie scoase din context şi folosite ca să justifice autocraţiile în floare ? Sau ar trebui să mă cenzurez ? Este o marcă a regimurilor iliberale faptul că fac libera expresie mai dificilă chiar şi în afara graniţelor lor. Dată fiind răspândirea acestor regimuri, este din ce în ce mai periculoasă o dezbatere critică privind viitorul speciei noastre.

După îndelungă chibzuinţă, am ales discuţia deschisă în detrimentul autocenzurii. Dacă nu criticăm modelul liberal, nu putem să-i îndreptăm neajunsurile sau să-l depăşim. Dar vă rog să ţineţi seama de un lucru : această carte a putut fi scrisă doar pentru că oamenii sunt încă relativ liberi să gândească cum vor şi să se exprime după bunul lor plac. Dacă preţuiţi această carte, ar trebui să preţuiţi şi libertatea de expresie.

Partea I

Provocarea tehnologică

Omenirea își pierde încrederea în povestea liberală care a dominat politica globală în ultimele decenii, exact când fuziunea biotehnologiei cu tehnologia informației ne aduce cele mai mari provocări cu care s-a confruntat aceasta vreodată.

Capitolul 1

Deziluzionarea

Sfârşitul istoriei a fost amânat

Oamenii gândesc mai curând în poveşti decât în fapte, cifre sau ecuaţii şi, cu cât povestea este mai simplă, cu atât mai bine. Fiecare persoană, grup şi naţiune au propriile poveşti şi mituri. Însă de-a lungul secolului XX elitele globale din New York, Londra, Berlin şi Moscova au formulat trei mari poveşti care pretindeau că explică tot trecutul şi că prezic viitorul întregii lumi : povestea fascistă, povestea comunistă şi povestea liberală. Al Doilea Război Mondial a spulberat povestea fascistă, iar de la sfârşitul anilor 1940 până spre sfârşitul anilor 1980 lumea a devenit un câmp de luptă doar pentru două poveşti : comunismul şi liberalismul. Apoi s-a destrămat şi povestea comunistă, iar povestea liberală a rămas ghidul dominant în ceea ce priveşte trecutul omului şi manualul indispensabil pentru viitorul lumii – sau cel puţin aşa i se părea elitei globale.

Povestea liberală glorifică valoarea şi puterea libertăţii. Potrivit acesteia, vreme de mii de ani, omenirea a trăit sub regimuri opresive, care le-au lăsat oamenilor puţine drepturi politice, oportunităţi economice sau libertăţi personale şi care au restricţionat masiv circulaţia indivizilor, ideilor şi bunurilor. Însă oamenii au luptat pentru libertatea lor şi, pas cu pas, libertatea a câştigat teren. Regimurile democratice au luat locul dictaturilor brutale. Libera iniţiativă a depăşit restricţiile economice. Oamenii au învăţat să gândească singuri şi să-şi urmeze inima, în loc să dea ascultare orbeşte preoţilor bigoţi şi tradiţiilor înguste. Şoselele largi, podurile rezistente şi aeroporturile aglomerate au luat locul zidurilor, şanţurilor cu apă şi gardurilor de sârmă ghimpată.

Povestea liberală recunoaşte faptul că în lume nu totul este aşa cum trebuie să fie şi că mai sunt multe obstacole de depăşit. O bună parte din planeta noastră este dominată de tirani și, până și în cele mai liberale țări, mulți cetățeni suferă din cauza sărăciei, a violenței și a oprimării. Dar cel puțin știm ce trebuie să facem ca să rezolvăm aceste probleme: să le oferim oamenilor mai multă libertate. Trebuie să apărăm drepturile omului, să acordăm tuturor drept de vot, să creăm piețe libere și să lăsăm indivizii, ideile și bunurile să circule în lume cât mai ușor cu putință. Potrivit acestui panaceu liberal – acceptat, cu mici variații, atât de George W. Bush, cât și de Barack Obama –, dacă vom continua să liberalizăm și să globalizăm sistemul nostru politic și economic, vom avea parte de pace și prosperitate pentru toți[1].

Țările care se alătură acestui marș de neoprit al progresului vor fi răsplătite cu pace și prosperitate mai devreme. Țările care încearcă să se împotrivească inevitabilului vor suferi consecințele, până când vor deschide la rândul lor ochii, își vor deschide granițele și își vor liberaliza societățile, politica și piețele. Poate că va dura, dar în cele din urmă până și Coreea de Nord, Irakul și El Salvador vor semăna cu Danemarca sau Iowa.

În anii 1990 și 2000 această poveste a devenit o mantră globală. Din Brazilia până în India, numeroase guverne au adoptat rețete liberale în încercarea de a se alătura marșului inexorabil al istoriei. Cele care nu făceau acest lucru păreau niște fosile din vremuri demult apuse. În 1997 președintele american Bill Clinton a criticat încrezător refuzul guvernului chinez de a liberaliza politica Chinei, spunând că acesta o situează „de partea greșită a istoriei"[2].

Cu toate acestea, după criza financiară globală din 2008, oamenii din lumea întreagă au devenit tot mai dezamăgiți de povestea liberală. Zidurile și firewall-urile sunt din nou la modă. Opoziția față de imigrație și acorduri comerciale e în continuă creștere. Guverne chipurile democratice subminează independența sistemului judiciar, îngrădesc libertatea presei și prezintă orice opoziție ca pe o dovadă de trădare. Liderii politici autoritari din țări precum Turcia și Rusia experimentează noi tipuri de democrații iliberale și dictaturi în toată regula. În ziua de azi, puțini ar declara cu tărie că Partidul Comunist Chinez se află de partea greșită a istoriei.

Anul 2016 – marcat de votul pentru Brexit în Marea Britanie și de ascensiunea lui Donald Trump în Statele Unite – a reprezentat momentul în care acest val de dezamăgire a ajuns în statele eminamente liberale din

Europa de Vest şi America de Nord. Dacă acum câţiva ani americanii şi europenii încercau încă să liberalizeze Irakul şi Libia cu arma în mână, mulţi oameni din Kentucky şi Yorkshire au ajuns acum să considere că viziunea liberală este fie de nedorit, fie de neatins. Unii au început să fie atraşi de vechea lume ierarhică şi efectiv nu vor să renunţe la privilegiile lor rasiale, naţionale sau de gen. Alţii au conchis (pe bună dreptate sau nu) că liberalizarea şi globalizarea sunt o mare escrocherie care dă puterea unei elite minuscule în detrimentul maselor.

În 1938 oamenilor li se ofereau trei poveşti globale dintre care să aleagă, în 1968 doar două, iar în 1998 părea să aibă câştig de cauză o singură poveste ; în 2018 nu mai avem nici una. Nu e de mirare că elitele liberale, care au dominat o bună parte a lumii în ultimele decenii, au intrat în stare de şoc şi sunt dezorientate. Să ai o singură poveste este cea mai liniştitoare situaţie dintre toate. Totul este cât se poate de limpede. Dar să rămâi brusc fără nici o poveste e înspăimântător. Nimic nu mai are logică. Oarecum la fel ca elita sovietică în anii 1980, liberalii nu înţeleg cum s-a abătut istoria de la cursul ei prestabilit şi le lipseşte o prismă alternativă prin care să interpreteze realitatea. Dezorientarea îi face să gândească în termeni apocaliptici, ca şi când neputinţa istoriei de a ajunge la anticipatul ei final fericit nu poate însemna decât că se îndreaptă vertiginos spre Armaghedon. Neputând gândi realist, mintea se agaţă de scenarii catastrofale. La fel ca omul care îşi imaginează că îl doare capul pentru că are o tumoră pe creier în fază terminală, mulţi liberali se tem că Brexitul şi ascensiunea lui Donald Trump prevestesc sfârşitul civilizaţiei umane.

De la uciderea ţânţarilor la uciderea gândurilor

Senzaţia de apocalipsă iminentă şi dezorientare este exacerbată de ritmul tot mai accelerat al transformărilor tehnologice. Sistemul politic liberal a fost modelat în epoca industrială pentru a gestiona o lume de motoare cu abur, rafinării de petrol şi televizoare. Cu greu mai face faţă revoluţiilor actuale din domeniul tehnologiei informaţiei şi al biotehnologiei.

Atât politicienii, cât şi alegătorii nu mai reuşesc nici măcar să înţeleagă noile tehnologii, darămite să le reglementeze potenţialul exploziv. Începând cu anii 1990, probabil că internetul a schimbat lumea mai mult decât orice alt factor şi, cu toate astea, în fruntea revoluţiei internetului s-au aflat mai mult inginerii decât partidele politice. Aţi votat vreodată în ceea ce priveşte internetul? Sistemul democratic încă se chinuie să înţeleagă ce l-a lovit şi nu prea este pregătit să facă faţă următoarelor şocuri, precum dezvoltarea inteligenţei artificiale şi revoluţia blockchain (tehnologia aflată la baza bitcoinului).

Astăzi, computerele au făcut deja sistemul financiar atât de complicat, încât puţini oameni îl pot înţelege. Odată cu dezvoltarea inteligenţei artificiale, e posibil ca foarte curând să ajungem în punctul în care nici un om să nu mai înţeleagă finanţele. Ce va însemna asta pentru procesul politic? Vă puteţi imagina un guvern care aşteaptă smerit ca un algoritm să-i aprobe bugetul sau noua reformă fiscală? În acelaşi timp, reţelele blockchain peer-to-peer şi criptomonedele ca bitcoinul ar putea restructura cu totul sistemul monetar, astfel încât reformele fiscale radicale vor fi inevitabile. De exemplu, ar putea deveni imposibil sau irelevant să impozitezi dolarul, fiindcă majoritatea tranzacţiilor nu vor implica un schimb propriu-zis de monedă naţională – sau vreo monedă în sine. Prin urmare, guvernele ar putea fi nevoite să inventeze cu totul alte taxe – poate o taxă pe informaţie (care va fi deopotrivă cel mai important activ în economie şi singurul lucru aflat la baza multor tranzacţii). Va reuşi sistemul politic să gestioneze criza înainte să rămână fără bani?

Şi mai important, cele două revoluţii, a tehnologiei informaţiei şi a biotehnologiei, ar putea restructura nu numai economii şi societăţi, ci şi corpul şi mintea noastră. În trecut, noi, oamenii, am învăţat să controlăm lumea exterioară, dar am avut un control destul de limitat asupra lumii noastre interioare. Ştiam să construim un dig şi să împiedicăm ieşirea din albie a unui râu, dar nu ştiam să oprim îmbătrânirea corpului. Ştiam să proiectăm un sistem de irigaţii, dar habar nu aveam să proiectăm un creier. Dacă ţânţarii ne bâzâiau la ureche şi ne tulburau somnul, ştiam cum să ucidem ţânţarii; dar, dacă un gând nu ne dădea pace şi nu ne lăsa să dormim noaptea, cei mai mulţi dintre noi nu ştiau cum să omoare gândul.

Revoluţiile din biotehnologie şi tehnologia informaţiei ne vor oferi controlul asupra lumii noastre interioare şi ne vor permite să concepem şi să creăm viaţă. Vom învăţa să proiectăm creiere, să prelungim viaţa şi să ucidem gânduri după bunul nostru plac. Nimeni nu ştie care vor fi consecinţele. Oamenii s-au priceput dintotdeauna mult mai bine să inventeze instrumente decât să le folosească în mod chibzuit. E mai uşor să manipulezi un râu construind pe cursul lui un dig decât să prezici toate consecinţele complexe ale acestui lucru asupra sistemului ecologic mai vast. În mod asemănător, va fi mai uşor de redirecţionat fluxul minţii decât de preconizat ce va însemna acest lucru pentru psihicul nostru sau pentru sistemele noastre sociale.

În trecut, am dobândit puterea de a manipula lumea din jurul nostru şi de a remodela întreaga planetă, dar, întrucât nu am înţeles complexitatea ecologiei globale, schimbările pe care le-am făcut au perturbat fără să vrem întregul sistem ecologic, iar acum ne confruntăm cu un colaps ecologic. În secolul următor, biotehnologia şi tehnologia informaţiei ne vor oferi puterea de a ne manipula lumea interioară şi de a ne remodela, dar, fiindcă nu înţelegem complexitatea minţii, schimbările pe care le vom face ne-ar putea tulbura sistemul mental într-o asemenea măsură, încât şi acesta ar putea ceda.

Revoluţiile din biotehnologie şi tehnologia informaţiei sunt înfăptuite de ingineri, antreprenori şi oameni de ştiinţă care nu prea conştientizează implicaţiile politice ale deciziilor lor şi care cu siguranţă nu reprezintă pe nimeni. Pot parlamentele şi partidele să preia controlul situaţiei ? În clipa de faţă, se pare că nu. Transformările tehnologice nici măcar nu constituie o chestiune importantă în agenda politică. Astfel, în cursa pentru preşedinţia Statelor Unite din 2016, principala referire la efectele perturbatoare ale tehnologiei a avut de-a face cu scandalul e-mailurilor lui Hillary Clinton[3] şi, în ciuda tuturor discuţiilor despre pierderea locurilor de muncă, nici unul dintre candidaţi nu a vorbit despre potenţialul impact al automatizării. Donald Trump i-a avertizat pe alegători că mexicanii şi chinezii le vor lua slujbele şi că, drept urmare, ar trebui să construiască un zid la graniţa cu Mexicul[4]. Nu i-a avertizat niciodată pe alegători că algoritmii le vor lua slujbele şi nici nu a sugerat să se instaleze un firewall la graniţa cu California.

Poate că acesta este unul dintre motivele (deşi nu singurul) pentru care până şi votanţii din inima Vestului liberal îşi pierd încrederea în povestea liberală şi în procesul democratic. Poate că oamenii de rând nu înţeleg inteligenţa artificială şi biotehnologia, dar pot simţi că viitorul trece pe lângă ei. În 1938 poate că omul obişnuit trăia în condiţii dificile în URSS, Germania sau Statele Unite, dar i se spunea în permanenţă că e cel mai important lucru din lume şi că el este viitorul (cu condiţia, fireşte, să fie „o persoană obişnuită", şi nu evreu sau african). Se uita la afişele de propagandă - care înfăţişau de obicei muncitori în minele de cărbune, oţelari şi casnice în ipostaze eroice - şi se vedea pe el însuşi acolo : „Eu sunt în afişul acela ! Sunt eroul viitorului ! "[5].

În 2018 omul de rând se simte tot mai irelevant. Multe cuvinte misterioase sunt vehiculate cu entuziasm în cadrul conferinţelor TED şi de înaltă tehnologie, precum şi în comisiile guvernamentale de experţi - „globalizare", „blockchain", „inginerie genetică", „inteligenţă artificială", „învăţare automată" (*machine learning*) -, iar oamenii de rând ar putea foarte bine să presupună că nici unul dintre aceste cuvinte nu are vreo legătură cu ei. Povestea liberală era povestea oamenilor obişnuiţi. Cum poate ea să rămână relevantă pentru o lume de cyborgi şi algoritmi interconectaţi ?

În secolul XX, masele s-au revoltat împotriva exploatării şi au încercat să-şi transpună rolul vital din economie în putere politică. Acum masele se tem de irelevanţă şi sunt disperate să folosească puterea politică ce le-a mai rămas înainte să fie prea târziu. Brexitul şi ascensiunea lui Trump ar putea demonstra astfel o traiectorie contrară celei a revoluţiilor socialiste tradiţionale. Revoluţiile rusă, chineză şi cubaneză au fost înfăptuite de oameni care erau vitali pentru economie, dar care nu aveau putere politică ; în 2016, Brexitul şi Trump au fost susţinuţi de mulţi oameni care dispuneau încă de putere politică, dar care se temeau că îşi pierd valoarea economică. Poate că în secolul XXI vor izbucni revolte populiste nu împotriva unei elite economice care exploatează poporul, ci împotriva unei elite economice care nu mai are nevoie de el[6]. Iar aceasta ar putea fi foarte bine o bătălie pierdută dinainte. Este mult mai greu să lupţi împotriva irelevanţei decât împotriva exploatării.

Phoenixul liberal

Nu este prima oară când povestea liberală se confruntă cu o criză de încredere. Încă de când a dobândit influenţă globală, în a doua jumătate a secolului al XIX-lea, această poveste a fost afectată de crize periodice.

Prima epocă a globalizării şi a liberalizării s-a sfârşit cu baia de sânge a Primului Război Mondial, când politica puterii imperiale a pus capăt marşului progresului global. În zilele de după asasinarea arhiducelui Franz Ferdinand la Sarajevo, s-a dovedit că marile puteri credeau în imperialism mult mai mult decât în liberalism şi, în loc să unească lumea prin intermediul comerţului liber şi paşnic, s-au străduit să cucerească cu forţa o parte mai mare din mapamond. Cu toate acestea, liberalismul a supravieţuit acestui moment Franz Ferdinand, iar la sfârşitul războiului era mai puternic decât înainte şi anunţa că acesta fusese „războiul menit să pună capăt tuturor războaielor". Chipurile, măcelul fără precedent ar fi arătat omenirii întregi preţul îngrozitor al imperialismului, iar acum omenirea era în sfârşit gata să creeze o nouă ordine mondială bazată pe principiile libertăţii şi păcii.

A urmat momentul Hitler, în anii 1930 şi la începutul anilor 1940, când fascismul a părut o vreme irezistibil. Victoria în faţa acestei ameninţări nu a făcut decât să o anunţe pe următoarea. În perioada Che Guevara, între anii 1950 şi 1970, părea din nou că liberalismul era pe ducă şi că viitorul aparţinea comunismului. În cele din urmă, comunismul a fost cel care s-a prăbuşit. Supermarketul s-a dovedit a fi mult mai puternic decât gulagul. Mai important, povestea liberală s-a dovedit a fi mult mai maleabilă şi mai dinamică decât oricare dintre rivalele sale. A avut câştig de cauză în faţa imperialismului, a fascismului şi a comunismului întrucât a adoptat unele dintre cele mai bune idei şi practici ale acestora. În special, povestea liberală a învăţat de la comunism să lărgească cercul empatiei şi să preţuiască nu numai libertatea, ci şi egalitatea.

La început, povestea liberală se îngrijea îndeosebi de libertăţile şi privilegiile bărbaţilor europeni din pătura de mijloc şi părea indiferentă la necazurile oamenilor din clasa muncitoare, ale femeilor, minorităţilor şi nonoccidentalilor. În 1918, când Marea Britanie şi Franţa, victorioase, vorbeau cu însufleţire despre libertate, nu se gândeau la supuşii imperiilor lor din întreaga lume. De exemplu, răspunsul la cererile Indiei de autodeterminare a fost masacrul de la Amritsar din 1919, când armata britanică a măcelărit sute de demonstranţi neînarmaţi.

Chiar şi după al Doilea Război Mondial, liberalilor occidentali le venea în continuare foarte greu să aplice valorile lor aşa-zis universale în cazul nonoccidentalilor. Astfel, în 1945, când olandezii au fost eliberaţi de sub ocupaţia brutală, de cinci ani, a naziştilor, aproape primul lucru pe care l-au făcut a fost să strângă o armată şi să o trimită la celălalt capăt al lumii, ca să ocupe din nou fosta colonie Indonezia. Dacă în 1940 olandezii au renunţat la propria independenţă după numai vreo patru zile de luptă, au luptat mai bine de patru ani lungi şi grei ca să suprime independenţa Indoneziei. Nu e de mirare că numeroase mişcări de eliberare naţională din lumea întreagă şi-au pus speranţele mai curând în Moscova şi Beijingul comuniste decât în apărătorii autoproclamaţi ai libertăţii din Occident.

Treptat însă, povestea liberală şi-a lărgit orizonturile şi cel puţin în teorie a ajuns să preţuiască libertăţile şi drepturile tuturor fiinţelor umane, fără excepţie. Odată cu lărgirea cercului libertăţii, şi povestea liberală a ajuns să recunoască importanţa programelor sociale de tip comunist. Libertatea nu valorează prea mult dacă nu este însoţită de un fel de plasă de siguranţă socială. Statele bunăstării social-democrate au îmbinat democraţia şi drepturile omului cu sisteme de învăţământ şi medicale finanţate de stat. Până şi Statele Unite ultracapitaliste şi-au dat seama că apărarea libertăţii necesită cel puţin unele servicii sociale asigurate de stat. Copiii flămânzi nu au libertăţi.

La începutul anilor 1990, intelectualii şi politicienii salutau „Sfârşitul Istoriei", afirmând încrezători că toate marile probleme politice şi economice din trecut fuseseră soluţionate şi că pachetul liberal recondiţionat al democraţiei, drepturilor omului, pieţelor libere şi serviciilor sociale de stat a rămas singura opţiune disponibilă. Acest pachet părea menit să se răspândească în lumea întreagă, să depăşească toate obstacolele, să şteargă toate graniţele naţionale şi să transforme omenirea într-o singură comunitate globală liberă[7].

Dar istoria nu s-a sfârşit, iar după momentul Franz Ferdinand, momentul Hitler şi momentul Che Guevara, ne regăsim acum în momentul Trump. Numai că de astă dată povestea liberală nu se confruntă cu un adversar ideologic coerent, precum imperialismul, fascismul sau comunismul. Momentul Trump este mult mai nihilist.

În vreme ce toate mişcările majore din secolul XX aveau o viziune pentru întreaga specie umană – fie ea revoluţie, eliberare sau supremaţie globală –, Donald Trump nu oferă aşa ceva. Dimpotrivă. Principalul lui mesaj e că nu este sarcina Americii să formuleze şi să promoveze vreo viziune globală. În mod similar, partizanii britanici ai Brexitului nu au nici un plan pentru viitorul Regatului Dezunit - viitorul Europei şi al lumii depăşeşte cu mult orizontul lor. Cei mai mulţi oameni care au votat pentru Trump şi Brexit nu au respins în totalitate pachetul liberal - şi-au pierdut încrederea mai ales în partea legată de globalizare. Aceştia cred încă în democraţie, în pieţele libere, în drepturile omului şi în responsabilitatea socială, dar sunt de părere că aceste idei măreţe se pot opri la graniţă. De fapt, cred că, pentru a menţine libertatea şi prosperitatea în Yorkshire sau în Kentucky, cel mai bine ar fi să construiască un zid la graniţă şi să adopte politici iliberale faţă de străini.

Superputerea emergentă care e China prezintă o imagine aproape în oglindă. Se fereşte să-şi liberalizeze politica internă, dar a adoptat o abordare mult mai liberală a restului lumii. De fapt, când vine vorba de comerţ liber şi de cooperare internaţională, Xi Jinping pare adevăratul succesor al lui Obama. Acordând mai puţină importanţă marxism-leninismului, China pare destul de mulţumită de ordinea internaţională liberală.

Rusia renăscută se consideră o rivală mult mai puternică a ordinii liberale globale, dar, cu toate că şi-a refăcut forţa militară, din punct de vedere ideologic e falimentară. Vladimir Putin este cu siguranţă popular atât în Rusia, cât şi în rândul diferitelor mişcări de dreapta din lume, însă nu are nici o viziune globală asupra lumii care ar putea să-i atragă pe şomerii spanioli, pe brazilienii nemulţumiţi sau pe studenţii visători de la Cambridge.

Rusia oferă un model alternativ la democraţia liberală, dar acest model nu este o ideologie politică coerentă. Mai curând, e o practică politică în care nişte oligarhi monopolizează cea mai mare parte din avuţia şi puterea unei ţări, după care se folosesc de controlul pe care îl au asupra presei pentru a-şi ascunde activităţile şi a-şi consolida autoritatea. Democraţia are la bază principiul lui Abraham Lincoln potrivit căruia „poţi să-i păcăleşti uneori pe toţi şi poţi să-i păcăleşti mereu pe unii, dar nu poţi să-i păcăleşti mereu pe toţi". Dacă un guvern este corupt şi nu reuşeşte să îmbunătăţească viaţa oamenilor, în cele din urmă îndeajuns de mulţi cetăţeni vor conştientiza acest lucru şi vor schimba guvernul. Dar controlul guvernamental asupra presei subminează logica lui Lincoln, deoarece îi împiedică pe cetăţeni să vadă adevărul. Prin intermediul monopolului său asupra presei, oligarhia de la conducere poate să dea vina în repetate rânduri pe alţii pentru toate eşecurile sale şi să abată atenţia către ameninţări externe - fie ele reale sau imaginare.

Atunci când eşti condus de o asemenea oligarhie, există întotdeauna câte o criză care are întâietate în faţa unor lucruri plictisitoare precum sistemul sanitar şi poluarea. Dacă naţiunea se confruntă cu o invazie din exterior sau cu o manevră subversivă diabolică, cine mai are timp să-şi facă griji în legătură cu spitalele supraaglomerate şi râurile poluate? Fabricând un şir nesfârşit de crize, o oligarhie coruptă îşi poate prelungi autoritatea la infinit[8].

Totuşi, deşi este trainic în practică, acest model oligarhic nu atrage pe nimeni. Spre deosebire de alte ideologii care îşi expun cu mândrie viziunea, oligarhiile aflate la conducere nu sunt mândre de practicile lor şi tind să folosească alte ideologii drept perdea de fum. Astfel, Rusia pretinde că este o democraţie, iar liderii ei îşi proclamă loialitatea mai curând faţă de valorile naţionalismului rus şi ale creştinismului ortodox decât faţă de oligarhie. Poate că extremiştii de dreapta din Franţa şi Marea Britanie se bazează pe ajutorul ruşilor şi-şi exprimă admiraţia pentru Putin, dar nici măcar votanţilor lor nu le-ar plăcea să trăiască într-o ţară care copiază efectiv modelul rusesc - o ţară cu corupţie endemică, cu servicii care lasă de dorit, cu o inegalitate colosală şi fără stat de drept. Potrivit unor statistici, Rusia se numără printre ţările cu cele mai mari inegalităţi din lume, 87% din bogăţie fiind concentrată în mâinile celor mai avuţi 10%[9]. Câţi susţinători din clasa muncitoare ai *Front National* vor să reproducă acest tipar al distribuţiei averii în Franţa?

Oamenii părăsesc regimurile care nu le satisfac aşteptările. În călătoriile mele prin lume am întâlnit numeroşi oameni, în multe ţări, care voiau să emigreze în SUA, în Germania, în Canada sau în Australia. Am cunoscut câţiva care voiau să se mute în China sau în Japonia. Dar nu am întâlnit până acum nici măcar o singură persoană care să viseze să emigreze în Rusia.

Cât despre „islamul global", acesta îi atrage mai ales pe cei născuţi în sânul lui. Deşi este, poate, atractiv pentru unii oameni din Siria şi Irak şi chiar pentru tinerii musulmani dezorientaţi din Germania şi din Marea

Britanie, e greu de crezut că Grecia sau Africa de Sud – ca să nu mai vorbim de Canada sau de Coreea de Sud – s-ar alătura unui califat global ca remediu la problemele lor. Şi în acest caz, oamenii îşi exprimă nemulţumirile emigrând. Pentru fiecare tânăr musulman din Germania care a plecat în Orientul Mijlociu ca să trăiască într-o teocraţie musulmană, probabil că o sută de tineri din Orientul Mijlociu ar fi vrut să facă aceeaşi călătorie, dar în sens invers şi să înceapă o viaţă nouă în Germania liberală.

Asta ar putea însemna că actuala criză de încredere este mai puţin acută decât cele dinainte. Orice liberal adus la disperare de evenimentele din ultimii câţiva ani ar trebui să-şi amintească doar că lucrurile arătau mult mai rău în 1918, în 1938 sau în 1968. La urma urmei, omenirea nu va abandona povestea liberală, fiindcă nu are alternativă. Poate că oamenii mai lovesc uneori în sistem la furie, dar, cum nu au unde altundeva să se ducă, în cele din urmă se vor întoarce.

Ca alternativă, oamenii ar putea să renunţe cu totul la ideea de a avea o poveste globală de vreun fel şi să se refugieze în schimb în poveştile naţionaliste şi religioase locale. În secolul XX, mişcările naţionaliste au fost un actor politic deosebit de important, însă le-a lipsit o viziune coerentă asupra viitorului lumii în afară de susţinerea împărţirii globului în state-naţiuni independente. Astfel, naţionaliştii indonezieni au luptat împotriva dominaţiei olandeze, iar naţionaliştii vietnamezi şi-au dorit un Vietnam liber, dar nu a existat nici o poveste indoneziană sau vietnameză pentru omenire în ansamblul ei. Când a venit timpul să explice cum ar trebui să se raporteze unele la altele Indonezia, Vietnamul şi toate celelalte naţiuni libere şi cum ar trebui să abordeze oamenii problemele globale precum ameninţarea războiului nuclear, naţionaliştii au apelat în mod invariabil la idei liberale sau comuniste.

Dar, dacă atât liberalismul, cât şi comunismul sunt acum discreditate, poate ar trebui ca oamenii să renunţe la însăşi ideea unei poveşti globale unice? La urma urmei, nu au fost toate aceste poveşti globale – până şi comunismul – produsul imperialismului occidental? De ce ar trebui să aibă încredere ţăranii vietnamezi în ideea unui german din Trier şi a unui industriaş din Manchester? Poate fiecare ţară ar trebui să urmeze o cale idiosincrasică diferită, definită de propriile tradiţii străvechi? Poate până şi occidentalii ar trebui să ia o pauză şi să nu mai încerce să conducă lumea, concentrându-se în schimb asupra propriilor probleme?

Asta este fără îndoială ceea ce se petrece pretutindeni pe glob, pe măsură ce vidul creat de prăbuşirea liberalismului este umplut într-o doară cu fantezii nostalgice legate de un trecut glorios local. Donald Trump i-a îndemnat pe americani la izolaţionism, promiţând totodată că va „Face din nou America măreaţă" - de parcă în anii 1980 sau 1950 Statele Unite erau o societate perfectă pe care americanii ar trebui să o recreeze cumva în secolul XXI. Cei ce susţin Brexitul visează să facă din Marea Britanie o putere independentă, de parcă ar trăi încă pe vremea reginei Victoria, iar „splendida izolare" ar fi o politică viabilă pentru epoca internetului şi a încălzirii globale. Elitele chineze şi-au redescoperit moştenirile confucianiste şi imperiale autohtone, ca supliment sau chiar substitut pentru ideologia marxistă îndoielnică pe care au importat-o din Occident. În Rusia, viziunea oficială a lui Putin nu este să construiască o oligarhie coruptă, ci mai curând să readucă la viaţă vechiul imperiu ţarist. La un secol după Revoluţia Bolşevică, Putin promite o revenire la vechile glorii ţariste cu un guvern autocrat susţinut de naţionalismul rus şi de evlavia ortodoxă, care îşi extinde autoritatea de la Marea Baltică până în Caucaz.

Visuri nostalgice asemănătoare ce îmbină ataşamentul naţionalist cu tradiţiile religioase susţin şi regimurile din India, Polonia, Turcia şi multe alte ţări. Aceste fantezii nu sunt nicăieri mai pronunţate decât în Orientul Mijlociu, unde islamiştii vor să copieze sistemul instituit de profetul Mahomed în oraşul Medina acum 1.400 de ani, în vreme ce evreii fundamentalişti din Israel îi întrec până şi pe islamişti, visând să se întoarcă în timp 2.500 de ani, în vremurile biblice. Membrii guvernului de coaliţie aflat în fruntea Israelului vorbesc deschis despre speranţa lor de lărgire a graniţelor Israelului modern, ca să corespundă mai mult cu cele ale Israelului biblic, de restabilire a legii biblice şi chiar de reconstruire a Templului antic al lui Iahve din Ierusalim pe locul moscheii Al-Aqsa[10].

Elitele liberale urmăresc îngrozite toate aceste lucruri şi speră că omenirea va reveni pe făgaşul liberal la timp pentru a evita dezastrul. În ultimul său discurs susţinut la Naţiunile Unite în septembrie 2016, preşedintele Obama şi-a avertizat ascultătorii cu privire la retragerea „într-o lume profund dezbinată şi în ultimă instanţă în conflict, din raţiuni străvechi ce ţin de naţiune, trib, rasă şi religie". În schimb, spunea el, „principiile pieţelor libere şi responsabilităţii guvernamentale, ale democraţiei, drepturilor omului şi legii internaţionale... rămân temelia cea mai solidă pentru progresul omului în acest secol"[11].

Obama a subliniat pe bună dreptate faptul că, în ciuda numeroaselor neajunsuri ale pachetului liberal, acesta are un istoric mult mai bun decât oricare dintre alternativele sale. Cei mai mulţi oameni nu s-au bucurat niciodată de mai multă pace sau prosperitate decât sub auspiciile ordinii liberale de la începutul secolului XXI. Pentru prima oară în istorie, mai puţini oameni mor din cauza bolilor infecţioase decât de bătrâneţe, foametea ucide mai puţine persoane decât obezitatea, iar violenţele fac mai puţine victime decât accidentele.

Dar liberalismul nu are nici o soluţie evidentă la cele mai mari probleme cu care ne confruntăm : colapsul ecologic şi perturbările tehnologice. În mod tradiţional, liberalismul s-a bazat pe creşterea economică pentru a soluţiona ca prin minune conflictele sociale şi politice dificile. Liberalismul a împăcat proletariatul cu burghezia, pe credincioşi cu ateii, pe localnici cu imigranţii şi pe europeni cu asiaticii promiţându-le tuturor o felie mai mare din plăcintă. Cu o plăcintă care creştea întruna, acest lucru era posibil. Totuşi, creşterea economică nu va salva ecosistemul global - dimpotrivă, ea este cauza crizei ecologice. Creşterea economică nu va rezolva nici problema perturbărilor tehnologice - ea are la bază un număr tot mai mare de invenţii tehnologice cu caracter perturbator.

Povestea liberală şi logica capitalismului de tip laissez-faire îi încurajează pe oameni să aibă aşteptări mari. În a doua jumătate a secolului XX, fiecare generaţie - în Houston, Shanghai, Istanbul sau São Paulo - s-a bucurat de o educaţie mai bună, de servicii medicale superioare şi de venituri mai mari decât cea dinaintea ei. În deceniile următoare însă, din cauza perturbărilor tehnologice şi a colapsului ecologic, generaţia mai tânără s-ar putea să aibă noroc dacă rămâne măcar cu ce are.

Prin urmare, ne rămâne sarcina creării unei poveşti updatate pentru lume. La fel cum prefacerile revoluţiei industriale au dat naştere ideologiilor originale ale secolului XX, cel mai probabil şi revoluţiile viitoare din biotehnologie şi din tehnologia informaţiei vor necesita viziuni noi. Aşadar, următoarele decenii s-ar putea caracteriza printr-un examen de conştiinţă atent şi formularea unor noi modele sociale şi politice. Ar putea liberalismul să se reinventeze încă o dată, la fel cum a făcut după crizele din anii 1930 şi 1960, devenind mai atractiv decât oricând? Ar putea naţionalismul şi religia tradiţionale să ofere soluţiile care le scapă liberalilor şi ar putea folosi ele înţelepciunea străveche ca să modeleze o viziune actualizată asupra lumii? Sau poate că a sosit momentul să o rupem definitiv cu trecutul şi să inventăm o poveste nouă-nouţă, care să transceandă nu numai vechii zei şi vechile naţiuni, ci şi înseşi valorile moderne esenţiale ale libertăţii şi egalităţii?

În prezent, omenirea este departe de a ajunge la vreun consens în privinţa acestor chestiuni. Trăim încă momentul nihilist al dezamăgirii şi furiei, după ce oamenii şi-au pierdut încrederea în vechile poveşti, dar înainte să fi îmbrăţişat una nouă. Aşadar, ce urmează? Primul pas este să ne potolim puţin cu profeţiile apocaliptice şi să înlocuim panica cu nedumerirea. Panica este o formă de hybris. Este generată de sentimentul arogant că ştiu exact încotro se îndreaptă lumea – în jos. Nedumerirea este mai umilă şi, drept urmare, oferă o viziune mai clară. Dacă vă vine să o luaţi la fugă pe stradă urlând în gura mare „Vine apocalipsa!", încercaţi să vă spuneţi: „Nu, nu-i vorba despre asta. Adevărul este că efectiv nu pricep ce se petrece în lume".

Capitolele următoare vor încerca să clarifice câteva dintre noile posibilităţi deconcertante cu care ne confruntăm şi felul cum am putea merge apoi mai departe. Dar, înainte de a explora potenţialele soluţii la necazurile omenirii, trebuie să înţelegem mai bine provocarea pe care o reprezintă tehnologia. Revoluţiile din tehnologia informaţiei şi din biotehnologie se află încă în fază incipientă şi e discutabil în ce măsură sunt realmente responsabile pentru criza actuală a liberalismului. Majoritatea oamenilor din Birmingham, Istanbul, Sankt-Petersburg şi Mumbai sunt doar vag conştienţi – sau chiar deloc – de dezvoltarea inteligenţei artificiale şi de potenţialul ei impact asupra vieţii lor. Cu toate acestea, nu încape îndoială că revoluţiile tehnologice vor lua avânt în următoarele decenii şi vor supune omenirea celor mai dificile încercări cu care ne-am confruntat vreodată. Oricărei poveşti care va încerca să atragă loialitatea omenirii îi va fi testată înainte de toate capacitatea de a face faţă celor două revoluţii – cea din tehnologia informaţiei şi cea din biotehnologie. Dacă liberalismul, naţionalismul, islamul sau o nouă credinţă vor dori să modeleze lumea anului 2050, vor trebui nu numai să înţeleagă inteligenţa artificială, algoritmii Big Data şi bioingineria, ci şi să le încorporeze într-o nouă poveste cu sens.

Ca să înţelegem natura acestei provocări tehnologice, poate cel mai bine ar fi să începem cu piaţa muncii. În 2015 am început să călătoresc în lume şi să stau de vorbă cu reprezentanţi guvernamentali, oameni de afaceri, activişti sociali şi elevi despre problemele omenirii. Ori de câte ori toate discuţiile despre inteligenţă artificială, algoritmi Big Data şi bioinginerie îi fac să-şi piardă răbdarea sau să se plictisească, nu trebuie de obicei să rostesc decât un singur cuvânt magic ca să le recâştig atenţia : *slujbe*. Revoluţia tehnologică ar putea să scoată în curând miliarde de oameni de pe piaţa muncii şi să creeze o nouă şi uriaşă clasă inutilă, generând prefaceri sociale şi politice pe care nici o ideologie existentă nu ştie cum să le gestioneze. Toate discuţiile despre tehnologie şi ideologie poate că sună foarte abstract şi îndepărtat, însă perspectiva cât se poate de reală a şomajului în masă – sau a şomajului personal – nu lasă pe nimeni indiferent.

Capitolul 2

Munca

Când vei fi adult, e posibil să nu ai loc de muncă

Habar nu avem cum va arăta piaţa muncii în 2050. Părerea generală este că învăţarea automată şi robotica vor schimba aproape toate sectoarele muncii – de la fabricarea iaurtului la predarea cursurilor de yoga. Totuşi, există viziuni contradictorii în ceea ce priveşte natura schimbării şi iminenţa ei. Unii cred că, doar într-un deceniu sau două, miliarde de oameni vor fi disponibilizaţi. Alţii susţin că, şi pe termen lung, automatizarea va genera în continuare noi locuri de muncă şi mai multă prosperitate pentru toţi.

Aşadar, ne aflăm în pragul unei transformări terifiante sau aceste previziuni sunt doar un nou exemplu de isterie luddită neîntemeiată ? Este greu de spus. Temerile că automatizarea va genera un şomaj masiv datează din secolul al XIX-lea, iar până în clipa de faţă nu s-au materializat. De la începutul revoluţiei industriale, pentru fiecare slujbă pierdută în favoarea unei maşini a fost creată cel puţin o slujbă nouă, iar nivelul mediu de trai a sporit simţitor[1]. Totuşi, avem motive întemeiate să credem că de această dată va fi diferit şi că învăţarea automată va schimba cu totul regulile jocului.

Oamenii au două tipuri de abilităţi – fizice şi cognitive. În trecut, maşinile le-au făcut concurenţă oamenilor doar în ceea ce priveşte abilităţile fizice, în vreme ce oamenii şi-au păstrat un avantaj enorm în faţa maşinilor – cunoaşterea. Astfel, pe măsură ce muncile manuale din agricultură şi industrie au fost automatizate, au apărut noi locuri de muncă în sfera serviciilor care necesitau tipul de abilităţi cognitive pe care le deţineau doar oamenii : învăţare, analiză, comunicare şi, mai presus de orice, înţelegerea emoţiilor umane. Totuşi, IA începe să-i întreacă pe oameni la tot mai multe dintre aceste abilităţi, inclusiv în ceea ce priveşte înţelegerea emoţiilor umane[2]. Nu cunoaştem un al treilea domeniu de activitate - dincolo de cel fizic şi de cel cognitiv - în care oamenii îşi vor păstra mereu un avantaj sigur.

Este esenţial să conştientizăm faptul că revoluţia IA nu înseamnă doar computere mai rapide şi mai inteligente. Ea este alimentată şi de inovaţiile din ştiinţele naturale şi din ştiinţele sociale. Cu cât înţelegem mai bine mecanismele biochimice aflate la baza emoţiilor, dorinţelor şi alegerilor umane, cu atât mai performante pot deveni computerele în analiza comportamentului uman, anticiparea deciziilor umane şi înlocuirea şoferilor, bancherilor şi avocaţilor umani.

În ultimele decenii, cercetările din domenii precum economia comportamentală şi neuroştiinţele le-au permis oamenilor de ştiinţă să pătrundă în mintea oamenilor şi îndeosebi să înţeleagă mult mai bine cum iau oamenii decizii. S-a dovedit că toate alegerile noastre, de la mâncare la parteneri, nu se datorează unui liber-arbitru misterios, ci mai curând câtorva miliarde de neuroni care calculează probabilităţi într-o fracţiune de secundă. Mult lăudata „intuiţie omenească" este în realitate „recunoaştere de tipare"[3]. Şoferii, bancherii şi avocaţii buni nu au intuiţii magice legate de trafic, de investiţii sau de negocieri - mai curând, identificând tiparele recurente, observă şi încearcă să evite pietonii neatenţi, debitorii inepţi şi escrocii mincinoşi. De asemenea, s-a dovedit că algoritmii biochimici ai creierului uman nu sunt câtuşi de puţin perfecţi. Aceştia se bazează pe euristică, scurtături şi circuite învechite adaptate mai curând la savana africană decât la jungla urbană. Nu e de mirare că până şi şoferii, bancherii şi avocaţii buni mai fac uneori greşeli stupide.

Asta înseamnă că IA îi poate întrece pe oameni chiar şi în privinţa sarcinilor care necesită, chipurile, „intuiţie". Dacă credeţi că IA trebuie să concureze cu sufletul omenesc în termeni de intuiţii mistice, pare imposibil. Dar, dacă IA chiar trebuie să concureze cu reţelele neurale la calculul probabilităţilor şi identificarea tiparelor, pare mult mai puţin descurajator.

IA poate îndeplini mai bine îndeosebi sarcinile care necesită intuiţii *despre alte persoane*. În numeroase domenii de activitate - cum ar fi conducerea unui vehicul pe o stradă plină de pietoni, acordarea unor împrumuturi solicitate de necunoscuţi şi negocierea unei tranzacţii - e nevoie să apreciezi corect emoţiile şi dorinţele altor persoane. Copilul acela e pe cale să ţâşnească pe carosabil? Bărbatul la costum are de gând să-mi ia banii şi să se facă nevăzut? Avocatul acela va da curs ameninţărilor sau merge doar la cacealma? Atât timp cât s-a crezut că asemenea emoţii şi dorinţe erau generate de un spirit imaterial, un lucru părea evident: computerele nu aveau să fie niciodată capabile să înlocuiască şoferii, bancherii şi avocaţii umani. Căci cum poate un computer să înţeleagă spiritul uman creat de divinitate? Totuşi, dacă aceste emoţii şi dorinţe nu sunt în realitate altceva decât algoritmi biochimici, nu există nici un motiv pentru care computerele să nu poată descifra aceşti algoritmi - şi fac acest lucru mult mai bine decât orice *Homo sapiens*.

Un şofer care anticipă intenţiile unui pieton, un bancher care evaluează credibilitatea unui potenţial debitor şi un avocat care analizează atmosfera de la masa negocierilor nu se bazează pe vrăjitorie. Mai curând, fără ca ei să ştie, creierele lor identifică tiparele biochimice analizând expresiile faciale, tonalităţile vocilor, mişcările mâinilor şi chiar mirosurile corporale. O IA dotată cu senzorii potriviţi ar putea face toate astea cu mult mai multă acurateţe şi precizie decât un om.

Aşadar, ameninţarea pierderii locurilor de muncă nu este generată doar de dezvoltarea tehnologiei informaţiei, ci de confluenţa tehnologiei informaţiei cu biotehnologia. Drumul de la RMN-ul funcţional la piaţa muncii este lung şi întortocheat, dar tot poate fi parcurs în câteva decenii. Ceea ce descoperă astăzi specialiştii în neuroştiinţe despre amigdală şi cerebel ar putea permite computerelor să întreacă performanţele psihiatrilor şi bodyguarzilor umani în 2050.

IA nu este doar gata să pătrundă în mintea oamenilor şi să-i întreacă în privinţa abilităţilor până acum tipic umane. Ea se bucură de asemenea de abilităţi specific nonumane, care fac ca diferenţa dintre o IA şi un muncitor uman să fie mai curând de tip decât doar de grad. Două abilităţi nonumane deosebit de importante pe care le deţine IA sunt acelea de a se conecta şi updata.

Dat fiind faptul că oamenii sunt indivizi, este dificil să-i conectezi unul cu altul şi să te asiguri că sunt toţi updataţi. În schimb, computerele nu sunt indivizi şi e uşor să le integrezi într-o singură reţea flexibilă. Prin urmare, nu ne confruntăm cu înlocuirea a milioane de muncitori umani individuali de către milioane de roboţi şi computere individuale. Mai curând, anumiţi indivizi vor fi, cel mai probabil, înlocuiţi de o reţea integrată. Aşadar, când vine vorba de automatizare, este greşit să comparăm abilităţile unui singur şofer uman cu cele ale unei singure maşini autonome sau pe cele ale unui singur medic uman cu ale unui singur doctor IA. Ar trebui să comparăm mai degrabă abilităţile mai multor indivizi umani cu abilităţile unei reţele integrate.

De exemplu, mulţi şoferi nu sunt la curent cu toate regulile de circulaţie care se schimbă şi deseori le încalcă. În plus, dat fiind că fiecare vehicul este o entitate autonomă, atunci când două vehicule se apropie de aceeaşi intersecţie în acelaşi timp, e posibil ca şoferii să-şi comunice greşit intenţiile şi să se tamponeze. În schimb, toate maşinile autonome pot fi conectate una cu alta. Când două asemenea vehicule se apropie de aceeaşi intersecţie, ele nu sunt două entităţi cu adevărat separate – fac parte dintr-un singur algoritm. Riscul ca acestea să comunice greşit între ele şi să se ciocnească este prin urmare mult mai mic. Iar dacă Ministerul Transporturilor decide să schimbe vreo regulă de circulaţie, toate vehiculele autonome pot fi updatate uşor exact în acelaşi timp şi, dacă nu există nici o eroare în program, toate vor respecta întocmai noile reguli[4].

În mod asemănător, dacă Organizaţia Mondială a Sănătăţii identifică o nouă boală sau dacă un laborator produce un medicament nou, este aproape imposibil să updatezi toţi doctorii umani din lume în legătură cu aceste progrese. În schimb, chiar dacă ai zece miliarde de doctori IA în lume – şi fiecare dintre ei monitorizează starea de sănătate a unei singure fiinţe umane –, tot poţi să-i updatezi pe toţi într-o fracţiune de secundă, iar aceştia îşi pot transmite unul altuia feedback cu privire la noua boală sau la noul medicament. Aceste potenţiale avantaje ale capacităţii de a se conecta şi updata sunt atât de mari, încât cel puţin în unele domenii de activitate ar putea fi mai indicat ca *toţi* oamenii să fie înlocuiţi cu computere, chiar dacă, individual, unii oameni se descurcă mai bine decât maşinile.

Aţi putea obiecta că, înlocuind indivizii umani cu o reţea de computere, vom pierde avantajele individualităţii. De exemplu, dacă un doctor uman ia o decizie greşită, nu ucide toţi pacienţii din lume şi nu blochează dezvoltarea tuturor medicamentelor noi. În schimb, dacă toţi medicii sunt de fapt un singur sistem, iar acel sistem face o greşeală, rezultatele ar putea fi catastrofale. La drept vorbind însă, un sistem computerizat integrat poate maximiza avantajele conectivităţii fără a pierde beneficiile individualităţii. Poţi să rulezi mulţi algoritmi alternativi pe aceeaşi reţea, astfel încât o pacientă dintr-un sat izolat din junglă să poată accesa prin intermediul smartphone-ului ei nu doar un doctor competent, ci o sută de medici IA diferiţi, a căror performanţă relativă este comparată în mod constant. Nu-ţi place ce ţi-a spus doctorul IBM ? Nici o problemă. Chiar dacă eşti izolat undeva pe versanţii masivului Kilimanjaro, poţi contacta cu uşurinţă medicul Baidu pentru încă o părere.

Beneficiile pentru societatea umană vor fi, cel mai probabil, uriaşe. Doctorii IA ar putea oferi servicii medicale mult mai bune şi mai ieftine pentru miliarde de oameni, îndeosebi pentru cei care nu beneficiază acum deloc de aşa ceva. Graţie algoritmilor de învăţare şi senzorilor biometrici, un ţăran sărac dintr-o ţară subdezvoltată ar putea ajunge să se bucure de servicii medicale mult mai bune prin intermediul smartphone-ului său decât are parte astăzi cea mai bogată persoană din lume în cel mai avansat spital urban[5].

În mod asemănător, vehiculele autonome ar putea să le ofere oamenilor servicii mult mai bune de transport şi, mai ales, să reducă mortalitatea cauzată de accidentele de circulaţie. În prezent, aproape 1,25 milioane de oameni sunt ucişi anual în accidente de circulaţie (de două ori mai mulţi decât victimele războaielor, crimelor şi terorismului laolaltă)[6]. Peste 90% dintre aceste accidente sunt cauzate de erori cât se poate de umane : cineva care conduce după ce a consumat alcool, cineva care scrie un mesaj pe telefon în timp ce conduce, cineva care adoarme la volan, cineva care visează cu ochii deschişi în loc să fie atent la drum. Administraţia Naţională pentru Siguranţa Traficului Rutier din Statele Unite a estimat în 2012 că 31% dintre accidentele fatale din SUA au avut loc pe fondul consumului de alcool, 30% pe fondul vitezei excesive, iar 21% pe fondul neatenţiei şoferilor[7]. Vehiculele autonome nu vor face niciodată nici unul dintre aceste lucruri. Deşi au şi ele problemele şi limitările lor, iar unele accidente sunt inevitabile, dacă am înlocui toţi şoferii umani cu computere, am reduce, potrivit estimărilor, numărul morţilor şi răniţilor în accidente rutiere cu circa 90%[8]. Altfel spus, adoptarea vehiculelor autonome ar putea salva un milion de vieţi omeneşti în fiecare an.

Iată de ce ar fi nebunie curată să blocăm automatizarea în domenii precum transporturile şi serviciile medicale doar pentru a proteja locurile de muncă ale oamenilor. La urma urmei, ar trebui să protejăm în definitiv oamenii – nu slujbele. Şoferii şi medicii disponibilizaţi vor trebui să-şi găsească pur şi simplu altceva de făcut.

Mozartul din maşină

Cel puţin pe termen scurt, e puţin probabil ca IA şi robotica să elimine complet industrii întregi. Slujbele ce necesită specializare într-o gamă restrânsă de activităţi de rutină vor fi automatizate. Dar va fi mult mai dificil de înlocuit oamenii cu maşini în cazul slujbelor care implică mai puţină rutină şi care reclamă utilizarea simultană a unei game variate de abilităţi şi capacitatea de a face faţă unor scenarii neprevăzute. Să luăm exemplul serviciilor medicale. Mulţi doctori se concentrează aproape în exclusivitate asupra procesării informaţiilor : preiau datele medicale, le analizează şi stabilesc un diagnostic. În schimb, asistentele au nevoie şi de abilităţi motorii şi emoţionale dezvoltate ca să facă o injecţie dureroasă, să înlocuiască un bandaj sau să stăpânească un pacient violent. Iată de ce vom avea probabil un medic de familie IA pe smartphone cu câteva decenii înainte să avem o asistentă-robot de încredere[9]. Industria îngrijirii omului – ce are grijă de cei bolnavi, de tineri şi de vârstnici – va rămâne probabil multă vreme un bastion uman. Ba chiar, pe măsură ce oamenii vor trăi mai mult şi vor avea mai puţini copii, îngrijirea bătrânilor va fi probabil unul dintre sectoarele pieţei umane a muncii cu cea mai rapidă creştere.

Pe lângă industria îngrijirii, şi creativitatea pune probleme deosebit de dificile automatizării. Nu mai avem nevoie de oameni care să ne vândă muzică – o putem descărca direct din magazinul iTunes –, dar compozitorii, muzicienii, cântăreţii şi DJ-ii sunt încă din carne şi oase. Ne bazăm pe creativitatea lor nu doar ca să producă muzică nouă-nouţă, ci şi ca să aleagă dintr-o gamă uluitoare de posibilităţi disponibile.

Cu toate acestea, pe termen lung, nici o slujbă nu va fi pe deplin ferită de automatizare. Până şi artiştii ar trebui avertizaţi. În lumea modernă, arta este asociată de regulă cu emoţiile umane. Avem tendinţa să credem că artiştii canalizează forţe psihice interioare şi că scopul artei este doar de a ne conecta cu emoţiile noastre sau de a ne inspira un nou sentiment. Prin urmare, atunci când evaluăm arta, avem tendinţa să o apreciem în funcţie de impactul ei emoţional asupra publicului. Totuşi, dacă arta este definită de emoţiile umane, ce s-ar putea întâmpla odată ce algoritmii externi vor fi capabili să înţeleagă şi să manipuleze emoţiile umane mai bine decât Shakespeare, Frida Kahlo sau Beyoncé?

La urma urmei, emoţiile nu sunt un fenomen mistic - ele sunt rezultatul unui proces biochimic. De aceea, în viitorul nu foarte îndepărtat, un algoritm de învăţare automată ar putea să analizeze datele biometrice obţinute prin intermediul senzorilor de pe corpul dumneavoastră şi din interiorul acestuia, să vă stabilească tipul de personalitate şi dispoziţiile schimbătoare şi să calculeze impactul emoţional pe care un anumit cântec - chiar şi o anumită tonalitate - îl va avea probabil asupra dumneavoastră[10].

Dintre toate formele artistice, muzica este probabil cea mai susceptibilă la analiza Big Data, fiindcă atât inputurile, cât şi outputurile se pretează la reprezentări matematice precise. Inputurile sunt modelele matematice ale undelor sonore, iar outputurile sunt tiparele electrochimice ale furtunilor neurale. În câteva decenii, un algoritm care analizează milioane de experienţe muzicale ar putea învăţa să prezică felul în care anumite inputuri generează anumite outputuri[11].

Să presupunem că tocmai v-aţi certat urât de tot cu iubitul. Algoritmul responsabil de sistemul dumneavoastră audio vă va discerne imediat frământările emoţionale interioare şi, pe baza a ceea ce ştie despre dumneavoastră şi despre psihologia omului în general, va alege cântece personalizate, care să rezoneze cu tristeţea pe care o simţiţi şi să vă oglindească suferinţa. Poate că aceste cântece nu funcţionează şi în cazul altor persoane, dar sunt perfecte pentru tipul dumneavoastră de personalitate. După ce vă ajută să ajungeţi la rădăcinile supărării, algoritmul va alege singurul cântec din lume care are şanse să vă înveselească - poate pentru că subconştientul dumneavoastră îl asociază cu o amintire fericită din copilărie de care nici măcar nu sunteţi conştient. Nici un DJ uman nu ar putea spera vreodată să egaleze abilităţile unei asemenea inteligenţe artificiale.

Aţi putea obiecta că IA ar elimina astfel descoperirile întâmplătoare şi ne-ar închide într-un cocon muzical îngust, creat de preferinţele şi aversiunile noastre anterioare. Cum rămâne cu explorarea unor noi gusturi şi stiluri muzicale? Nici o problemă. Aţi putea ajusta cu uşurinţă algoritmul, astfel încât să facă 5% dintre alegerile sale complet arbitrar, oferindu-vă pe neaşteptate o înregistrare cu un ansamblu tradiţional indonezian, o operă de Rossini sau cel mai recent hit K-pop. Cu timpul, monitorizându-vă reacţiile, IA ar putea chiar să stabilească nivelul ideal de arbitrar care va optimiza explorarea fără să irite, reducând poate nivelul de serendipitate la 3% sau mărindu-l la 8%.

O altă obiecţie posibilă este că nu e clar cum ar putea algoritmul să-şi stabilească scopul emoţional. Dacă tocmai v-aţi certat cu iubitul, algoritmul ar trebui să-şi propună să vă întristeze sau să vă înveselească? Ar urma orbeşte o scară rigidă a emoţiilor „bune" şi a emoţiilor „rele"? Poate că există unele momente în viaţă când este bine să fii trist? Fireşte, aceeaşi întrebare ar putea fi pusă şi în ceea ce îi priveşte pe muzicienii şi DJ-ii umani. Totuşi, cu un algoritm, există numeroase soluţii interesante pentru acest puzzle.

O opţiune este să laşi totul în seama clientului. Vă puteţi evalua emoţiile oricum doriţi, iar algoritmul va da curs dorinţelor dumneavoastră. Fie că vreţi să vă plângeţi de milă sau să săriţi în sus de fericire, algoritmul va merge supus pe mâna dumneavoastră. De fapt, e posibil ca algoritmul să înveţe să vă identifice dorinţele fără ca măcar să le conştientizaţi pe deplin.

În schimb, dacă nu aveţi încredere în dumneavoastră, puteţi instrui algoritmul să urmeze recomandarea unui distins psiholog în care aveţi încredere. Dacă până la urmă iubitul vă părăseşte, algoritmul v-ar putea ajuta să parcurgeţi cele cinci etape oficiale ale suferinţei, mai întâi negând cele întâmplate cu ajutorul piesei lui Bobby McFerrin „Don't Worry, Be Happy", apoi stârnindu-vă furia cu Alanis Morissette, „You Oughta Know", încurajându-vă să negociaţi cu cântecul lui Jacques Brel „Ne me quitte pas" şi melodia lui Paul Young „Come Back and Stay", aruncându-vă în ghearele depresiei cu Adele, „Someone Like You" şi „Hello", şi ajutându-vă în cele din urmă să acceptaţi situaţia cu piesa Gloriei Gaynor „I Will Survive".

Următorul pas este ca algoritmul să înceapă să se joace cu înseşi cântecele şi melodiile, modificându-le uşor, ca să corespundă preferinţelor dumneavoastră. Poate că nu agreaţi o anumită parte a unui cântec altfel excelent. Algoritmul ştie acest lucru fiindcă pulsul vă scade, iar nivelul oxitocinei se reduce uşor ori de câte ori auziţi partea aceea enervantă. Algoritmul ar putea să rescrie sau să elimine notele supărătoare.

Pe termen lung, algoritmii ar putea învăţa să compună piese întregi, folosindu-se de emoţiile umane ca şi când ar fi o claviatură de pian. Pe baza datelor biometrice, algoritmii ar putea chiar să producă melodii personalizate, pe care doar dumneavoastră le-aţi aprecia în tot universul.

Se spune deseori că oamenii stabilesc o relaţie cu operele artistice fiindcă se regăsesc în ele. Acest lucru ar putea avea rezultate surprinzătoare şi oarecum sinistre dacă şi când, să spunem, Facebook va începe să creeze artă personalizată pe baza a tot ce ştie despre dumneavoastră. Dacă iubitul vă părăseşte, Facebook vă va delecta cu o melodie individualizată despre respectivul ticălos, şi nu despre necunoscutul care i-a frânt inima lui Adele sau lui Alanis Morissette. Piesa vă va reaminti chiar de unele incidente reale din relaţia dumneavoastră, despre care nimeni altcineva în lume nu ştie.

Desigur, e posibil ca arta personalizată să nu prindă niciodată, fiindcă oamenii vor prefera în continuare hituri obişnuite, pe placul tuturor. Cum să fredonezi sau să dansezi împreună cu alţii pe o piesă pe care nu o mai ştie nimeni în afară de tine? Dar algoritmii s-ar putea dovedi a fi mai potriviţi pentru a produce hituri globale decât rarităţi personalizate. Folosind baze de date biometrice masive adunate de la milioane de oameni, algoritmul ar putea şti pe ce butoane biochimice să apese ca să producă un hit global care să-i facă pe toţi să se zbânţuie frenetic pe ringurile de dans. Dacă arta înseamnă într-adevăr să inspiri emoţii umane (sau să le manipulezi), puţini muzicieni umani – sau chiar nici unul – vor reuşi să concureze cu un asemenea algoritm, fiindcă nu îl pot egala în ceea ce priveşte înţelegerea principalului instrument la care cântă : sistemul biochimic uman.

Vor produce toate acestea opere artistice de valoare? Depinde de definiţia artei. Dacă frumuseţea ţine într-adevăr de gusturile ascultătorului, iar clientul are întotdeauna dreptate, atunci algoritmii biometrici au o şansă să producă cea mai bună artă din istorie. Dacă arta ţine de ceva mai profund decât emoţiile umane şi ar trebui să exprime un adevăr situat dincolo de vibraţiile noastre biochimice, atunci e posibil ca algoritmii biometrici să nu devină artişti foarte buni. Dar în aceeaşi situaţie se află şi majoritatea oamenilor. Ca să pătrundă pe piaţa artistică şi să înlocuiască numeroşi compozitori şi interpreţi umani, algoritmii nu vor fi nevoiţi să înceapă prin a-l depăşi imediat pe Ceaikovski. Ar fi de ajuns să întreacă performanţele lui Britney Spears.

Slujbe noi?

Pierderea multor slujbe tradiţionale din toate domeniile, de la artă la serviciile medicale, va fi compensată parţial de crearea unor noi locuri de muncă umane. Medicii generalişti axaţi pe diagnosticarea bolilor cunoscute şi administrarea unor tratamente familiare vor fi probabil înlocuiţi cu doctori IA. Dar tocmai din această cauză vor fi mult mai mulţi bani pentru a-i plăti pe doctorii umani şi pe asistenţii de laborator să facă cercetări revoluţionare şi să elaboreze proceduri chirurgicale sau să creeze medicamente noi[12].

IA ar putea contribui şi altfel la crearea unor noi slujbe pentru oameni. În loc să concureze cu IA; oamenii ar putea să se concentreze asupra întreţinerii şi exploatării inteligenţei artificiale. De exemplu, înlocuirea piloţilor umani cu drone a eliminat anumite slujbe, dar a creat numeroase oportunităţi noi în mentenanţă, controlul de la distanţă, analiza datelor şi securitatea cibernetică. Forţele armate ale Statelor Unite au nevoie de treizeci de oameni ca să opereze toate dronele Predator sau Reaper fără pilot care survolează Siria, iar de analiza informaţiilor astfel culese se ocupă cel puţin optzeci de persoane. În 2015 Aviaţia Statelor Unite nu dispunea de suficienţi oameni calificaţi care să ocupe toate aceste posturi, confruntându-se astfel în mod ironic cu o criză în operarea aparatelor sale de zbor fără operatori la bord[13].

Aşa stând lucrurile, piaţa muncii din 2050 ar putea fi caracterizată mai curând de cooperarea dintre om şi IA decât de concurenţa lor. În domenii diverse, de la aplicarea legii la serviciile bancare, echipele alcătuite din oameni şi IA i-ar putea întrece atât pe oameni, cât şi computerele. După ce programul de şah Deep Blue produs de IBM l-a învins pe Garry

Kasparov în 1997, oamenii nu au încetat să mai joace şah. Mai curând, graţie instructorilor IA, maeştrii umani ai şahului au devenit mai buni ca oricând şi, cel puţin pentru o vreme, echipele om-IA cunoscute drept „centauri" au înregistrat performanţe mai bune la şah decât oamenii şi computerele. În mod asemănător, IA ar putea pregăti cei mai buni detectivi, bancheri şi soldaţi din istorie[14].

Problema cu toate aceste slujbe noi este însă că vor necesita probabil niveluri ridicate de competenţă şi, prin urmare, nu vor rezolva problemele şomerilor necalificaţi. Crearea unor noi slujbe pentru oameni s-ar putea dovedi mai uşor de făcut decât recalificarea oamenilor în vederea ocupării acestor locuri de muncă. În cazul valurilor anterioare de automatizare, oamenii puteau trece de obicei de la o slujbă de rutină, de calificare redusă, la alta. În 1920 un muncitor rămas şomer la o fermă din cauza mecanizării agriculturii îşi putea găsi un loc de muncă într-o fabrică producătoare de tractoare. În 1980 un muncitor concediat dintr-o fabrică putea să se angajeze casier la un supermarket. Asemenea schimbări ocupaţionale erau fezabile, fiindcă trecerea de la fermă la fabrică şi de la fabrică la supermarket necesita doar o recalificare limitată.

Dar în 2050 un casier sau un textilist care îşi va pierde locul de muncă în favoarea unui robot nu va putea începe să muncească în calitate de cercetător în domeniul cancerului, ca operator de dronă sau în cadrul unei echipe bancare om-IA. Nu va avea abilităţile necesare. În Primul Război Mondial era logic să trimiţi milioane de recruţi fără experienţă să încarce mitralierele şi să moară cu miile. Abilităţile lor individuale contau prea puţin. Astăzi, în ciuda numărului insuficient de operatori de drone şi analişti de date, Aviaţia Statelor Unite nu este dispusă să aducă pe locurile vacante persoane concediate de Walmart. Nu v-ar plăcea ca un recrut fără experienţă să confunde o nuntă afghană cu o conferinţă talibană de nivel înalt.

Prin urmare, în ciuda apariţiei unui număr mare de slujbe noi pentru oameni, am putea asista la apariţia unei noi clase „inutile". Am putea chiar să avem parte de ce e mai rău din ambele lumi, confruntându-ne simultan cu o rată sporită a şomajului şi cu insuficienţa forţei de muncă calificate. Mulţi oameni ar putea împărtăşi nu soarta vizitiilor din secolul al XIX-lea – care au devenit şoferi de taxi –, ci a cailor din secolul al XIX-lea, care au fost scoşi până la urmă cu totul de pe piaţa muncii[15].

În plus, nici una dintre slujbele rămase pentru oameni nu va fi ferită vreodată de ameninţarea automatizării viitoare, deoarece învăţarea automată şi robotica se vor îmbunătăţi în continuare. Un casier de la Walmart rămas şomer, în vârstă de patruzeci de ani, ce reuşeşte, graţie unor eforturi supraomeneşti, să se reinventeze ca pilot de dronă ar putea fi nevoit să se reinventeze din nou zece ani mai târziu, deoarece până atunci şi operarea dronelor ar putea fi automatizată. Această volatilitate va face de asemenea mai dificilă organizarea sindicatelor sau garantarea drepturilor muncitorilor. Chiar şi în zilele noastre, multe slujbe noi din economiile avansate implică muncă temporară neprotejată, de tip freelance şi angajamente individuale[16]. Cum sindicalizezi o profesie care proliferează şi dispare în decurs de un deceniu?

În mod asemănător, echipele-centaur om-computer ar putea fi caracterizate printr-o competiţie constantă între oameni şi computere, în loc să dezvolte un parteneriat pe viaţă. Echipele alcătuite exclusiv din oameni – precum Sherlock Holmes şi Dr. Watson – îşi creează de regulă ierarhii şi rutine permanente ce rezistă decenii la rând. Dar un detectiv uman care face echipă cu sistemul informatic Watson produs de IBM (care a devenit celebru după ce a câştigat emisiunea-concurs televizată *Jeopardy!* din Statele Unite în 2011) va constata că fiecare rutină este o invitaţie la dezordine, iar fiecare ierarhie, o invitaţie la revoluţie. Partenerul de ieri ar putea deveni şeful de mâine şi toate protocoalele şi manualele vor trebui să fie rescrise în fiecare an[17].

O privire mai atentă asupra lumii şahului ne-ar putea indica încotro se îndreaptă lucrurile pe termen lung. Este adevărat că, vreme de câţiva ani după ce Deep Blue l-a învins pe Kasparov, cooperarea om-computer a înflorit în şah. Cu toate acestea, în ultimii ani, computerele au ajuns să joace atât de bine şah, încât colaboratorii lor umani şi-au pierdut valoarea, iar în curând e posibil să devină cu totul irelevanţi.

7 decembrie 2017 a fost un moment de răscruce, nu pentru că un computer a învins un om la şah – asta e deja de domeniul trecutului –, ci pentru că programul AlphaZero de la Google a învins programul Stockfish 8. Stockfish 8 era campionul informatic mondial la şah în 2016. Avea acces la experienţa acumulată de oameni de-a lungul secolelor în domeniul şahului, precum şi la experienţa de zeci de ani a computerelor. Era capabil să calculeze 70 de milioane de mutări de şah pe secundă. În schimb,

AlphaZero efectua doar 80.000 de astfel de calcule pe secundă, iar creatorii săi umani nu l-au învăţat niciodată vreo strategie în şah – nici măcar deschiderile standard. Însă AlphaZero folosea cele mai noi principii de învăţare automată ca să înveţe singur şah jucând împotriva sa însuşi. Cu toate acestea, din cele o sută de partide pe care novicele AlphaZero le-a jucat împotriva lui Stockfish, AlphaZero a câştigat 28 şi a remizat în 72. Nu a pierdut nici măcar o dată. Dat fiind că AlphaZero nu a învăţat nimic de la nici un om, multe dintre mutările şi strategiile sale câştigătoare le-au părut neconvenţionale oamenilor. Ele ar putea fi considerate creative, dacă nu de-a dreptul geniale.

Puteţi ghici de cât timp a avut nevoie AlphaZero ca să înveţe şah de la zero, să se pregătească pentru partida cu Stockfish şi să-şi dezvolte instinctele geniale? De patru ore. Nu e o greşeală. Secole la rând, şahul a fost considerat una dintre cele mai impresionante realizări ale inteligenţei umane. AlphaZero a evoluat de la ignoranţă desăvârşită la măiestrie creativă în patru ore, fără ajutorul vreunui instructor uman[18].

AlphaZero nu este singurul software înzestrat cu imaginaţie. Numeroase programe îi întrec acum în mod curent pe jucătorii umani de şah nu doar în ceea ce priveşte calculele brute, ci chiar şi la capitolul „creativitate". În turneele de şah rezervate oamenilor, arbitrii sunt mereu cu ochii pe jucătorii care încearcă să trişeze apelând pe ascuns la ajutorul computerelor. Una dintre modalităţile de a-i prinde pe cei care trişează este monitorizarea nivelului de originalitate de care dau dovadă jucătorii. Dacă fac o mutare deosebit de creativă, arbitrii presupun adesea că e imposibil ca aceasta să fie o mutare concepută de un om – trebuie să fie mutarea unui computer. Cel puţin în şah, creativitatea este deja mai curând marca înregistrată a computerelor decât a oamenilor! Aşadar, dacă şahul este indicatorul nostru timpuriu cu privire la un potenţial pericol, canarul din mina de cărbuni, suntem avertizaţi cum se cuvine că acest canar e pe moarte. Ceea ce se întâmplă astăzi cu echipele om-IA din şah s-ar putea întâmpla mai târziu şi cu echipele om-IA din sfera aplicării legii, a medicinei şi a sistemului bancar[19].

Prin urmare, crearea unor noi locuri de muncă şi reconversia profesională a oamenilor în vederea ocupării lor nu vor constitui un efort singular. Revoluţia IA nu va fi un eveniment de răscruce unic după care piaţa muncii se va stabiliza pur şi simplu, dobândind un nou echilibru. Mai curând, va fi un val de perturbări din ce în ce mai mari. Astăzi puţini angajaţi se aşteaptă să aibă aceeaşi slujbă toată viaţa[20]. În 2050, nu numai ideea unei „slujbe pe viaţă", ci şi cea a unei „profesii pe viaţă" ar putea părea antediluviene.

Chiar dacă am putea să inventăm în permanenţă slujbe noi şi să recalificăm forţa de muncă, ne-am putea întreba dacă omul de rând va avea rezistenţa emoţională necesară pentru o viaţă marcată de asemenea transformări fără sfârşit. Schimbarea este întotdeauna stresantă, iar lumea agitată de la începutul secolului XXI a generat o epidemie globală de stres[21]. Pe măsură ce volatilitatea pieţei muncii şi a carierelor individuale ar creşte, ar fi oamenii în stare să-i facă faţă? Probabil că am avea nevoie de tehnici mult mai eficiente de diminuare a stresului - de la medicamente şi neurofeedback la meditaţie -, care să împiedice mintea sapiens să clacheze. Până în 2050 e posibil să apară o clasă „inutilă", nu numai din cauza lipsei absolute a locurilor de muncă sau a educaţiei relevante, ci şi din cauza tonusului mental insuficient.

Fireşte, mare parte din aceste lucruri sunt pure speculaţii. La momentul în care scriu - începutul anului 2018 -, automatizarea a perturbat numeroase industrii, dar nu a produs un şomaj masiv. De fapt, în multe ţări, printre care şi Statele Unite, şomajul se află la un minim istoric. Nimeni nu poate şti sigur ce fel de impact vor avea învăţarea automată şi automatizarea asupra diferitelor profesii în viitor şi este extrem de dificil de estimat cronologia transformărilor relevante, mai ales pentru că ele depind şi de deciziile politice şi tradiţiile culturale, nu doar de progresele pur tehnologice. Astfel, chiar şi după ce vehiculele autonome se vor dovedi a fi mai sigure şi mai ieftine decât şoferii umani, e posibil ca politicienii şi consumatorii să blocheze totuşi schimbarea ani la rând, dacă nu chiar decenii.

Totuşi, nu ne putem permite să ne complăcem. E periculos să pornim pur şi simplu de la premisa că vor apărea suficiente slujbe noi pentru a compensa eventualele pierderi. Faptul că acest lucru s-a întâmplat în timpul valurilor anterioare de automatizare nu este câtuşi de puţin o garanţie că se va întâmpla din nou, în condiţiile cât se poate de diferite ale secolului XXI. Potenţialele perturbări sociale şi politice sunt atât de alarmante, încât, chiar dacă probabilitatea şomajului sistemic în masă este redusă, ar trebui să o luăm foarte în serios.

În secolul al XIX-lea, revoluţia industrială a creat noi condiţii şi probleme, cărora nici unul dintre modelele sociale, economice şi politice existente nu le-a putut face faţă. Feudalismul, monarhismul şi religiile tradiţionale nu erau adaptate să gestioneze metropole industriale, milioane de muncitori dezrădăcinaţi sau natura mereu schimbătoare a economiei moderne. Prin urmare, omenirea a fost silită să creeze modele complet noi - democraţii liberale, dictaturi comuniste şi regimuri fasciste - şi a avut nevoie de mai bine de un secol de războaie şi revoluţii cumplite ca să testeze aceste modele, să separe grâul de neghină şi să implementeze cele mai bune soluţii. Exploatarea copiilor în mine de cărbune dickensiene, Primul Război Mondial şi Marea Foamete din Ucraina din 1932-1933 au constituit doar o mică parte din taxele de şcolarizare pe care le-a plătit omenirea.

Provocarea lansată omenirii în secolul XXI de tehnologia informaţiei şi biotehnologie este fără îndoială mult mai mare decât provocarea reprezentată în perioada anterioară de motoarele cu abur, căile ferate şi electricitate. Şi, având în vedere imensa putere distructivă a civilizaţiei noastre, pur şi simplu nu ne mai putem permite alte modele eşuate, războaie mondiale şi revoluţii sângeroase. De data aceasta, modelele eşuate ar putea provoca războaie nucleare, monstruozităţi modificate genetic şi colapsul total al biosferei. Prin urmare, trebuie să ne descurcăm mai bine decât am făcut-o atunci când ne-am confruntat cu revoluţia industrială.

De la exploatare la irelevanță

Potenţialele soluţii se încadrează în trei mari categorii : ce să facem ca să împiedicăm pierderea locurilor de muncă ; ce să facem ca să creăm suficiente slujbe noi ; şi ce să facem dacă, în ciuda tuturor eforturilor noastre, locurile de muncă pierdute depăşesc cu mult slujbele nou-create.

Prevenirea în ansamblu a pierderii locurilor de muncă este o strategie neatractivă şi probabil imposibil de susţinut, deoarece ar însemna să renunţăm la imensul potenţial benefic al inteligenţei artificiale şi al roboticii. Cu toate acestea, guvernele ar putea decide să încetinească cu bună ştiinţă ritmul automatizării, ca să reducă șocurile provocate și să câștige timp pentru rectificări. Tehnologia nu este niciodată deterministă, iar faptul că un lucru poate fi făcut nu înseamnă că el trebuie să fie făcut. Normele guvernamentale pot să blocheze cu succes noile tehnologii, chiar dacă ele sunt viabile din punct de vedere comercial și profitabile din punct de vedere economic. De exemplu, avem de zeci de ani tehnologia necesară creării unei piețe de organe umane, cu „ferme de corpuri" umane în țările subdezvoltate, și o cerere aproape imposibil de satisfăcut din partea cumpărătorilor bogați și disperați. Asemenea ferme de corpuri umane ar putea valora și sute de miliarde de dolari. Cu toate acestea, legile au blocat comerțul liber cu părți ale corpului uman și, cu toate că există o piață neagră pentru organe, ea este mult mai mică și mai limitată decât ne-am fi putut aștepta[22].

Diminuarea ritmului schimbării ne-ar putea oferi timpul necesar pentru a crea suficiente slujbe noi încât să suplinim majoritatea pierderilor. Totuși, după cum remarcam mai devreme, antreprenoriatul economic va trebui să fie însoțit de o revoluție în educație și psihologie. Presupunând că slujbele noi nu vor fi simple sinecuri guvernamentale, ele vor necesita probabil niveluri ridicate de expertiză și, pe măsură ce IA continuă să se îmbunătățească, angajații umani vor trebui să-și însușească în repetate rânduri abilități noi și să-și schimbe profesia. Guvernele vor trebui să intervină, atât prin subvenționarea unui sector al educației pe tot parcursul vieții, cât și prin garantarea unei plase de siguranță pentru inevitabilele perioade de tranziție. Dacă unui fost pilot de drone în vârstă de 40 de ani îi trebuie trei ani ca să se reinventeze ca designer de lumi virtuale, e posibil să aibă nevoie de foarte mult sprijin din partea statului ca să-și poată întreține familia în această perioadă. (Acest tip de sistem este testat în prezent în Scandinavia, unde guvernele respectă mottoul „Protejați muncitorii, nu slujbele".)

Totuși, chiar dacă guvernele oferă un sprijin consistent, nu este câtuși de puțin clar dacă miliarde de oameni ar putea să se reinventeze în repetate rânduri fără să-și piardă echilibrul mental. Prin urmare, dacă, în ciuda tuturor eforturilor noastre, un număr semnificativ de oameni ar fi eliminați de pe piața muncii, am fi nevoiți să explorăm noi modele de societăți post-muncă, economii post-muncă și politici post-muncă. Primul pas este să recunoaştem în mod deschis că modelele sociale, economice şi politice pe care le-am moştenit din trecut nu sunt adecvate pentru abordarea unei asemenea provocări.

Să luăm exemplul comunismului. Dat fiind că automatizarea ameninţă să zguduie sistemul capitalist din temelii, am putea presupune că va reveni la modă comunismul. Dar comunismul nu a fost creat ca să exploateze acest gen de criză. Comunismul secolului XX pornea de la premisa că pătura muncitoare e vitală pentru economie, iar gânditorii comunişti au încercat să înveţe proletariatul să-şi transforme imensa putere economică în influenţă politică. Planul politic comunist îndemna la o revoluţie a clasei muncitoare. Cât de relevante vor fi aceste precepte dacă masele îşi vor pierde valoarea economică şi, prin urmare, vor fi nevoite să lupte mai curând împotriva irelevanţei decât a exploatării? Cum porneşti o revoluţie a clasei muncitoare fără o clasă muncitoare?

Unii ar putea susţine că oamenii nu ar putea deveni nicicând irelevanţi din punct de vedere economic, deoarece, chiar dacă nu pot concura cu IA pe piaţa muncii, va fi mereu nevoie de ei în calitate de consumatori. Totuşi, nu este deloc sigur că economia viitorului va avea nevoie de noi – nici măcar în calitate de consumatori. Maşinile şi computerele ar putea prelua şi acest rol. Teoretic, poţi avea o economie în care o corporaţie de exploatare minieră produce şi vinde fier unei corporaţii de robotică, corporaţia de robotică produce şi vinde roboţi corporaţiei de exploatare minieră, care extrage şi mai mult fier, folosit pentru a produce şi mai mulţi roboţi şi aşa mai departe. Aceste corporaţii pot să se dezvolte şi să se extindă în întreaga galaxie, neavând nevoie decât de roboţi şi de computere – ele nu au nevoie de oameni nici măcar ca să le cumpere produsele.

De fapt, computerele şi algoritmii încep deja să fie şi clienţi, nu numai producători. La bursa de valori, de exemplu, algoritmii devin cei mai importanţi cumpărători de obligaţiuni, acţiuni şi bunuri. În mod asemănător, în sectorul publicitar, cel mai important client este un algoritm: algoritmul folosit de motorul de căutare Google. Atunci când oamenii creează pagini web, ţin cont adesea de preferinţele acestui algoritm, şi nu de ale vreunei fiinţe umane.

Fireşte, algoritmii nu au conştiinţă, aşa că, spre deosebire de consumatorii umani, nu se pot bucura de ceea ce cumpără, iar deciziile lor nu sunt influenţate de senzaţii şi emoţii. Algoritmul folosit de motorul de căutare Google nu simte ce gust are îngheţata. Totuşi, algoritmii aleg pe baza calculelor lor interne şi a preferinţelor prestabilite, iar aceste preferinţe ne modelează lumea din ce în ce mai mult. Algoritmul motorului de căutare Google are gusturi foarte sofisticate atunci când vine vorba de clasificarea paginilor web ale vânzătorilor de îngheţată, iar cei mai de succes vânzători de îngheţată din lume sunt cei pe care algoritmul Google îi plasează pe primele locuri – nu cei care produc cea mai gustoasă îngheţată.

Ştiu asta din proprie experienţă. Atunci când public o carte, editorii îmi cer să scriu o scurtă descriere pe care să o folosească online în scop promoţional. Dar au un specialist care adaptează ceea ce scriu eu la preferinţele algoritmului Google. Expertul îmi citeşte textul şi spune: „Nu folosi acest cuvânt – foloseşte-l mai bine pe ăsta. Aşa vom atrage mai mult atenţia algoritmului Google”. Ştim că, dacă putem trezi interesul algoritmului, cu oamenii vom merge la sigur.

Aşadar, dacă oamenii nu vor fi necesari nici ca producători, nici în calitate de consumatori, ce va asigura supravieţuirea lor fizică şi bunăstarea lor psihologică? Nu putem aştepta până când se va generaliza criza ca să începem să căutăm soluţii. Atunci va fi prea târziu. Pentru a face faţă perturbărilor tehnologice şi economice fără precedent din secolul XXI, trebuie să creăm cât de curând noi modele sociale şi economice. Aceste modele ar trebui să fie ghidate de principiul protejării oamenilor, nu a slujbelor. Multe locuri de muncă sunt corvezi neinteresante, care nu merită să fie salvate. Nimeni nu visează să devină casier. Ar trebui să ne concentrăm să satisfacem nevoile fundamentale ale oamenilor şi să le protejăm statutul social şi respectul de sine.

Un model nou, care atrage tot mai multă atenţie, este venitul de bază universal. VBU propune ca guvernele să taxeze miliardarii şi corporaţiile care controlează algoritmii şi roboţii şi să folosească banii pentru a asigura fiecărei persoane un venit generos care să-i acopere nevoile de bază. Acest lucru îi va proteja pe cei săraci de pierderea locurilor de muncă şi de dislocare economică, ferindu-i totodată pe cei bogaţi de furia populistă[23].

O idee asociată propune lărgirea sferei activităţilor umane care sunt considerate „slujbe”. În prezent, miliarde de părinţi îşi cresc copiii, vecinii au grijă unul de altul, iar cetăţenii organizează comunităţi, fără ca vreuna dintre aceste activităţi importante să fie recunoscută ca fiind o slujbă. Poate că în mintea noastră trebuie să se producă un declic şi să ne dăm seama că îngrijirea unui copil este fără îndoială cea mai importantă şi mai provocatoare slujbă din lume. Astfel, nu ne vom mai confrunta cu o criză a locurilor de muncă, chiar dacă roboţii şi computerele vor lua locul tuturor şoferilor, bancherilor şi avocaţilor. Întrebarea este, fireşte, cine ar evalua şi ar plăti pentru aceste slujbe nou-recunoscute? Dacă bebeluşii de 6 luni nu le vor oferi mamelor lor salarii, probabil că va trebui să şi le asume statul. Iar dacă vom vrea ca aceste salarii să acopere toate nevoile de bază ale unei familii, rezultatul va fi ceva foarte asemănător cu venitul de bază universal.

Alternativa ar fi ca guvernele să subvenţioneze *serviciile* de bază universale, şi nu venitul de bază universal. În loc să le ofere oamenilor bani, cu care îşi vor cumpăra apoi tot ce-şi doresc, statul ar putea oferi educaţie gratuită, servicii gratuite de sănătate, transport gratuit şi aşa mai departe. De fapt, aceasta este viziunea utopică a comunismului. Deşi planul comunist de a porni o revoluţie a clasei muncitoare ar putea deveni depăşit, poate ar trebui să ne propunem să îndeplinim obiectivul comunist prin alte mijloace?

Este discutabil dacă e mai bine să le asiguri oamenilor un venit de bază universal (paradisul capitalist) sau servicii de bază universale (paradisul comunist). Ambele opţiuni au atât avantaje, cât şi inconveniente. Dar, orice paradis aţi alege, adevărata problemă este de a defini ce înseamnă cu adevărat „universal" şi „de bază".

Ce înseamnă „universal"?

Atunci când oamenii vorbesc despre sprijinul de bază universal – fie el sub forma venitului, fie a serviciilor –, se referă de obicei la un sprijin de bază *naţional*. Până în prezent, toate iniţiativele VBU au fost strict naţionale sau municipale. În ianuarie 2017, Finlanda a început un experiment de doi ani, asigurându-le unui număr de 2.000 de finlandezi şomeri 560 de euro pe lună, indiferent dacă îşi găsesc sau nu de muncă. Experimente asemănătoare se desfăşoară şi în provincia canadiană Ontario, în orașul italian Livorno și în mai multe orașe olandeze[24]. (În 2016 Elveția a organizat un referendum cu privire la implementarea unui program național de asigurare a venitului de bază, dar alegătorii au respins ideea[25].)

Problema cu asemenea proiecte naționale și municipale este însă că, probabil, principalele victime ale automatizării nu trăiesc în Finlanda, Ontario, Livorno sau Amsterdam. Globalizarea i-a făcut pe locuitorii unei țări complet dependenți de piețele altor țări, dar automatizarea ar putea elimina părți însemnate din această rețea comercială globală, cu consecințe dezastruoase pentru verigile cele mai slabe. În secolul XX, țările în curs de dezvoltare lipsite de resurse naturale au progresat economic mai ales din vânzarea mâinii de lucru ieftine reprezentate de muncitorii lor necalificați. Astăzi, milioane de locuitori ai Bangladeshului își câștigă existența producând cămăși și vânzându-le clienților din Statele Unite, în vreme ce oamenii din Bangalore lucrează în call centere și se ocupă de plângerile clienților americani[26].

Totuși, odată cu dezvoltarea inteligenței artificiale, a roboților și a imprimantelor 3-D, forța de muncă ieftină și necalificată ar deveni mult mai puțin importantă. În loc să confecționezi o cămașă în Dhaka și să o expediezi tocmai în Statele Unite, ai putea să cumperi online codul cămășii de pe Amazon și să o imprimi la New York. Magazinele Zara și Prada din Fifth Avenue ar putea fi înlocuite cu centre de imprimare 3-D în Brooklyn, iar unii oameni ar putea chiar să aibă o imprimantă acasă. În același timp, în loc să suni la un centru de servicii cu clienții din Bangalore ca să te plângi de imprimanta ta, ai putea sta de vorbă cu un reprezentant IA în cloudul Google (ale cărui accent și tonalitate a vocii sunt adaptate preferințelor tale). Muncitorii din Dhaka și operatorii din call centerele din Bangalore, rămași șomeri, nu au educația necesară pentru a începe să confecționeze cămăși la modă sau să scrie coduri de programare – prin urmare, cum vor supraviețui?

Dacă IA și imprimantele 3-D îi vor lăsa într-adevăr șomeri pe locuitorii din Bangladesh și Bangalore, veniturile care ajungeau înainte în Asia de Sud vor umple acum cuferele câtorva giganți tehnologici din California. În loc ca dezvoltarea economică să amelioreze condițiile pretutindeni pe glob, e posibil ca unele centre de înaltă tehnologie, precum Silicon Valley, să acumuleze noi averi uriașe, iar multe țări în curs de dezvoltare să intre în colaps.

Desigur, unele economii emergente – inclusiv India şi Bangladesh – ar putea avansa îndeajuns de rapid încât să se alăture echipei câştigătoare. Cu timpul, copiii sau nepoţii textiliştilor şi operatorilor din call centere ar putea deveni inginerii şi antreprenorii care vor construi şi vor deţine computerele şi imprimantele 3-D. Dar o asemenea tranziţie riscă să intre în criză de timp. În trecut, forţa de muncă ieftină, necalificată a reprezentat o punte sigură peste prăpastia economică globală şi, chiar dacă o ţară avansa lent, se putea aştepta ca la un moment dat să ajungă la adăpost. Progresul rapid era mai puţin important decât paşii corecţi. Cu toate acestea, acum puntea e şubredă, iar în curând e posibil să cedeze cu totul. Cei care au traversat-o deja – avansând de la mână de lucru ieftină la industrii de înaltă calificare – probabil că vor fi în regulă. Dar cei care au rămas în urmă s-ar putea trezi izolaţi pe partea greşită a hăului, fără nici o posibilitate de a trece dincolo. Ce faci atunci când nimeni nu are nevoie de muncitorii tăi ieftini şi necalificaţi, iar tu nu dispui de resursele necesare pentru a construi un sistem de educaţie bun şi a-i ajuta să dobândească noi calificări[27] ?

Care va fi atunci soarta celor rămaşi în urmă? E de presupus că alegătorii americani ar fi de acord ca taxele plătite de Amazon şi Google pentru afacerile lor din Statele Unite să poată fi folosite pentru a le oferi ajutoare sau servicii gratuite minerilor şomeri din Pennsylvania şi şoferilor de taxi rămaşi fără job la New York. Cu toate acestea, ar fi alegătorii americani de acord şi ca aceste taxe să fie folosite pentru a-i sprijini pe şomerii din locuri calificate de preşedintele Trump drept „ţări de rahat"[28] ? Dacă credeţi asta, aţi putea la fel de bine să credeţi că Moş Crăciun şi Iepuraşul de Paşti vor rezolva problema.

Ce înseamnă „de bază"?

Sprijinul de bază universal este menit să satisfacă nevoile fundamentale ale omului, dar nu există nici o definiţie acceptată a acestora. Dintr-o perspectivă pur biologică, un sapiens are nevoie de doar 1.500-2.500 de calorii pe zi ca să supravieţuiască. Orice este în plus e un lux. Însă, pe lângă acest prag biologic al sărăciei, fiecare cultură din istorie a inclus şi alte nevoi printre cele „de bază". În Europa medievală, accesul la slujbele religioase era considerat mai important decât hrana, deoarece acestea se îngrijeau mai curând de sufletul veşnic decât de trupul efemer. În Europa zilelor noastre, educaţia şi serviciile medicale rezonabile sunt considerate nevoi de bază ale omului, iar unii susţin că până şi accesul la internet este acum esenţial pentru fiecare bărbat, femeie şi copil. Dacă în 2050 Guvernul Mondial Unit va accepta să taxeze Google, Amazon, Baidu şi Tencent pentru a le oferi un ajutor de bază tuturor oamenilor de pe glob – atât în Dhaka, cât şi în Detroit –, ce va înţelege el prin „de bază" ?

De exemplu, ce include educaţia de bază : doar citit şi scris sau şi programare şi cântat la vioară ? Doar şase ani de şcoală primară sau totul până la doctorat ? Şi cum rămâne cu sistemul de sănătate ? Dacă până în 2050 progresele din medicină vor face posibilă încetinirea proceselor de îmbătrânire şi vor mări semnificativ speranţa de viaţă a omului, noile tratamente le vor fi accesibile tuturor celor zece miliarde de oameni de pe planetă sau doar câtorva miliardari ? Dacă biotehnologia le va permite părinţilor să-şi upgradeze copiii, aceasta va fi considerată o nevoie de bază a omului sau vom asista la împărţirea omenirii în diferite caste biologice, supraoamenii bogaţi bucurându-se de abilităţi care le vor depăşi cu mult pe cele ale săracilor *Homo sapiens* ?

Oricum aţi alege să definiţi „nevoile de bază ale omului", odată ce le veţi satisface în mod gratuit pentru toţi, vor fi considerate de la sine înţelese, iar apoi luptele politice şi rivalităţile sociale acerbe se vor concentra asupra articolelor de lux – fie ele maşini autonome extravagante, acces la parcuri de realitate virtuală sau corpuri îmbunătăţite prin bioinginerie. Cu toate acestea, dacă masele şomere nu dispun de active economice, e greu de crezut că ar putea spera să obţină vreodată asemenea produse de lux. Prin urmare, decalajul dintre bogaţi (managerii Tencent şi acţionarii Google) şi săraci (care depind de venitul de bază universal) ar putea deveni nu numai mai mare, ci realmente imposibil de eliminat.

Aşadar, chiar dacă în 2050 un sistem de sprijin universal le va oferi oamenilor săraci o educaţie şi servicii medicale mult mai bune decât astăzi, tot e posibil ca aceştia să fie extrem de furioşi din pricina inegalităţii globale şi a lipsei de mobilitate socială. Oamenii vor simţi că sistemul este manipulat în defavoarea lor, că guvernul îi slujește doar pe cei superbogați și că viitorul va fi chiar mai rău pentru ei și pentru copiii lor[29].

Homo sapiens pur și simplu nu este făcut să fie satisfăcut. Fericirea omului depinde nu atât de condițiile obiective, cât de propriile așteptări. Însă așteptările tind să se adapteze la condiții, inclusiv la condiția *altor oameni*. Când situația se îmbunătățește, așteptările cresc și, drept urmare, e posibil ca și în urma unor îmbunătățiri semnificative ale condițiilor să fim la fel de nemulțumiți ca înainte. Dacă sprijinul de bază universal este menit să amelioreze condițiile obiective ale omului de rând în 2050, are șanse mari de reușită. Dar, dacă este menit să-i facă pe oameni mai satisfăcuți subiectiv de soarta lor și să prevină nemulțumirea socială, cel mai probabil va eșua.

Ca să-și atingă cu adevărat obiectivele, la sprijinul de bază universal vor trebui adăugate și anumite preocupări importante, de la sport la religie. Poate cel mai reușit experiment de până acum legat de modalitatea de a avea o viață mulțumitoare într-o lume post-muncă s-a desfășurat în Israel. Acolo, circa 50% dintre bărbații evrei ultraortodocși nu lucrează niciodată. Își dedică viața studiului sfintelor scripturi și îndeplinirii ritualurilor religioase. Ei și familiile lor nu mor de foame pentru că, pe de o parte, adesea soțiile muncesc și, pe de altă parte, guvernul le oferă ajutoare generoase și servicii gratuite, asigurându-se că nu le lipsește strictul necesar. Acesta este sprijinul de bază universal *avant la lettre*[30].

Deși sunt săraci și șomeri, acești evrei ultraortodocși raportează în sondaj după sondaj un grad mai ridicat de satisfacție în ceea ce privește viața lor decât orice alt segment al societății israeliene. Acest lucru se datorează forței legăturilor lor cu comunitatea, precum și semnificației profunde pe care o au pentru ei studierea scripturilor și îndeplinirea ritualurilor. E posibil ca o cămăruță plină de evrei care discută despre Talmud să genereze mai multă bucurie, implicare și introspecție decât un atelier textil uriaș, plin de oameni care muncesc din greu. În sondajele globale cu privire la satisfacția în viață, Israelul se situează de obicei undeva aproape de vârf, grație, parțial, contribuției acestor oameni săraci și șomeri[31].

Israelienii laici se plâng adesea amarnic că ultraortodocșii nu contribuie suficient la prosperitatea societății și că trăiesc de pe urma trudei altora.

De asemenea, israelienii laici tind să afirme că stilul de viaţă ultraortodox nu este sustenabil, mai ales pentru că familiile ultraortodoxe au în medie şapte copii[32]. Mai devreme sau mai târziu, statul nu va mai fi capabil să susţină atât de mulţi şomeri, iar ultraortodocşii vor fi nevoiţi să muncească. Totuşi, s-ar putea să se întâmple exact pe dos. Pe măsură ce roboţii şi IA îi vor scoate pe oameni de pe piaţa muncii, evreii ultraortodocşi ar putea ajunge să fie consideraţi mai curând modelul viitorului decât o fosilă din trecut. Asta nu înseamnă că toţi vor deveni evrei ortodocşi şi vor merge la ieşive ca să studieze Talmudul. Dar, în viaţa tuturor oamenilor, căutarea sensului şi a comunităţii ar putea eclipsa căutarea unui loc de muncă.

Dacă vom reuşi să combinăm o plasă de siguranţă economică universală cu comunităţi puternice şi preocupări cu însemnătate, s-ar putea ca pierderea locurilor noastre de muncă în favoarea algoritmilor să se dovedească a fi de fapt o binecuvântare. Însă pierderea controlului asupra vieţii noastre este un scenariu mult mai înspăimântător. Pe lângă pericolul şomajului în masă, ceea ce ar trebui să ne îngrijoreze şi mai mult este transferul autorităţii de la oameni la algoritmi, care ar putea să spulbere tot ce a mai rămas din credinţa în povestea liberală şi să faciliteze ascensiunea dictaturilor digitale.

Capitolul 3

Libertatea

Big Data e cu ochii pe tine

Povestea liberală preţuieşte libertatea omului, considerând-o valoarea supremă. Ea susţine că orice autoritate izvorăşte în definitiv din liberul-arbitru al indivizilor, aşa cum se manifestă acesta în sentimentele, dorinţele şi alegerile lor. În politică, liberalismul consideră că alegătorul ştie cel mai bine. Prin urmare, susţine alegerile democratice. În economie, liberalismul susţine că clientul are întotdeauna dreptate. De aceea, glorifică principiile pieţei libere. În chestiunile personale, liberalismul îi încurajează pe oameni să se asculte pe ei înşişi, să-şi respecte propriile valori şi să-şi urmeze inima - atâta vreme cât nu încalcă libertăţile altora. Această libertate personală este considerată sacră şi inclusă în rândul drepturilor omului.

În discursul politic occidental, termenul „liberal" este folosit uneori azi într-un sens mult mai restrâns, partizan, denumindu-i pe cei ce sprijină anumite cauze, precum căsătoriile gay, controlul armelor şi avortul. Totuşi, majoritatea aşa-numiţilor conservatori îmbrăţişează la rândul lor viziunea liberală generală asupra lumii. Îndeosebi în Statele Unite, atât republicanii, cât şi democraţii ar trebui să mai ia din când în când câte o pauză de la disputele lor aprinse ca să-şi aducă aminte că susţin cu toţii valori fundamentale precum alegerile libere, independenţa justiţiei şi drepturile omului.

În special, este extrem de important să ne amintim că eroi de dreapta precum Ronald Reagan şi Margaret Thatcher au susţinut cu tărie nu numai libertăţile economice, ci şi libertăţile individuale. Într-un interviu celebru din 1987, Thatcher spunea că „nu există societate. Există [o] canava vie de bărbaţi şi femei... iar calitatea vieţii noastre va depinde de cât de mult este dispus fiecare dintre noi să-şi asume răspunderea pentru el însuşi"[1].

Urmaşii lui Thatcher din Partidul Conservator sunt întru totul de acord cu Partidul Laburist că autoritatea politică izvorăşte din sentimentele, alegerile şi liberul-arbitru ale votanţilor individuali. Astfel, atunci când Marea Britanie a trebuit să decidă dacă să părăsească sau nu UE, prim-ministrul David Cameron nu le-a cerut reginei Elisabeta a II-a, arhiepiscopului de Canterbury sau profesorilor de la Oxford şi Cambridge să tranşeze chestiunea. Nu i-a întrebat nici măcar pe membrii Parlamentului. În schimb, a organizat un referendum prin care fiecare britanic a fost întrebat: „Ce *simţiţi* cu privire la acest lucru ? ".

Aţi putea obiecta că oamenii au fost întrebaţi „Ce părere aveţi ? ", şi nu „Ce simţiţi ? ", dar aceasta este o confuzie frecventă. Referendumurile şi alegerile au întotdeauna legătură cu *sentimentele* umane, şi nu cu raţiunea omului. Dacă democraţia ar fi o chestiune de proces decizional raţional, nu ar mai exista nici un motiv pentru care toţi oamenii să aibă drepturi egale de vot - sau pur şi simplu drept de vot. Există numeroase dovezi că unii oameni sunt mult mai bine informaţi şi mai raţionali decât alţii, cu siguranţă atunci când vine vorba de chestiuni economice şi politice specifice[2]. În urma votului pentru Brexit, distinsul biolog Richard Dawkins a protestat, spunând că majoritatea covârşitoare a publicului britanic - inclusiv el - nu ar fi trebuit să aibă drept de vot la referendum, deoarece îi lipseau cunoştinţele necesare de economie şi ştiinţe politice. „Ai putea la fel de bine să organizezi un plebiscit naţional ca să stabileşti dacă algebra lui Einstein e corectă sau să-i laşi pe pasageri să voteze pe ce pistă ar trebui să aterizeze pilotul."[3]

Cu toate acestea, indiferent dacă acest lucru e bun sau rău, alegerile şi referendumurile nu ţin de ceea ce gândim, ci au de-a face cu ceea ce simţim. Iar când vine vorba de sentimente, Einstein şi Dawkins nu sunt mai presus decât oricare altul. Democraţia pleacă de la premisa că sentimentele umane reflectă un „liber-arbitru" misterios şi profund, că acest „liber-arbitru" este sursa supremă a autorităţii şi că, deşi unii oameni sunt mai inteligenţi decât alţii, toţi oamenii sunt liberi în egală măsură. La fel ca Einstein şi Dawkins, o menajeră neştiutoare de carte are şi ea liber-arbitru, aşa că în ziua alegerilor sentimentele ei - reprezentate de votul său - contează la fel de mult ca ale oricui altcuiva.

Sentimentele nu îi ghidează doar pe alegători, ci şi pe lideri. Cu ocazia referendumului din 2016 legat de Brexit, în fruntea campaniei în favoarea ieşirii din UE s-au aflat Boris Johnson şi Michael Gove. După ce David Cameron a demisionat, Gove l-a susţinut iniţial pe Johnson pentru funcţia de prim-ministru, însă chiar în ultima clipă Gove a declarat că Johnson nu era potrivit pentru această poziţie şi şi-a anunţat intenţia de a candida el însuşi la postul de premier. Manevra lui Gove, care a spulberat şansele lui Johnson, a fost considerată un asasinat politic machiavelic[4]. Dar Gove şi-a apărat acţiunile făcând apel la sentimentele sale şi explicând că „în viaţa mea politică mi-am pus la fiecare pas o singură întrebare: «Ce e bine de făcut? Ce îţi spune inima?»"[5]. Iată de ce, afirmă Gove, a luptat din răsputeri pentru Brexit şi s-a simţit nevoit să-l înjunghie pe la spate pe aliatul său de odinioară, Boris Johnson, şi să candideze el însuşi pentru funcţia de mascul alfa – fiindcă aşa i-a spus lui inima să facă.

Această încredere în vocea inimii s-ar putea dovedi a fi călcâiul lui Ahile pentru democraţia liberală. Întrucât, odată ce cineva (în Beijing sau în San Francisco) va dobândi capacitatea tehnologică de a descifra şi a manipula inima omului, politica democratică va deveni un spectacol emoţional cu marionete.

Ascultă algoritmul

Credinţa liberală în sentimentele şi alegerile libere ale indivizilor nu este nici naturală, nici foarte veche. Oamenii au crezut vreme de mii de ani că autoritatea decurge mai curând din legile divine decât din inima umană şi că, prin urmare, ar trebui să sanctificăm cuvântul lui Dumnezeu, şi nu libertatea omului. Abia în ultimele câteva secole oamenii în carne şi oase au luat locul zeităţilor celeste ca sursă a autorităţii.

În curând autoritatea s-ar putea deplasa din nou – de la oameni la algoritmi. La fel cum autoritatea divină era legitimată de mitologiile religioase, iar autoritatea umană era justificată de povestea liberală, viitoarea revoluţie tehnologică ar putea consfinţi autoritatea algoritmilor Big Data, subminând însăşi ideea de libertate individuală.

După cum precizam în capitolul anterior, observaţiile ştiinţifice cu privire la modul în care funcţionează creierul şi corpul nostru sugerează că sentimentele noastre nu constituie o calitate spirituală tipic umană şi că nu reflectă nici un fel de „liber-arbitru". Mai curând, sentimentele sunt mecanisme biochimice pe care toate mamiferele şi păsările le folosesc pentru a calcula rapid probabilităţile de supravieţuire şi reproducere. Sentimentele nu se bazează pe intuiţie, inspiraţie sau libertate, ci pe calcul.

Atunci când o maimuţă, un şoarece sau un om vede un şarpe, apare frica, deoarece milioane de neuroni din creier calculează cu rapiditate datele relevante şi conchid că probabilitatea morţii este mare. Senzaţiile de atracţie sexuală apar atunci când alţi algoritmi biochimici calculează că un individ din apropiere prezintă o probabilitate ridicată de împerechere reuşită, de relaţionare socială sau de a atinge alt obiectiv dorit. Sentimentele morale precum indignarea, vinovăţia sau iertarea se datorează unor mecanisme neurale care au evoluat pentru a facilita cooperarea în grupuri. Toţi aceşti algoritmi biochimici au fost perfecţionaţi de-a lungul a milioane de ani de evoluţie. Dacă sentimentele vreunui strămoş îndepărtat făceau o greşeală, genele care modelau aceste sentimente nu se transmiteau generaţiei următoare. Aşadar, sentimentele nu sunt opusul raţiunii, ci întruchipează raţiunea evolutivă.

Nu ne dăm seama de obicei că sentimentele sunt de fapt calcule, deoarece procesul rapid de calcul are loc cu mult sub pragul nostru de conştientizare. Nu simţim cum milioanele de neuroni din creier calculează probabilităţi de supravieţuire şi reproducere, aşa încât credem în mod greşit că frica noastră de şerpi, alegerea partenerilor noştri sexuali sau opiniile noastre despre Uniunea Europeană sunt rezultatul unui misterios „liber-arbitru".

Cu toate acestea, deşi liberalismul greşeşte crezând că sentimentele noastre reflectă un liber-arbitru, până astăzi să te bazezi pe sentimente însemna încă să dai dovadă de simţ practic. Pentru că, deşi sentimentele noastre nu aveau nimic magic sau liber, ele reprezentau cea mai bună metodă din univers de a decide ce să studiezi, cu cine să te căsătoreşti şi cu ce partid să votezi. Şi nici un sistem exterior nu putea spera să-mi înţeleagă sentimentele mai bine decât mine. Chiar dacă Inchiziţia spaniolă sau KGB-ul sovietic mă spiona minut de minut şi zi de zi, lor le lipseau cunoştinţele biologice şi puterea de calcul necesare pentru a descifra procesele biochimice care îmi modelau dorinţele şi alegerile. Din motive practice, era convenabil să susţin că am liber-arbitru, deoarece voinţa mea era modelată mai ales de interacţiunea unor forţe interioare, pe care nimeni nu le putea vedea din exterior. Mă puteam bucura de iluzia că îmi controlez lumea interioară secretă, iar cei din afară nu puteau înţelege niciodată cu adevărat ce se petrece înăuntrul meu şi cum iau decizii.

Drept urmare, liberalismul avea dreptate să-i îndemne pe oameni să-şi asculte mai curând inima decât dispoziţiile unui preot sau ale unui aparatcic. Cu toate acestea, algoritmii informatici v-ar putea îndruma în curând mai bine decât sentimentele umane. Cum Inchiziţia spaniolă şi KGB-ul sunt înlocuite de motoarele de căutare Google şi Baidu, „liberul-arbitru" va fi demascat cel mai probabil ca un mit, iar liberalismul şi-ar putea pierde avantajele practice.

Căci acum ne aflăm la confluenţa a două revoluţii imense. Pe de o parte, biologii descifrează misterele corpului uman şi în special ale creierului şi sentimentelor umane. În acelaşi timp, informaticienii ne oferă o putere de procesare a datelor fără precedent. Atunci când revoluţia biotehnologică va fuziona cu revoluţia tehnologiei informaţiei, va produce algoritmi Big Data capabili să-mi monitorizeze şi să-mi înţeleagă sentimentele mult mai bine decât mine, iar autoritatea va trece probabil de la oameni la computere. Cel mai probabil, iluzia mea de liber-arbitru se va dezintegra, dat fiind că zi de zi am de-a face cu instituţii, corporaţii şi agenţii guvernamentale care înţeleg şi manipulează ceea ce până acum fusese lumea mea interioară inaccesibilă.

Acest lucru se întâmplă deja în domeniul medical. Cele mai importante decizii medicale din viaţa noastră nu au la bază stările noastre de rău sau de bine şi nici măcar prognosticurile informate ale medicului nostru, ci calculele computerelor care ne înţeleg corpul mult mai bine decât noi. În decurs de câteva decenii, algoritmii Big Data informaţi de un şir constant de date biometrice ne-ar putea monitoriza non-stop starea de sănătate. Ar putea detecta gripa, cancerul sau boala Alzheimer în fază incipientă, cu mult înainte ca noi să simţim că e ceva în neregulă. Apoi ne-ar putea recomanda tratamentele, dietele şi regimurile zilnice adecvate, personalizate şi adaptate fizicului, ADN-ului şi personalităţii noastre unice.

Oamenii se vor bucura de cele mai bune servicii medicale din istorie, dar tocmai din acest motiv probabil că vor fi mereu bolnavi. Există întotdeauna ceva în neregulă undeva în corp. Există întotdeauna ceva care poate fi îmbunătăţit. În trecut, te simţeai perfect sănătos atât timp cât nu aveai dureri sau nu sufereai de o dizabilitate evidentă - de pildă, şchiopătat. Dar în 2050, graţie senzorilor biometrici şi algoritmilor Big Data, e posibil ca bolile să fie diagnosticate şi tratate cu mult înainte să provoace dureri sau să ducă la dizabilităţi. Drept urmare, vei constata în permanenţă că suferi de o anumită „afecţiune medicală" şi că urmezi cutare recomandare algoritmică. Dacă refuzi, e posibil să-ţi pierzi asigurarea medicală sau să fii concediat de şef - de ce să plătească ei pentru îndărătnicia ta?

Una e să fumezi în continuare în ciuda statisticilor generale care asociază fumatul cu cancerul pulmonar. Dar e cu totul altceva să fumezi în continuare în ciuda unui avertisment concret din partea unui senzor biometric care tocmai a detectat 17 celule canceroase în partea superioară a plămânului tău stâng. Iar dacă eşti dispus să sfidezi senzorul, ce vei face atunci când acesta va transmite avertismentul agenţiei tale de asigurări, managerului tău şi mamei tale?

Cine va avea timp şi energie să facă faţă tuturor acestor boli? Cel mai probabil, ne-am putea instrui pur şi simplu algoritmul responsabil de sănătate să se ocupe de majoritatea acestor probleme aşa cum crede de cuviinţă. Cel mult, va trimite periodic update-uri pe smartphone-urile noastre, spunându-ne că „17 celule canceroase au fost detectate şi distruse". Poate că ipohondrii vor citi cu grijă aceste update-uri, dar cei mai mulţi dintre noi le vor ignora, la fel cum ignorăm notificările acelea antivirus enervante pe computere.

Drama luării deciziilor

Ceea ce începe deja să se întâmple în medicină se va petrece, cel mai probabil, în tot mai multe domenii. Invenţia-cheie este senzorul biometric, pe care oamenii îl pot purta pe sau în corp şi care converteşte procesele biologice în informaţii electronice pe care computerele le pot stoca şi analiza. Cu suficiente date biometrice şi suficientă putere de calcul, sistemele externe de procesare a datelor îţi pot descifra toate dorinţele, deciziile şi opiniile. Pot şti exact cine eşti.

Majoritatea oamenilor nu se cunosc prea bine. Când aveam 21 de ani, am conştientizat în sfârşit că sunt gay, după ce trăisem ani de zile într-o stare de negare. Acesta nu este nici pe departe un lucru neobişnuit. Mulţi bărbaţi gay sunt nesiguri de sexualitatea lor pe toată durata adolescenţei. Acum imaginaţi-vă aceeaşi situaţie în 2050, când un algoritm îi poate spune oricărui adolescent exact unde se situează în spectrul gay/heterosexual (şi chiar cât de maleabilă e acea poziţie). Poate că algoritmul îţi arată fotografii sau filmuleţe cu bărbaţi sexy şi femei atrăgătoare, îţi monitorizează mişcările ochilor, tensiunea arterială şi activitatea cerebrală, iar după cinci minute stabileşte un număr pe scara Kinsey[6]. Asta m-ar fi scutit de ani întregi de frustrări. Poate că tu nu vrei să dai un asemenea test, dar apoi te trezeşti cu un grup de prieteni la petrecerea plictisitoare de ziua lui Michelle, iar cineva sugerează să vă analizaţi pe rând cu ajutorul unui nou algoritm interesant (cu toată lumea de faţă la primirea rezultatelor – acestea urmând să fie şi comentate). Te-ai sustrage pur şi simplu?

Şi, chiar dacă ai face-o şi te-ai ascunde în continuare de tine însuţi şi de colegii de clasă, nu vei putea să te ascunzi de Amazon, Alibaba sau poliţia secretă. Atunci când vei naviga pe internet, te vei uita pe YouTube sau vei citi postările de pe reţeaua de socializare, algoritmii te vor monitoriza discret, te vor analiza şi vor transmite companiei Coca-Cola că, dacă vrea să-ţi vândă o băutură carbogazoasă, mai bine ar folosi reclama cu băiatul la bustul gol, şi nu pe cea cu fata fără tricou. Nici măcar nu-ţi vei da seama. Dar ei vor şti, iar asemenea informaţii vor valora miliarde.

Dar poate că totul va fi public, iar oamenii îşi vor împărtăşi de bunăvoie informaţiile personale pentru a primi recomandări mai bune – şi, în cele din urmă, pentru ca algoritmul să ia decizii în locul lor. Începe cu lucruri simple – de pildă, decide ce film să urmăreşti. Atunci când urmează să-ţi petreci o seară liniştită împreună cu un grup de prieteni în faţa televizorului, trebuie să alegeţi înainte de toate la ce vă uitaţi. Acum 50 de ani nu aveaţi de ales, dar astăzi – odată cu dezvoltarea serviciilor de vizionare la cerere – există mii de titluri disponibile. Poate fi destul de greu să ajungeţi la un consens, deoarece, deşi ţie îţi plac thrillerele ştiinţifico-fantastice, Jack preferă comediile romantice, iar Jill votează pentru filmele de artă franceze. E foarte posibil să ajungeţi la un compromis alegând un film mediocru de categoria B care să vă dezamăgească pe toţi.

Un algoritm v-ar putea ajuta. Îi puteţi spune ce alte filme i-au plăcut mult fiecăruia dintre voi şi, pornind de la imensa lui bază de date statistice, algoritmul poate găsi apoi filmul perfect pentru grup. Din nefericire, un asemenea algoritm simplu este indus uşor în eroare, mai ales pentru că se ştie că informaţiile pe care le împărtăşesc oamenii despre sine nu sunt un indicator de încredere pentru adevăratele lor preferinţe. Se întâmplă adesea să auzim mai mulţi oameni care laudă un film şi îl consideră o capodoperă, să ne simţim presaţi să-l urmărim şi, chiar dacă adormim la jumătatea lui, să nu vrem să părem lipsiţi de gust, aşa că le spunem tuturor că a fost o experienţă nemaipomenită[7].

Totuşi, asemenea probleme pot fi rezolvate dacă permitem pur şi simplu algoritmului să adune în timp real informaţii despre noi atunci când ne uităm la filme, în loc să se bazeze pe datele îndoielnice pe care le împărtăşim despre noi. În primul rând, algoritmul poate monitoriza ce filme am urmărit până la capăt şi ce filme am abandonat la jumătate. Chiar dacă spunem lumii întregi că *Pe aripile vântului* este cel mai bun film făcut vreodată, algoritmul va şti că nu am trecut de prima jumătate de oră şi că nu am văzut niciodată cum ardea Atlanta.

Însă algoritmul poate merge mult mai în profunzime. În clipa de faţă, inginerii dezvoltă softuri care pot detecta emoţiile umane în funcţie de mişcările ochilor şi de muşchii faciali[8]. Dacă ataşăm o cameră bună la televizor, un astfel de software va şti ce scene ne-au făcut să râdem, ce scene ne-au întristat şi ce scene ne-au plictisit. Apoi, conectând algoritmul la senzori biometrici, algoritmul va şti cum ne-a influenţat fiecare cadru pulsul, tensiunea arterială şi activitatea cerebrală. În timp ce urmărim, să spunem, filmul *Pulp Fiction* regizat de Tarantino, algoritmul ar putea sesiza că scena violului ne-a provocat o urmă aproape imperceptibilă de excitare sexuală, că, atunci când Vincent l-a împuşcat din greşeală pe Marvin în faţă, am râs complice şi că nu am înţeles poanta despre burgerul Big Kahuna - dar am râs oricum, ca să nu părem proşti. Atunci când râzi forţat, foloseşti alte circuite cerebrale şi alţi muşchi decât atunci când râzi fiindcă ceva e foarte amuzant. De obicei, oamenii nu pot sesiza diferenţa. Dar un senzor biometric ar putea[9].

Cuvântul *televiziune* provine din grecescul *tele*, care înseamnă „departe", şi latinescul *visio*, „vedere". Televizorul a fost conceput iniţial ca dispozitiv care să ne permită să vedem de departe. Dar curând ar putea să ne permită să *fim văzuţi* de departe. După cum îşi imagina George Orwell în *O mie nouă sute optzeci şi patru*, televizorul ne va urmări în timp ce ne uităm la el. După ce am urmărit filmografia lui Tarantino, e posibil să fi uitat mare parte din ea. Dar Netflix, Amazon sau cine deţine algoritmul TV ne va cunoaşte tipul de personalitate şi va şti pe ce butoane emoţionale să apese în ceea ce ne priveşte. Asemenea date le-ar putea permite companiilor Netflix şi Amazon să aleagă filme în locul nostru cu o precizie incredibilă, dar şi să ia în locul nostru cele mai importante decizii din viaţă – de pildă, ce să studiem, unde să lucrăm şi cu cine să ne căsătorim.

Fireşte că Amazon nu va nimeri de fiecare dată. E imposibil. Algoritmii vor greşi în repetate rânduri din cauza datelor insuficiente, a programării defectuoase, a definirii neclare a scopurilor şi a naturii haotice a vieţii[10]. Dar Amazon nu va trebui să fie perfect. Pur şi simplu va trebui să fie mai bun în medie decât noi, oamenii. Iar asta nu e atât de dificil, deoarece majoritatea oamenilor nu se cunosc prea bine pe ei înşişi, iar cei mai mulţi fac deseori greşeli catastrofale în cele mai importante decizii din viaţa lor. Chiar mai mult decât algoritmii, oamenii au de suferit din cauza datelor insuficiente, a programării defectuoase (genetice şi culturale), a definiţiilor neclare şi a haosului vieţii.

Aţi putea foarte bine să enumeraţi numeroasele probleme pe care le prezintă algoritmii şi să conchideţi că oamenii nu vor avea niciodată încredere în ei. Dar e oarecum ca şi când am trece în revistă toate neajunsurile democraţiei şi am conchide că nici o persoană sănătoasă la cap nu ar alege vreodată să susţină un asemenea sistem. Se ştie că Winston Churchill spunea că democraţia este cel mai rău sistem politic din lume, cu excepţia tuturor celorlalte. Pe bună dreptate sau nu, oamenii ar putea trage aceleaşi concluzii şi în legătură cu algoritmii Big Data: au o mulţime de hibe, dar nu avem o variantă mai bună.

Pe măsură ce oamenii de ştiinţă vor înţelege mai bine cum iau decizii oamenii, cel mai probabil tentaţia de a ne baza pe algoritmi va creşte. Descifrarea procesului uman de luare a deciziilor nu numai că va face algoritmii Big Data mai fiabili, ci va face în acelaşi timp sentimentele umane *mai puţin* fiabile. Pe măsură ce guvernele şi corporaţiile vor reuşi să descifreze sistemul uman de operare, vom fi expuşi unui val de manipulare, publicitate şi propagandă bine direcţionat. Opiniile şi emoţiile noastre ar putea deveni atât de uşor de manipulat, încât vom fi nevoiţi să ne bazăm pe algoritmi la fel cum un pilot care suferă un acces de vertij trebuie să ignore ceea ce îi spun propriile simţuri şi să-şi pună toată încrederea în aparat.

În unele ţări şi în anumite situaţii, poate că oamenilor nu li se va da de ales şi vor fi nevoiţi să se supună deciziilor algoritmilor Big Data. Totuşi, până şi în societăţile aşa-zis libere, algoritmii ar putea câştiga autoritate, fiindcă vom învăţa din experienţă să mergem pe mâna lor în tot mai multe privinţe, iar treptat ne vom pierde capacitatea de a lua singuri decizii. Gândiţi-vă doar la felul cum, în decurs de numai două decenii, miliarde de oameni au ajuns să încredinţeze algoritmului de căutare Google una dintre cele mai importante sarcini : căutarea informaţiilor relevante şi demne de încredere. Noi nu mai căutăm informaţii, ci „google-im". Şi, pe măsură ce ne bazăm din ce în ce mai mult pe Google pentru răspunsuri, capacitatea noastră de a căuta singuri informaţii scade. Astăzi, „adevărul" este deja definit de primele rezultate ale căutării pe Google[11].

Acest lucru s-a întâmplat şi cu abilităţile fizice, precum orientarea în spaţiu. Oamenii apelează la Google pentru indicaţii. Atunci când ajung într-o intersecţie, poate că instinctul le spune „virează la stânga", dar Google Maps spune „virează la dreapta". La început îşi urmează instinctul, virează la stânga, rămân blocaţi într-un ambuteiaj şi ratează o întâlnire importantă. Data următoare respectă indicaţiile date de Google, virează la dreapta şi ajung la timp. Învaţă din experienţă să aibă încredere în Google. Într-un an sau doi, se bazează orbeşte pe orice le-ar spune Google Maps şi, dacă nu le funcţionează smartphone-ul, sunt complet neajutoraţi.

În martie 2012 trei turişti japonezi aflaţi în Australia au decis să facă o excursie de o zi pe o mică insulă din larg şi au intrat cu maşina direct în Oceanul Pacific. Şoferiţa, Yuzu Nuda, în vârstă de 21 de ani, a spus mai târziu că nu făcuse decât să urmeze instrucţiunile GPS-ului, care „ne-a spus că puteam ajunge acolo cu maşina. Repeta întruna că avea să ne conducă spre un drum. Ne-am împotmolit"[12]. În alte incidente similare, oamenii au intrat cu maşina într-un lac sau au căzut de pe un pod dărâmat, cauza fiind, se pare, că au urmat instrucţiunile GPS-ului[13]. Capacitatea de orientare e aidoma unui muşchi - dacă nu o foloseşti, o pierzi[14]. Acelaşi lucru este valabil şi pentru abilitatea de a alege parteneri de viaţă sau profesii.

An de an, milioane de tineri trebuie să hotărască ce anume să studieze la universitate. Este o decizie extrem de importantă şi foarte dificilă. Eşti presat de părinţi, de prieteni şi de profesori, care au interese şi opinii diferite. Iar tu te confrunţi la rândul tău cu propriile temeri şi iluzii. Judecata îţi este întunecată şi manipulată de superproducţiile de la Hollywood, de romanele ieftine şi de campaniile publicitare sofisticate. Îţi este extrem de dificil să iei o decizie înţeleaptă, deoarece nu ştii cu adevărat de ce anume e nevoie ca să reuşeşti în diferite profesii şi nu ai neapărat o imagine realistă cu privire la punctele forte şi slăbiciunile tale. De ce anume am nevoie ca să reuşesc ca avocat? Cum mă descurc sub presiune? Lucrez bine în echipă?

O tânără s-ar putea înscrie la Drept deoarece are o imagine greşită a propriilor aptitudini şi o viziune şi mai distorsionată despre ceea ce presupune cu adevărat meseria de avocat (nu înseamnă să ţii discursuri dramatice şi să strigi toată ziua „Obiectez, Onorată Instanţă!"). În acelaşi timp, prietena ei decide să-şi împlinească un vis din copilărie şi să studieze baletul, cu toate că nu are nici disciplina, nici structura osoasă necesare. Ani mai târziu, amândouă îşi regretă amarnic alegerile. În viitor, ne-am putea baza pe Google să ia asemenea decizii în locul nostru. Google mi-ar putea spune că ar fi o pierdere de vreme să urmez Dreptul sau să fac cursuri de balet, dar că aş putea fi un psiholog sau un instalator excelent (şi foarte fericit)[15].

Odată ce IA va lua decizii mai bune decât noi în ceea ce priveşte carierele şi poate chiar relaţiile, ideea noastră despre umanitate şi despre viaţă va trebui să se schimbe. Oamenii sunt obişnuiţi să privească viaţa ca pe un proces dramatic de luare a deciziilor. Democraţia liberală şi capitalismul de tip laissez-faire văd individul ca pe un agent autonom care face în permanenţă alegeri legate de lume. Operele de artă - fie ele piese de Shakespeare, romane de Jane Austen sau comedii hollywoodiene de prost-gust – se învârt în jurul faptului că eroul trebuie să ia o anumită decizie absolut crucială. A fi sau a nu fi? Să-mi ascult soţia şi să-l ucid pe regele Duncan sau să-mi ascult conştiinţa şi să-l cruţ? Să mă căsătoresc cu domnul Collins sau cu domnul Darcy? În mod asemănător, teologia creştină şi cea musulmană se concentrează asupra dramei luării deciziilor, susţinând că mântuirea sau osânda veşnică depind de alegerea corectă.

Ce se va întâmpla cu această viziune asupra vieţii pe măsură ce ne vom baza din ce în ce mai mult pe IA ca să ia decizii în locul nostru? În clipa de faţă avem încredere în Netflix să ne recomande filme şi în Google Maps să aleagă dacă să virăm la dreapta sau la stânga. Dar, odată ce vom începe să ne bazăm pe IA ca să decidă ce să studiem, unde să lucrăm şi cu cine să ne căsătorim, viaţa umană va înceta să mai fie o dramă a luării deciziilor. Alegerile democratice şi pieţele libere nu prea vor mai avea noimă. La fel ca majoritatea religiilor şi operelor de artă. Imaginaţi-vă că Anna Karenina îşi scoate smartphone-ul şi întreabă algoritmul Facebook dacă să rămână măritată cu Karenin sau să fugă cu galantul conte Vronski. Sau închipuiţi-vă că în piesa preferată de Shakespeare toate deciziile cruciale sunt luate de algoritmul Google. Hamlet şi Macbeth vor duce o viaţă mult mai tihnită, dar ce fel de viaţă va fi aceasta, mai exact? Avem modele pentru a înţelege o asemenea viaţă?

Pe măsură ce autoritatea va trece de la oameni la algoritmi, e posibil să nu mai vedem lumea ca pe locul de joacă al unor indivizi autonomi care se chinuie să facă alegerile corecte. În schimb, s-ar putea să percepem întregul univers ca pe un flux de date, să considerăm organismele nişte simpli algoritmi biochimici şi să credem că vocaţia cosmică a omenirii este să creeze un sistem atotcuprinzător de procesare a datelor – şi apoi să ne contopim cu el. În ziua de azi devenim deja cipuri minuscule într-un sistem uriaş de procesare a datelor pe care nimeni nu îl înţelege cu adevărat. Zi de zi, asimilez nenumăraţi biţi de date prin e-mailuri, tweet-uri şi articole; procesez datele; şi transmit înapoi noi biţi prin alte e-mailuri, tweet-uri şi articole. Nu prea ştiu care mi-e locul în imaginea de ansamblu şi cum se conectează biţii mei de date cu biţii produşi de alte miliarde de oameni şi computere. Nu am timp să aflu, fiindcă sunt prea ocupat să răspund la toate aceste e-mailuri.

Maşina filosofică

Unii ar putea obiecta că algoritmii nu ar fi niciodată capabili să ia decizii importante în locul nostru, întrucât deciziile importante implică de regulă o dimensiune etică, iar algoritmii nu înţeleg etica. Cu toate acestea, nu avem motive să pornim de la premisa că algoritmii nu vor fi capabili să-l întreacă pe omul de rând chiar şi la capitolul etică. În prezent, dispozitive precum smartphone-urile şi vehiculele autonome iau decizii care până acum erau monopolul oamenilor şi încep deja să se confrunte cu acelaşi gen de probleme etice care îi chinuie pe oameni de mii de ani.

De exemplu, să presupunem că doi copii care fug după o minge sar drept în faţa unei maşini autonome. Cu ajutorul calculelor sale extrem de rapide, algoritmul care conduce maşina conchide că nu poate evita să-i lovească pe cei doi copii decât dacă virează pe contrasens, riscând o coliziune cu un camion care se apropie. Algoritmul calculează că în acest caz există un risc de 70% ca proprietarul maşinii – care doarme dus pe bancheta din spate – să fie ucis. Ce ar trebui să facă algoritmul[16]?

Filosofii se ceartă pe marginea acestor „dileme ale vagonului" de mii de ani (sunt numite „dileme ale vagonului" deoarece exemplele clasice din dezbaterile filosofice moderne se referă la un vagon scăpat de sub control care se deplasează în viteză pe o şină de cale ferată, şi nu la o maşină autonomă)[17]. Până acum, aceste dispute au avut un impact ruşinos de mic asupra comportamentului real, deoarece în momentele de criză oamenii uită deseori cu totul de vederile lor filosofice şi-şi urmează în schimb emoţiile şi instinctele.

Unul dintre cele mai neplăcute experimente din istoria ştiinţelor sociale a fost efectuat în decembrie 1970 pe un grup de studenţi de la Seminarul Teologic Princeton, care se pregăteau să devină preoţi în cadrul Bisericii Prezbiteriene. Fiecărui student i s-a cerut să meargă repede într-o sală îndepărtată, unde să ţină o prelegere despre parabola Bunului Samaritean, care povesteşte cum un iudeu ce călătorea de la Ierusalim la Ierihon a fost prădat şi bătut de tâlhari, care l-au lăsat apoi să moară la marginea drumului. După o vreme, au trecut pe acolo un preot şi un levit, dar amândoi l-au ignorat pe bărbat. În schimb, un samaritean – membru al unei secte dispreţuite de evrei - s-a oprit când a văzut victima, a îngrijit-o şi i-a salvat viaţa. Morala parabolei este că meritul oamenilor ar trebui să fie judecat în funcţie de comportamentul lor propriu-zis, şi nu în funcţie de afilierea lor religioasă.

Tinerii seminarişti entuziaşti au pornit în fugă spre sala de conferinţe, gândindu-se pe drum cum să explice cel mai bine morala parabolei Bunului Samaritean. Dar organizatorii experimentului le-au adus în cale o persoană îmbrăcată ponosit, care stătea prăvălită pe un prag, cu capul plecat şi ochii închişi. Atunci când fiecare seminarist trecea în grabă pe lângă ea, fără să bănuiască nimic, „victima" tuşea şi gemea. Majoritatea seminariştilor nu s-au oprit nici măcar ca să întrebe ce era în neregulă cu bărbatul, cu atât mai puţin să dea o mână de ajutor. Stresul emoţional creat de nevoia de a ajunge cât mai repede în sala de conferinţe a cântărit mai greu decât obligaţia morală de a-i ajuta pe străinii aflaţi la ananghie[18].

Emoţiile umane cântăresc mai greu decât teoriile filosofice în nenumărate alte situaţii. Asta face ca istoria etică şi filosofică a lumii să fie o poveste destul de deprimantă, cu idealuri nemaipomenite şi comportamente nu tocmai ideale. Câţi creştini întorc realmente şi celălalt obraz, câţi budişti chiar se ridică deasupra obsesiilor egoiste şi câţi evrei îşi iubesc aproapele ca pe ei înşişi? De vină e doar felul în care selecţia naturală l-a modelat pe *Homo sapiens*. La fel ca toate mamiferele, *Homo sapiens* foloseşte emoţiile ca să ia rapid decizii vitale. Am moştenit furia, frica şi dorinţa sexuală de la milioane de strămoşi care au trecut cu toţii cele mai riguroase teste de control al calităţii aplicate de selecţia naturală.

Din nefericire, ceea ce era bun pentru supravieţuire şi reproducere în savana africană cu un milion de ani în urmă nu conduce neapărat la un comportament responsabil pe autostrăzile secolului XXI. Şoferii umani neatenţi, furioşi şi nerăbdători ucid anual peste un milion de oameni în accidente rutiere. Ne putem trimite toţi filosofii, profeţii şi preoţii să le dea acestor şoferi lecţii de etică, dar pe şosea tot emoţiile de mamifer şi instinctele de savană preiau controlul. Prin urmare, seminariştii grăbiţi îi vor ignora pe oamenii care au nevoie de ajutor, iar şoferii ce trec printr-o criză îi vor călca pe nefericiţii pietoni.

Această ruptură dintre seminar şi şosea este una dintre cele mai mari probleme practice din etică. Immanuel Kant, John Stuart Mill şi John

Rawls pot să stea zile întregi într-o sală drăguţă de curs şi să dezbată probleme teoretice de etică, dar concluziile lor ar fi oare puse în practică de şoferii stresaţi atunci când se confruntă cu o urgenţă şi trebuie să decidă într-o fracţiune de secundă? Poate că Michael Schumacher - campionul de Formula 1 considerat uneori cel mai bun pilot din istorie - era capabil să se gândească la filosofie în timp ce se afla la volanul unui monopost; dar cei mai mulţi dintre noi nu sunt Schumacher.

În schimb, algoritmii informatici nu au fost modelaţi de selecţia naturală şi nu au nici emoţii, nici instincte. De aceea, în momente de criză, ar putea urma instrucţiuni etice mult mai bine decât oamenii - cu condiţia să găsim o modalitate prin care să codificăm etica, transformând-o în statistici şi numere exacte. Dacă i-am învăţa pe Kant, Mill şi Rawls să scrie coduri, aceştia ar putea programa cu grijă maşina autonomă în laboratorul lor confortabil, având siguranţa că maşina le va respecta comenzile pe autostradă. De fapt, fiecare maşină va fi condusă de Michael Schumacher şi Immanuel Kant la un loc.

Aşadar, dacă programezi o maşină autonomă să se oprească şi să-i ajute pe străinii aflaţi la ananghie, va proceda întocmai orice s-ar întâmpla (asta, fireşte, dacă nu introduci anumite scenarii excepţionale). În mod similar, dacă maşina ta autonomă este programată să vireze pe contrasens ca să-i salveze pe cei doi copii din calea ei, poţi fi sigur că exact asta va face. Ceea ce înseamnă că, atunci când îşi vor proiecta maşina autonomă, Toyota sau Tesla vor transforma o problemă teoretică din filosofia eticii într-o problemă practică de inginerie.

Fireşte, algoritmii filosofici nu vor fi niciodată perfecţi. Se vor produce în continuare greşeli, care se vor solda cu răni, decese şi litigii extrem de complicate. (Pentru prima dată în istorie, ai putea să dai în judecată un filosof pentru rezultatele nefericite ale teoriilor sale, deoarece, pentru prima dată în istorie, ai putea dovedi o legătură cauzală directă între ideile filosofice şi evenimentele din viaţa reală.) Însă, pentru a-i înlocui pe şoferii umani, algoritmii nu vor trebui să fie perfecţi. Vor trebui doar să fie mai buni decât oamenii. Dat fiind că şoferii umani ucid peste un milion de oameni în fiecare an, nici măcar nu e o sarcină grea. La urma urmei, ai prefera ca maşina de lângă tine să fie condusă de un adolescent beat sau de echipa Schumacher-Kant[19]?

Aceeaşi logică se aplică nu numai în cazul şofatului, ci în multe alte situaţii. Să luăm exemplul candidaturilor pentru un loc de muncă. În secolul XXI, decizia angajării unei persoane pe un post va fi luată din ce în ce mai des de algoritmi. Nu ne putem baza pe maşină să stabilească standardele etice relevante - tot oamenii vor trebui să facă în continuare acest lucru. Dar, odată ce ne vom hotărî asupra unui standard etic pe piaţa muncii - că e greşit să discriminăm persoanele de culoare sau femeile, de exemplu -, ne putem baza pe maşini să implementeze şi să menţină acest standard mai bine decât oamenii[20].

Un manager uman poate şti că nu este etic să discriminezi persoanele de culoare şi femeile şi poate chiar e de acord cu acest lucru, dar apoi, când o femeie de culoare candidează pentru un loc de muncă, managerul o discriminează subconştient şi decide să nu o angajeze. Dacă permitem unui computer să evalueze candidaturile şi îl programăm să ignore cu totul rasa şi sexul, putem fi siguri că, într-adevăr, el nu va ţine cont de aceşti factori, întrucât computerele nu au subconştient. Desigur, nu va fi uşor de scris un cod pentru evaluarea candidaturilor la un loc de muncă şi există întotdeauna pericolul ca inginerii să-şi programeze cumva propriile prejudecăţi subconştiente în software[21]. Totuşi, odată ce descoperim asemenea greşeli, probabil că ar fi mult mai uşor să reparăm software-ul decât să înlăturăm prejudecăţile rasiste şi misogine ale oamenilor.

Am văzut că dezvoltarea inteligenţei artificiale i-ar putea scoate pe cei mai mulţi oameni de pe piaţa muncii - inclusiv pe şoferi şi pe agenţii de circulaţie (atunci când oamenii scandalagii vor fi înlocuiţi cu algoritmi ascultători, agenţii de circulaţie vor deveni inutili). Totuşi, s-ar putea să existe noi posturi disponibile pentru filosofi, deoarece abilităţile lor - lipsite până acum de prea multă valoare comercială - vor ajunge brusc să fie la mare căutare. Prin urmare, dacă vrei să studiezi ceva care să-ţi garanteze o slujbă bună în viitor, poate că filosofia nu este o alegere atât de proastă.

Desigur, filosofii se pun rareori de acord cu privire la modul corect de a acţiona. Puţine „dileme ale vagonului" au fost rezolvate spre mulţumirea tuturor filosofilor, iar gânditorii utilitarişti ca John Stuart Mill (care judecă faptele în funcţie de consecinţe) au păreri cât se poate de diferite faţă de deontologii ca Immanuel Kant (care judecă faptele în funcţie de reguli absolute). Ar fi Tesla nevoită să ia poziţie cu privire la asemenea chestiuni spinoase ca să producă o maşină?

Ei bine, poate că Tesla o va lăsa pur şi simplu în seama pieţei. Tesla va produce două modele ale maşinii autonome: Tesla Altruistă şi Tesla Egoistă. Atunci când apare o urgenţă, Altruista îşi sacrifică proprietarul pentru binele mai mare, în vreme ce Egoista face tot ce îi stă în putinţă ca să-şi salveze proprietarul, chiar dacă asta înseamnă să-i ucidă pe cei doi copii. Clienţii vor putea astfel să cumpere maşina care corespunde în cea mai mare măsură viziunii lor filosofice favorite. Dacă mai mulţi oameni vor cumpăra Tesla Egoistă, nu veţi putea da vina pe Tesla pentru asta. La urma urmei, clientul are întotdeauna dreptate.

Nu este o glumă. În cadrul unui studiu revoluţionar din 2015, oamenilor li s-a prezentat un scenariu ipotetic cu o maşină autonomă care era pe cale să calce mai mulţi pietoni. Majoritatea au spus că, într-un asemenea caz, maşina ar trebui să salveze pietonii, chiar cu preţul vieţii proprietarului ei. Ulterior, când au fost întrebaţi dacă ar cumpăra o maşină programată să-şi sacrifice proprietarul pentru binele mai mare, majoritatea au spus nu. Pentru ei înşişi, ar prefera Tesla Egoistă[22].

Imaginaţi-vă următoarea situaţie: aţi cumpărat o maşină nouă, dar, înainte de a putea începe să o folosiţi, trebuie să deschideţi meniul cu setările şi să bifaţi una din mai multe căsuţe. În cazul unui accident, vreţi ca maşina să vă sacrifice viaţa sau să ucidă familia din celălalt vehicul? Este aceasta o alegere pe care vreţi măcar să o faceţi? Gândiţi-vă numai la certurile pe care le veţi avea cu soţul în legătură cu căsuţa pe care să o bifaţi.

Aşadar, poate că statul ar trebui să intervină ca să reglementeze piaţa şi să impună un cod etic obligatoriu pentru toate maşinile autonome? Unii legiuitori vor fi fără îndoială în al nouălea cer că au în sfârşit ocazia să facă legi care să fie *întotdeauna* respectate întocmai. Alţi legislatori ar putea fi alarmaţi de o asemenea responsabilitate totalitară şi fără precedent. La urma urmei, de-a lungul istoriei, limitările aplicării legii au reprezentat o contrapondere bine-venită la prejudecăţile, greşelile şi excesele legiuitorilor. A fost un mare noroc că legile împotriva homosexualităţii şi a blasfemiei au fost aplicate doar parţial. Chiar ne dorim un sistem în care deciziile politicienilor supuşi greşelilor să devină la fel de inexorabile ca gravitaţia?

Dictaturi digitale

IA îi înspăimântă adesea pe oameni deoarece ei nu au încredere că IA va rămâne supusă. Am văzut prea multe filme ştiinţifico-fantastice despre roboţi care se răzvrătesc împotriva stăpânilor lor umani, fac ravagii pe străzi şi măcelăresc pe toată lumea. Cu toate acestea, adevărata problemă cu roboţii este exact opusul. Ar trebui să ne temem de ei deoarece probabil că îşi vor asculta întotdeauna stăpânii şi nu se vor răzvrăti niciodată.

Nu e nimic în neregulă cu supunerea oarbă, desigur, atât timp cât roboţii slujesc nişte stăpâni inofensivi. Chiar şi în război, dacă s-ar folosi roboţi ucigaşi, pentru prima dată în istorie legile războiului ar fi realmente respectate pe câmpul de luptă. Soldaţii umani cad uneori pradă emoţiilor şi ucid, jefuiesc şi violează, încălcând astfel legile războiului. Asociem de regulă emoţiile cu compasiunea, dragostea şi empatia, dar pe timp de război emoţiile care preiau controlul sunt deseori teama, ura şi cruzimea. Cum roboţii nu au emoţii, putem avea încredere în ei că vor respecta mereu litera seacă a codului militar şi că nu vor fi influenţaţi niciodată de antipatii sau temeri personale[23].

Pe 16 martie 1968, o companie de soldaţi americani a luat-o razna în satul My Lai din Vietnamul de Sud şi a masacrat circa 400 de civili. Această crimă de război a avut la bază iniţiativa locală a unora care erau implicaţi de mai multe luni în război de gherilă din junglă. Nu slujea nici unui obiectiv strategic şi contravenea atât codului juridic, cât şi politicii militare ale Statelor Unite. De vină erau emoţiile umane[24]. Dacă SUA ar fi trimis în Vietnam roboţi ucigaşi, masacrul din My Lai nu ar mai fi avut loc.

Totuşi, înainte de a ne grăbi să proiectăm şi să desfăşurăm roboţi ucigaşi, trebuie să ne amintim că roboţii reflectă şi amplifică întotdeauna calităţile codului lor. În cazul în care codul este moderat şi inofensiv, probabil că roboţii vor reprezenta o variantă mult îmbunătăţită a soldatului uman obişnuit. Totuşi, atunci când codul este nemilos şi crud, rezultatele vor fi catastrofale. Adevărata problemă cu roboţii nu o constituie inteligenţa lor artificială, ci mai curând cruzimea şi prostia naturale ale stăpânilor lor umani.

În iulie 1995 trupele sârbo-bosniace au masacrat peste 8.000 de bosniaci musulmani din oraşul Srebrenica şi din împrejurimile acestuia. Spre deosebire de masacrul căruia i-a căzut pradă din întâmplare satul My Lai, crimele din Srebrenica au reprezentat o operaţiune de durată şi bine organizată ce reflecta politica sârbo-bosniacă de „purificare etnică" a Bosniei de musulmani[25]. Dacă sârbo-bosniacii ar fi avut roboţi ucigaşi în 1995, cel mai probabil ar fi agravat situaţia, în loc să tempereze atrocităţile. Nici un robot nu ar fi ezitat vreo clipă să execute ordinele primite şi nu ar fi cruţat viaţa nici unui copil musulman datorită vreunui sentiment de compasiune, dezgust sau simplă apatie.

Un dictator nemilos înarmat cu asemenea roboţi ucigaşi nu va trebui să se teamă niciodată că soldaţii se vor întoarce împotriva lui, oricât de crude şi de nebuneşti ar fi ordinele pe care le-ar da. Probabil că o armată de roboţi ar fi înăbuşit în faşă Revoluţia Franceză în 1789, iar dacă în 2011 Hosni Mubarak ar fi avut un contingent de roboţi ucigaşi, i-ar fi putut dezlănţui asupra populaţiei fără să se teamă că aceştia vor dezerta. În mod similar, un guvern imperialist care se bazează pe o armată de roboţi ar putea purta războaie lipsite de popularitate fără să-şi facă griji că roboţii săi şi-ar pierde motivaţia sau că familiile lor ar organiza proteste. Dacă SUA ar fi avut roboţi ucigaşi în Războiul din Vietnam, masacrul din My Lai ar fi putut fi prevenit, dar războiul în sine poate ar mai fi trenat mulţi ani, deoarece guvernul american şi-ar fi făcut mai puţine griji în privinţa soldaţilor demoralizaţi, a demonstraţiilor masive împotriva războiului sau a unei mişcări a „roboţilor veterani împotriva războiului" (poate că unii cetăţeni americani ar fi condamnat în continuare războiul, dar, fără teama de a fi ei înşişi recrutaţi, fără amintirea atrocităţilor comise de ei personal şi fără pierderea dureroasă a vreunei rude dragi, protestatarii ar fi fost probabil mai puţin numeroşi şi mai puţin angajaţi)[26].

Aceste tipuri de probleme sunt mult mai puţin relevante pentru vehiculele civile autonome, deoarece nici un producător de maşini nu-şi va programa cu rea intenţie vehiculele să vâneze şi să ucidă oameni. Totuşi, sistemele autonome de armament sunt o catastrofă iminentă, deoarece prea multe guverne tind să fie corupte din punct de vedere moral, dacă nu de-a dreptul diabolice.

Pericolul nu se rezumă la maşinăriile de ucis. Sistemele de supraveghere ar putea fi la fel de riscante. În mâinile unui guvern inofensiv, algoritmii puternici de supraveghere pot fi cel mai bun lucru de care a avut parte omenirea vreodată. Însă aceiaşi algoritmi Big Data i-ar putea da putere totodată unui Big Brother din viitor, astfel încât am ajunge să avem un regim de supraveghere orwellian în care toţi indivizii sunt monitorizaţi în permanenţă[27].

Ba chiar am putea ajunge să avem ceva ce până şi pentru Orwell ar fi fost greu de imaginat : un regim de supraveghere totală care ne urmăreşte nu doar toate afirmaţiile şi activităţile exterioare, ci e chiar capabil să ne pătrundă sub piele, pentru a ne urmări experienţele interioare. Gândiţi-vă, de pildă, ce ar face regimul Kim din Coreea de Nord cu noua tehnologie. În viitor, fiecărui cetăţean nord-coreean i s-ar putea cere să poarte o brăţară biometrică ce ar monitoriza tot ce face şi ce spune – precum şi tensiunea arterială şi activitatea cerebrală. Folosind înţelegerea sporită a creierului uman şi puterile imense ale învăţării automate, regimul nord-coreean ar putea fi capabil să evalueze pentru prima dată în istorie ceea ce gândeşte absolut fiecare cetăţean în orice clipă. Dacă te uiţi la o fotografie cu Kim Jong-un, iar senzorii biometrici detectează semnele caracteristice ale furiei (creşterea tensiunii arteriale, activitate mai intensă la nivelul amigdalei), a doua zi dimineaţă vei fi în gulag.

E drept, din pricina izolării sale, e posibil ca regimului nord-coreean să-i fie greu să dezvolte singur tehnologia necesară. Totuşi, tehnologia ar putea fi creată de naţiunile mai avansate din punct de vedere tehnologic şi copiată sau cumpărată de nord-coreeni şi de alte dictaturi înapoiate. Atât China, cât şi Rusia îşi îmbunătăţesc în mod constant instrumentele de supraveghere, la fel ca mai multe ţări democratice, de la SUA la ţara mea natală, Israel. Supranumit „naţiunea start-up”, Israelul are un sector hi-tech extrem de activ şi o industrie de vârf a siguranţei cibernetice. În acelaşi timp, este implicat într-un conflict înverşunat cu palestinienii şi, probabil, cel puţin o parte dintre liderii, generalii şi cetăţenii săi s-ar bucura să instituie un regim de supraveghere totală în Cisiordania de îndată ce ar avea tehnologia necesară.

Şi astăzi, ori de câte ori palestinienii dau un telefon, postează ceva pe Facebook sau călătoresc dintr-un oraş în altul, cel mai probabil sunt monitorizaţi de microfoane, camere, drone sau software israelian de spionaj. Datele adunate sunt analizate apoi cu ajutorul algoritmilor Big Data. Acest lucru ajută forţele israeliene de securitate să localizeze şi să neutralizeze potenţialele ameninţări fără a fi nevoite să trimită prea mulţi soldaţi la faţa locului. Poate că palestinienii administrează unele oraşe şi sate din Cisiordania, dar israelienii controlează cerul, undele şi cyberspaţiul. Prin urmare, e nevoie de surprinzător de puţini soldaţi israelieni ca să controlezi în mod eficient circa 2,5 milioane de palestinieni din Cisiordania[28].

Într-un incident tragicomic din octombrie 2017, un muncitor palestinian a postat pe contul lui personal de Facebook o poză cu el la locul de muncă, lângă un buldozer. Textul care însoţea imaginea era „Bună dimineaţa!". Un algoritm automat a făcut o mică greşeală atunci când a transliterat literele arabe. În loc de *Ysabechhum!* (care înseamnă „Bună dimineaţa!"), algoritmul a identificat literele drept *Ydbachhum!* (care înseamnă „Ucideţi-i!"). Bănuind că bărbatul ar putea fi un terorist care avea de gând să calce oameni cu buldozerul, forţele israeliene de securitate l-au arestat rapid. A fost eliberat după ce şi-au dat seama că algoritmul făcuse o greşeală. Cu toate acestea, postarea supărătoare de pe Facebook a fost ştearsă. Trebuie să fii mereu extrem de precaut[29]. Situaţia cu care se confruntă astăzi palestinienii în Cisiordania ar putea fi foarte bine doar o avanpremieră primitivă a celei de care vor avea parte în cele din urmă miliarde de oameni pe tot globul.

Spre sfârşitul secolului XX, democraţiile au surclasat de regulă dictaturile deoarece democraţiile s-au priceput mai bine să proceseze date. Democraţia diseminează puterea de a procesa informaţiile şi de a lua decizii în rândul multor oameni şi instituţii, în vreme ce dictatura concentrează informaţiile şi puterea într-un singur loc. Dată fiind tehnologia secolului XX, era ineficient să concentrezi prea multă informaţie şi putere într-un singur loc. Nimeni nu avea capacitatea de a procesa toate informaţiile îndeajuns de rapid şi de a lua deciziile corecte. Acesta este, parţial, motivul pentru care Uniunea Sovietică a luat decizii mult mai proaste decât Statele Unite, iar economia sovietică a rămas cu mult în urma economiei americane.

Totuşi, în curând IA ar putea înclina balanţa în direcţia opusă. IA face posibilă procesarea centralizată a unor volume enorme de informaţii. De fapt, IA ar putea face sistemele centralizate mult mai eficiente decât sistemele difuze, deoarece învăţarea automată e cu atât mai eficientă cu cât analizează mai multe informaţii. Concentrând toate informaţiile despre un miliard de oameni într-o singură bază de date, fără a ţine seama de chestiunile legate de confidenţialitate, poţi instrui algoritmi mult mai buni decât dacă respecţi dreptul la viaţa privată şi ai în baza de date doar informaţii parţiale despre un milion de oameni. De exemplu, dacă un guvern autoritar le-ar cere tuturor cetăţenilor săi să-şi scaneze ADN-ul şi să transmită toate datele lor medicale unei autorităţi centrale, ar câştiga un avantaj imens în genetică şi cercetarea medicală în faţa societăţilor în care datele medicale sunt strict confidenţiale. Principalul handicap al regimurilor autoritare în secolul XX – încercarea de a concentra toate informaţiile într-un singur loc – ar putea deveni avantajul lor decisiv în secolul XXI.

Pe măsură ce algoritmii vor ajunge să ne cunoască atât de bine, guvernele autoritare ar putea dobândi controlul absolut asupra cetăţenilor lor, chiar mai mult decât în Germania nazistă, iar opoziţia faţă de asemenea regimuri s-ar putea dovedi a fi absolut imposibilă. Pe lângă faptul că regimul va şti exact ce simţi, te-ar putea face să simţi orice vrea el. Poate că dictatorul nu ar fi în stare să le asigure cetăţenilor servicii medicale sau egalitate, însă i-ar putea face să-l iubească şi să-i urască adversarii. În forma sa actuală, democraţia nu poate supravieţui fuziunii biotehnologiei cu tehnologia informaţiei. Fie democraţia se va reinventa cu succes într-o formă cu totul nouă, fie oamenii vor ajunge să trăiască în „dictaturi digitale".

Nu va fi o întoarcere la epoca lui Hitler şi a lui Stalin. Dictaturile digitale vor fi la fel de diferite de Germania nazistă pe cât a fost de diferită Germania nazistă de Franţa Vechiului Regim. Ludovic al XIV-lea era un autocrat cu tendinţe de centralizare, dar nu avea tehnologia necesară construirii unui stat totalitar modern. Nimeni nu se împotrivea autorităţii sale, dar, în absenţa radiourilor, a telefoanelor şi a trenurilor, avea un control redus asupra vieţii de zi cu zi a ţăranilor din satele bretone izolate sau chiar a locuitorilor din inima Parisului. Nu avea nici voinţa, nici capacitatea de a crea un partid de masă, o mişcare naţională a tineretului sau un sistem naţional de educaţie[30]. Noile tehnologii ale secolului XX au fost cele care i-au oferit lui Hitler atât motivaţia, cât şi puterea de a face aceste lucruri. Nu putem preconiza care vor fi motivaţiile şi puterile dictaturilor digitale în 2084, dar este foarte puţin probabil ca ele să imite pur şi simplu modelul lui Hitler şi Stalin. Cei care se pregătesc pentru a purta din nou luptele din anii 1930 ar putea fi luaţi prin surprindere de un atac dintr-o cu totul altă direcţie.

Chiar dacă democraţia ar reuşi să se adapteze şi să supravieţuiască, oamenii ar putea deveni victimele unor noi forme de oprimare şi discriminare. Astăzi, tot mai multe bănci, corporaţii şi instituţii folosesc deja algoritmi ca să analizeze date şi să ia decizii în ceea ce ne priveşte. Atunci când soliciţi un împrumut bancar, cel mai probabil cererea ta este procesată de un algoritm, şi nu de un om. Algoritmul analizează numeroase date despre tine şi statistici despre milioane de alte persoane şi decide dacă eşti solvabil ca să-ţi ofere un credit. Deseori, algoritmul se descurcă mai bine decât un bancher uman. Dar problema este că, dacă algoritmul discriminează şi decide nedrept în cazul unor persoane, acest lucru este dificil de aflat. Dacă banca refuză să-ţi ofere un împrumut, iar tu întrebi „De ce?", banca răspunde: „Algoritmul a spus nu". Întrebi „De ce a zis nu algoritmul? Ce problemă am?", iar banca răspunde: „Nu ştim. Nici un om nu înţelege acest algoritm, fiindcă are la bază învăţarea automată avansată. Dar noi avem încredere în algoritmul nostru, aşa că nu vă vom acorda un credit"[31].

Atunci când discriminarea este îndreptată împotriva unor grupuri, precum femeile sau persoanele de culoare, aceste grupuri pot să se organizeze şi să protesteze împotriva discriminării lor colective. Dar acum un algoritm te-ar putea discrimina personal, fără să ştii de ce. Poate că algoritmul a descoperit ceva ce nu-i place în ADN-ul tău, în istoricul tău personal sau pe contul tău de Facebook. Algoritmul te discriminează nu pentru că eşti femeie sau afro-american, ci pentru că eşti cine eşti. Algoritmului nu-i place ceva anume la tine. Tu nu ştii despre ce e vorba şi, chiar dacă ai şti, nu poţi organiza un protest împreună cu alţi oameni, deoarece nu există alţi oameni care să aibă de suferit din cauza aceleiaşi prejudecăţi. Eşti doar tu în situaţia asta. În locul discriminării colective, în secolul XXI ne-am putea confrunta cu o problemă tot mai mare de discriminare individuală[32].

La cele mai înalte niveluri de autoritate, probabil că vom păstra lideri umani de formă, care ne vor da iluzia că algoritmii sunt doar nişte consilieri şi că autoritatea supremă se află încă în mâinile oamenilor. Nu vom numi o IA în funcţia de cancelar al Germaniei sau de director executiv la Google. Totuşi, deciziile luate de cancelar şi de directorul executiv vor fi influenţate de IA. Cancelarul ar putea alege între mai multe opţiuni diferite, dar toate aceste opţiuni vor fi rezultatul unei analize Big Data şi vor reflecta mai mult felul în care vede IA lumea decât felul cum o văd oamenii.

Ca să dăm un exemplu asemănător, astăzi politicienii din întreaga lume pot alege între diferite politici economice, dar în mai toate cazurile diversele politici disponibile reflectă o perspectivă capitalistă asupra economiei. Politicienii au iluzia că aleg, dar deciziile cu adevărat importante au fost luate deja mult mai devreme de economiştii, bancherii şi oamenii de afaceri care au modelat diferitele opţiuni din meniu. În câteva decenii, politicienii s-ar putea trezi că aleg dintr-un meniu scris de IA.

Inteligenţa artificială şi prostia naturală

O veste bună este că, măcar în următoarele câteva decenii, nu vom fi nevoiţi să ne confruntăm cu coşmarul ştiinţifico-fantastic în toată regula în care IA dobândeşte conştiinţă şi decide să înrobească sau să extermine omenirea. Ne vom baza din ce în ce mai mult pe algoritmi ca să ia decizii în locul nostru, dar e puţin probabil ca algoritmii să înceapă să ne manipuleze în mod conştient. Nu vor avea conştiinţă.

Ştiinţifico-fantasticul are tendinţa de a confunda inteligenţa cu conştiinţa şi de a porni de la premisa că, pentru a egala sau a întrece inteligenţa umană, computerele vor trebui să dezvolte conştiinţă. Intriga de bază a mai tuturor filmelor şi romanelor despre IA se învârte în jurul clipei magice în care un computer sau un robot capătă conştiinţă. Odată ce se întâmplă acest lucru, fie eroul uman se îndrăgosteşte de robot, fie robotul încearcă să-i ucidă pe toţi oamenii – sau ambele lucruri se întâmplă simultan.

În realitate însă nu avem nici un motiv să credem că inteligenţa artificială va dobândi conştiinţă, deoarece inteligenţa şi conştiinţa sunt lucruri cât se poate de diferite. Inteligenţa este abilitatea de a rezolva probleme. Conştiinţa este abilitatea de a simţi lucruri precum durere, bucurie, iubire şi furie. Avem tendinţa de a face confuzie între cele două deoarece, la oameni şi la alte mamifere, inteligenţa merge mână în mână cu conştiinţa. Mamiferele rezolvă majoritatea problemelor simţind lucruri. Computerele însă rezolvă problemele într-un mod cu totul diferit.

Există pur şi simplu mai multe căi diferite care duc la o inteligenţă superioară şi doar câteva dintre aceste căi implică dobândirea conştiinţei. La fel cum avioanele zboară mai rapid decât păsările fără să le crească vreodată pene, tot aşa computerele ar putea ajunge să rezolve probleme mult mai bine decât mamiferele fără să dobândească vreodată sentimente. E adevărat, IA va trebui să analizeze cu acurateţe sentimentele umane pentru a trata bolile umane, a-i identifica pe teroriştii umani, a recomanda parteneri umani şi a se orienta pe o stradă plină cu pietoni umani. Însă ar putea face asta fără a avea sentimente proprii. Un algoritm nu trebuie să simtă bucurie, furie sau teamă ca să recunoască diferitele tipare biochimice ale primatelor bucuroase, furioase sau înspăimântate.

Desigur, nu este absolut imposibil ca IA să dezvolte sentimente proprii. Încă nu ştim suficient de multe despre conştiinţă ca să fim siguri. În general, există trei posibilităţi pe care trebuie să le avem în vedere:

1. Conştiinţa este asociată cu biochimia organică în aşa fel încât crearea conştiinţei în sisteme nonorganice nu va fi niciodată posibilă.
2. Conştiinţa nu este asociată cu biochimia organică, dar este asociată cu inteligenţa în aşa fel încât computerele ar putea dezvolta conştiinţă şi computerele vor *trebui* să dezvolte conştiinţă ca să treacă un anumit prag al inteligenţei.
3. Nu există legături esenţiale între conştiinţă şi biochimia organică sau inteligenţa superioară. Aşadar, computerele ar putea dezvolta conştiinţă – dar nu neapărat. Ar putea să devină superinteligente şi, totodată, să nu aibă deloc conştiinţă.

În stadiul actual al cunoaşterii, nu putem exclude nici una dintre aceste variante. Totuşi, tocmai pentru că ştim atât de puţine lucruri despre conştiinţă, pare puţin probabil că vom putea programa computere conştiente prea curând. Prin urmare, în ciuda puterii imense a inteligenţei artificiale, în viitorul apropiat folosirea ei va depinde în continuare, într-o anumită măsură, de conştiinţa umană.

Pericolul este că, dacă investim prea mult în dezvoltarea inteligenţei artificiale şi prea puţin în dezvoltarea conştiinţei umane, inteligenţa artificială deosebit de sofisticată a computerelor ar putea sluji doar la manipularea prostiei naturale a oamenilor. E greu de crezut că vom avea de-a face cu o revoltă a roboţilor în următoarele decenii, dar ne-am putea confrunta cu o mulţime de boţi care vor şti să ne manipuleze emoţional mai bine decât mamele noastre şi să folosească această abilitate neobişnuită ca să încerce să ne vândă ceva – o maşină, un politician sau o întreagă ideologie. Boţii ar putea să ne identifice cele mai mari temeri, aversiuni şi dorinţe şi să folosească aceste pârghii lăuntrice împotriva noastră. Am primit deja o mostră de aşa ceva la alegerile şi referendumurile recente din întreaga lume, când hackerii au învăţat cum să-i manipuleze pe votanţii individuali analizând datele despre ei şi exploatându-le prejudecăţile[33]. În vreme ce thrillerele ştiinţifico-fantastice sunt atrase de apocalipsele dramatice cu foc şi fum, în realitate ne-ar putea aştepta o apocalipsă banală provenită de la nişte clicuri.

Ca să evităm asemenea deznodăminte, pentru fiecare dolar şi fiecare minut pe care le investim în îmbunătăţirea inteligenţei artificiale, ar fi înţelept să investim câte un dolar şi un minut şi în dezvoltarea conştiinţei umane. Din nefericire, în clipa de faţă nu facem mare lucru pentru cercetarea şi dezvoltarea conştiinţei umane. Cercetăm şi dezvoltăm abilităţile umane mai ales în funcţie de nevoile imediate ale sistemului economic şi politic, şi nu raportat la nevoile noastre pe termen lung ca fiinţe conştiente. Şeful meu vrea să răspund la e-mailuri cât de repede cu putinţă, dar capacitatea mea de a simţi gustul şi de a aprecia alimentele pe care le mănânc nu prea îi stârneşte interesul. Prin urmare, îmi verific e-mailurile chiar şi în timpul mesei şi pierd astfel capacitatea de a acorda atenţie propriilor senzaţii. Sistemul economic mă presează să-mi măresc şi să-mi diversific portofoliul de investiţii, dar nu mă stimulează câtuşi de puţin să-mi măresc şi să-mi diversific compasiunea. Aşa că mă chinui să înţeleg misterele bursei de valori, străduindu-mă mult mai puţin să înţeleg cauzele profunde ale suferinţei.

Din acest punct de vedere, oamenii seamănă cu alte animale domestice. Am crescut vaci docile care produc cantităţi enorme de lapte, dar care în alte privinţe sunt net inferioare strămoşilor lor sălbatici. Sunt mai puţin agile, mai puţin curioase şi mai puţin descurcăreţe[34]. Acum creăm oameni docili care produc un volum enorm de date şi funcţionează ca nişte cipuri foarte eficiente într-un mecanism uriaş de procesare a datelor, dar aceste vaci de date nu maximizează nici pe departe potenţialul uman. De fapt, habar nu avem care este întregul potenţial al omului, deoarece ştim atât de puţin despre mintea omenească. Cu toate acestea, nu prea investim în explorarea minţii umane, străduindu-ne, în schimb, să mărim viteza conexiunilor la internet şi eficienţa algoritmilor Big Data. Dacă nu vom avea grijă, vom ajunge să avem oameni downgradaţi care vor folosi greşit computere upgradate, cu efecte devastatoare asupra lor înşişi şi a lumii.

Dictaturile digitale nu sunt singurul pericol care ne paşte. Pe lângă libertate, ordinea liberală a pus mare preţ şi pe egalitate. Liberalismul a preţuit dintotdeauna egalitatea politică şi şi-a dat seama treptat că egalitatea economică este aproape la fel de importantă. Deoarece, fără o plasă de siguranţă socială şi un minim de egalitate economică, libertatea este lipsită de sens. Dar, la fel cum algoritmii Big Data ar putea pune capăt libertăţii, tot aşa ar putea crea simultan cele mai inegale societăţi care au existat vreodată. Toată bogăţia şi puterea ar putea fi concentrate în mâinile unei elite minuscule, în vreme ce majoritatea oamenilor vor suferi nu din cauza exploatării, ci a unui lucru mult mai grav - irelevanţa.

Capitolul 4

Egalitatea

Cei care stăpânesc datele stăpânesc viitorul

În ultimele câteva decenii, oamenilor din lumea întreagă li s-a spus că omenirea se află pe drumul către egalitate şi că globalizarea şi noile tehnologii ne vor ajuta să o dobândim mai repede. În realitate, secolul XXI ar putea crea cele mai inegale societăţi din istorie. Deşi globalizarea şi internetul atenuează diferenţele dintre ţări, ele ameninţă să mărească decalajul dintre clase şi, tocmai când omenirea pare pe cale să înfăptuiască unificarea globală, specia însăşi s-ar putea împărţi în diferite caste biologice.

Inegalitatea datează din Epoca Pietrei. Acum 30.000 de ani, cetele de vânători-culegători îi îngropau pe unii membri în morminte opulente, ticsite cu mii de mărgele de fildeş, brăţări, bijuterii şi obiecte de artă, în vreme ce alţi membri trebuiau să se mulţumească doar cu o groapă goală săpată în pământ. Cu toate acestea, cetele arhaice de vânători-culegători erau mai egalitare decât orice altă societate umană ulterioară, deoarece aveau foarte puţine proprietăţi. Proprietatea este o condiţie prealabilă a inegalităţii pe termen lung.

După Revoluţia Agricolă, proprietatea s-a extins şi, odată cu ea, s-a adâncit şi inegalitatea. Pe măsură ce oamenii au ajuns să deţină pământuri, animale, plante şi unelte, au apărut societăţile ierarhice rigide, în care elitele mici au monopolizat în cea mai mare parte bogăţia şi puterea generaţie după generaţie. Oamenii au ajuns să accepte acest aranjament şi să-l considere firesc, ba chiar instituit de divinitate. Ierarhia nu era doar norma, ci şi idealul. Cum poate exista ordine fără o ierarhie clară între aristocraţi şi oamenii de rând, între bărbaţi şi femei sau între părinţi şi copii ? Preoţii, filosofii şi poeţii din lumea întreagă explicau cu răbdare că, la fel cum nu toate părţile corpului omenesc sunt egale - picioarele trebuie să se supună capului -, tot aşa în societatea umană egalitatea nu ar aduce cu sine decât haos.

În epoca modernă târzie însă, egalitatea a devenit un ideal în aproape toate societăţile umane. Acest lucru s-a datorat parţial apariţiei noilor ideologii - comunismul şi liberalismul. Dar el s-a datorat şi revoluţiei industriale, care a făcut ca masele să devină mai importante decât oricând. Economiile industriale se bazau pe masele de muncitori obişnuiţi, în vreme ce armatele industriale se bazau pe masele de soldaţi obişnuiţi. Guvernele democraţiilor şi dictaturilor investeau masiv în sănătatea, educaţia şi bunăstarea maselor, deoarece aveau nevoie de milioane de muncitori sănătoşi care să lucreze la liniile de producţie şi de milioane de soldaţi devotaţi care să lupte în tranşee.

Prin urmare, istoria secolului XX a gravitat în mare măsură în jurul reducerii inegalităţii dintre clase, rase şi sexe. Deşi lumea anului 2000 avea şi ea ierarhiile sale, era totuşi caracterizată de un grad mult mai mare de egalitate decât lumea anului 1900. În primii ani ai secolului XXI oamenii se aşteptau ca procesul egalitarist să continue şi chiar să se accelereze. În special, sperau că globalizarea urma să aducă cu sine prosperitate economică în lumea întreagă şi că, drept urmare, oamenii din India şi din Egipt aveau să ajungă să se bucure de aceleaşi oportunităţi şi privilegii ca locuitorii Finlandei şi Canadei. O generaţie întreagă a crescut cu această promisiune.

Acum se pare că această promisiune s-ar putea să nu se îndeplinească. Globalizarea a adus cu certitudine beneficii unor părţi însemnate ale omenirii, dar există semne ale inegalităţii în creştere atât între societăţi, cât şi în sânul acestora. Unele grupuri monopolizează din ce în ce mai mult roadele globalizării, în vreme ce miliarde de oameni sunt lăsaţi în urmă. Astăzi, cei mai bogaţi 1% deţin deja jumătate din averea lumii. Şi mai alarmant, cei mai bogaţi o sută de oameni deţin împreună mai mult decât cei mai săraci patru miliarde[1].

Iar situaţia s-ar putea înrăutăţi considerabil. După cum explicam în capitolele anterioare, dezvoltarea inteligenţei artificiale ar putea elimina valoarea economică şi puterea politică a majorităţii oamenilor. În acelaşi timp, progresele din biotehnologie ar putea face posibilă transpunerea inegalităţii economice în inegalitate biologică. Superbogaţii vor avea în sfârşit ceva util de făcut cu averea lor colosală. Dacă până acum îşi puteau cumpăra mai mult sau mai puţin doar simboluri ale statutului lor, în curând ar putea fi capabili să cumpere însăşi viaţă. Dacă noile tratamente de prelungire a vieţii şi upgradare a abilităţilor fizice şi cognitive se vor dovedi a fi costisitoare, omenirea s-ar putea scinda în caste biologice.

De-a lungul istoriei, bogaţii şi aristocraţii şi-au imaginat dintotdeauna că au abilităţi superioare faţă de toţi ceilalţi, motiv pentru care deţineau controlul. Din câte ne putem da seama, acest lucru nu era adevărat. În general, un duce nu era mai talentat decât un ţăran – superioritatea lui se datora doar discriminării juridice şi economice injuste. Totuşi, în 2100 bogaţii chiar ar putea fi mai talentaţi, mai creativi şi mai inteligenţi decât locuitorii mahalalelor. Odată ce între bogaţi şi săraci se va produce un decalaj real în ceea ce priveşte abilităţile, eliminarea lui va deveni aproape imposibilă. Dacă bogaţii îşi vor folosi abilităţile superioare ca să se îmbogăţească şi mai mult şi dacă averea le va permite să-şi cumpere corpuri şi creiere îmbunătăţite, cu timpul decalajul nu va face decât să se adâncească. În 2100, cei mai bogaţi 1 % ar putea deţine nu numai cea mai mare parte din averea lumii, ci şi cea mai mare parte din frumuseţea, creativitatea şi sănătatea lumii.

Cele două procese laolaltă – bioingineria împreună cu dezvoltarea inteligenţei artificiale – ar putea duce prin urmare la separarea omenirii într-o clasă restrânsă de supraoameni şi o clasă inferioară şi numeroasă de *Homo sapiens* inutili. Înrăutăţind şi mai mult o situaţie deja ameninţătoare, pe măsură ce masele îşi vor pierde importanţa economică şi puterea politică, statul şi-ar putea pierde cel puţin parţial motivaţia de a investi în sănătatea, educaţia şi bunăstarea lor. E foarte periculos să fii inutil. Viitorul maselor va depinde atunci de bunăvoinţa unei elite restrânse. Poate că va exista bunăvoinţă vreme de câteva decenii. Dar în eventualitatea unei crize – a unui dezastru climatic, de pildă – ar fi extrem de tentant şi de uşor să fie aruncaţi peste bord oamenii de prisos.

În ţări precum Franţa şi Noua Zeelandă, cu o tradiţie îndelungată a credinţelor liberale şi a practicilor specifice statului bunăstării, poate că elita va avea grijă în continuare de mase, chiar dacă nu are nevoie de ele. Însă în Statele Unite, mai capitaliste, elita ar putea distruge cu prima ocazie ultimele rămăşiţe ale statului bunăstării american. O problemă şi mai mare se profilează în ţările mari în curs de dezvoltare, precum India, China, Africa de Sud şi Brazilia. Acolo, odată ce oamenii de rând şi-ar pierde valoarea economică, inegalitatea ar creşte vertiginos.

Prin urmare, în loc să aibă drept rezultat unitatea mondială, globalizarea ar putea duce de fapt la o „speciere" : împărţirea omenirii în caste biologice diferite sau chiar în specii diferite. Globalizarea va uni lumea pe orizontală, eliminând graniţele naţionale, dar, în acelaşi timp, va diviza omenirea pe verticală. Oligarhiile aflate la putere în ţări diferite precum Statele Unite şi Rusia ar putea să fuzioneze şi să facă front comun împotriva masei de sapiens obişnuiţi. Din acest punct de vedere, ura populistă actuală faţă de „elite" este bine întemeiată. Dacă nu avem grijă, nepoţii magnaţilor din Silicon Valley şi ai miliardarilor moscoviţi ar putea deveni o specie superioară nepoţilor ţăranilor din Apalaşi şi din Siberia.

În cele din urmă, un asemenea scenariu ar putea chiar să de-globalizeze lumea, dacă această castă superioară se reuneşte în cadrul unei „civilizaţii" autoproclamate şi construieşte ziduri şi şanţuri de apărare care să o separe de hoardele de „barbari" de afară. În secolul XX, civilizaţia industrială depindea de „barbari" pentru mână de lucru ieftină, materii prime şi pieţe. Aşa că i-a cucerit şi i-a asimilat. Însă în secolul XXI o civilizaţie postindustrială care s-ar baza pe IA, bioinginerie şi nanotehnologie ar putea fi mult mai autonomă şi mai independentă. Nu doar clase, ci şi ţări şi continente întregi ar putea deveni irelevante. Fortificaţii păzite de drone şi roboţi ar putea separa autoproclamata zonă civilizată, unde cyborgii s-ar lupta între ei cu bombe logice, de teritoriile barbare unde oamenii sălbatici s-ar război cu macete şi puşti de asalt AK-47.

În cartea de faţă, folosesc adesea persoana întâi plural ca să vorbesc despre viitorul omenirii. Vorbesc despre ceea ce trebuie să facem „noi" în legătură cu problemele „noastre". Dar poate că nu există nici un „noi". Poate că una dintre cele mai mari probleme „ale noastre" este că grupuri diferite de oameni au viitoruri cât se poate de diferite. Poate că în unele părţi ale globului ar trebui să vă învăţaţi copiii să scrie coduri, iar în altele aţi face bine să-i învăţaţi să scoată iute arma şi să tragă drept.

Cine deține datele?

Dacă vrem să prevenim concentrarea întregii bogății și puteri în mâinile unei elite restrânse, soluția este reglementarea deținerii datelor. În vechime, pământul era cel mai important bun din lume, politica era o luptă pentru controlul asupra pământului, iar dacă prea mult pământ ajungea să fie concentrat în prea puține mâini, societatea se împărțea în aristocrați și oameni de rând. În epoca modernă, mașinile și fabricile au devenit mai importante decât pământul, iar miza luptelor politice era controlul acestor mijloace vitale de producție. Dacă prea multe mașini erau concentrate în prea puține mâini, societatea se împărțea în capitaliști și proletari. Însă în secolul XXI datele vor fi bunul cel mai de preț, eclipsând atât pământul, cât și mașinile, iar politica va fi o luptă pentru controlul asupra fluxului datelor. Dacă datele vor fi concentrate în prea puține mâini, omenirea se va împărți în specii diferite.

Cursa pentru obținerea datelor a început deja, iar în fruntea ei se află giganți ai datelor ca Google, Facebook, Baidu și Tencent. Până în prezent, mulți dintre acești giganți par să fi adoptat modelul de afaceri al „comercianților de atenție”[2]. Ne captează atenția oferindu-ne informații, servicii și divertisment gratuite, după care ne vând atenția agenților de publicitate. Totuși, giganții datelor țintesc probabil mult mai sus decât orice comerciant de atenție anterior. Adevărata lor activitate nu este nici pe departe vânzarea reclamelor. Mai degrabă, captându-ne atenția, reușesc să adune un volum imens de date despre noi, care valorează mai mult decât orice câștiguri din publicitate. Noi nu suntem clienții lor – suntem produsul lor.

Pe termen mediu, acest tezaur de date face posibil un model de afaceri cu totul diferit, a cărui primă victimă va fi însăși industria publicității. Noul model are la bază transferul autorității de la oameni la algoritmi, inclusiv autoritatea de a alege și a cumpăra lucruri. Odată ce algoritmii vor alege și vor cumpăra lucruri în locul nostru, industria tradițională a publicității va da faliment. Să luăm exemplul companiei Google. Google vrea să ajungă în punctul în care să-l putem întreba *orice* și să obținem cel mai bun răspuns din lume. Ce se va întâmpla odată ce îl vom putea întreba pe Google : „Salut, Google, pe baza a tot ceea ce știi despre mașini şi pe baza a tot ceea ce ştii despre mine (inclusiv nevoile mele, obiceiurile mele, părerile mele cu privire la încălzirea globală şi chiar opiniile mele despre politica Orientului Mijlociu), care este cea mai bună maşină pentru mine ? " ? Dacă Google ne poate oferi un răspuns bun la această întrebare şi dacă învăţăm din experienţă să avem încredere în înţelepciunea sa, şi nu în propriile sentimente uşor manipulabile, ce rost ar mai putea avea reclamele la maşini[3] ?

Pe termen mai lung, acumulând suficiente date şi suficientă putere de calcul, giganţii datelor ar putea să descifreze cele mai mari secrete ale vieţii, apoi să folosească aceste cunoştinţe nu doar ca să aleagă în locul nostru sau să ne manipuleze, ci şi ca să reproiecteze viaţa organică şi să creeze forme de viaţă anorganică. Poate că pe termen scurt giganţii vor fi nevoiţi să vândă publicitate ca să se menţină, dar aceştia evaluează deseori aplicaţiile, produsele şi companiile mai curând în funcţie de datele pe care le adună decât de banii pe care li-i aduc. Poate că o aplicaţie populară nu are un model de afaceri şi poate chiar pierde bani pe termen scurt, dar, atâta vreme cât atrage date, ar putea valora miliarde[4]. Chiar dacă nu ştii cum să profiţi astăzi de pe urma datelor, merită să le ai, fiindcă ar putea fi cheia controlării şi modelării vieţii în viitor. Nu ştiu cu certitudine dacă giganţii datelor văd efectiv situaţia în asemenea termeni, dar faptele lor arată că pun mai mult preţ pe acumularea datelor decât pe dolari şi cenţi.

Oamenilor obişnuiţi le va fi extrem de dificil să se împotrivească acestui proces. În prezent, oamenii îşi oferă bucuroşi bunul cel mai de preţ – datele personale – în schimbul unor servicii gratuite de e-mail şi al filmuleţelor amuzante cu pisici. Seamănă oarecum cu triburile africane şi amerindiene care, fără să-şi dea seama, le-au vândut imperialiştilor europeni ţări întregi pe mărgele colorate şi podoabe ieftine. Dacă oamenii obişnuiţi ar decide mai târziu să încerce să blocheze fluxul datelor, le-ar fi tot mai dificil, mai ales pentru că ar putea ajunge să se bazeze pe reţea pentru toate deciziile lor şi chiar pentru serviciile lor medicale şi pentru supravieţuirea fizică.

Oamenii şi maşinile ar putea fuziona cu totul, astfel încât oamenii să nu mai poată supravieţui dacă nu sunt conectaţi la reţea. Vor fi conectaţi încă din uter şi, dacă mai târziu alegi să te deconectezi, agenţiile de asigurări s-ar putea să nu te accepte drept client, angajatorii ar putea refuza să-ţi ofere un loc de muncă, iar instituţiile medicale ar putea refuza să te îngrijească. În marea luptă dintre sănătate şi confidenţialitate, e posibil ca sănătatea să câştige fără efort.

Pe măsură ce tot mai multe date ajung, prin intermediul senzorilor biometrici, din corpul şi creierul tău la maşinăriile inteligente, corporaţiilor şi agenţiilor guvernamentale le va fi uşor să te cunoască, să te manipuleze şi să ia decizii în numele tău. Şi mai important, ar putea descifra mecanismele profunde ale tuturor corpurilor şi creierelor, dobândind astfel puterea de a proiecta viaţă. Dacă vrem să împiedicăm o elită restrânsă să monopolizeze astfel de puteri divine şi dacă vrem să împiedicăm omenirea să se împartă în caste biologice, întrebarea-cheie este următoarea : cine deţine datele ? Datele referitoare la ADN-ul meu, la creierul meu şi la viaţa mea îmi aparţin mie, statului, unei corporaţii sau colectivităţii umane ?

Împuternicind statele să naţionalizeze datele, probabil că vom limita puterea marilor corporaţii, dar acest lucru ar putea da naştere totodată unor dictaturi digitale sinistre. Politicienii seamănă cumva cu muzicienii, iar instrumentul la care cântă este sistemul emoţional şi biochimic uman. Ţin un discurs – iar ţara e cuprinsă de un val de spaimă. Scriu ceva pe Twitter – şi are loc o explozie de ură. Nu cred că ar trebui să le oferim acestor muzicieni un instrument mai sofisticat la care să cânte. Odată ce politicienii ne vor putea manipula emoţional în mod direct, provocând anxietate, ură, bucurie şi plictis după bunul lor plac, politica va deveni un simplu circ emoţional. Oricât de tare ar trebui să ne temem de puterea marilor corporaţii, istoria sugerează că nu o ducem neapărat mai bine în mâinile guvernelor extrem de puternice. În martie 2018, eu aş prefera să-i dau datele mele mai degrabă lui Mark Zuckerberg decât lui Vladimir Putin (deşi scandalul Cambridge Analytica a dezvăluit faptul că poate nici nu prea avem de ales, deoarece datele încredinţate lui Zuckerberg ar putea ajunge foarte bine şi la Putin).

Proprietatea privată asupra propriilor date ar putea părea mai atrăgătoare decât oricare dintre aceste opţiuni, dar este neclar ce înseamnă ea cu adevărat. Avem o experienţă de câteva mii de ani în ceea ce priveşte reglementarea proprietăţii asupra pământului. Ştim să construim un gard de jur împrejurul unui teren, să punem un paznic la poartă şi să controlăm cine poate intra. În ultimele două secole am devenit extrem de sofisticaţi în privinţa reglementării proprietăţii asupra industriei – astfel, eu pot deţine astăzi o parte din General Motors şi o parte din Toyota cumpărându-le acţiunile. Dar nu avem prea multă experienţă în ceea ce priveşte reglementarea proprietăţii asupra datelor, care este inerent o sarcină mult mai dificilă, deoarece, spre deosebire de pământ şi de maşini, datele sunt pretutindeni şi nicăieri în acelaşi timp, pot circula cu viteza luminii şi poţi crea oricât de multe copii doreşti.

Aşa că ar fi bine să-i îndemnăm pe avocaţi, pe politicieni, pe filosofi şi chiar pe poeţi să-şi îndrepte atenţia către această dilemă : cum reglementezi proprietatea asupra datelor ? Aceasta ar putea fi cu adevărat cea mai importantă întrebare politică a epocii noastre. Dacă nu vom reuşi să răspundem curând la această întrebare, sistemul nostru sociopolitic s-ar putea prăbuşi. Oamenii simt deja cum se apropie cataclismul. Poate că acesta este motivul pentru care cetăţeni din lumea întreagă îşi pierd încrederea în povestea liberală, ce părea irezistibilă cu doar un deceniu în urmă.

Aşadar, cum înaintăm din acest punct încolo şi cum facem faţă provocărilor imense ale revoluţiilor din biotehnologie şi tehnologia informaţiei ? Poate că exact aceiaşi oameni de ştiinţă şi antreprenori care au perturbat lumea din capul locului ar putea veni cu o soluţie tehnologică ? De exemplu, algoritmii interconectaţi ar putea forma scheletul unei comunităţi umane globale care să deţină colectiv toate datele şi să supervizeze dezvoltarea ulterioară a vieţii ? Pe măsură ce inegalităţile la nivel mondial se adâncesc, iar tensiunile sociale se acutizează pe tot globul, i-ar putea îndemna Mark Zuckerberg pe cei două miliarde de prieteni ai săi să-şi unească forţele şi să facă ceva împreună ?

Partea a II-a

Provocarea politică

Fuziunea tehnologiei informației cu biotehnologia amenință valorile moderne de bază, libertatea și egalitatea. Orice soluție pentru provocarea tehnologică trebuie să implice cooperarea globală. Dar naționalismul, religia și cultura împart omenirea în tabere ostile și îngreunează foarte mult cooperarea la nivel global.

Capitolul 5

Comunitatea

Oamenii au corpuri

California este obişnuită cu seismele, însă cutremurul politic de la alegerile americane din 2016 a reprezentat un şoc violent pentru Silicon Valley. Dându-şi seama că şi ei ar putea fi parte a problemei, informaticienii de geniu au reacţionat făcând ce fac inginerii cel mai bine : au căutat o soluţie tehnică. Reacţia nu a fost nicăieri mai energică decât la sediul Facebook din Menlo Park. Iar acest lucru e de înţeles. Dat fiind că afacerea companiei Facebook o constituie socializarea, este cea mai sensibilă la frământările sociale.

După un examen de conştiinţă care a durat trei luni, pe 16 februarie 2017 Mark Zuckerberg a publicat un manifest îndrăzneţ pe tema nevoii de a construi o comunitate globală şi a rolului companiei Facebook în acest proiect[1]. Într-un discurs ulterior la primul Communities Summit din 22 iunie 2017, Zuckerberg a explicat că prefacerile sociopolitice ale epocii noastre – de la dependenţa de droguri scăpată de sub control la regimurile totalitare criminale – sunt cauzate în mare măsură de dezintegrarea comunităţilor umane. A deplâns faptul că, „de zeci de ani, adeziunea la tot felul de grupuri a scăzut cu un sfert. Asta înseamnă că mulţi oameni au nevoie acum să-şi găsească o cauză şi un sprijin altundeva”[2]. A promis că Facebook se va afla în fruntea campaniei de reconstruire a acestor comunităţi şi că inginerii lui vor prelua sarcina abandonată de preoţii parohi. „Vom începe să lansăm diverse instrumente”, spunea el, ca să „construim comunităţi cu mai multă uşurinţă”.

A continuat să explice că „am demarat un proiect ca să vedem dacă ne-am putea pricepe mai bine să sugerăm grupuri relevante pentru voi.

Pentru asta am început să creăm inteligenţă artificială. Şi funcţionează. În primele şase luni, am ajutat cu 50% mai mulţi oameni să se alăture unor comunităţi relevante". Ţelul lui suprem este „de a ajuta un miliard de oameni să adere la comunităţi relevante... Dacă vom reuşi acest lucru, pe lângă faptul că va stopa declinul apartenenţei la comunităţi la care asistăm de zeci de ani, va începe să întărească ţesătura socială şi să facă lumea mai solidară". Este un obiectiv atât de important, încât Zuckerberg a promis „să schimbe cu totul misiunea Facebook în această direcţie"[3]. Desigur, Zuckerberg are dreptate să deplângă destrămarea comunităţilor umane. Totuşi, la câteva luni după ce Zuckerberg a făcut această promisiune, iar cartea de faţă se pregătea să meargă la tipar, scandalul Cambridge Analytica a scos la iveală faptul că datele încredinţate companiei Facebook erau preluate de terţi şi folosite la manipularea alegerilor din întreaga lume. Promisiunile măreţe ale lui Zuckerberg au devenit astfel ridicole, iar încrederea publică în Facebook a fost spulberată. Nu putem decât să sperăm că, înainte de a începe să construiască noi comunităţi umane, Facebook se va angaja mai întâi să protejeze intimitatea şi siguranţa comunităţilor existente.

Merită totuşi să analizăm în profunzime viziunea comunitară a companiei Facebook şi să vedem dacă, odată ce securitatea este sporită, reţelele sociale online pot contribui realmente la construirea unei comunităţi umane globale. Deşi în secolul XXI oamenii ar putea fi upgradaţi devenind zei, în 2018 suntem încă animale din Epoca Pietrei. Pentru a prospera, suntem în continuare nevoiţi să ne poziţionăm ferm în cadrul unor comunităţi intime. De milioane de ani, oamenii s-au adaptat să trăiască în grupuri restrânse, de cel mult câteva zeci de indivizi. Până şi astăzi, celor mai mulţi dintre noi le este imposibil să cunoască bine peste 150 de indivizi, indiferent cu câţi prieteni pe Facebook ne lăudăm[4]. Fără aceste grupuri, oamenii se simt singuri şi înstrăinaţi.

Din nefericire, este adevărat că în ultimele două secole comunităţile intime s-au dezintegrat. Încercarea de a înlocui grupurile restrânse de oameni care chiar se cunosc cu comunităţile imaginate ale naţiunilor şi partidelor politice nu ar putea avea niciodată un succes deplin. Milioanele de fraţi din familia naţională şi milioanele de tovarăşi din Partidul Comunist nu îţi pot oferi intimitatea caldă pe care ţi-o asigură un singur prieten sau frate adevărat. Drept urmare, oamenii duc o viaţă tot mai singuratică pe o planetă tot mai conectată. Multe dintre tulburările sociale şi politice ale vremurilor noastre îşi au rădăcinile în această anxietate[5].

Viziunea lui Zuckerberg despre reconectarea oamenilor este aşadar una oportună. Dar cuvintele sunt mai ieftine decât faptele şi, ca să implementeze această viziune, Facebook ar putea fi nevoit să-şi schimbe cu totul modelul de afaceri. Nu prea poţi să construieşti o comunitate globală când tu, ca să câştigi bani, captezi atenţia oamenilor, după care o vinzi agenţilor de publicitate. În ciuda acestui fapt, disponibilitatea lui Zuckerberg de a formula măcar o asemenea viziune e demnă de laudă. Majoritatea corporaţiilor cred că ar trebui să se concentreze asupra veniturilor, că guvernele ar trebui să facă cât mai puţin cu putinţă, iar omenirea ar trebui să aibă încredere în forţele pieţei şi să le lase să ia deciziile cu adevărat importante în numele nostru[6]. Aşadar, dacă Facebook are de gând să-şi ia realmente angajamentul ideologic de a construi comunităţi umane, cei care se tem de puterea sa nu ar trebui să-l îndese la loc în coconul corporatist strigând „Fratele cel Mare!”. În schimb, ar trebui să încurajăm alte corporaţii, instituţii şi guverne să concureze Facebook prin intermediul propriilor angajamente ideologice.

Desigur, nu ducem lipsă de organizaţii care deplâng destrămarea comunităţilor umane şi care se străduiesc să le reconstruiască. Toată lumea, de la activistele feministe la fundamentaliştii islamici, este preocupată de construirea unor comunităţi şi vom examina o parte dintre aceste eforturi în capitolele următoare. Iniţiativa companiei Facebook este unică datorită anvergurii sale globale, sprijinului corporatist şi încrederii profunde în tehnologie. Zuckerberg pare convins că noua IA Facebook nu numai că poate să identifice „comunităţi relevante”, ci şi „să întărească ţesătura socială şi să facă lumea mai solidară”. Este un lucru mult mai ambiţios decât să foloseşti IA ca să conducă o maşină sau să diagnosticheze cancerul.

Viziunea Facebook asupra comunităţii este poate prima încercare explicită de a folosi IA pentru inginerie socială planificată central la scară globală. Prin urmare, constituie un precedent crucial. Dacă va avea succes, cel mai probabil vom asista la multe alte asemenea încercări, iar algoritmii vor fi recunoscuţi drept noii stăpâni ai reţelelor sociale umane.

Dacă va da greş, va scoate la iveală limitările noilor tehnologii – algoritmii poate că se pricep să orienteze vehiculele în spaţiu şi să vindece boli, dar, când vine vorba de rezolvarea problemelor sociale, ar trebui să ne bazăm în continuare pe politicieni şi pe preoţi.

Online versus offline

În ultimii ani Facebook a avut un succes uimitor, iar în prezent are peste două miliarde de utilizatori activi online. Cu toate acestea, ca să-şi implementeze noua viziune, va trebui să construiască o punte între online şi offline. O comunitate ar putea începe ca o grupare online, dar, ca să se dezvolte cu adevărat, va trebui să prindă rădăcini şi în lumea offline. Dacă într-o bună zi un dictator va interzice Facebook în ţara lui sau va elimina cu totul internetul, comunităţile vor dispărea sau se vor regrupa şi vor riposta? Vor fi ele capabile să organizeze o demonstraţie fără să comunice online?

După cum explica Zuckerberg în manifestul lui din februarie 2017, comunităţile online ajută la dezvoltarea celor offline. Într-adevăr, uneori aşa se întâmplă. Însă în multe cazuri online-ul există în detrimentul offline-ului, iar între cele două intervine o diferenţă fundamentală. Comunităţile fizice au o profunzime pe care comunităţile virtuale nu o pot egala, cel puţin nu în viitorul apropiat. Dacă eu zac bolnav acasă, în Israel, prietenii mei online din California pot vorbi cu mine, dar nu îmi pot aduce supă sau o ceaşcă de ceai.

Oamenii au corpuri. În secolul trecut, tehnologia ne-a îndepărtat de corpurile noastre. Ne pierdem treptat capacitatea de a fi atenţi la mirosuri şi gusturi. În schimb, ne cufundăm cu totul în smartphone-uri şi computere. Suntem mai interesaţi de ceea ce se petrece în cyberspaţiu decât de ceea ce se întâmplă în jur. E mai uşor ca oricând să stau de vorbă cu vărul meu din Elveţia, dar e mai greu să discut cu soţul meu la micul dejun, fiindcă se uită mereu la smartphone în loc să se uite la mine[7].

În trecut, oamenii nu îşi puteau permite să fie atât de neglijenţi. Culegătorii din vechime erau întotdeauna vigilenţi şi atenţi. Atunci când rătăceau prin pădure în căutare de ciuperci, erau atenţi la orice moviliţă care le-ar fi putut ascunde. Ascultau cu atenţie cea mai slabă mişcare în iarbă ca să-şi dea seama dacă acolo stă la pândă vreun şarpe. Când găseau o ciupercă comestibilă, o mâncau cu foarte multă atenţie, ca să o distingă de rudele ei otrăvitoare. Membrii societăţilor bogate din ziua de azi nu au nevoie de o asemenea vigilenţă. Putem să rătăcim printre raioanele supermarketului în timp ce scriem mesaje pe telefon şi să cumpărăm oricare dintre miile de alimente disponibile, căci toate au avizul autorităţilor sanitare. Dar, orice am alege, am putea ajunge să mâncăm în grabă în faţa unui ecran, verificându-ne e-mailurile sau uitându-ne la televizor şi acordând foarte puţină atenţie gustului propriu-zis.

Zuckerberg spune că Facebook este hotărât „să continue să-şi îmbunătăţească instrumentele care vă oferă puterea de a vă împărtăşi experienţa" cu alţii[8]. Însă oamenii ar putea avea nevoie cu adevărat de instrumentele cu care să se conecteze la propriile experienţe. În numele „împărtăşirii experienţelor", oamenii sunt încurajaţi să înţeleagă lucrurile prin care trec prin prisma modului în care le văd ceilalţi. Dacă se întâmplă ceva interesant, instinctul utilizatorilor de Facebook este să-şi scoată smartphone-urile, să facă o fotografie, să o posteze online şi să aştepte „Like-urile". În tot acest timp, abia dacă îşi conştientizează sentimentele. De fapt, sentimentele lor sunt influenţate tot mai mult de reacţiile online.

Cel mai probabil, oamenii înstrăinaţi de corpul lor, de simţurile lor şi de mediul lor fizic se simt alienaţi şi dezorientaţi. Comentatorii pun deseori aceste sentimente de alienare pe seama declinului legăturilor religioase şi naţionale, dar pierderea contactului cu propriul corp este probabil mai importantă. Oamenii au trăit vreme de milioane de ani fără religii şi fără naţiuni - probabil că pot trăi fericiţi fără ele şi în secolul XXI. Totuşi, nu pot trăi fericiţi dacă nu sunt conectaţi la propriile corpuri. Dacă nu te simţi bine în propria piele, nu te vei simţi bine niciodată în lume.

Până acum, modelul de afaceri al companiei Facebook i-a încurajat pe oameni să petreacă tot mai mult timp online, chiar dacă asta însemna ca ei să aibă mai puţin timp şi mai puţină energie pentru activităţile lor offline. Poate adopta Facebook un nou model care să-i încurajeze pe oameni să intre online doar atunci când e strict necesar şi să acorde mai multă atenţie mediului lor fizic şi propriilor corpuri şi simţuri? Ce părere ar avea acţionarii despre acest model? (O schiţă a unui asemenea model alternativ a fost sugerată recent de Tristan Harris, fost angajat la Google şi filosof al tehnologiei care a propus un nou sistem de măsurare a „timpului bine petrecut”[9].)

Limitările relaţiilor online subminează la rândul lor soluţia lui Zuckerberg pentru polarizarea socială. El subliniază pe bună dreptate faptul că simpla conectare a oamenilor şi expunerea lor la diferite opinii nu vor diminua diferenţele sociale, deoarece, „dacă le arăţi oamenilor un articol din perspectiva opusă, în realitate adânceşti polarizarea, prezentând alte perspective ca fiind străine”. În schimb, Zuckerberg sugerează că „soluţiile optime pentru îmbunătăţirea discursului ar putea veni după ce vom ajunge să ne cunoaştem unul pe celălalt ca oameni pe de-a-ntregul, şi nu doar ca opinii – iar Facebook ar putea fi singurul potrivit să facă asta. Dacă ne conectăm cu oamenii pe baza a ceea ce avem în comun – echipe sportive, emisiuni de televiziune, interese –, e mai uşor să purtăm un dialog despre ceea ce ne desparte”[10].

Cu toate acestea, este extrem de dificil să ne cunoaştem reciproc ca oameni „pe de-a-ntregul”. Asta implică foarte mult timp şi necesită interacţiune fizică directă. După cum precizam mai devreme, unui *Homo sapiens* obişnuit îi este probabil imposibil să cunoască intim mai mult de 150 de indivizi. Teoretic, construirea comunităţilor nu ar trebui să fie un joc cu sumă nulă. Oamenii se pot simţi loiali mai multor grupuri diferite în acelaşi timp. Din nefericire, relaţiile intime sunt probabil un joc cu sumă nulă. Dincolo de un anumit punct, preţul pentru timpul şi energia pe care le dedici cunoaşterii prietenilor tăi online din Iran sau din Nigeria va fi pierderea capacităţii tale de a-ţi cunoaşte vecinii de alături.

Testul crucial al companiei Facebook va veni atunci când un inginer va inventa un nou instrument care îi va face pe oameni să petreacă mai puţin timp cumpărând lucruri online şi să se dedice mai mult unor activităţi offline importante împreună cu prietenii. Va adopta sau va suprima Facebook un asemenea instrument? Îşi va asuma Facebook un risc şi va favoriza preocupările sociale în detrimentul intereselor financiare? Dacă va proceda astfel – şi va reuşi să evite falimentul –, aceasta va fi o transformare esenţială.

Atenţia sporită acordată lumii offline în defavoarea rapoartelor sale trimestriale afectează de asemenea politicile fiscale ale companiei Facebook.

La fel ca Amazon, Google, Apple şi alţi câţiva giganţi tehnologici, şi Facebook a fost acuzat în repetate rânduri de evaziune fiscală[11]. Având în vedere dificultăţile inerente ale impozitării activităţilor online, acestor corporaţii globale le este mai uşor să recurgă la diverse forme de contabilitate creativă. Dacă crezi că oamenii trăiesc mai mult online şi că le asiguri toate instrumentele necesare existenţei lor online, te poţi considera un serviciu social benefic, evitând să-ţi achiţi taxele guvernelor offline. Dar, odată ce îţi aduci aminte că oamenii au corpuri şi că, prin urmare, au în continuare nevoie de drumuri, spitale şi sisteme de canalizare, justificarea evaziunii fiscale devine mult mai dificilă. Cum poţi să ridici în slăvi virtuţile comunităţii şi, în acelaşi timp, să refuzi să sprijini financiar cele mai importante servicii comunitare?

Nu putem decât să sperăm că Facebook poate să-şi schimbe modelul de afaceri, să adopte o politică fiscală mai prietenoasă pentru lumea offline, să contribuie la solidarizarea lumii – şi, cu toate acestea, să rămână profitabil. Totuşi, nu ar trebui să cultivăm aşteptări nerealiste legate de capacitatea companiei Facebook de a-şi înfăptui viziunea comunitară globală. Istoric vorbind, corporaţiile nu au constituit vehiculul ideal pentru revoluţii sociale şi politice însemnate. O revoluţie adevărată necesită, mai devreme sau mai târziu, sacrificii pe care corporaţiile, angajaţii lor şi acţionarii lor nu sunt dispuşi să le facă. Iată de ce revoluţionarii creează biserici, partide politice şi armate. Aşa-numitele revoluţii Facebook şi Twitter din lumea arabă au început în comunităţi online pline de speranţă, dar, odată ce au ieşit în complicata lume offline, au fost deturnate de fanatici religioşi şi junte militare. Dacă Facebook va vrea acum să provoace o revoluţie globală, va trebui să construiască o punte mult mai bună între online şi offline. Facebook şi ceilalţi giganţi online tind să-i considere pe oameni nişte animale audiovizuale – doi ochi şi două urechi conectate la zece degete, un ecran şi un card de credit. Un pas crucial spre unirea omenirii este conştientizarea faptului că oamenii au corpuri.

Desigur, şi această conştientizare are un dezavantaj. Conştientizarea limitărilor algoritmilor online i-ar putea determina pe giganţii tehnologiei să-şi extindă şi mai mult sfera de influenţă. Dispozitive precum Google Glass şi jocuri ca Pokémon Go sunt menite să elimine distincţia dintre online şi offline, contopindu-le într-o singură realitate lărgită. La un nivel şi mai profund, senzorii biometrici şi interfeţele creier-computer directe îşi propun să distrugă treptat graniţa dintre maşinăriile electronice şi corpurile organice şi să ne intre efectiv pe sub piele. Odată ce giganţii tehnologici vor ajunge să înţeleagă corpul uman, ne-ar putea manipula întregul corp la fel cum ne manipulează în clipa de faţă ochii, degetele şi cardurile de credit. Am putea ajunge să ducem dorul vremurilor de odinioară, când lumea online era separată de cea offline.

Capitolul 6

Civilizaţia

Există o singură civilizaţie în lume

În vreme ce Mark Zuckerberg visează să unească omenirea online, evenimentele recente din lumea offline par să readucă la viaţă teza „ciocnirii civilizaţiilor". Numeroşi comentatori, politicieni şi cetăţeni obişnuiţi cred că războiul civil sirian, ascensiunea Statului Islamic, haosul Brexitului şi instabilitatea Uniunii Europene sunt produsul unei ciocniri între „Civilizaţia Occidentală" şi „Civilizaţia Islamică". Încercările occidentalilor de a le impune naţiunilor musulmane democraţia şi drepturile omului au generat reacţii violente din partea islamicilor, iar valul de imigranţi musulmani şi atacurile teroriste islamiste i-au făcut pe alegătorii europeni să renunţe la visurile multiculturale în favoarea identităţilor locale xenofobe.

Potrivit acestei teze, omenirea a fost împărţită dintotdeauna în diferite civilizaţii ai căror membri au viziuni ireconciliabile asupra lumii. Date fiind aceste perspective incompatibile asupra lumii, conflictele dintre civilizaţii sunt inevitabile. La fel cum în natură diferitele specii luptă pentru supravieţuire conform legilor neîndurătoare ale selecţiei naturale, tot aşa de-a lungul istoriei civilizaţiile s-au ciocnit în repetate rânduri şi doar cei mai adaptaţi au supravieţuit ca să mai şi povestească. Cei care trec cu vederea acest lucru sumbru – fie ei politicieni liberali sau ingineri cu capul în nori – o fac pe propriul risc[1].

Teza „ciocnirii civilizaţiilor" are vaste implicaţii politice. Susţinătorii ei afirmă că orice tentativă de reconciliere a „Vestului" cu „lumea musulmană" este sortită eşecului. Ţările musulmane nu vor adopta niciodată valorile occidentale, iar ţările vestice nu ar putea asimila niciodată cu succes minorităţile musulmane. Drept urmare, SUA nu ar trebui să primească imigranţi din Siria sau din Irak, iar Uniunea Europeană ar trebui să renunţe la aberaţia ei multiculturală în favoarea unei identităţi occidentale manifeste. Pe termen lung, o singură civilizaţie poate supravieţui încercărilor neiertătoare ale selecţiei naturale, iar dacă birocraţii de la Bruxelles refuză să salveze Occidentul de pericolul islamic, atunci ar fi bine ca Marea Britanie, Danemarca sau Franţa să facă singure acest lucru.

Deşi se bucură de o susţinere largă, această teză induce în eroare. Poate că fundamentalismul islamic reprezintă într-adevăr o provocare radicală, dar „civilizaţia" pe care o contestă este mai curând una globală, şi nu un fenomen exclusiv occidental. Nu degeaba a reuşit Statul Islamic să solidarizeze împotriva lui Iranul şi Statele Unite. Şi până şi fundamentaliştii islamici, cu toate elucubraţiile lor medievale, sunt ancoraţi în cultura globală contemporană mult mai mult decât în Arabia secolului al VII-lea. Ei alimentează mai curând temerile şi speranţele tinerilor moderni alienaţi decât pe cele ale negustorilor şi ţăranilor medievali. După cum susţineau în mod convingător Pankaj Mishra şi Christopher de Bellaigue, islamiştii radicali au fost influenţaţi de Marx şi de Foucault la fel de mult ca de Mahomed şi îi moştenesc în aceeaşi măsură pe anarhiştii europeni din secolul al XIX-lea şi pe califii omeiazi şi abbasizi[2]. Aşadar, ar fi mai aproape de adevăr să considerăm până şi Statul Islamic o ramură rebelă a culturii globale pe care o împărtăşim cu toţii, şi nu o ramură a unui arbore străin şi misterios.

Mai important, analogia dintre istorie şi biologie care stă la baza tezei „ciocnirii civilizaţiilor" este falsă. Grupurile umane – de la triburile mici la civilizaţiile enorme – sunt fundamental diferite de speciile de animale, iar conflictele istorice se deosebesc în mod semnificativ de procesele selecţiei naturale. Speciile de animale au identităţi obiective ce rezistă mii şi mii de generaţii. Eşti un cimpanzeu sau o gorilă în funcţie de gene, şi nu de credinţele tale, iar diferitele gene dictează comportamente sociale distincte. Cimpanzeii trăiesc în grupuri mixte de masculi şi femele. Luptă pentru putere formând coaliţii de susţinători din rândul ambelor sexe. În schimb, în cazul gorilelor, un singur mascul dominant îşi creează un harem de femele şi alungă de obicei orice mascul adult care i-ar putea contesta poziţia. Cimpanzeii nu pot adopta orânduiri sociale precum cea a gorilelor ; gorilele nu pot începe să se organizeze precum cimpanzeii ;

şi, din câte ştim, exact aceleaşi sisteme sociale au caracterizat cimpanzeii şi gorilele nu numai în ultimele decenii, ci vreme de sute de mii de ani.

În rândul oamenilor nu se găseşte nimic asemănător. Da, poate că grupurile umane au sisteme sociale diferite, dar acestea nu sunt determinate genetic şi rareori rezistă mai mult de câteva secole. Să luăm exemplul germanilor în secolul XX. În mai puţin de o sută de ani, germanii s-au organizat în şase sisteme cât se poate de diferite: imperiul dinastiei Hohenzollern, Republica de la Weimar, al Treilea Reich, Republica Democrată Germană (adică Germania de Est comunistă), Republica Federală Germania (adică Germania de Vest) şi, în sfârşit, Germania reunificată, democratică. Fireşte că germanii şi-au păstrat limba şi pasiunea pentru bere şi *bratwurst*. Dar există vreo esenţă tipic germană care să-i distingă de toate celelalte naţiuni şi care a rămas neschimbată de la Wilhelm al II-lea până la Angela Merkel? Şi, dacă găsiţi vreuna, era acolo şi acum o mie de ani sau cu cinci mii de ani în urmă?

Preambulul (neratificat) al Constituţiei Europene începe cu afirmaţia potrivit căreia este inspirat „de moştenirea culturală, religioasă şi umanistă a Europei, din care au decurs valorile universale ale drepturilor inviolabile şi inalienabile ale fiinţei umane, democraţia, egalitatea, libertatea şi statul de drept”[3]. Acest lucru ar putea da cu uşurinţă impresia că civilizaţia europeană este definită de valorile drepturilor omului, democraţiei, egalităţii şi libertăţii. Nenumărate discursuri şi documente asociază în mod direct democraţia ateniană antică cu Uniunea Europeană a zilelor noastre, sărbătorind 2.500 de ani de libertate şi democraţie europene. Acest lucru ne duce cu gândul la orbul din poveste care apucă coada unui elefant şi conchide că elefantul e un fel de perie. Da, ideile democratice fac parte din cultura europeană de sute de ani, dar ele nu au reprezentat-o niciodată întru totul. Cu toată gloria şi tot impactul său, democraţia ateniană a fost un experiment făcut fără tragere de inimă, care a rezistat doar 200 de ani într-un colţişor al Balcanilor. Dacă civilizaţia europeană a fost definită în ultimele 25 de secole de democraţie şi drepturile omului, ce ar trebui să credem despre Sparta şi Iulius Caesar, despre cruciaţi şi conchistadori, despre Inchiziţie şi comerţul cu sclavi, despre Ludovic al XIV-lea şi Napoleon, despre Hitler şi Stalin? Erau cu toţii intruşi veniţi dintr-o civilizaţie străină?

La drept vorbind, civilizaţia europeană este orice o consideră europenii, la fel cum creştinismul este orice îl consideră creştinii, islamul este orice îl consideră musulmanii, iar iudaismul este orice îl consideră evreii. Şi au interpretat-o în fel şi chip de-a lungul secolelor. Grupurile umane sunt definite mai mult de schimbările prin care trec decât de orice continuitate, însă ele tot reuşesc să-şi creeze identităţi străvechi pentru că se pricep să spună poveşti. Indiferent de ce revoluţii ar avea parte, de obicei pot să îmbine vechiul şi noul într-o singură poveste.

Până şi un individ poate îmbina schimbările personale revoluţionare într-o singură poveste de viaţă coerentă şi puternică : „Sunt un om care a fost cândva socialist, dar a devenit apoi capitalist ; m-am născut în Franţa, iar acum locuiesc în SUA ; am fost căsătorit, dar apoi am divorţat ; am avut cancer, dar apoi m-am însănătoşit". În mod asemănător, un grup uman precum germanii ar putea ajunge să se definească prin înseşi schimbările prin care a trecut : „Cândva am fost nazişti, dar ne-am învăţat minte, iar acum suntem democraţi paşnici". Nu trebuie să cauţi o esenţă germană unică ce s-a manifestat mai întâi la Wilhelm al II-lea, apoi la Hitler şi în sfârşit la Merkel. Tocmai aceste transformări radicale definesc identitatea germană. Să fii german în 2018 înseamnă să te lupţi cu moştenirea dificilă a nazismului, susţinând totodată valorile liberale şi democratice. Cine ştie ce va însemna în 2050 ?

Oamenii refuză adesea să vadă aceste schimbări, mai ales atunci când vine vorba de valorile politice şi religioase esenţiale. Insistăm că valorile noastre reprezintă o moştenire de preţ de la strămoşii din vremuri străvechi. Totuşi, singurul lucru care ne permite să spunem asta este că strămoşii noştri sunt morţi de mult şi nu pot vorbi în numele lor. Să luăm exemplul atitudinilor evreilor faţă de femei. În zilele noastre, evreii ultraortodocşi interzic imaginile cu femei în sfera publică. Panourile şi reclamele care li se adresează evreilor ultraortodocşi înfăţişează de regulă doar bărbaţi şi băieţi – niciodată femei şi fete[4].

În 2011, a izbucnit un scandal atunci când ziarul ultraortodox *Di Tzeitung* din Brooklyn a publicat o fotografie cu nişte oficiali americani care urmăreau atacul asupra complexului lui Osama bin-Laden – dar a şters digital toate femeile din fotografie, inclusiv pe secretarul de stat Hillary Clinton. Ziarul a explicat că a fost constrâns să facă acest lucru de „legile" evreieşti ale „bunei-cuviinţe”. Un scandal asemănător a izbucnit atunci când ziarul *HaMevaser* a scos-o pe Angela Merkel din fotografia unei demonstraţii împotriva măcelului de la *Charlie Hebdo*, ca nu cumva imaginea ei să stârnească gânduri necurate în minţile cititorilor pioşi. Editorul unui al treilea ziar ultraortodox, *Hamodia*, apăra această politică explicând că „avem parte de susţinerea tradiţiei evreieşti milenare”[5].

Interdicţia de a vedea femei nu este nicăieri mai strictă decât în sinagogă. În sinagogile ortodoxe, femeile sunt izolate cu grijă de bărbaţi şi trebuie să se limiteze la o zonă restricţionată unde sunt ascunse după o perdea, astfel încât nici un bărbat să nu vadă din greşeală silueta vreunei femei în timp ce-şi spune rugăciunile sau citeşte scripturile. Însă, dacă toate acestea au în spate tradiţia evreiască milenară şi legile divine imuabile, cum explicăm faptul că, atunci când arheologii au excavat sinagogile antice din Israel de pe vremea Mişnei şi a Talmudului, nu au descoperit nici o urmă a segregării sexelor şi, în schimb, au scos la iveală frumoase pardoseli mozaicate şi picturi murale ce înfăţişează femei, unele dintre ele îmbrăcate destul de sumar? Rabinii care au scris Mişna şi Talmudul se rugau şi studiau în mod regulat în aceste sinagogi, însă evreii ortodocşi de astăzi ar considera aceste lucruri blasfemii şi profanări ale tradiţiilor străvechi[6].

Distorsionări asemănătoare ale tradiţiilor străvechi caracterizează toate religiile. Statul Islamic se lăuda că s-a întors la versiunea pură şi originară a islamului, dar, în realitate, interpretează islamul cu totul altfel. Da, citează din numeroase texte venerabile, dar dau dovadă de foarte multă precauţie atunci când aleg textele pe care le invocă şi cele pe care le ignoră şi felul cum le interpretează. De fapt, însăşi atitudinea de a interpreta ei înşişi textele sfinte este cât se poate de modernă. În mod tradiţional, interpretarea era monopolul erudiţilor *ulama* – învăţaţi care studiau legea şi teologia musulmane la instituţii respectabile, precum universitatea-moschee Al-Azhar din Cairo. Puţini dintre liderii Statului Islamic aveau asemenea studii, iar cei mai mulţi *ulama* respectaţi i-au repudiat pe Abu Bakr al-Baghdadi şi pe cei de teapa lui, considerându-i nişte criminali ignoranţi[7].

Asta nu înseamnă că Statul Islamic a fost „neislamic” sau „antiislamic”, după cum susţin unii. Este ironic faptul că lideri creştini precum

Barack Obama au curaj să le spună musulmanilor autoproclamaţi ca Abu Bakr al-Baghdadi ce înseamnă să fii musulman[8]. Discuţia aprinsă despre adevărata esenţă a islamului este pur şi simplu inutilă. Islamul nu are un ADN fix. Islamul este orice consideră musulmanii că este[9].

Germani şi gorile

Există o diferenţă şi mai profundă care separă grupurile umane de speciile de animale. Speciile se ramifică deseori, dar nu se contopesc niciodată. Cu circa şapte milioane de ani în urmă, cimpanzeii şi gorilele aveau strămoşi comuni. Această specie ancestrală unică s-a împărţit în două populaţii care de la un moment dat au urmat căi diferite din punctul de vedere al evoluţiei. Odată ce s-a întâmplat acest lucru, nu a mai existat cale de întoarcere. De vreme ce indivizii ce aparţin unor specii diferite nu pot produce împreună urmaşi fertili, speciile nu pot fuziona niciodată. Gorilele nu pot fuziona cu cimpanzeii, girafele nu pot fuziona cu elefanţii, iar câinii nu pot fuziona cu pisicile.

În schimb, triburile umane au tendinţa de a fuziona în timp, formând grupuri din ce în ce mai mari. Germanii moderni au luat naştere prin contopirea saxonilor, prusacilor, şvabilor şi bavarezilor, care nu cu mult timp în urmă abia dacă se înghiţeau unii pe alţii. Se spune că Otto von Bismarck ar fi remarcat (după ce a citit lucrarea lui Darwin *Originea speciilor*) că bavarezii reprezentau veriga lipsă dintre austriac şi om[10]. Francezii au luat naştere prin contopirea francilor, normanzilor, bretonilor, gasconilor şi provensalilor. În acelaşi timp, dincolo de Canalul Mânecii, englezii, scoţienii, galezii şi irlandezii au fost aduşi treptat laolaltă (de bunăvoie sau nu), dând naştere britanicilor. În viitorul nu foarte îndepărtat, germanii, francezii şi britanicii ar putea fuziona la rândul lor, dând naştere europenilor.

Însă fuziunile nu rezistă mereu, după cum observă în zilele noastre locuitorii din Londra, Edinburgh şi Bruxelles. Brexitul ar putea provoca destrămarea simultană atât a Marii Britanii, cât şi a Uniunii Europene. Dar, pe termen lung, direcţia istoriei este cât se poate de clară. Cu zece mii de ani în urmă, omenirea era împărţită în nenumărate triburi izolate.

Cu fiecare mileniu scurs, acestea s-au contopit în grupuri din ce în ce mai mari, creând tot mai puţine civilizaţii distincte. Pe parcursul ultimelor generaţii, puţinele civilizaţii rămase au fuzionat într-o singură civilizaţie globală. Diferenţele politice, etnice, culturale şi economice se perpetuează, însă ele nu subminează unitatea fundamentală. De fapt, unele diferenţe sunt posibile doar datorită unei structuri comune. În economie, de exemplu, diviziunea muncii nu se poate impune decât dacă toată lumea împarte o piaţă unică. O ţară nu se poate specializa în producţia de maşini sau de petrol decât dacă poate cumpăra alimente din alte ţări care cultivă grâu şi orez.

Procesul unificării umanităţii a luat două forme distincte: stabilirea unor legături între diferite grupuri şi omogenizarea practicilor în cadrul grupurilor. Legăturile se pot forma până şi între grupuri care se comportă în continuare foarte diferit. De fapt, legăturile se pot forma şi între duşmani de moarte. Războiul însuşi poate produce unele dintre cele mai puternice relaţii interumane. Istoricii susţin adesea că globalizarea a atins un prim punct culminant în 1913, după care a avut parte de un lung declin în perioada războaielor mondiale şi a Războiului Rece şi a recuperat abia după 1989[11]. Poate că afirmaţia este adevărată în ceea ce priveşte globalizarea economică, însă ea trece cu vederea dinamica diferită, dar la fel de importantă a globalizării militare. Războiul diseminează idei, tehnologii şi oameni mult mai rapid decât comerţul. În 1918 Statele Unite aveau legături mai strânse cu Europa decât în 1913, apoi ele s-au îndepărtat în perioada interbelică, după care destinele le-au fost împletite inextricabil de al Doilea Război Mondial şi Războiul Rece.

De asemenea, războiul îi face pe oameni să fie mult mai interesaţi unii de alţii. Statele Unite nu au fost niciodată mai informate cu privire la situaţia din Rusia decât în timpul Războiului Rece, când orice tuse de pe un culoar moscovit îi făcea pe americani să urce şi să coboare precipitaţi scări la Washington. Oamenilor le pasă mult mai mult de duşmanii lor decât de partenerii lor comerciali. Pentru fiecare film american despre Taiwan există probabil cincizeci despre Vietnam.

Olimpiada medievală

La începutul secolului XXI, lumea a trecut cu mult dincolo de formarea legăturilor între diferite grupuri. Oameni de pe tot globul nu numai că sunt în contact unii cu alţii, ci împărtăşesc tot mai mult credinţe şi practici identice. Acum o mie de ani, planeta Pământ era un teren propice pentru zeci de modele politice diferite. În Europa puteai găsi principate feudale care rivalizau cu oraşe-state independente şi teocraţii minuscule. Lumea musulmană avea califatul, care îşi afirma suveranitatea universală, dar experimenta de asemenea cu regate, sultanate şi emirate. Imperiile chineze se considerau unica entitate politică legitimă, în vreme ce la nord şi la vest confederaţiile tribale se războiau de zor între ele. India şi Asia de Sud-Est aveau o multitudine de regimuri, în vreme ce formele de organizare din America, Africa şi Australasia variau de la grupuri minuscule de vânători-culegători la imperii întinse. Nu e de mirare că până şi grupurilor umane învecinate le era greu să cadă de acord asupra unor proceduri diplomatice comune, darămite asupra unor legi internaţionale. Fiecare societate avea propria paradigmă politică şi îi era dificil să înţeleagă şi să respecte conceptele politice străine.

Astăzi, în schimb, o singură paradigmă politică este acceptată pretutindeni. Planeta este împărţită în circa 200 de state suverane, care acceptă în general aceleaşi protocoale diplomatice şi legi internaţionale comune. Suedia, Nigeria, Thailanda şi Brazilia sunt reprezentate la fel în atlasele noastre, ca nişte forme colorate ; toate fac parte din ONU ; şi, în ciuda nenumăratelor diferenţe care le separă, sunt recunoscute drept state suverane ce se bucură de drepturi şi privilegii similare. De fapt, ele împărtăşesc mult mai multe idei şi practici politice, inclusiv o încredere cel puţin simbolică în corpurile reprezentative, partidele politice, votul universal şi drepturile omului. Există parlamente la Teheran, Moscova, Cape Town şi New Delhi, precum şi la Londra şi la Paris. Atunci când israelienii şi palestinienii, ruşii şi ucrainenii, kurzii şi turcii se întrec ca să intre în graţiile opiniei publice globale, folosesc cu toţii acelaşi discurs legat de drepturile omului, suveranitatea statală şi legea internaţională.

Poate că lumea e presărată cu tot felul de „state eşuate", dar cunoaşte o singură paradigmă pentru un stat de succes. Prin urmare, politica globală urmează principiul Anna Karenina: statele de succes sunt toate la fel, dar fiecare stat eşuat eşuează în felul lui, întrucât îi lipseşte un ingredient sau altul din pachetul politic dominant. Statul Islamic s-a remarcat recent prin respingerea totală a acestui pachet şi încercarea sa de a institui un tip cu totul diferit de entitate politică - un califat universal. Dar tocmai din acest motiv a dat greş. Numeroase forţe de gherilă şi organizaţii teroriste au reuşit să întemeieze noi ţări sau să cucerească unele deja existente. Dar au făcut întotdeauna acest lucru acceptând principiile fundamentale ale ordinii politice globale. Până şi talibanii au urmărit recunoaşterea internaţională drept guvern legitim al ţării suverane Afghanistan. Până acum, nici un grup care a respins principiile politicii globale nu a obţinut un control de durată asupra vreunui teritoriu important.

Ca să înţelegem forţa paradigmei politice globale, poate cel mai bine ar fi să analizăm nu chestiuni politice extrem de serioase legate de război şi diplomaţie, ci mai curând evenimente precum Olimpiada de la Rio din 2016. Gândiţi-vă o clipă la cum au fost organizate Jocurile Olimpice. Cei 11.000 de sportivi au fost grupaţi în delegaţii în funcţie de naţionalitate, şi nu de religie, clasă sau limbă. Nu au existat nici o delegaţie budistă, nici o delegaţie proletară şi nici o delegaţie vorbitoare de limba engleză. Cu câteva excepţii - îndeosebi Taiwan şi Palestina -, stabilirea naţionalităţii sportivilor a fost o chestiune cât se poate de simplă.

La ceremonia de deschidere din 5 august 2016, atleţii au defilat în grupuri, fiecare grup fluturând drapelul naţional. Ori de câte ori Michael Phelps mai câştiga câte o medalie de aur, drapelul Statelor Unite era înălţat în acordurile imnului „The Star-Spangled Banner". Când Emilie Andéol a câştigat medalia de aur la judo, a fost arborat tricolorul francez şi s-a intonat „La Marseillaise".

În mod convenabil, fiecare ţară din lume are un imn care se conformează aceluiaşi model universal. Aproape toate imnurile sunt compoziţii orchestrale lungi de câteva minute, şi nu cântece de 20 de minute care nu pot fi interpretate decât de o castă specială de preoţi ereditari. Până şi ţări precum Arabia Saudită, Pakistanul şi Congo au adoptat convenţiile muzicale occidentale pentru imnurile lor naţionale. Majoritatea par să fi fost compuse de Beethoven într-o zi mai curând mediocră. (Vă puteţi petrece o seară împreună cu prietenii ascultând diverse imnuri naţionale pe YouTube şi încercând să ghiciţi care cui aparţine.) Până şi versurile sunt aproape la fel în toată lumea, denotând concepţii comune legate de politică şi loialitatea de grup. De exemplu, cărei naţiuni credeţi că aparţine următorul imn naţional? (Am schimbat doar numele ţării, folosind termenul generic „Ţara mea”.)

Ţara mea, patria mea,
Pământul unde mi-am vărsat sângele,
Acolo stau
De strajă patriei mele.
Ţara mea, naţiunea mea,
Poporul meu şi leagănul meu,
Să dăm de veste:
„Ţara mea, uneşte-te!”.
Trăiască ţara mea, trăiască statul meu,
Naţiunea mea, patria mea, în întregime.
Făuriţi-i sufletul, treziţi-i trupul,
Pentru ţara mea minunată!
Ţara mea minunată, independentă şi liberă
Casa mea şi ţara mea pe care o iubesc.
Ţara mea minunată, independentă şi liberă,
Trăiască ţara mea minunată!

Răspunsul este Indonezia. Dar v-aţi fi mirat dacă v-aş fi spus că răspunsul era de fapt Polonia, Nigeria sau Brazilia?

Steagurile naţionale dau dovadă de acelaşi conformism anost. Cu o singură excepţie, toate steagurile sunt bucăţi dreptunghiulare de material textil ce înfăţişează un repertoriu extrem de limitat de culori, dungi şi forme geometrice. Nepalul este ţara care face notă discordantă, cu un drapel alcătuit din două triunghiuri. (Dar nu a câştigat niciodată vreo medalie olimpică.) Steagul indonezian constă într-o bandă roşie deasupra unei benzi albe. Steagul polonez înfăţişează o bandă albă deasupra unei benzi roşii. Drapelul Principatului Monaco este identic cu cel al Indoneziei. O persoană care suferă de acromatopsie nici nu ar sesiza diferenţa dintre drapelele Belgiei, Ciadului, Coastei de Fildeş, Franţei, Guineei, Irlandei, Italiei, statului Mali şi României – toate au trei benzi verticale de diferite culori.

Unele dintre aceste ţări au purtat războaie înverşunate între ele, dar de-a lungul tumultuosului secol XX doar trei Jocuri Olimpice au fost anulate din pricina războiului (în 1916, 1940 şi 1944). În 1980 SUA şi o parte dintre aliaţii lor au boicotat Olimpiada de la Moscova, în 1984 blocul sovietic a boicotat Jocurile de la Los Angeles, iar în alte câteva situaţii Jocurile Olimpice s-au aflat în centrul unei furtuni politice (îndeosebi în 1936, când Berlinul nazist a găzduit Jocurile, şi în 1972, când teroriştii palestinieni au masacrat delegaţia israeliană la Olimpiada de la München). Cu toate acestea, în ansamblu, controversele politice nu au subminat definitiv proiectul olimpic.

Acum să ne întoarcem cu o mie de ani în urmă. Să presupunem că voiaţi să găzduiţi Jocurile Olimpice Medievale la Rio în 1016. Să uităm o clipă că Rio era pe atunci un sătuc de indieni tupi[12] şi că asiaticii, africanii şi europenii nici nu erau conştienţi de existenţa Americii. Să lăsăm la o parte şi problemele logistice de a-i aduce pe toţi sportivii de vârf ai lumii la Rio fără avioane. Să trecem şi peste faptul că puţine sporturi erau practicate pe tot globul şi că, deşi toţi oamenii puteau să alerge, nu se puteau pune cu toţii de acord asupra aceloraşi reguli pentru o competiţie de alergare. Întrebaţi-vă cum aţi grupa delegaţiile rivale. În prezent, Comitetul Olimpic Internaţional dezbate ore în şir chestiunea taiwaneză şi chestiunea palestiniană. Înmulţiţi cu 10.000 ca să estimaţi numărul de ore pe care ar trebui să-l alocaţi politicii Olimpiadei Medievale.

În primul rând, în 1016 Imperiul Song din China nu recunoştea ca egal al său nici o entitate politică de pe glob. Prin urmare, ar fi fost o umilire de neconceput ca delegaţiei sale olimpice să i se acorde acelaşi statut ca delegaţiilor regatului coreean Goryeo sau regatului vietnamez Đại Cồ Việt - ca să nu mai vorbim de delegaţiile barbarilor primitivi de peste mări.

Şi califul de la Bagdad îşi susţinea hegemonia universală, iar majoritatea musulmanilor sunniţi îl recunoşteau drept lider suprem. În realitate însă, califul abia dacă conducea oraşul Bagdad. Aşadar, toţi sportivii sunniţi ar face parte dintr-o singură delegaţie a califatului sau ar fi separaţi în zeci de delegaţii din nenumăratele emirate şi sultanate ale lumii sunnite? Dar de ce să ne oprim la emirate şi la sultanate? Deşertul Arabiei era înţesat de triburi libere de beduini, care nu recunoşteau nici un stăpân în afară de Allah. Ar fi îndreptăţit fiecare trib să trimită o delegaţie independentă care să concureze la tir cu arcul sau la cursa cu cămile? Europa v-ar da la fel de multe bătăi de cap asemănătoare. Un sportiv din orașul normand Ivry ar concura sub stindardul contelui local de Ivry, al suzeranului său, ducele de Normandia, sau poate sub al regelui Franței, care nu era la fel de puternic?

Multe dintre aceste entități politice au apărut și au dispărut în decurs de câțiva ani. În timp ce ați face pregătirile pentru Olimpiada din 1016, nu ați putea ști dinainte ce delegații se vor prezenta, deoarece nimeni nu ar putea fi sigur ce entități politice ar mai exista și anul următor. Dacă regatul Angliei ar fi trimis o delegație la Olimpiada din 1016, când sportivii s-ar fi întors acasă cu medaliile lor, ar fi descoperit că danezii tocmai capturaseră Londra, iar Anglia era înghițită de Imperiul Mării Nordului condus de regele Knut cel Mare, alături de Danemarca, Norvegia și părți din Suedia. După alți 20 de ani, acest imperiu s-a destrămat, dar 30 de ani mai târziu Anglia a fost cucerită din nou, de ducele de Normandia.

E inutil să mai spunem că majoritatea acestor entități politice efemere nu aveau nici imnuri de intonat și nici drapele de arborat. Simbolurile politice erau deosebit de importante, desigur, dar limba simbolică a politicii europene era foarte diferită de limbile simbolice ale politicii indoneziene, chineze sau tupi. Consensul cu privire la un protocol comun care să marcheze victoria ar fi fost aproape imposibil.

Așadar, atunci când veți urmări Jocurile Olimpice de la Tokyo din 2020, amintiți-vă că această aparentă competiție între națiuni reprezintă de fapt un uimitor consens global. Cu toată mândria națională pe care o simt oamenii atunci când delegația lor câștigă o medalie de aur, iar steagul lor este înălțat, avem motive mult mai întemeiate să fim mândri că omenirea este capabilă să organizeze un asemenea eveniment.

Un singur dolar să-i conducă pe toți

În epoca premodernă, oamenii au testat nu numai diverse sisteme politice, ci și o varietate uluitoare de modele economice. Boierii ruși, maharajahii hinduși, mandarinii chinezi și șefii de trib amerindieni aveau idei cât se poate de diferite despre bani, comerț, impozitare și muncă.

În schimb, astăzi mai toată lumea crede în variaţiuni uşor diferite ale aceleiaşi teme capitaliste şi suntem cu toţii rotiţe pe o linie de producţie globală unică. Indiferent dacă trăieşti în Congo sau în Mongolia, în Noua Zeelandă sau în Bolivia, rutina ta zilnică şi situaţia ta economică depind de aceleaşi teorii economice, de aceleaşi corporaţii şi bănci şi de aceleaşi fluxuri de capital. Dacă miniştrii de Finanţe din Israel şi din Iran s-ar întâlni să ia prânzul, ar avea un limbaj economic comun şi ar putea să-şi înţeleagă cu uşurinţă necazurile şi să empatizeze unul cu altul.

Atunci când Statul Islamic a cucerit părţi însemnate din Siria şi Irak, a ucis zeci de mii de oameni, a distrus situri arheologice, a răsturnat statui şi a eliminat în mod sistematic simbolurile regimurilor anterioare şi ale influenţei culturale occidentale[13]. Dar, atunci când luptătorii săi au pătruns în băncile locale şi au găsit acolo teancuri de dolari ce înfăţişau chipurile unor preşedinţi americani şi sloganuri în engleză care preamăreau idealurile politice şi religioase americane, nu au ars aceste simboluri ale imperialismului american. Asta pentru că dolarul este venerat pretutindeni, în ciuda tuturor diferenţelor politice şi religioase. Deşi nu are valoare intrinsecă – nu poţi să mănânci sau să bei o bancnotă de un dolar –, încrederea în dolar şi în înţelepciunea Federal Reserve este atât de puternică, încât este împărtăşită până şi de fundamentaliştii islamici, de traficanţii mexicani de droguri şi de tiranii nord-coreeni.

Cu toate acestea, omogenitatea omenirii contemporane iese cu adevărat în evidenţă atunci când vine vorba de viziunea noastră asupra lumii naturale şi a corpului uman. Dacă te îmbolnăveai acum o mie de ani, conta enorm unde locuiai. În Europa, preotul paroh ţi-ar spune probabil că l-ai mâniat pe Dumnezeu şi că, pentru a te însănătoşi, ar trebui să donezi ceva bisericii, să pleci în pelerinaj la un loc sfânt şi să te rogi fierbinte ca Dumnezeu să te ierte. O altă variantă ar fi ca vrăjitoarea din sat să-ţi explice că te-a posedat un demon şi că ea poate să alunge demonul prin cântec, dans şi cu sângele unui cocoşel negru.

În Orientul Mijlociu, doctorii educaţi în tradiţia clasică ţi-ar putea explica următorul lucru: cele patru umori ale corpului şi-au pierdut echilibrul şi ar trebui să le armonizezi cu ajutorul unei alimentaţii adecvate şi al unor poţiuni urât mirositoare. În India, experţii în medicină ayurvedică ţi-ar expune propriile teorii cu privire la echilibrul celor trei elemente ale corpului cunoscute drept *dosha* şi ţi-ar recomanda un tratament cu ierburi, masaje şi poziţii de yoga. Medici chinezi, şamani siberieni, vraci africani şi amerindieni – fiecare imperiu, regat şi trib avea propriile tradiţii şi propriii experţi, fiecare îmbrăţişa viziuni diferite despre corpul omenesc şi natura bolii şi fiecare oferea propria varietate largă de ritualuri, poţiuni şi remedii. Unele dintre ele erau surprinzător de eficiente, pe când altele erau aproape o condamnare la moarte. Singurul lucru pe care îl aveau în comun practicile medicale europene, chineze, africane şi americane era că, pretutindeni, cel puţin o treime dintre copii mureau înainte de a ajunge la vârsta adultă, iar speranţa medie de viaţă era cu mult sub 50 de ani[14].

Astăzi, dacă se întâmplă să fii bolnav, contează mult mai puţin unde locuieşti. La Toronto, Tokyo, Teheran sau Tel Aviv, vei fi dus la spitale care arată asemănător, unde vei întâlni doctori în halate albe care au învăţat aceleaşi teorii ştiinţifice la aceleaşi universităţi de medicină. Ei vor urma protocoale identice şi vor folosi teste identice pentru a stabili diagnostice foarte asemănătoare. După aceea, vor prescrie aceleaşi medicamente produse de aceleaşi companii farmaceutice internaţionale. Mai există câteva diferenţe culturale minore, dar medicii canadieni, japonezi, iranieni şi israelieni împărtăşesc mai mult sau mai puţin aceleaşi vederi despre corpul omenesc şi bolile omului. După ce Statul Islamic a cucerit Raqqa şi Mosul, nu a dărâmat spitalele locale. În schimb, a lansat un apel doctorilor şi asistentelor de religie musulmană din întreaga lume să-şi ofere benevol serviciile acolo[15]. Fără îndoială, până şi doctorii şi asistentele ce îmbrăţişează islamul cred că organismul este alcătuit din celule, că bolile sunt provocate de agenţi patogeni şi că antibioticele ucid bacteriile.

Şi ce conţin aceste celule şi bacterii? De fapt, din ce este alcătuită întreaga lume? Acum o mie de ani, fiecare cultură avea propria poveste despre univers şi despre ingredientele fundamentale ale supei cosmice. Astăzi, eruditii de pe tot globul cred exact aceleaşi lucruri despre materie, energie, timp şi spaţiu. Să luăm exemplul programelor nucleare iranian şi nord-coreean. Problema constă tocmai în faptul că iranienii şi nord-coreenii au exact aceeaşi viziune asupra fizicii ca israelienii şi americanii. Dacă iranienii şi nord-coreenii ar crede că $E = mc^4$, Israelului şi Statelor Unite nu le-ar păsa nici cât negru sub unghie de programele lor nucleare.

Oamenii au încă religii şi identităţi naţionale diferite. Dar, când vine vorba de aspectele practice - cum să construieşti un stat, o economie, un spital sau o bombă -, mai toţi aparţinem aceleiaşi civilizaţii. Mai există şi neînţelegeri, fără îndoială, dar, la urma urmei, toate civilizaţiile au propriile dispute interne. De fapt, ele sunt definite de aceste dispute. Atunci când încearcă să-şi schiţeze identitatea, oamenii întocmesc adesea o listă a trăsăturilor comune. Aceasta e o greşeală. Ar proceda mult mai bine dacă ar enumera conflictele şi dilemele comune. De exemplu, în 1618 Europa nu avea o singură identitate religioasă - era definită de conflictul religios. A fi european însemna în 1618 a fi obsedat de diferenţele doctrinare mărunte dintre catolici şi protestanţi sau dintre calvini şi luterani şi dispus să ucizi şi să fii ucis din cauza acestor diferenţe. Dacă unui om nu îi păsa în 1618 de aceste conflicte, probabil că era turc sau hindus, dar cu siguranţă nu era european.

În mod similar, în 1940 Marea Britanie şi Germania aveau valori politice cât se poate de diferite, însă făceau amândouă parte integrantă din „Civilizaţia Europeană". Hitler nu era mai puţin european decât Churchill. Mai curând, însăşi lupta dintre ei definea ceea ce însemna a fi european în acel moment de răscruce din istorie. În schimb, un vânător-culegător !Kung din 1940 nu era european deoarece conflictele din sânul Europei legate de rasă şi imperiu nu ar fi avut nici o logică pentru el.

Oamenii cu care ne certăm cel mai des sunt propriile rude. Identitatea este definită mai mult de conflicte şi de dileme decât de consensuri. Ce înseamnă să fii european în 2018? Nu înseamnă să ai pielea albă, să crezi în Iisus Hristos sau să aperi libertatea. Înseamnă mai degrabă să ai dispute vehemente legate de imigraţie, de Uniunea Europeană şi de limitele capitalismului. Înseamnă de asemenea să te întrebi obsesiv „Ce anume îmi defineşte identitatea?" şi să-ţi faci griji legate de îmbătrânirea populaţiei, de materialismul feroce şi de încălzirea globală. Prin conflictele şi dilemele lor, europenii secolului XXI sunt diferiţi de strămoşii lor din 1618 şi 1940, dar seamănă tot mai mult cu partenerii lor comerciali chinezi şi indieni.

Orice schimbări ne vor aştepta în viitor, ele vor implica cel mai probabil mai curând o luptă frăţească în sânul unei singure civilizaţii decât un conflict între civilizaţii diferite. Marile provocări ale secolului XXI vor fi de natură globală. Ce se va întâmpla atunci când schimbările climatice vor provoca dezastre ecologice? Ce se va întâmpla atunci când computerele vor executa mai bine decât oamenii din ce în ce mai multe sarcini şi îi vor înlocui într-un număr tot mai mare de locuri de muncă? Ce se va întâmpla atunci când biotehnologia ne va permite să-i upgradăm pe oameni şi să prelungim durata de viaţă? Fără îndoială, vom avea parte de certuri aprinse şi de conflicte înverşunate din cauza acestor lucruri. Dar e puţin probabil ca aceste certuri şi conflicte să ne izoleze unii de alţii. Dimpotrivă. Ele ne vor face să fim şi mai interdependenţi. Deşi omenirea este departe de a constitui o comunitate armonioasă, suntem cu toţii membri ai unei singure civilizaţii globale puse pe scandal.

Prin urmare, cum explicăm valul naţionalist care cuprinde o mare parte din glob? Poate că, în entuziasmul nostru stârnit de globalizare, ne-am cam grăbit să trecem cu vederea naţiunile? O revenire la naţionalismul tradiţional ar putea fi soluţia la crizele noastre globale disperate? Dacă globalizarea aduce cu sine atât de multe probleme, de ce nu renunţăm pur şi simplu la ea?

Capitolul 7

Naţionalismul

Problemele globale au nevoie de soluţii globale

Dat fiind faptul că omenirea în ansamblu alcătuieşte acum o singură civilizaţie, în care toţi oamenii împărtăşesc provocări şi oportunităţi comune, de ce britanicii, americanii, ruşii şi multe alte grupuri manifestă tendinţe de izolare naţionalistă? O revenire la naţionalism oferă soluţii reale la problemele fără precedent ale lumii noastre globale sau este un moft escapist care ar putea condamna omenirea şi întreaga biosferă la dezastru?

Ca să răspundem la această întrebare, ar trebui să spulberăm mai întâi un mit des întâlnit. Contrar opiniei generale, naţionalismul nu este o parte naturală şi veşnică a psihicului uman şi nu îşi are rădăcinile în biologia omului. E adevărat, oamenii sunt animale sociale până-n vârful unghiilor, iar loialitatea de grup le este întipărită în gene. Cu toate acestea, vreme de sute de mii de ani, *Homo sapiens* şi strămoşii săi hominizi au trăit în mici comunităţi intime de cel mult câteva zeci de membri. Oamenii devin cu uşurinţă loiali grupurilor mici şi intime precum un trib, o companie de infanterie sau o afacere de familie, însă nu este câtuşi de puţin firesc ca oamenii să fie loiali faţă de câteva milioane de persoane care le sunt cu totul străine. Asemenea loialităţi de masă au apărut abia în ultimele câteva mii de ani – ieri-dimineaţă, din punctul de vedere al evoluţiei – şi necesită eforturi masive de construcţie socială.

Oamenii s-au chinuit să construiască colectivităţi naţionale deoarece se confruntau cu provocări ce nu puteau fi soluţionate de un singur trib. Să luăm exemplul triburilor arhaice care trăiau de-a lungul fluviului Nil cu mii de ani în urmă. Fluviul le asigura subzistenţa. Le uda câmpurile şi le întreţinea comerţul. Însă era un aliat imprevizibil. Prea puţină ploaie – şi oamenii mureau de foame ; prea multă ploaie – şi fluviul ieşea din matcă şi distrugea sate întregi. Nici un trib nu putea rezolva această problemă de unul singur, întrucât fiecare stăpânea doar o mică porţiune a fluviului şi nu putea mobiliza mai mult de câteva sute de muncitori. Numai printr-un efort comun de a construi diguri uriaşe şi de a săpa canale de sute de kilometri puteau spera să ţină sub control şi să exploateze acest fluviu redutabil. Acesta a fost unul dintre motivele pentru care triburile au fuzionat treptat într-o singură naţiune ce avea puterea de a construi diguri şi canale, de a ajusta debitul fluviului, de a face provizii de cereale pentru anii mai slabi şi de a implementa un sistem naţional de transport şi comunicaţii.

În ciuda acestor avantaje, transformarea triburilor şi clanurilor într-o singură naţiune nu a fost niciodată uşoară, nici în vechime şi nici astăzi. Ca să-ţi dai seama cât de dificil este să te identifici cu o asemenea naţiune, trebuie doar să te întrebi : „Îi cunosc pe aceşti oameni?”. Eu pot să-mi numesc cele două surori şi cei unsprezece verişori şi să vorbesc o zi întreagă despre personalităţile, ciudăţeniile şi relaţiile lor. Nu pot să-i numesc pe cei opt milioane de oameni care îmi împărtăşesc cetăţenia israeliană, pe cei mai mulţi dintre ei nu i-am întâlnit niciodată şi cel mai probabil nici nu îi voi cunoaşte vreodată de-acum încolo. Totuşi, capacitatea mea de a mă simţi loial faţă de această masă amorfă nu este o moştenire de la strămoşii mei vânători-culegători, ci o minune a istoriei recente. Un biolog de pe Marte care nu ar cunoaşte decât anatomia şi evoluţia lui *Homo sapiens* nu ar putea ghici niciodată că aceste primate sunt capabile să stabilească legături comunitare cu milioane de străini. Ca să mă convingă să fiu loial „Israelului” şi celor opt milioane de locuitori ai săi, mişcarea sionistă şi statul israelian au fost nevoite să creeze un aparat enorm de educaţie, propagandă şi cultivare a sentimentelor patriotice, precum şi sisteme naţionale de securitate, sănătate şi asistenţă socială.

Asta nu înseamnă că e ceva în neregulă cu legăturile naţionale. Sistemele uriaşe nu pot funcţiona fără loialităţi de masă, iar lărgirea cercului empatiei umane are cu siguranţă meritele ei. Formele mai atenuate de patriotism s-au numărat printre cele mai benefice creaţii omeneşti. Credinţa că naţiunea mea este unică, că merită loialitatea mea şi că am obligaţii speciale faţă de membrii ei mă inspiră să-mi pese de ceilalţi şi să fac sacrificii în folosul lor. Este o greşeală periculoasă să ne imaginăm că fără naţionalism am trăi cu toţii într-un paradis liberal. Mai curând, am trăi în haos tribal. Ţări paşnice, prospere şi liberale precum Suedia, Germania şi Elveţia se bucură de un sentiment naţionalist puternic. Lista ţărilor care nu au legături naţionale solide include Afghanistanul, Somalia, Congo şi majoritatea celorlalte state eşuate[1].

Problema începe atunci când patriotismul inofensiv se transformă în ultranaţionalism şovin. În loc să cred că naţiunea mea este unică - ceea ce este adevărat despre toate naţiunile –, aş putea începe să simt că naţiunea mea este supremă, că îi datorez întreaga mea loialitate şi că nu am nici o obligaţie importantă faţă de nimeni altcineva. Acesta este un teren propice pentru conflicte violente. Generaţii la rând, principala critică adusă naţionalismului a fost că ar conduce la război. Cu toate acestea, legătura dintre naţionalism şi violenţă nu a înfrânat excesele naţionaliste, mai ales întrucât fiecare naţiune şi-a justificat propria expansiune militară prin nevoia de a se proteja de intrigile vecinilor săi. Atâta vreme cât naţiunea le asigura celor mai mulţi dintre cetăţenii ei niveluri fără precedent de siguranţă şi prosperitate, aceştia erau dispuşi să plătească şi cu viaţa. În secolul al XIX-lea şi la începutul secolului XX, pactul naţionalist părea încă foarte atrăgător. Deşi naţionalismul ducea la conflicte înfiorătoare la o scară fără precedent, statele-naţiuni moderne au construit de asemenea sisteme masive de asistenţă medicală, educaţie şi asistenţă socială. Serviciile medicale naţionale au făcut ca Passchendaele şi Verdun să pară că merită.

Totul s-a schimbat în 1945. Inventarea armelor nucleare a înclinat brusc balanţa pactului naţionalist. După ce locuitorii Hiroshimei nu s-au mai temut că naţionalismul avea să conducă doar la război, au început să se teamă că urma să ducă la război *nuclear*. Anihilarea totală are capacitatea de a deschide ochii oamenilor şi, graţie în mare măsură bombei atomice, imposibilul a devenit posibil şi duhul naţionalist a fost îndesat cel puţin pe jumătate înapoi în sticla lui. La fel cum în Antichitate ţăranii din Valea Nilului îşi redirecţionau parţial loialitatea dinspre clanurile locale către un regat mult mai mare ce era capabil să ţină sub control fluviul periculos, tot aşa în era nucleară o comunitate globală s-a dezvoltat treptat mai presus de diferitele naţiuni, deoarece numai o astfel de comunitate putea ţine sub control demonul nuclear.

În campania prezidenţială americană din 1964, Lyndon B. Johnson a difuzat celebrul spot publicitar „Daisy", unul dintre cele mai de succes materiale de propagandă din analele televiziunii. Spotul începe cu o fetiţă care smulge şi numără petalele unei margarete, dar, când ajunge la zece, intervine o voce metalică de bărbat, care numără de la zece la zero, ca în cazul lansării unei rachete. Când ajunge la zero, lumina puternică a unei explozii nucleare umple ecranul, iar candidatul Johnson se adresează publicului american, spunând : „Aceasta este miza. Să construim o lume în care să poată trăi toţi copiii lui Dumnezeu sau să păşim în beznă. Trebuie fie să ne iubim unul pe celălalt, fie să murim"[2]. Avem tendinţa de a asocia sloganul „Faceţi dragoste, nu război" cu contracultura de la sfârşitul anilor 1960, dar, în realitate, era deja o perspectivă acceptată în 1964 până şi în rândul politicienilor duri şi inflexibili precum Johnson.

Prin urmare, în timpul Războiului Rece naţionalismul a trecut în plan secund, acordându-se întâietate unei abordări mai globale a politicii internaţionale, iar la sfârşitul Războiului Rece globalizarea a părut a fi valul inexorabil al viitorului. Se preconiza că omenirea va lăsa cu totul în urmă politica naţionalistă, ca pe o relicvă a unor vremuri primitive care i-ar putea atrage cel mult pe locuitorii prost informaţi ai câtorva ţări subdezvoltate. Evenimentele din ultimii ani au dovedit însă că naţionalismul are încă o influenţă puternică până şi asupra cetăţenilor Europei şi Statelor Unite, ca să nu mai vorbim de Rusia, India şi China. Înstrăinaţi de forţele impersonale ale capitalismului global şi temându-se pentru soarta sistemelor naţionale de asistenţă medicală, educaţie şi asistenţă socială, oamenii din lumea întreagă caută sprijin şi sens în sânul naţiunii.

Totuşi, întrebarea lansată de Johnson în spotul publicitar „Daisy" este şi mai pertinentă astăzi decât era în 1964. Vom construi o lume în care toţi oamenii să poată trăi împreună sau vom păşi cu toţii în beznă ? Donald Trump, Theresa May, Vladimir Putin, Narendra Modi şi colegii lor salvează lumea întărindu-ne sentimentele naţionale sau valul naţionalist actual este o formă de evitare a problemelor globale insolubile cu care ne confruntăm ?

Provocarea nucleară

Să începem cu inamicul cunoscut al omenirii : războiul nuclear. În 1964, când s-a difuzat spotul publicitar „Daisy", la doi ani după criza rachetelor din Cuba, anihilarea nucleară era o ameninţare palpabilă. Atât experţii, cât şi oamenii de rând se temeau că omenirea nu avea înţelepciunea de a evita distrugerea şi că era doar o chestiune de timp până când Războiul Rece urma să devină cumplit de fierbinte. În realitate, omenirea s-a ridicat cu succes la înălţimea provocării nucleare. Americanii, sovieticii, europenii şi chinezii au schimbat modul în care s-a desfăşurat geopolitica vreme de mii de ani, astfel încât Războiul Rece s-a încheiat fără prea multă vărsare de sânge, iar o nouă ordine mondială internaţionalistă a promovat o epocă a păcii fără precedent. Nu numai că războiul nuclear a fost evitat, ci războiul de toate tipurile a intrat în declin. După 1945 surprinzător de puţine graniţe au fost retrasate în urma unei agresiuni făţişe, iar majoritatea ţărilor au încetat să mai folosească războiul ca pe un instrument politic standard. În 2016, în ciuda războaielor din Siria, Ucraina şi alte câteva puncte fierbinţi, mai puţini oameni au murit din cauza violenţei umane decât a obezităţii, în accidente de maşină sau prin suicid[3]. E posibil ca aceasta să fi fost cea mai mare realizare politică şi morală a vremurilor noastre.

Din nefericire, acum suntem atât de obişnuiţi cu această realizare, încât o socotim de la sine înţeleasă. Acesta este parţial motivul pentru care oamenii îşi permit să se joace cu focul. Rusia şi Statele Unite s-au lansat recent într-o nouă cursă a înarmării nucleare, construind maşinării apocaliptice inedite care ameninţă să şteargă cu buretele tot ce s-a câştigat cu greu în ultimele decenii şi să ne aducă din nou în pragul anihilării nucleare[4]. În acelaşi timp, publicul a învăţat să nu-şi mai facă griji şi să iubească bomba (după cum îi sugera *Dr. Strangelove*) sau pur şi simplu a uitat cu totul de existenţa ei.

De aceea, dezbaterea pe marginea Brexitului din Marea Britanie – o putere nucleară majoră – a gravitat mai ales în jurul chestiunilor legate de economie şi de imigraţie, în vreme ce contribuţia vitală a Uniunii Europene la pacea europeană şi globală a fost în mare măsură ignorată. După sute de ani de măceluri cumplite, francezii, germanii, italienii şi britanicii au construit în cele din urmă un mecanism care asigură armonia continentală - doar ca publicul britanic să pună beţe în roate maşinăriei-minune.

Regimul internaţionalist care a prevenit războiul nuclear şi a protejat pacea globală a fost extrem de dificil de construit. Fără îndoială, trebuie să adaptăm acest regim la condiţiile schimbătoare ale lumii - de exemplu, bazându-ne mai puţin pe SUA şi oferindu-le un rol mai important puterilor neoccidentale precum China şi India[5]. Dar abandonarea cu totul a acestui regim şi reluarea politicii naţionaliste de forţă ar fi un risc iresponsabil. E adevărat, în secolul al XIX-lea ţările au jucat jocul naţionalist fără să distrugă civilizaţia umană. Dar asta se întâmpla înainte de Hiroshima. După aceea, armele nucleare au mărit miza şi au schimbat natura fundamentală a războiului şi a politicii. Atâta vreme cât oamenii ştiu să îmbogăţească uraniu şi plutoniu, supravieţuirea lor depinde de favorizarea prevenirii războiului nuclear în detrimentul intereselor vreunei naţiuni anume. Naţionaliştii fanatici care strigă „Ţara noastră înainte de toate!” ar trebui să se întrebe dacă ţara lor, în lipsa unui sistem solid de cooperare internaţională, poate proteja de una singură lumea - sau chiar pe ea însăşi - de distrugerea nucleară.

Provocarea ecologică

Pe lângă războiul nuclear, în deceniile următoare omenirea se va confrunta cu o nouă ameninţare existenţială care nici măcar nu era detectată de radarele politice în 1964 : colapsul ecologic. Oamenii destabilizează biosfera globală pe mai multe fronturi. Luăm tot mai multe resurse din mediul înconjurător, asaltându-l totodată cu cantităţi enorme de deşeuri şi otrăvuri şi modificând astfel compoziţia solului, a apei şi a atmosferei.

Nici măcar nu conştientizăm nenumăratele feluri în care perturbăm delicatul echilibru ecologic creat în decurs de milioane de ani. Să luăm exemplul utilizării fosforului ca îngrăşământ. În cantităţi mici, este un nutrient esenţial pentru creşterea plantelor. Dar în exces devine toxic. Agricultura industrială modernă se bazează pe fertilizarea artificială a câmpurilor cu foarte mult fosfor, dar apa în exces de la ferme, bogată în fosfor, ajunge să otrăvească râurile, lacurile şi oceanele, având un impact devastator asupra vieţii marine. Un fermier care cultivă porumb în Iowa ar putea aşadar să ucidă fără să vrea peştii din Golful Mexic.

Ca urmare a acestor activităţi, habitatele se degradează, anumite specii de animale şi plante dispar şi ecosisteme întregi, precum Marea Barieră de Corali din Australia şi pădurea tropicală amazoniană, ar putea fi distruse. Vreme de mii de ani, *Homo sapiens* s-a comportat aidoma unui ucigaş ecologic în serie; acum se transformă în autorul unui adevărat masacru ecologic. Dacă vom continua să mergem pe acest drum, nu numai că vom fi responsabili de anihilarea unui procent însemnat al tuturor formelor de viaţă, ci am putea chiar şi să subminăm bazele civilizaţiei umane[6].

Cea mai ameninţătoare este perspectiva schimbării climatice. Oamenii există pe pământ de sute de mii de ani şi au supravieţuit mai multor glaciaţiuni şi încălziri ale globului. Cu toate acestea, agricultura, oraşele şi societăţile complexe există de doar 10.000 de ani. În această perioadă, cunoscută drept holocen, clima Pământului a fost relativ stabilă. Orice abatere de la standardele holocenului va confrunta societăţile umane cu provocări imense cu care nu au mai avut de-a face înainte. Va fi ca şi cum s-ar efectua un experiment cu final deschis pe miliarde de cobai umani. Chiar dacă civilizaţia umană se va adapta în cele din urmă la noile condiţii, cine ştie câţi oameni ar putea să moară pe parcursul adaptării?

Acest experiment înspăimântător a început deja. Spre deosebire de războiul nuclear - care este o posibilitate viitoare -, schimbarea climatică este o realitate prezentă. Există un consens ştiinţific potrivit căruia activităţile umane, îndeosebi emisia gazelor de seră precum dioxidul de carbon, determină schimbarea climei Pământului într-un ritm înfricoşător[7]. Nimeni nu ştie exact cât dioxid de carbon mai putem continua să eliminăm în atmosferă fără să provocăm un cataclism ireversibil. Dar, potrivit celor mai bune estimări ştiinţifice, dacă nu reducem drastic emisia gazelor de seră în următorii 20 de ani, temperaturile globale medii vor creşte cu peste 2 °C[8], ceea ce va duce la extinderea deşerturilor, dispariţia calotelor glaciare, creşterea nivelului oceanelor şi înmulţirea fenomenelor meteorologice extreme precum uraganele şi taifunurile. La rândul lor, aceste schimbări vor perturba producţia agricolă, vor inunda oraşe, vor face ca o bună parte din glob să nu fie locuibilă şi sute de milioane de refugiaţi să pornească în căutarea unor cămine noi[9].

Mai mult decât atât, ne apropiem rapid de o serie de puncte critice, dincolo de care nici măcar o scădere dramatică a emisiilor gazelor de seră nu va fi de ajuns pentru a inversa tendinţa şi a evita o tragedie la nivel global. De exemplu, pe măsură ce încălzirea globală topeşte banchizele polare, mai puţină lumină solară este reflectată înapoi de pe planeta Pământ către spaţiul cosmic. Asta înseamnă că planeta absoarbe mai multă căldură, temperaturile cresc şi mai mult, iar gheaţa se topeşte şi mai repede. Odată ce această buclă de feedback va depăşi un prag critic, nu va mai exista cale de întoarcere şi toată gheaţa din regiunile polare se va topi, chiar dacă oamenii vor înceta să mai ardă cărbune, petrol şi gaz. Iată de ce nu este suficient să identificăm pericolul cu care ne confruntăm. Este esenţial să facem realmente ceva în această privinţă *acum*.

Din nefericire, în 2018, în loc să reducem emisiile de gaze cu efect de seră, rata globală a emisiilor este în continuă creştere. Omenirea mai are foarte puţin timp la dispoziţie ca să renunţe la combustibilii fosili. Trebuie să intrăm de azi la dezintoxicare. Nu anul viitor sau luna viitoare, ci astăzi. „Bună, sunt *Homo sapiens* şi sunt dependent de combustibili fosili."

Unde se încadrează naţionalismul în acest tablou alarmant? Există vreo soluţie naţionalistă la ameninţarea ecologică? Poate vreo naţiune, oricât ar fi de puternică, să pună capăt de una singură încălzirii globale? Ţările individuale pot cu siguranţă să adopte o gamă variată de politici ecologice, multe dintre acestea fiind benefice atât pentru economie, cât şi pentru mediu. Guvernele pot să taxeze emisiile de carbon, să adauge costul externalităţilor la preţul petrolului şi al gazului, să adopte norme mai stricte de mediu, să elimine subvenţiile acordate industriilor poluante şi să stimuleze trecerea la energie regenerabilă. De asemenea, pot investi mai mulţi bani în cercetarea şi dezvoltarea unor tehnologii revoluţionare favorabile mediului înconjurător, într-un fel de Proiect Manhattan ecologic. Motorului cu ardere internă i se datorează multe dintre progresele ultimilor 150 de ani, dar, dacă vrem să menţinem un mediu fizic şi economic stabil, el trebuie scos acum din uz şi înlocuit cu tehnologii noi care nu ard combustibili fosili[10].

Progresele tehnologice pot fi utile în multe alte domenii pe lângă cel energetic. Să analizăm, de exemplu, potenţialul dezvoltării „cărnii curate". În prezent industria cărnii nu numai că provoacă o suferinţă de nedescris câtorva miliarde de fiinţe conştiente, ci este de asemenea una dintre principalele cauze ale încălzirii globale şi printre cei mai mari consumatori de antibiotice şi otravă, fiind totodată responsabilă în foarte mare măsură de poluarea aerului, solului şi apei. Potrivit unui raport din 2013 al Institution of Mechanical Engineers, e nevoie de aproximativ 15.000 de litri de apă proaspătă pentru a produce un kilogram de carne de vită, faţă de 287 de litri necesari pentru a produce un kilogram de cartofi[11].

Cel mai probabil, presiunea asupra mediului va spori pe măsură ce creşterea prosperităţii în ţări precum China şi Brazilia le va permite câtorva sute de milioane de oameni în plus să mănânce în mod regulat carne de vită în loc de cartofi. Ar fi dificil să-i convingi pe chinezi şi pe brazilieni – cu atât mai puţin pe americani şi pe germani – să nu mai mănânce fripturi, hamburgeri şi cârnaţi. Dar dacă inginerii ar putea găsi o modalitate prin care să producă carne pornind de la celule? Dacă vrei un hamburger, produ-ţi pur şi simplu un hamburger, în loc să creşti şi să sacrifici o vacă întreagă (şi să transporţi carcasa mii de kilometri).

Toate acestea poate că par de domeniul ştiinţifico-fantasticului, dar primul hamburger curat din lume a fost produs pornind de la celule – şi apoi mâncat – în 2013. A costat 330.000 de dolari. Patru ani de cercetare şi dezvoltare au redus preţul la 11 dolari pe bucată, iar în decurs de alţi zece ani se preconizează că această carne curată produsă industrial va fi mai ieftină decât carnea provenită de la animale sacrificate. Acest progres tehnologic ar putea să salveze miliarde de animale de la o viaţă de suferinţă îngrozitoare, să asigure hrana câtorva miliarde de oameni subnutriţi şi să contribuie în acelaşi timp la prevenirea colapsului ecologic[12].

Aşadar, există multe lucruri pe care guvernele, corporaţiile şi indivizii le pot face ca să evite schimbarea climatică. Dar, ca să fie eficiente, ele trebuie făcute la nivel global. Când vine vorba de climă, ţările pur şi simplu nu sunt suverane. Sunt la mila măsurilor luate de oamenii aflaţi de cealaltă parte a globului. Republica Kiribati – o ţară insulară din Oceanul Pacific – ar putea să-şi reducă emisiile gazelor de seră la zero şi, cu toate acestea, nivelul oceanului să crească şi să o acopere cu totul dacă alte ţări nu îi urmează exemplul. Ciadul ar putea să amplaseze câte un panou solar pe fiecare acoperiş din ţară şi să devină totuşi un deşert sterp din cauza politicilor iresponsabile de mediu ale unor străini aflaţi departe. Nici măcar naţiunile puternice, precum China şi Japonia, nu sunt suverane din punct de vedere ecologic. Ca să protejeze Shanghaiul, Hong Kongul şi Tokyo de inundaţii şi taifunuri distructive, chinezii şi japonezii vor trebui să convingă guvernul rus şi pe cel american să renunţe la menţinerea statu-quoului.

Izolaţionismul naţionalist este probabil şi mai periculos în contextul schimbării climatice decât în cel al războiului nuclear. Un război nuclear total ameninţă să distrugă toate naţiunile, aşa că toate naţiunile sunt la fel de interesate să-l prevină. În schimb, încălzirea globală va avea probabil un impact diferit asupra diverselor naţiuni. Unele ţări, îndeosebi Rusia, ar putea avea chiar de câştigat de pe urma ei. Rusia are relativ puţine zone de coastă, aşa că este mult mai puţin îngrijorată decât China sau Kiribati de creşterea nivelului mărilor. Şi, în vreme ce temperaturile mai ridicate ar putea transforma Ciadul într-un deşert, ele ar putea transforma totodată Siberia în grânarul lumii. Mai mult decât atât, pe măsură ce gheaţa se topeşte în nordul îndepărtat, rutele navale arctice dominate de ruşi ar putea deveni magistrala comerţului global, iar Kamceatka ar putea înlocui Singapore ca răscruce a lumii[13].

În mod asemănător, cel mai probabil, înlocuirea combustibililor fosili cu surse de energie regenerabilă le va surâde unor ţări mai mult decât altora. China, Japonia şi Coreea de Sud depind de importul unor cantităţi uriaşe de petrol şi gaz. Se vor bucura să scape de această povară. Rusia, Iranul şi Arabia Saudită depind de exportul de petrol şi gaz. Economiile lor se vor prăbuşi dacă petrolul şi gazul vor fi înlocuite brusc de energia solară şi eoliană.

Aşadar, în vreme ce unele naţiuni, precum China, Japonia şi Kiribati, vor face probabil presiuni uriaşe pentru reducerea emisiilor globale de carbon cât mai curând cu putinţă, alte ţări, precum Rusia şi Iranul, ar putea fi mult mai puţin entuziaste. Chiar şi în ţările care au de pierdut mult de pe urma încălzirii globale, cum sunt Statele Unite, naţionaliştii ar putea fi prea obtuzi şi prea egocentrici ca să conştientizeze pericolul. Un exemplu mărunt, dar grăitor este că în ianuarie 2018 Statele Unite au impus taxe vamale de 30% pentru panourile solare şi echipamentul solar de fabricaţie străină, preferând să-i sprijine pe producătorii americani chiar cu preţul încetinirii trecerii la energia regenerabilă[14].

O bombă atomică este o ameninţare atât de evidentă şi de imediată, încât nimeni nu o poate ignora. În schimb, încălzirea globală este o ameninţare mai vagă şi mai de durată. Aşadar, ori de câte ori considerentele de mediu pe termen lung reclamă anumite sacrificii dureroase pe termen scurt, naţionaliştii ar putea fi tentaţi să acorde întâietate intereselor naţionale imediate şi să se consoleze cu faptul că pot să se ocupe de mediu mai târziu sau să-l lase în seama oamenilor din alte zone. O altă variantă ar fi să nege pur şi simplu problema. Nu este o coincidenţă faptul că scepticismul legat de schimbarea climatică tinde să fie caracteristic dreptei naţionaliste. Rareori vezi socialişti de stânga care să scrie pe Twitter că „schimbarea climatică e o păcăleală a chinezilor". De vreme ce nu există nici o soluţie naţională la problema încălzirii globale, unii politicieni naţionalişti preferă să creadă că problema nu există[15].

Provocarea tehnologică

Aceleaşi dinamici vor distruge probabil orice antidot naţionalist la a treia ameninţare existenţială a secolului XXI : perturbarea tehnologică. După cum am observat în capitolele anterioare, fuziunea tehnologiei informaţiei cu biotehnologia face posibile o multitudine de scenarii apocaliptice, de la dictaturi digitale la crearea unei clase globale inutile. Care este soluţia naţionalistă la aceste ameninţări ?

Nu există nici o soluţie naţionalistă. La fel ca în cazul schimbării climatice, şi în ceea ce priveşte perturbarea tehnologică statul-naţiune constituie pur şi simplu cadrul greşit pentru abordarea ameninţării. Cum cercetarea şi dezvoltarea nu sunt monopolul vreunei ţări anume, nici măcar o superputere precum Statele Unite nu le poate restricţiona de una singură. Dacă guvernul american interzice modificarea genetică a embrionilor umani, asta nu îi împiedică pe oamenii de ştiinţă chinezi să facă acest lucru. Iar dacă progresele astfel înregistrate vor conferi Chinei un avantaj economic sau militar crucial, SUA vor fi tentate să-şi încalce propria interdicţie. Mai ales într-o lume xenofobă şi competitivă, dacă o singură ţară alege să urmeze un drum tehnologic cu riscuri însemnate, dar şi cu câştiguri pe măsură, şi alte ţări vor fi silite să procedeze la fel, deoarece nimeni nu își permite să rămână în urmă. Ca să evite o asemenea competiție dincolo de limitele admise, omenirea va avea probabil nevoie de o identitate și o loialitate globale.

Mai mult decât atât, în vreme ce războiul nuclear și schimbarea climatică amenință doar supraviețuirea fizică a omenirii, tehnologiile perturbatoare ar putea schimba însăși natura omenirii, împletindu-se așadar cu cele mai profunde credințe etice și religioase ale oamenilor. Deși toată lumea este de acord că ar trebui să evităm războiul nuclear și colapsul ecologic, oamenii au păreri extrem de diferite despre folosirea bioingineriei și a inteligenței artificiale pentru a upgrada oameni și a crea noi forme de viață. Dacă omenirea nu va reuși să conceapă și să aplice norme etice acceptate la nivel global, sezonul de vânătoare va fi deschis pentru dr. Frankenstein.

Când vine vorba de formularea unor asemenea norme etice, naționalismul suferă mai ales de lipsă de imaginație. Naționaliștii gândesc în termeni de conflicte teritoriale de sute de ani, în vreme ce revoluțiile tehnologice din secolul XXI ar trebui realmente înțelese în termeni cosmici. După patru miliarde de ani în care viața organică a evoluat prin selecție naturală, știința deschide epoca vieții anorganice modelate prin design inteligent.

Pe parcurs, cel mai probabil însuși *Homo sapiens* va dispărea. Astăzi suntem încă primate din familia hominidelor. Încă împărtășim cu neanderthalienii și cu cimpanzeii majoritatea structurilor noastre corporale, a abilităților fizice și facultăților mintale. Nu numai mâinile, ochii și creierul nostru sunt specifice hominidelor, ci și dorința sexuală, iubirea, furia și legăturile sociale. În decurs de un secol sau două, combinația dintre biotehnologie și IA ar putea genera trăsături fizice și mentale care să iasă complet din tiparul hominid. După părerea unora, conștiința ar putea chiar să fie disociată de orice structură organică și să navigheze prin cyberspațiu fără nici o constrângere biologică sau fizică. Totodată, am putea asista la deconectarea totală a inteligenței de conștiință, iar dezvoltarea inteligenței artificiale ar putea genera o lume dominată de entități superinteligente, dar complet nonconștiente.

Ce are de spus naționalismul israelian, rus sau francez în legătură cu toate aceste lucruri? Ca să facem alegeri înțelepte cu privire la viitorul vieții, trebuie să depășim cu mult perspectiva naționalistă și să privim lucrurile dintr-un unghi global sau chiar cosmic.

Nava spaţială Pământ

Fiecare dintre aceste trei probleme - războiul nuclear, colapsul ecologic şi perturbarea tehnologică - este suficientă ca să ameninţe viitorul civilizaţiei umane. Dar, luate laolaltă, ele echivalează cu o criză existenţială fără precedent, mai ales întrucât pot să se alimenteze şi să se agraveze reciproc.

De exemplu, deşi criza ecologică ameninţă supravieţuirea civilizaţiei umane aşa cum am cunoscut-o, este puţin probabil să pună capăt dezvoltării inteligenţei artificiale şi bioingineriei. Dacă mizaţi pe faptul că migraţiile în masă, creşterea nivelului oceanelor şi diminuarea rezervelor de hrană ne vor abate atenţia de la algoritmi şi gene, mai gândiţi-vă puţin. Pe măsură ce criza ecologică se va adânci, dezvoltarea tehnologiilor ce implică riscuri sporite, dar şi câştiguri pe măsură probabil că se va intensifica.

De fapt, e posibil ca schimbarea climatică să ajungă să îndeplinească acelaşi rol pe care l-au jucat cele două războaie mondiale. Între 1914 şi 1918 şi din nou între 1939 şi 1945, progresul tehnologic s-a accelerat, deoarece naţiunile implicate în războiul total au lăsat prudenţa şi economia la o parte şi au investit resurse imense în fel de fel de proiecte îndrăzneţe şi fantastice. Multe dintre aceste proiecte au eşuat, dar unele au produs tancuri, radare, gaze toxice, avioane supersonice, rachete intercontinentale şi bombe nucleare. În mod similar, naţiunile care se confruntă cu un cataclism climatic ar putea fi tentate să investească în proiecte tehnologice disperate. Omenirea este foarte îngrijorată - şi pe bună dreptate - în ceea ce priveşte IA şi bioingineria, dar în perioadele de criză oamenii fac lucruri riscante. Orice părere aţi avea despre reglementarea tehnologiilor perturbatoare, întrebaţi-vă dacă aceste norme ar avea şanse să se menţină chiar şi în condiţiile în care schimbarea climatică ar provoca penurii globale de hrană, ar inunda oraşe din lumea întreagă şi ar forţa sute de milioane de refugiaţi să plece peste graniţe.

La rândul lor, perturbările tehnologice ar putea mări pericolul unor războaie apocaliptice, nu doar prin amplificarea tensiunilor globale, ci şi prin destabilizarea balanţei nucleare de putere. Începând cu anii 1950, superputerile au evitat să intre în conflict deoarece ştiau că războiul însemna distrugere reciprocă garantată. Dar, pe măsură ce apar noi tipuri de armament ofensiv şi defensiv, o superputere tehnologică aflată în ascensiune ar putea conchide că este capabilă să-şi distrugă duşmanii fără să se teamă de urmări. În schimb, o putere aflată în declin s-ar putea teme că armele sale nucleare tradiţionale vor deveni în scurt timp desuete şi că ar fi mai bine să le folosească înainte să le piardă. De obicei, confruntările nucleare semănau cu o partidă hiperraţională de şah. Ce se va întâmpla atunci când jucătorii s-ar putea folosi de atacuri cibernetice ca să obţină controlul asupra pieselor unui rival, când terţi anonimi ar putea muta un pion fără să ştie nimeni cine execută mutarea - sau când AlphaZero va trece de la şahul obişnuit la şahul nuclear?

La fel cum diferitele provocări se pot agrava una pe cealaltă, tot aşa bunăvoinţa necesară abordării unei provocări ar putea fi subminată de probleme pe un alt front. Cel mai probabil, ţările implicate în rivalităţi armate nu vor fi de acord cu îngrădirea dezvoltării inteligenţei artificiale, iar ţărilor care se străduiesc să depăşească realizările tehnologice ale rivalilor lor le va fi foarte greu să adopte un plan comun pentru a stopa schimbarea climatică. Atâta vreme cât lumea va rămâne împărţită în naţiuni rivale, va fi foarte dificil de depăşit simultan toate cele trei provocări - iar eşecul chiar şi pe un singur front s-ar putea dovedi a fi catastrofal.

În concluzie, valul naţionalist care cuprinde lumea întreagă nu poate da timpul înapoi în 1939 sau în 1914. Tehnologia a schimbat totul prin faptul că a creat o serie de ameninţări existenţiale globale pe care nici o naţiune nu le poate soluţiona de una singură. Un duşman comun este cel mai bun catalizator pentru formarea unei identităţi comune, iar omenirea are acum cel puţin trei astfel de duşmani - războiul nuclear, schimbarea climatică şi perturbarea tehnologică. Dacă, în ciuda acestor ameninţări comune, oamenii vor alege să-şi pună loialităţile naţionale mai presus de orice, e posibil ca rezultatele să fie mult mai grave decât în 1914 şi 1939.

O cale mult mai bună este cea schiţată în Constituţia Uniunii Europene, care precizează că, „deşi rămân mândre de propria istorie şi de propriile identităţi naţionale, popoarele Europei sunt hotărâte să-şi depăşească dezacordurile din trecut şi, unite tot mai strâns, să-şi făurească un destin comun”[16]. Asta nu înseamnă abolirea tuturor identităţilor naţionale, abandonarea tuturor tradiţiilor locale şi transformarea omenirii într-un amalgam cenuşiu fără cap şi coadă. De asemenea, nu înseamnă nici denunţarea tuturor formelor de patriotism. De fapt, asigurând o protecţie militară şi economică continentală, Uniunea Europeană a cultivat fără îndoială patriotismul local în locuri precum Flandra, Lombardia, Catalonia şi Scoţia. Ideea instituirii unei Scoţii sau Catalonii independente pare mai atractivă atunci când nu trebuie să te temi de o invazie germană şi când te poţi baza pe un front european comun împotriva încălzirii globale şi a corporaţiilor globale.

Prin urmare, naţionaliştii europeni nu prea se agită. În ciuda tuturor discuţiilor despre reafirmarea naţiunii, puţini europeni sunt într-adevăr dispuşi să ucidă şi să fie ucişi pentru ea. Când scoţienii au încercat să se elibereze de sub controlul Londrei, pe vremea lui William Wallace şi a lui Robert Bruce, au fost nevoiţi să organizeze o armată pentru asta. În schimb, nici măcar o singură persoană nu a fost ucisă cu prilejul referendumului din 2014 privind independenţa Scoţiei, iar dacă data viitoare scoţienii vor vota pentru independenţă, este foarte puţin probabil să fie nevoiţi să repună în scenă Bătălia de la Bannockburn. Încercarea catalanilor de a se desprinde de Spania a provocat mult mai multe violenţe, dar nici ea nu se compară cu carnajul care a avut loc la Barcelona în 1939 sau în 1714.

Să sperăm că restul lumii poate învăţa din exemplul european. Chiar şi într-o lume unită va exista loc berechet pentru genul de patriotism care preamăreşte unicitatea naţiunii mele şi accentuează obligaţiile mele speciale faţă de ea. Cu toate acestea, dacă vrem să supravieţuim şi să prosperăm, omenirii nu îi rămâne decât să suplimenteze asemenea loialităţi locale cu obligaţii substanţiale faţă de o comunitate globală. O persoană poate şi ar trebui să fie loială în acelaşi timp familiei, comunităţii locale în care trăieşte, profesiei şi naţiunii sale – de ce să nu adăugăm şi omenirea şi planeta Pământ pe această listă? E adevărat, atunci când ai loialităţi multiple, conflictele sunt uneori inevitabile. Dar cine a spus că viaţa e simplă? Obişnuiţi-vă cu ideea.

În secolele trecute, identităţile naţionale au fost create deoarece oamenii se confruntau cu probleme şi oportunităţi care depăşeau cu mult posibilităţile triburilor locale şi pe care puteau spera să le rezolve doar prin cooperarea întregii ţări. În secolul XXI, naţiunile se află în aceeaşi situaţie ca vechile triburi : ele nu mai reprezintă cadrul adecvat pentru gestionarea celor mai importante provocări ale epocii. Avem nevoie de o nouă identitate globală, deoarece instituţiile naţionale sunt incapabile să gestioneze o serie de situaţii globale dificile, fără precedent. Avem acum o ecologie globală, o economie globală şi o ştiinţă globală - dar am rămas tot cu politica naţională. Această incompatibilitate împiedică sistemul politic să combată în mod eficient principalele noastre probleme. Ca să avem o politică eficientă, trebuie fie să deglobalizăm ecologia, economia şi evoluţia ştiinţei, fie să ne globalizăm politica. De vreme ce este imposibil să deglobalizăm ecologia şi evoluţia ştiinţei, iar costul deglobalizării economiei ar fi probabil prohibitiv, singura soluţie reală este globalizarea politicii. Asta nu înseamnă instituirea unui „guvern global" - o viziune îndoielnică şi nerealistă. Mai curând, globalizarea politicii înseamnă că dinamica politică din interiorul ţărilor şi chiar al oraşelor ar trebui să acorde o importanţă mult mai mare problemelor şi intereselor globale. E puţin probabil ca sentimentele naţionaliste să fie de ajutor în această privinţă. Oare ne putem baza atunci pe tradiţiile religioase universale ale omenirii ca să ne ajute să unim lumea? Cu sute de ani în urmă, religii precum creştinismul şi islamul gândeau deja mai curând în termeni globali decât locali şi au fost întotdeauna profund interesate mai degrabă de marile întrebări ale vieţii decât de luptele politice ale unei naţiuni sau ale alteia. Dar mai sunt relevante religiile tradiţionale? Şi-au păstrat ele puterea de a modela lumea sau sunt doar relicve inerte din trecutul nostru, azvârlite de colo colo de forţele redutabile ale statelor, economiilor şi tehnologiilor moderne?

Capitolul 8

Religia

Acum Dumnezeu slujește națiunea

Până în prezent, ideologiile moderne, experţii în ştiinţe şi guvernele naţionale nu au reuşit să creeze o viziune viabilă asupra viitorului omenirii. Poate fi extrasă o asemenea viziune din profunzimile tradiţiilor religioase ale oamenilor ? Poate că răspunsul ne-a aşteptat în tot acest timp între paginile Bibliei, Coranului sau Vedelor.

Cel mai probabil, oamenii care nu sunt religioşi vor reacţiona la această idee cu teamă sau ridiculizând-o. Poate că sfintele scripturi au fost relevante în Evul Mediu, dar cum să ne ghideze ele în epoca inteligenţei artificiale, a bioingineriei, a încălzirii globale şi a războiului cibernetic ? Însă laicii constituie o minoritate. Miliarde de oameni mărturisesc şi acum că au mai multă încredere în Coran şi în Biblie decât în teoria evoluţiei ; mişcările religioase modelează politica unor ţări cât se poate de diverse, precum India, Turcia şi Statele Unite ; iar animozităţile religioase alimentează conflicte din Nigeria până în Filipine.

Aşadar, cât de relevante sunt nişte religii precum creştinismul, islamul şi hinduismul ? Ne pot ajuta ele să rezolvăm marile probleme cu care ne confruntăm ? Ca să înţelegem rolul religiilor tradiţionale în lumea secolului XXI, trebuie să deosebim trei tipuri de probleme :

1. Probleme tehnice. De exemplu, cum ar trebui să abordeze fermierii din ţările aride situaţiile de secetă gravă provocate de încălzirea globală ?
2. Probleme de politică. De exemplu, ce măsuri ar trebui să adopte guvernele pentru a preîntâmpina încălzirea globală ?
3. Probleme de identitate. De exemplu, ar trebui să-mi pese mie de problemele fermierilor din cealaltă parte a globului sau doar de problemele oamenilor din propriul trib şi din propria ţară ?

După cum vom vedea în paginile ce urmează, religiile tradiţionale sunt în mare măsură irelevante pentru problemele tehnice şi de politică. În schimb, sunt cât se poate de relevante pentru problemele de identitate - dar în cele mai multe cazuri ele constituie mai curând o parte majoră a problemei decât o potenţială soluţie.

Probleme tehnice: agricultură creştină

În epoca premodernă religiile erau responsabile de soluţionarea unei game variate de probleme tehnice în domenii lumeşti, precum agricultura. Calendarele divine stabileau când să plantezi şi când să recoltezi, în vreme ce ritualurile din temple asigurau ploi şi protejau împotriva dăunătorilor. Atunci când se întrevedea o criză agricolă din cauza secetei sau a unei invazii de lăcuste, fermierii apelau la preoţi să intervină pe lângă zei. Şi medicina se încadra în domeniul religios. Aproape fiecare profet, guru şi şaman era totodată şi vraci. Astfel, Iisus îşi petrecea mare parte din timp făcându-i pe bolnavi să se însănătoşească, pe orbi să vadă, pe muţi să vorbească şi pe nebuni să-şi recapete raţiunea. Fie că trăiai în Egiptul antic sau în Europa medievală, dacă erai bolnav, cel mai probabil mergeai mai degrabă la vraci decât la doctor şi făceai un pelerinaj la un templu renumit în loc să te duci la un spital.

În epoca contemporană, biologii şi chirurgii au preluat rolul preoţilor şi făcătorilor de minuni. Dacă Egiptul este afectat acum de o invazie de lăcuste, egiptenii ar putea foarte bine să ceară ajutorul lui Allah - de ce nu? -, dar nu vor uita să apeleze la chimişti, entomologi şi geneticieni, ca aceştia să creeze pesticide mai puternice şi varietăţi de grâu rezistente la insecte. În cazul în care copilul unui hindus pios suferă de o formă severă de pojar, tatăl s-ar ruga la Dhanvantari şi ar duce ofrande de flori şi dulciuri la templul local - dar numai după ce şi-a dus în grabă odrasla la cel mai apropiat spital şi a lăsat-o în grija medicilor de acolo. Până şi boala mintală - ultimul bastion al vindecătorilor religioşi - este lăsată treptat în seama oamenilor de ştiinţă, pe măsură ce neurologia ia locul demonologiei, iar Prozacul înlocuieşte exorcismul.

Victoria ştiinţei a fost completă, astfel încât însăşi ideea de religie s-a schimbat. Nu mai asociem religia cu agricultura şi medicina. Chiar şi numeroşi zeloţi suferă acum de amnezie colectivă, preferând să uite că religiile tradiţionale au revendicat vreodată aceste domenii. „Şi ce dacă apelăm la ingineri şi la doctori?", spun zeloţii. „Asta nu dovedeşte nimic. La urma urmei, ce legătură are religia cu agricultura sau cu medicina?"

Religiile tradiţionale au pierdut atât de mult teren fiindcă, sincer, pur şi simplu nu se prea pricepeau la agricultură sau la medicină. În realitate, adevărata expertiză a preotului şi gurului nu a fost niciodată invocarea ploii, vindecarea, profeţia sau magia. Mai curând, a fost dintotdeauna interpretarea. Preotul nu este o persoană care ştie cum să execute dansul ploii şi să pună capăt secetei. Preotul este cineva care ştie să explice de ce a dat greş dansul ploii şi de ce trebuie să credem în continuare în zeul nostru, deşi acesta pare surd la toate rugăciunile noastre.

Cu toate acestea, tocmai geniul lor în privinţa interpretării este cel care îi dezavantajează pe liderii religioşi atunci când rivalizează cu oamenii de ştiinţă. Şi aceştia din urmă ştiu să aleagă calea uşoară şi să distorsioneze probele, dar în cele din urmă marca ştiinţei este disponibilitatea de a recunoaşte eşecul şi de a încerca o altă abordare. Iată de ce oamenii de ştiinţă învaţă treptat cum să cultive plante mai bune şi să producă medicamente mai bune, pe când preotul şi gurul învaţă doar cum să găsească scuze mai bune. De-a lungul secolelor, până şi credincioşii adevăraţi au sesizat diferenţa, motiv pentru care autoritatea religioasă a scăzut treptat în tot mai multe domenii tehnice. Acesta este şi motivul pentru care întreaga lume a devenit din ce în ce mai mult o civilizaţie unică. Atunci când lucrurile funcţionează cu adevărat, toată lumea le adoptă.

Probleme de politică: economia musulmană

Deşi ştiinţa ne oferă soluţii clare la problemele tehnice precum tratarea pojarului, în rândul oamenilor de ştiinţă există numeroase dezacorduri legate de chestiunile de politică. Aproape toţi oamenii de ştiinţă sunt de acord că încălzirea globală este o realitate, însă nu există nici un consens cu privire la cea mai bună reacţie economică la această ameninţare. Asta nu înseamnă însă că religiile tradiţionale ne pot ajuta să tranşăm chestiunea. Scripturile străvechi pur şi simplu nu reprezintă un îndrumar bun pentru economia modernă, iar principalele falii - de exemplu, cea dintre capitalişti şi socialişti - nu corespund diviziunilor dintre religiile tradiţionale.

E adevărat, în ţări precum Israelul şi Iranul rabinii şi ayatollahii se implică direct în politica economică a guvernului, şi chiar în ţările mai laice, precum Statele Unite şi Brazilia, liderii religioşi influenţează opinia publică în chestiuni cât se poate de variate, de la impozitare la normele de mediu. Totuşi, o privire mai atentă dezvăluie faptul că, în cele mai multe dintre aceste cazuri, religiile tradiţionale joacă cu adevărat un rol secundar faţă de teoriile ştiinţifice moderne. Atunci când ayatollahul Khamenei trebuie să ia o decizie crucială în privinţa economiei iraniene, efectiv nu poate găsi soluţia necesară în Coran, deoarece arabii din secolul al VII-lea habar nu aveau de problemele şi oportunităţile economiilor industriale moderne şi pieţelor financiare globale. Aşa că el sau asistenţii lui trebuie să apeleze la Karl Marx, Milton Friedman, Friedrich Hayek şi la ştiinţa economică modernă ca să găsească soluţii. După ce s-a decis să mărească ratele dobânzilor, să micşoreze taxele, să privatizeze monopolurile de stat sau să semneze un acord tarifar internaţional, Khamenei îşi poate folosi autoritatea şi cunoştinţele religioase ca să-şi îmbrace soluţia ştiinţifică în veşmântul vreunui verset din Coran şi să o prezinte maselor drept voinţa lui Allah. Dar veşmântul contează mai puţin. Atunci când compari politicile economice ale Iranului şiit, ale Arabiei Saudite sunnite, ale Israelului ebraic, ale Indiei hinduse şi ale Americii creştine, pur şi simplu nu constaţi o diferenţă prea mare.

Pe parcursul secolelor al XIX-lea şi XX, gânditorii musulmani, evrei, hinduşi şi creştini au criticat vehement materialismul modern, capitalismul lipsit de suflet şi excesele statului birocratic. Au promis că, dacă li s-ar da ocazia, ar găsi o soluţie pentru toate relele modernităţii şi ar pune bazele unui sistem socioeconomic complet diferit, întemeiat pe valorile spirituale eterne ale crezului lor. Ei bine, li s-au oferit mai multe ocazii şi singura schimbare notabilă pe care au adus-o edificiului economiilor moderne este că au refăcut zugrăveala şi au amplasat pe acoperiş o uriaşă semilună, o cruce, o Stea a lui David sau un simbol hinduist Om.

La fel ca în cazul invocării ploii, când vine vorba de economie, expertiza îndelung şlefuită a erudiţilor religioşi în ceea ce priveşte reinterpretarea textelor este cea care face ca religia să fie irelevantă. Orice politică economică ar alege Khamenei, ar putea-o armoniza întotdeauna cu Coranul. De aceea, Coranul este discreditat, devenind, dintr-o sursă de cunoaştere adevărată, o sursă de pură autoritate. Atunci când te confrunţi cu o dilemă economică dificilă, îi citeşti cu atenţie pe Marx şi pe Hayek, iar ei te ajută să înţelegi mai bine sistemul economic, să vezi lucrurile dintr-un nou unghi şi să te gândeşti la posibile soluţii. După ce ai formulat un răspuns, iei Coranul şi îl citeşti cu mare atenţie, căutând o sura care, dacă este interpretată îndeajuns de creativ, poate justifica soluţia pe care ai obţinut-o de la Hayek sau Marx. Orice soluţie ai fi găsit acolo, dacă cunoşti foarte bine Coranul, vei putea mereu să o justifici.

Este valabil şi pentru creştinism. Un creştin poate fi la fel de bine capitalist sau socialist şi, deşi câteva lucruri pe care le-a spus Iisus au un iz categoric de comunism, în timpul Războiului Rece capitaliştii americani de nădejde au citit în continuare Predica de pe munte fără să acorde prea multă atenţie acestui lucru. Efectiv nu există „economie creştină", „economie musulmană" sau „economie hindusă".

Nu spun că nu ar exista idei economice în Biblie, în Coran sau în Vede - doar că aceste idei nu sunt la zi. Interpretarea Vedelor l-a făcut pe Mahatma Gandhi să vadă India independentă ca pe o colecţie de comunităţi agrare autonome, fiecare ţesându-şi propriile veşminte khadi, exportând puţin şi importând şi mai puţin. Cea mai celebră fotografie a sa îl înfăţişează torcând bumbac cu mâna lui, iar el a făcut din umila roată de tors simbolul mişcării naţionaliste indiene[1]. Totuşi, această viziune arcadiană era pur şi simplu incompatibilă cu realităţile economiei moderne, motiv pentru care nu a rămas mare lucru din ea, cu excepţia chipului radios al lui Gandhi pe miliarde de rupii.

Teoriile economice moderne sunt mult mai relevante decât dogmele tradiţionale, astfel încât a devenit un lucru obişnuit ca până şi conflictele aparent religioase să fie interpretate în termeni economici, în vreme ce nimeni nu se gândeşte să facă invers. De exemplu, unii susţin că violenţele dintre catolicii şi protestanţii din Irlanda de Nord de la sfârşitul secolului XX au fost alimentate în mare măsură de conflictele de clasă. În urma mai multor accidente istorice, în Irlanda de Nord clasele superioare au fost preponderent protestante, iar clasele inferioare preponderent catolice. Din acest motiv, ceea ce pare la prima vedere să fi fost un conflict teologic despre natura lui Hristos a fost în realitate o luptă tipică între bogați și săraci. În schimb, foarte puțini oameni ar susține că acele conflicte din anii 1970 dintre gherilele comuniste și proprietarii capitaliști de pământ din America de Sud au fost în realitate doar un pretext pentru un dezacord mult mai profund de teologie creștină.

Așadar, ce rol ar avea religia atunci când s-ar aborda marile probleme ale secolului XXI ? Să luăm ca exemplu întrebarea dacă inteligenței artificiale ar trebui să i se acorde autoritatea de a lua decizii legate de viața oamenilor – să aleagă în locul dumneavoastră ce să studiați, unde să lucrați și cu cine să vă căsătoriți. Care este poziția musulmanilor cu privire la această întrebare ? Care este poziția evreilor ? Aici nu există poziții „musulmane" sau „evreiești". Cel mai probabil omenirea va fi împărțită în două mari tabere – cei care susțin învestirea inteligenței artificiale cu o autoritate însemnată și cei care i se opun. Cel mai probabil, în *ambele* tabere se vor găsi și musulmani, și evrei, care își vor justifica poziția aleasă prin interpretări creative ale Coranului și Talmudului.

Desigur, e posibil ca anumite grupări religioase să-și consolideze vederile asupra anumitor chestiuni și să le transforme în dogme chipurile sacre și eterne. În anii 1970 teologii din America Latină au pus bazele teologiei eliberării, care îl făcea pe Iisus să semene întru câtva cu Che Guevara. În mod asemănător, Iisus poate fi recrutat cu ușurință în dezbaterea pe tema încălzirii globale, actualele poziții politice ajungând astfel să pară principii religioase eterne.

Acest lucru începe deja să se întâmple. Opoziția față de normele de mediu este integrată în predicile cu foc și pucioasă ale unor pastori evanghelici americani, în vreme ce papa Francisc se află în fruntea luptei contra încălzirii globale, în numele lui Hristos (mărturie stă a doua enciclică a sa, „Laudato si")[2]. Așadar, poate că în 2070, în ceea ce privește problemele de mediu, va conta enorm dacă ești evanghelic sau catolic. Ar fi de la sine înțeles că evanghelicii vor obiecta la orice prag al emisiilor de carbon, în vreme ce catolicii vor crede că Iisus a propovăduit protejarea mediului.

Veţi remarca diferenţa chiar şi la maşinile lor. Evanghelicii vor conduce SUV-uri uriaşe care consumă foarte multă benzină, pe când catolicii pioşi vor circula cu maşini electrice ingenioase, cu un abţibild pe care scrie „Arde planeta – şi vei arde în iad!". Totuşi, deşi pot invoca diverse pasaje biblice în apărarea poziţiilor lor, adevărata sursă a diferenţei lor va fi legată de teoriile ştiinţifice moderne şi de mişcările politice, nu de Biblie. Din această perspectivă, religia nu contribuie cu mult la marile dezbateri ale epocii noastre care ţin de politică. După cum spunea Karl Marx, este doar o spoială.

Probleme de identitate: liniile dincolo de care nu se trece

Totuşi, Marx exagera atunci când respingea religia, considerând-o o simplă suprastructură ce ascunde forţe tehnologice şi economice însemnate. Chiar dacă islamul, hinduismul sau creştinismul ar putea fi doar ornamente colorate peste o structură economică modernă, oamenii se identifică adesea cu decorul, iar identităţile oamenilor reprezintă o forţă istorică crucială. Puterea umană depinde de cooperarea în masă, cooperarea în masă depinde de făurirea unor identităţi de masă – şi toate identităţile de masă se bazează pe poveşti fictive, nu pe fapte ştiinţifice şi nici măcar pe necesităţi economice. În secolul XXI, împărţirea oamenilor în evrei şi musulmani sau în ruşi şi polonezi depinde încă de mituri religioase. Încercările naziştilor şi comuniştilor de a stabili în mod ştiinţific identităţi umane de rasă şi clasă s-au dovedit a fi o pseudoştiinţă periculoasă, iar de atunci oamenii de ştiinţă au fost extrem de reticenţi la ideea de a contribui la definirea vreunei identităţi „naturale" pentru fiinţele umane.

Aşadar, în secolul XXI religiile nu aduc ploaie, nu vindecă boli, nu construiesc bombe – dar stabilesc cine suntem „noi" şi cine sunt „ei", pe cine ar trebui să vindecăm şi pe cine ar trebui să bombardăm. După cum precizam mai sus, în termeni practici există surprinzător de puţine diferenţe între Iranul şiit, Arabia Saudită sunnită şi Israelul evreiesc. Toate sunt state-naţiuni birocratice, toate urmează politici mai mult sau mai puţin capitaliste, toate îi vaccinează pe copii împotriva poliomielitei şi toate se bazează pe chimişti şi fizicieni ca să construiască bombe. Nu există birocraţie şiită, capitalism sunnit sau fizică evreiască. Atunci, cum să-i faci pe oameni să se simtă unici şi să fie loiali unui trib uman şi ostili faţă de altul?

Pentru a trasa nişte linii clare în nisipurile mişcătoare ale umanităţii, religiile folosesc rituri, ritualuri şi ceremonii. Şiiţii, sunniţii şi evreii ortodocşi poartă haine diferite, psalmodiază rugăciuni diferite şi respectă tabuuri diferite. Aceste tradiţii religioase diferite înfrumuseţează adesea viaţa de zi cu zi şi îi încurajează pe oameni să fie mai buni şi mai milostivi. De cinci ori pe zi, vocea melodioasă a muezinului se înalţă deasupra larmei bazarurilor, birourilor şi fabricilor, îndemnându-i pe musulmani să ia o pauză de la agitaţia preocupărilor lumeşti şi să încerce să se conecteze la un adevăr veşnic. Vecinii lor hinduşi ar putea urmări acelaşi scop cu ajutorul ritualurilor puja zilnice şi al recitării mantrelor. În fiecare săptămână, vineri seară, familiile de evrei se aşază la masă pentru o cină specială caracterizată prin voioşie, recunoştinţă şi comuniune. Două zile mai târziu, duminică dimineaţa, corurile creştine de gospel aduc speranţa în viaţa a milioane de oameni, contribuind la crearea legăturilor de încredere şi afecţiune din sânul comunităţii.

Alte tradiţii religioase umplu lumea cu foarte multă urâţenie şi îi fac pe oameni să fie răi şi cruzi. Nu sunt multe de spus, de exemplu, în favoarea misoginiei sau a discriminării de castă inspirate de religie. Dar, indiferent dacă sunt frumoase sau urâte, toate aceste tradiţii religioase îi unesc pe unii oameni şi îi disting totodată de vecinii lor. Privite din exterior, tradiţiile religioase care îi separă pe oameni par deseori nişte fleacuri, iar Freud ridiculiza obsesia pe care o au oamenii pentru chestiuni precum „narcisismul micilor diferenţe”[3]. Dar în istorie şi în politică micile diferenţe pot conta enorm de mult. Astfel, dacă se întâmplă să fii homosexual sau lesbiană, este efectiv o chestiune de viaţă şi de moarte dacă trăieşti în Israel, în Iran sau în Arabia Saudită. În Israel, comunitatea LGBT se bucură de protecţia legii şi există chiar unii rabini care ar binecuvânta căsătoria dintre două femei. În Iran, homosexualii şi lesbienele sunt persecutaţi în mod sistematic, iar uneori chiar executaţi. În Arabia Saudită, o lesbiană nu putea nici măcar să conducă o maşină până în 2018 - doar pentru că era femeie, darămite lesbiană.

Poate cea mai bună ilustrare a puterii şi importanţei de durată ale religiilor tradiţionale în lumea modernă provine din Japonia. În 1853, o flotă americană a silit Japonia să se deschidă faţă de lumea modernă. Drept răspuns, statul nipon a demarat un proces rapid şi extrem de reuşit de modernizare. În câteva decenii, a devenit un puternic stat birocratic, bazat pe ştiinţă, pe capitalism şi pe tehnologie militară de ultimă oră, care a înfrânt China şi Rusia, a ocupat Taiwanul şi Coreea şi în cele din urmă a scufundat flota americană de la Pearl Harbor şi a distrus imperiile europene din Orientul Îndepărtat. Cu toate acestea, Japonia nu a copiat orbeşte modelul occidental. A fost extrem de hotărâtă să-şi protejeze identitatea unică şi să se asigure că japonezii moderni vor fi loiali Japoniei, şi nu ştiinţei, modernităţii sau vreunei comunităţi globale vagi.

Cu acest scop, Japonia şi-a apărat cu tărie religia şintoistă autohtonă, considerând-o piatra de temelie a identităţii nipone. La drept vorbind, statul japonez a reinventat şintoismul. Şintoismul tradiţional era o amestecătură de credinţe animiste în diferite zeităţi, spirite şi duhuri, iar fiecare sat şi fiecare templu aveau propriile spirite preferate şi obiceiuri locale. La sfârşitul secolului al XIX-lea şi începutul secolului XX, statul japonez a creat o versiune oficială a şintoismului, descurajând totodată numeroase tradiţii locale. Acest „şintoism de stat" a fost combinat cu idei foarte moderne despre naţionalitate şi rasă, pe care elita japoneză le-a preluat de la imperialiştii europeni. La acest amestec a fost adăugat orice element din budism, confucianism şi etosul feudal al samurailor care putea contribui la întărirea loialităţii faţă de stat. Pe lângă toate acestea, şintoismul de stat a consfinţit drept principiu suprem venerarea împăratului nipon, care era considerat un urmaş direct al zeiţei soarelui Amaterasu, fiind el însuşi un zeu viu[4].

La prima vedere, acest amestec ciudat de vechi şi nou părea o alegere extrem de nepotrivită pentru un stat care demara un proces intens de modernizare. Un zeu viu? Spirite animiste? Etos feudal? Părea mai curând că ar fi vorba de un şef de trib din neolitic decât de o putere industrială modernă.

Însă a mers de minune. Japonezii s-au modernizat într-un ritm ameţitor, dezvoltând în acelaşi timp o loialitate fanatică faţă de statul lor. Cel mai cunoscut simbol al succesului şintoismului de stat este faptul că Japonia a fost prima putere care a creat şi a folosit rachete dirijate. Cu zeci de ani înainte ca SUA să introducă bomba inteligentă şi într-o perioadă în care Germania nazistă abia începea să folosească rachete neinteligente V-2, Japonia scufunda zeci de vase aliate cu rachete dirijate. Cunoaştem aceste rachete sub denumirea de kamikaze. În vreme ce muniţiile actuale sunt ghidate cu precizie de computere, kamikaze erau avioane obişnuite încărcate cu explozibil şi ghidate de piloţi umani dispuşi să pornească în misiuni din care să nu se mai întoarcă. Această disponibilitate era produsul spiritului de sacrificiu şi de sfidare a morţii cultivat de şintoismul de stat. Astfel, piloţii kamikaze se bazau pe combinarea tehnologiei de ultimă oră cu îndoctrinarea religioasă avansată[5].

Cu bună ştiinţă sau nu, numeroase guverne urmează astăzi exemplul japonez. Adoptă instrumentele şi structurile universale ale modernităţii, bazându-se totodată pe religiile tradiţionale pentru a conserva o identitate naţională unică. Rolul şintoismului de stat din Japonia este îndeplinit într-o măsură mai mică sau mai mare de creştinismul ortodox în Rusia, de catolicism în Polonia, de islamul şiit în Iran, de wahhabism în Arabia Saudită şi de iudaism în Israel. Oricât de arhaică ar părea o religie, cu puţină imaginaţie şi reinterpretare poate fi îmbinată aproape întotdeauna cu ultimele gadgeturi tehnologice şi cu cele mai sofisticate instituţii moderne.

În unele cazuri, statele ar putea crea o religie nouă-nouţă pentru a-şi consolida identitatea unică. Exemplul extrem îl reprezintă astăzi fosta colonie a Japoniei, Coreea de Nord. Regimul nord-coreean îşi îndoctrinează supuşii cu o religie de stat fanatică numită juche. Aceasta este un amestec de marxism-leninism, câteva tradiţii coreene străvechi, o credinţă rasistă în puritatea unică a rasei coreene şi deificarea urmaşilor lui Kim Il-sung. Deşi nimeni nu susţine că familia Kim s-ar trage dintr-o zeiţă a soarelui, ea este venerată cu mai multă fervoare decât aproape orice zeu din istorie. Ţinând poate seama de modul în care a fost înfrânt în cele din urmă Imperiul Japonez, doctrina nord-coreeană juche a insistat de asemenea, o bună bucată de timp, să adauge şi armele nucleare, afirmând că dezvoltarea acestora este o datorie sacră, demnă de sacrificii supreme[6].

Sluga naţionalismului

Aşadar, oricum se va dezvolta tehnologia, ne putem aştepta ca disputele cu privire la ritualurile şi identităţile religioase să influenţeze în continuare utilizarea noilor tehnologii şi ele ar putea avea chiar potenţialul de a arunca lumea în aer. Cele mai moderne rachete nucleare şi bombe cibernetice ar putea fi folosite pentru a tranşa o dispută doctrinară pe marginea unor texte medievale. Religiile, riturile şi ritualurile vor rămâne importante atâta vreme cât puterea omenirii va sta în cooperarea de masă şi cooperarea de masă se va sprijini pe credinţa în ficţiuni comune.

Din nefericire, toate acestea realmente fac ca religiile tradiţionale să fie o parte a problemei omenirii, şi nu o parte a remediului. Religiile au în continuare foarte multă putere politică, în măsura în care pot să consolideze identităţile naţionale şi chiar să declanşeze al Treilea Război Mondial. Dar, când vine vorba mai curând de soluţionarea decât de alimentarea problemelor globale ale secolului XXI, nu par să ofere mare lucru. Deşi numeroase religii tradiţionale îmbrăţişează valori universale şi-şi susţin validitatea cosmică, în prezent ele sunt folosite în principal ca slugi ale naţionalismului modern - atât în Coreea de Nord, cât şi în Rusia, Iran sau Israel. Prin urmare, fac şi mai dificile depăşirea diferenţelor naţionale şi găsirea unei soluţii globale la ameninţările războiului nuclear, colapsului ecologic şi perturbării tehnologice.

Aşadar, în raport cu încălzirea globală sau cu proliferarea nucleară, clericii şiiţi îi încurajează pe iranieni să vadă aceste probleme dintr-o perspectivă iraniană îngustă, rabinii îi inspiră pe israelieni să le pese în primul rând de ceea ce este bine pentru Israel, iar preoţii ortodocşi îi îndeamnă pe ruşi să se gândească mai presus de orice la interesele Rusiei. La urma urmei, suntem naţiunea aleasă de Dumnezeu, aşa că tot ce e bun pentru naţiunea noastră îi este plăcut şi lui Dumnezeu. Există cu siguranţă clerici înţelepţi ce resping excesele naţionaliste şi adoptă viziuni mult mai universale. Din păcate, asemenea înţelepţi nu dispun de prea multă putere politică în această perioadă.

Suntem prinşi aşadar între ciocan şi nicovală. Omenirea constituie acum o civilizaţie unică, iar problemele precum războiul nuclear, colapsul ecologic şi perturbarea tehnologică nu pot fi soluţionate decât la nivel global. În acelaşi timp, naţionalismul şi religia împart încă civilizaţia umană în diferite tabere, adesea ostile. Acest conflict dintre problemele globale şi identităţile locale se manifestă în criza care afectează acum cel mai mare experiment multicultural din lume - Uniunea Europeană. Construită pe promisiunea valorilor liberale universale, UE riscă să se dezintegreze din cauza dificultăţilor de integrare şi a imigraţiei.

Capitolul 9

Imigrația

Se poate ca unele culturi să fie mai bune decât altele

Deşi globalizarea a redus semnificativ diferenţele culturale de pe glob, a făcut în acelaşi timp să fie mult mai uşor să întâlneşti străini şi să fii deranjat de ciudăţeniile lor. Diferenţa dintre Anglia anglo-saxonă şi imperiul indian Pala era mult mai mare decât diferenţa dintre Marea Britanie modernă şi India modernă – dar British Airways nu oferea zboruri directe între Delhi şi Londra pe vremea regelui Alfred cel Mare.

Pe măsură ce tot mai mulţi oameni trec tot mai multe graniţe în căutarea unor locuri de muncă, a siguranţei şi a unui viitor mai bun, nevoia de a-i înfrunta, a-i asimila sau a-i alunga pe străini pune presiune pe sistemele politice şi pe identităţile colective modelate în vremuri mai puţin fluide. Problema nu este nicăieri mai pregnantă decât în Europa. Uniunea Europeană a fost construită pe promisiunea de a transcende diferenţele culturale dintre francezi, germani, spanioli şi greci. Ea s-ar putea destrăma din cauza neputinţei sale de a gestiona diferenţele culturale dintre europeni şi migranţii din Africa şi din Orientul Mijlociu. În mod ironic, tocmai succesul Europei în construirea unui sistem multicultural prosper este cel care a atras din capul locului atât de mulţi migranţi. Sirienii vor să emigreze mai curând în Germania decât în Arabia Saudită, Iran, Rusia sau Japonia nu pentru că Germania este mai aproape sau mai bogată decât toate celelalte destinaţii posibile – ci pentru că Germania are un istoric mult mai bun în ceea ce priveşte primirea şi asimilarea imigranţilor.

Valul tot mai mare de refugiaţi şi imigranţi generează reacţii contradictorii în rândul europenilor şi stârneşte discuţii aprinse cu privire la identitatea şi viitorul Europei. Unii europeni cer ca Europa să-şi închidă porţile : trădează ei idealurile multiculturale şi tolerante ale Europei sau iau doar nişte măsuri chibzuite ca să prevină dezastrul ? Alţii cer ca porţile să fie deschise şi mai larg : sunt ei credincioşi valorilor europene fundamentale sau sunt vinovaţi de împovărarea proiectului european cu aşteptări imposibile ? Această discuţie despre imigraţie degenerează adesea într-o gâlceavă în care nici o tabără nu o ascultă pe cealaltă. Ca să lămurim lucrurile, poate că ar fi util să privim imigraţia ca pe un pact cu trei condiţii sau termeni de bază :

Termenul 1 : Ţara-gazdă îi primeşte pe imigranţi.

Termenul 2 : În schimb, imigranţii trebuie să adopte cel puţin normele şi valorile de bază ale ţării-gazdă, chiar dacă asta înseamnă să renunţe la unele dintre normele şi valorile lor tradiţionale.

Termenul 3 : Dacă imigranţii se integrează într-o măsură suficientă, cu timpul devin egali şi membri deplini ai ţării-gazdă. „Ei" devin „noi".

Aceşti trei termeni suscită trei dezbateri distincte cu privire la înţelesul exact al fiecărui termen. O a patra dezbatere priveşte respectarea termenilor. Atunci când oamenii se ceartă pe tema imigraţiei, deseori confundă cele patru dezbateri, astfel încât nimeni nu înţelege care este obiectul disputei. Prin urmare, cel mai bine este să analizăm separat fiecare dintre aceste dezbateri.

Dezbaterea 1 : Prima clauză a pactului imigraţiei prevede pur şi simplu că ţara-gazdă primeşte imigranţi. Dar acest lucru ar trebui să fie înţeles ca o datorie sau ca o favoare ? Este ţara-gazdă obligată să-şi deschidă porţile tuturor sau are dreptul de a fi selectivă şi chiar de a stopa cu totul imigraţia ? Proimigraţioniştii par să creadă că ţările au o datorie morală să accepte nu numai refugiaţi, ci şi oameni din zone afectate de sărăcie care caută locuri de muncă şi un viitor mai bun. Îndeosebi într-o lume globalizată, toţi oamenii au obligaţii morale faţă de toţi ceilalţi oameni, iar cei care se sustrag de la aceste obligaţii sunt egoişti sau chiar rasişti.

În plus, mulţi proimigraţionişti subliniază faptul că este imposibil să se pună capăt imigraţiei şi că, oricât de multe ziduri şi garduri am construi, oamenii disperaţi vor găsi întotdeauna o cale de acces. Aşa că este mai bine să legalizăm imigraţia şi să o abordăm în mod deschis decât să creăm o vastă lume interlopă cu trafic de fiinţe umane, muncitori ilegali şi copii fără acte.

În replică, antiimigraţioniştii afirmă că, dacă faci uz de suficientă forţă, poţi să opreşti complet imigraţia şi că, eventual cu excepţia refugiaţilor care fug din calea persecuţiei brutale dintr-o ţară vecină, nu eşti obligat niciodată să-ţi deschizi uşa. Turcia ar putea avea datoria morală de a le permite refugiaţilor sirieni disperaţi să-i treacă graniţa. Dar, dacă aceşti refugiaţi încearcă apoi să pătrundă pe teritoriul Suediei, suedezii nu sunt obligaţi să-i accepte. Cât despre migranţii care caută locuri de muncă şi asistenţă socială, este întru totul decizia ţării-gazdă dacă vrea să-i primească sau nu şi în ce condiţii.

Antiimigraţioniştii subliniază faptul că unul dintre drepturile fundamentale ale oricărei colectivităţi umane este de a se apăra de invazii, fie sub forma armatelor, fie a migranţilor. Suedezii au muncit din greu şi au făcut numeroase sacrificii pentru a construi o democraţie liberală prosperă, iar dacă sirienii nu au reuşit să facă acelaşi lucru nu este vina suedezilor. Dacă alegătorii suedezi nu vor mai mulţi imigranţi sirieni în ţara lor - indiferent din ce motiv -, este dreptul lor să refuze să-i primească. Iar dacă acceptă nişte imigranţi, ar trebui să fie cât se poate de clar că aceasta este mai curând o favoare pe care o face Suedia decât o obligaţie de care se achită. Ceea ce înseamnă că imigranţii care sunt primiţi în Suedia ar trebui să fie extrem de recunoscători pentru orice li se oferă, în loc să vină cu o listă de revendicări de parcă ei ar fi stăpâni acolo.

Mai mult decât atât, spun antiimigraţioniştii, o ţară poate avea orice politică doreşte în domeniul imigraţiei, verificându-i pe imigranţi nu doar în ceea ce priveşte cazierele lor sau talentele profesionale, ci chiar şi în privinţa unor lucruri precum religia. Dacă o ţară ca Israelul vrea să primească numai evrei, iar o ţară ca Polonia acceptă să asimileze refugiaţi din Orientul Mijlociu cu condiţia să fie creştini, ar putea părea un lucru neplăcut, dar este fără doar şi poate dreptul alegătorilor israelieni sau polonezi.

Ceea ce complică lucrurile este faptul că în multe cazuri oamenii vor să aibă şi varza unsă, şi slănina-n pod. Multe ţări se fac că nu văd imigraţia ilegală sau chiar acceptă temporar muncitori străini, deoarece vor să profite de energia, talentele şi mâna de lucru ieftină ale străinilor. Cu toate acestea, ţările refuză ulterior să legalizeze statutul acestor oameni, spunând că nu vor imigraţie. Pe termen lung, acest lucru ar putea da naştere unor societăţi ierarhice în care o clasă superioară de cetăţeni cu drepturi depline ar exploata o clasă inferioară de străini neputincioşi, aşa cum se întâmplă astăzi în Qatar şi în alte câteva state din Golf.

Atâta vreme cât această dezbatere nu e tranşată, este extrem de dificil de răspuns la toate întrebările ulterioare despre imigraţie. Dat fiind că proimigraţioniştii cred că oamenii au dreptul să imigreze dacă vor acest lucru, iar ţările-gazdă au datoria de a-i asimila, reacţionează cu indignare morală atunci când dreptul oamenilor de a imigra este încălcat şi când ţările nu îşi îndeplinesc datoria de asimilare. Antiimigraţioniştii sunt uluiţi de asemenea vederi. Ei consideră imigraţia un privilegiu, iar asimilarea o favoare. De ce să-i acuzi pe oameni că sunt rasişti sau fascişti doar pentru că refuză accesul în propria ţară?

Desigur, chiar dacă primirea imigranţilor constituie mai curând o favoare decât o datorie, odată ce imigranţii se stabilesc undeva, ţara-gazdă îşi asumă treptat numeroase datorii faţă de ei şi de urmaşii lor. Astfel, nu poţi justifica astăzi antisemitismul din SUA susţinând că „i-am făcut străbunicii tale o favoare primind-o în această ţară în 1910, aşa că acum te putem trata oricum poftim".

Dezbaterea 2: A doua clauză a pactului imigraţiei prevede că, dacă sunt primiţi, imigranţii au obligaţia de a se integra în cultura locală. Dar până unde ar trebui să meargă această integrare? Dacă imigranţii ajung dintr-o societate patriarhală în una liberală, trebuie să devină feminişti? Dacă provin dintr-o societate profund religioasă, trebuie să adopte o perspectivă laică asupra lumii? Ar trebui să renunţe la codurile lor vestimentare tradiţionale şi la tabuurile alimentare? Antiimigraţioniştii tind să ridice ştacheta destul de sus, în vreme ce proimigraţioniştii o plasează mult mai jos.

Proimigraţioniştii susţin că Europa însăşi este extrem de diversă, iar populaţiile sale autohtone au o gamă variată de opinii, cutume şi valori. Tocmai asta face Europa puternică şi plină de viaţă. De ce ar trebui să fie forţaţi imigranţii să adere la o identitate europeană imaginară la înălţimea căreia se ridică puţini europeni cu adevărat? Vreţi să-i obligaţi pe imigranţii musulmani din Marea Britanie să devină creştini, când mulţi cetăţeni britanici dau rareori pe la biserică? Vreţi să cereţi ca imigranţii din Punjab să renunţe la curry şi la masala în favoarea peştelui cu cartofi prăjiţi şi a budincii Yorkshire? Dacă Europa are valori fundamentale reale, acestea sunt valorile liberale ale toleranţei şi libertăţii, care implică faptul că europenii ar trebui să dea dovadă de toleranţă şi faţă de imigranţi şi să le îngăduie cât mai multă libertate cu putinţă ca să-şi respecte propriile tradiţii, cu condiţia ca acestea să nu afecteze libertăţile şi drepturile altor oameni.

Antiimigraţioniştii sunt de acord că toleranţa şi libertatea sunt cele mai importante valori europene şi acuză numeroase grupuri de imigranţi – îndeosebi din ţările musulmane – de intoleranţă, misoginie, homofobie şi antisemitism. Tocmai pentru că Europa preţuieşte toleranţa, nu poate primi prea mulţi oameni intoleranţi. Deşi o societate tolerantă poate gestiona minorităţi iliberale restrânse, dacă numărul acestor extremişti depăşeşte un anumit prag, întreaga natură a societăţii se schimbă. Dacă Europa va primi prea mulţi imigranţi din Orientul Mijlociu, va ajunge să semene cu Orientul Mijlociu.

Alţi antiimigraţionişti merg mult mai departe. Ei subliniază că o comunitate naţională este mult mai mult decât o sumă de oameni care se tolerează reciproc. De aceea, nu este de ajuns ca imigranţii să adere la standardele europene de toleranţă. Ei trebuie de asemenea să adopte multe dintre trăsăturile unice ale culturii britanice, germane sau suedeze, oricare ar fi acestea. Prin faptul că îi primeşte, cultura locală îşi asumă un risc enorm şi cheltuieli pe măsură. Nu are nici un motiv să se mai şi autodistrugă. Oferă egalitate deplină la un moment dat, aşa că solicită asimilare deplină. Dacă imigranţii au vreo problemă cu anumite particularităţi ale culturii britanice, germane sau suedeze, nu au decât să plece în altă parte.

Cele două aspecte esenţiale ale acestei dezbateri sunt dezacordul cu privire la intoleranţa imigranţilor şi dezacordul legat de identitatea europeană. Dacă imigranţii sunt într-adevăr vinovaţi de o intoleranţă incurabilă, mulţi europeni liberali care susţin în prezent imigraţia vor ajunge mai devreme sau mai târziu să o combată vehement. În schimb, dacă majoritatea imigranţilor se vor dovedi a fi liberali şi toleranţi în atitudinea lor faţă de religie, gen şi politică, acest lucru va anihila unele dintre cele mai eficiente argumente împotriva imigraţiei.

Însă asta tot va lăsa deschisă problema identităţilor naţionale unice ale Europei. Toleranţa este o valoare universală. Există norme şi valori franceze unice care ar trebui să fie acceptate de oricine imigrează în Franţa şi există norme şi valori daneze unice pe care imigranţii în Danemarca trebuie să le îmbrăţişeze? Atâta vreme cât europenii sunt profund dezbinaţi de această problemă, nu pot avea o politică clară în privinţa imigraţiei. În schimb, odată ce europenii vor şti cine sunt, 500 de milioane de europeni nu ar trebui să aibă nici o problemă să asimileze câteva milioane de refugiaţi - sau să le întoarcă spatele.

Dezbaterea 3: A treia clauză a pactului imigraţiei spune că, dacă imigranţii fac cu adevărat un efort sincer de a se integra - şi mai ales de a adopta valoarea toleranţei -, ţara-gazdă are datoria de a-i trata ca pe nişte cetăţeni de rangul întâi. Dar cât timp trebuie să treacă mai exact până când imigranţii să devină membri cu drepturi depline ai societăţii? Imigranţii la prima generaţie veniţi din Algeria ar trebui să se simtă nedreptăţiţi dacă tot nu sunt consideraţi francezi autentici după 20 de ani petrecuţi în ţară? Dar imigranţii aflaţi la a treia generaţie ai căror bunici au venit în Franţa în anii 1970?

Proimigraţioniştii tind să ceară o acceptare rapidă, în vreme ce antiimigraţioniştii doresc o perioadă de probă mult mai lungă. Pentru proimigraţionişti, dacă imigranţii la a treia generaţie nu sunt consideraţi şi trataţi drept cetăţeni egali, asta înseamnă că ţara-gazdă nu îşi îndeplineşte obligaţiile, iar dacă asta duce la tensiuni, ostilitate şi chiar violenţă, ţara-gazdă nu poate da vina pentru asta decât pe propriul bigotism. Pentru antiimigraţionişti, aceste aşteptări exagerate constituie o mare parte a problemei. Imigranţii ar trebui să fie răbdători. Dacă bunicii tăi au sosit aici cu doar 40 de ani în urmă, iar acum tu te revolţi pe străzi deoarece crezi că nu eşti tratat ca un băştinaş, atunci ai picat testul.

Fondul acestei dezbateri priveşte decalajul dintre timpul personal şi timpul colectiv. Din punctul de vedere al colectivităţilor umane, 40 de ani reprezintă un răstimp scurt. E greu să te aştepţi ca societatea să asimileze pe deplin grupuri străine în decurs de câteva decenii. Toate civilizaţiile trecute care au asimilat străini şi i-au făcut cetăţeni egali - precum Roma imperială, califatul musulman, imperiile chineze şi Statele Unite - au avut nevoie mai curând de secole decât de decenii ca să realizeze această transformare.

Din punct de vedere personal însă, 40 de ani pot fi o eternitate. Pentru o adolescentă născută în Franța la 20 de ani după ce bunicii ei au imigrat aici, călătoria de la Alger la Marsilia este de domeniul trecutului. Ea s-a născut aici, toți prietenii ei s-au născut aici, vorbește mai mult franceză decât arabă și nici măcar nu a fost niciodată în Algeria. Franța este singura patrie pe care a cunoscut-o vreodată. Iar acum oamenii îi spun că nu e patria ei și că ar trebui să meargă „înapoi" într-un loc unde nu a locuit niciodată?

E ca și cum ai lua o sămânță de eucalipt din Australia și ai planta-o în Franța. Dintr-o perspectivă ecologică, eucalipții sunt o specie invazivă și va dura câteva generații până când botaniștii îi vor reclasifica drept plante europene indigene. Totuși, din punctul de vedere al copacului individual, el e francez. Dacă nu îl uzi cu apă franceză, se va usca. Dacă încerci să-l scoți din rădăcini, vei descoperi că și le-a înfipt bine de tot în solul francez, la fel ca stejarii și pinii locali.

Dezbaterea 4: Pe lângă toate aceste dezacorduri privind definiția exactă a pactului imigrației, întrebarea fundamentală este dacă acest pact funcționează cu adevărat. Își respectă ambele părți obligațiile ce le revin?

Antiimigraționiștii tind să susțină că imigranții nu respectă termenul nr. 2. Nu fac un efort sincer de a se integra și prea mulți dintre ei își mențin vederile intolerante și bigote asupra lumii. De aceea, țara-gazdă nu are nici un motiv să respecte termenul nr. 3 (să-i trateze drept cetățeni de rangul întâi) și are toate motivele să reanalizeze termenul nr. 1 (primirea acestora). Dacă oamenii aparținând unei anumite culturi au dovedit în repetate rânduri că nu sunt dispuși să respecte pactul imigrației, de ce să primim și mai mulți și să creăm o problemă și mai mare?

Proimigraționiștii răspund că țara-gazdă este cea care nu respectă angajamentele ce-i revin conform pactului. În ciuda eforturilor oneste ale majorității imigranților de a se integra, gazdele le fac sarcina dificilă și, mai rău decât atât, imigranții care se integrează cu succes sunt tratați în continuare ca niște cetățeni de rangul al doilea chiar și la a doua și a treia generație. Este, firește, posibil ca nici una dintre părți să nu-și respecte angajamentele, alimentându-și astfel reciproc suspiciunile și resentimentele într-un cerc tot mai vicios.

Această a patra dezbatere nu poate fi soluționată înainte de a clarifica definiția exactă a celor trei termeni. Atâta vreme cât nu știm dacă primirea imigranţilor este o datorie sau o favoare, ce nivel de asimilare se solicită din partea acestora şi cât de rapid ar trebui să-i trateze ţările-gazdă drept cetăţeni egali, nu putem judeca dacă cele două tabere îşi respectă obligaţiile. O problemă suplimentară ţine de procentaje. Atunci când evaluează pactul imigraţiei, ambele părţi acordă mult mai multă importanţă încălcărilor legii decât respectării acesteia. Dacă un milion de imigranţi sunt cetăţeni cinstiţi, dar o sută se alătură unor grupări teroriste şi atacă ţara-gazdă, asta înseamnă că în ansamblu imigranţii se conformează termenilor pactului sau că îl încalcă? Dacă o imigrantă la a treia generaţie se plimbă pe stradă de o mie de ori fără să fie agresată, dar din când în când vreun rasist îi aruncă vorbe jignitoare, asta înseamnă că populaţia autohtonă îi acceptă sau îi respinge pe imigranţi?

Totuşi, dincolo de toate aceste dezbateri se ascunde o întrebare mult mai importantă, legată de modul în care înţelegem cultura umană. Ne lansăm în dezbaterea pe tema imigraţiei pornind de la premisa că toate culturile sunt în mod inerent egale sau considerăm că unele culturi ar putea fi superioare altora? Atunci când germanii se ceartă pe marginea asimilării unui milion de refugiaţi sirieni, ideea lor potrivit căreia cultura germană este cumva mai bună decât cultura siriană ar putea avea vreo justificare?

De la rasism la discriminarea din raţiuni culturale

Acum un secol europenii au considerat că e de la sine înţeles faptul că unele rase – îndeosebi rasa albă – sunt în mod inerent superioare altora. După 1945 aceste vederi au ajuns din ce în ce mai mult să fie anatemizate. Rasismul era considerat nu numai înfiorător din punct de vedere moral, ci şi lipsit de orice valoare ştiinţifică. Specialiştii în ştiinţele vieţii, îndeosebi geneticienii, au furnizat dovezi ştiinţifice concludente potrivit cărora diferenţele biologice dintre europeni, africani, chinezi şi amerindieni sunt neglijabile.

În acelaşi timp însă, antropologii, sociologii, istoricii, specialiştii în economie comportamentală şi chiar în neuroştiinţe au acumulat un volum uriaş de date privind existenţa unor diferenţe semnificative între culturile umane. De fapt, dacă toate culturile umane ar fi în esenţă la fel, de ce am mai avea nevoie de antropologi şi de istorici? De ce să investim resurse în studiul unor diferenţe neînsemnate? Cel puţin, ar trebui să sistăm finanţarea tuturor acelor deplasări costisitoare pe teren în Pacificul de Sud şi Deşertul Kalahari şi să ne mulţumim să-i studiem pe oamenii care trăiesc la Oxford sau la Boston. Dacă diferenţele culturale sunt neînsemnate, atunci orice descoperim despre studenţii de la Harvard ar trebui să fie valabil şi pentru vânătorii-culegători din Kalahari.

Gândindu-se mai bine, majoritatea oamenilor recunosc existenţa cel puţin a unor diferenţe însemnate între culturile umane, în privinţa unor lucruri cât se poate de variate, de la moravurile sexuale la obiceiurile politice. Atunci, cum ar trebui să tratăm aceste diferenţe? Relativiştii culturali susţin că diferenţa nu implică ierarhie şi că nu ar trebui să preferăm niciodată o cultură în defavoarea alteia. Oamenii poate gândesc şi se comportă diferit, însă ar trebui să preţuim această diversitate şi să conferim o valoare egală tuturor credinţelor şi practicilor. Din păcate, aceste atitudini liberale nu pot trece testul realităţii. Diversitatea umană poate că e grozavă atunci când vine vorba de gastronomie şi de poezie, dar puţini ar considera că arderea vrăjitoarelor, infanticidul sau sclavia sunt idiosincrazii umane fascinante care ar trebui să fie protejate de uzurpările capitalismului global şi ale coca-colonialismului.

Sau gândiţi-vă la modul în care se raportează diferitele culturi la străini, imigranţi şi refugiaţi. Nu toate culturile sunt caracterizate de exact acelaşi nivel de acceptare. La începutul secolului XXI, cultura germană este mai tolerantă cu străinii şi mai primitoare cu imigranţii decât cultura saudită. Unui musulman îi este mult mai uşor să emigreze în Germania decât îi este unui creştin să emigreze în Arabia Saudită. De fapt, chiar şi unui refugiat musulman din Siria îi este probabil mai uşor să emigreze în Germania decât în Arabia Saudită, iar din 2011 Germania a primit mult mai mulţi refugiaţi sirieni decât Arabia Saudită[1]. În mod similar, potrivit unui număr mare de dovezi credibile, cultura Californiei este la începutul secolului XXI mult mai favorabilă imigranţilor decât cultura Japoniei. De aceea, dacă credeţi că este bine să-i toleraţi pe străini şi să-i primiţi pe imigranţi, nu ar trebui să vă gândiţi şi că, măcar în această privinţă, cultura germană este superioară culturii saudite, iar cultura californiană este mai bună decât cultura japoneză ?

Mai mult decât atât, chiar şi atunci când două norme culturale sunt la fel de valide în teorie, în contextul practic al imigraţiei tot ar putea fi justificat să consideri cultura-gazdă ca fiind mai bună. Normele şi valorile care sunt adecvate într-o ţară efectiv nu funcţionează cum trebuie în condiţii diferite. Să analizăm îndeaproape un exemplu concret. Ca să nu cădem pradă prejudecăţilor încetăţenite, să ne imaginăm două ţări fictive : Recilanda şi Caldovia. Cele două ţări au numeroase diferenţe culturale, printre care atitudinea lor faţă de relaţiile umane şi conflictul interpersonal. Recilandezii sunt educaţi de mici că, dacă intri într-un conflict cu cineva la şcoală, la serviciu sau chiar în familie, cel mai bine e să-ţi reprimi sentimentele. Ar trebui să eviţi să ţipi, să-ţi descarci furia sau să înfrunţi cealaltă persoană – ieşirile nervoase nu fac decât să înrăutăţească lucrurile. E mai bine să te ocupi de propriile sentimente şi să laşi totodată lucrurile să se aşeze. În acelaşi timp, limitează contactul cu persoana în cauză, iar în cazul în care contactul este inevitabil, fii concis, dar politicos şi evită chestiunile sensibile.

În schimb, caldovienii sunt educaţi de mici să se exteriorizeze în cazul unui conflict. Dacă eşti implicat într-o dispută, nu o lăsa să mocnească şi nu reprima nimic. Cu prima ocazie, dă frâu liber emoţiilor fără să te ascunzi. E în regulă să te înfurii, să ţipi şi să-i spui celeilalte persoane exact cum te simţi. Este singura modalitate de a o scoate la capăt împreună, într-o manieră onestă şi directă. O zi de ţipete poate soluţiona un conflict care altminteri ar putea mocni ani la rând şi, deşi confruntarea directă nu este niciodată plăcută, cu toţii vă veţi simţi mult mai bine după aceea.

Ambele metode au şi avantaje, şi dezavantaje şi e greu de spus că una este întotdeauna mai bună decât cealaltă. Ce s-ar întâmpla însă atunci când un caldovian imigrează în Recilanda şi îşi găseşte o slujbă la o firmă recilandeză ?

Ori de câte ori are loc un conflict cu un coleg de muncă, caldovianul bate cu pumnul în masă şi urlă cât îl ţine gura, aşteptându-se ca astfel să atragă atenţia asupra problemei şi să contribuie la soluţionarea rapidă a acesteia. Câţiva ani mai târziu, rămâne vacant un post de conducere. Deşi caldovianul are toate calificările necesare, şefa preferă să promoveze un angajat recilandez. Atunci când este întrebată de ce, ea explică: „Da, caldovianul are numeroase talente, dar are totodată şi o problemă serioasă cu relaţiile interumane. Este iute la mânie, creează tensiuni inutile în jurul lui şi ne tulbură cultura organizaţională". De aceeaşi soartă au parte şi alţi imigranţi caldovieni în Recilanda. Majoritatea ocupă funcţii inferioare sau nu reuşesc să-şi găsească nici o slujbă, deoarece managerii pornesc de la premisa că, dacă sunt caldovieni, ar fi probabil nişte angajaţi temperamentali şi problematici. Cum caldovienii nu ajung niciodată în funcţii de conducere, le este dificil să schimbe cultura organizaţională recilandeză.

Cam la fel păţesc şi recilandezii care imigrează în Caldovia. Un recilandez care începe să lucreze la o firmă caldoviană capătă rapid o reputaţie de snob sau de persoană glacială şi-şi face puţini prieteni sau chiar nici unul. Oamenii cred că e un prefăcut sau că îi lipsesc abilităţile elementare de relaţionare interumană. Nu avansează niciodată în funcţii de conducere şi, prin urmare, nu beneficiază niciodată de oportunitatea de a schimba cultura organizaţională. Managerii caldovieni conchid că majoritatea recilandezilor sunt neprietenoşi sau timizi şi preferă să nu-i angajeze în funcţii ce necesită contact cu clienţii sau cooperare strânsă cu alţi angajaţi.

Poate că ambele cazuri par să aibă un uşor iz de rasism. În realitate însă, ele nu sunt rasiste. Aici avem de-a face cu discriminarea din raţiuni culturale. Oamenii duc în continuare o luptă eroică împotriva rasismului tradiţional fără să observe că s-a schimbat câmpul de luptă. Rasismul tradiţional apune, însă lumea este plină acum de oameni care discriminează din raţiuni culturale.

Rasismul tradiţional se baza în mod ferm pe teorii biologice. În anii 1890 sau 1930, mulţi oameni din ţări precum Marea Britanie, Australia şi SUA credeau că o anumită trăsătură biologică ereditară îi face pe africani şi pe chinezi în mod inerent mai puţin inteligenţi, mai puţin întreprinzători şi mai puţin morali decât europenii. Aveau această problemă în sânge. Asemenea vederi se bucurau de respectabilitate politică, precum şi de o largă susţinere ştiinţifică. Astăzi, în schimb, deşi mulţi indivizi fac încă asemenea afirmaţii rasiste, ele şi-au pierdut toată susţinerea ştiinţifică şi mare parte din respectabilitatea politică – dacă nu sunt reformulate în termeni culturali. Acum nu se mai spune că negrii tind să comită infracţiuni deoarece au gene inferioare; acum spunem deseori că tind să comită infracţiuni deoarece provin din subculturi disfuncţionale.

În SUA, de pildă, unele partide şi unii lideri susţin în mod deschis politici discriminatorii şi fac adesea remarci denigratoare la adresa afro-americanilor, hispanicilor şi musulmanilor - dar vor spune rareori sau chiar niciodată că e ceva în neregulă cu ADN-ul lor. Se pretinde că problema ar fi cultura lor. Astfel, atunci când preşedintele Trump afirma că Haiti, El Salvador şi unele părţi ale Africii sunt nişte „ţări de rahat", se pare că oferea publicului o perspectivă asupra culturii acestor locuri, şi nu asupra structurii lor genetice[2]. Cu o altă ocazie, Trump spunea despre imigranţii mexicani din SUA că, „atunci când Mexicul îşi trimite oamenii, nu îi trimite pe cei mai buni. Trimite oameni care au o mulţime de probleme şi care aduc cu ei acele probleme. Aduc droguri, aduc infracţionalitate. Sunt violatori şi unii, presupun, sunt oameni buni". Aceasta este o afirmaţie extrem de jignitoare, dar este jignitoare mai curând din punct de vedere sociologic decât biologic. Trump nu sugerează că sângele mexican ar exclude bunătatea - ci doar că mexicanii buni tind să rămână la sud de Rio Grande[3].

Corpul uman - corpul hispanic, corpul african, corpul chinez - rămâne în continuare în centrul dezbaterii. Culoarea pielii contează enorm. Atunci când mergi pe o stradă din New York, iar pielea ta este pigmentată cu foarte multă melanină, asta înseamnă că, oriunde te-ai duce, poliţia te-ar putea privi cu mai multă suspiciune. Însă cei precum preşedintele Trump şi preşedintele Obama vor explica semnificaţia culorii pielii în termeni culturali şi istorici. Poliţia îţi priveşte culoarea pielii cu suspiciune nu din raţiuni de ordin biologic, ci mai curând de ordin istoric. Cel mai probabil, tabăra Obama va arăta că prejudecăţile poliţiei sunt o moştenire nefericită a unor crime istorice precum sclavia, în vreme ce tabăra Trump va arăta că infracţionalitatea negrilor este o moştenire nefericită a erorilor istorice comise de liberalii albi şi de comunităţile de negri. În orice caz, chiar dacă eşti un turist din Delhi care nu ştie nimic despre istoria Americii, tot vei avea de suportat consecinţele acestei istorii.

Trecerea de la biologie la cultură nu este doar o modificare neînsemnată de jargon. Este o schimbare profundă, cu vaste urmări practice, unele bune, altele rele. În primul rând, cultura este mai maleabilă decât biologia.

Asta înseamnă, pe de o parte, că persoanele care astăzi discriminează din raţiuni culturale ar putea fi mai tolerante decât rasiştii tradiţionali - dacă „ceilalţi" ne adoptă cultura, îi vom accepta drept egalii noştri. Pe de altă parte, ar putea genera presiuni mult mai puternice asupra „celorlalţi" de a se integra şi critici mult mai aspre la adresa eşecului lor în această privinţă.

Nu poţi învinovăţi o persoană de culoare că nu îşi albeşte pielea, dar oamenii pot şi chiar îi acuză pe africani sau pe musulmani că nu adoptă normele şi valorile culturii occidentale. Ceea ce nu înseamnă că astfel de acuzaţii sunt neapărat justificate. În multe cazuri, nu prea există motive pentru a adopta cultura dominantă, iar în multe alte cazuri este o misiune aproape imposibilă. Afro-americanii care provin dintr-o mahala săracă şi care încearcă cu onestitate să se integreze în cultura americană hegemonică ar putea să constate la început că drumul le este blocat de discriminarea instituţională - iar mai târziu să fie acuzaţi că nu s-au străduit îndeajuns de mult, motiv pentru care doar ei sunt de vină pentru propriile necazuri.

O a doua diferenţă esenţială între discuţiile despre biologie şi cele despre cultură este că, spre deosebire de bigotismul rasist tradiţional, argumentele ce discriminează din raţiuni culturale ar putea să aibă uneori logică, la fel ca în cazul Caldoviei şi al Recilandei. Caldovienii şi recilandezii au într-adevăr culturi diferite, caracterizate prin stiluri diferite de relaţionare interumană. Cum relaţiile interumane sunt cruciale pentru multe locuri de muncă, este neetic ca o firmă caldoviană să-i penalizeze pe recilandezi pentru faptul că se comportă în conformitate cu moştenirea lor culturală?

Antropologii, sociologii şi istoricii sunt extrem de neliniştiţi din cauza acestei chestiuni. Pe de o parte, seamănă periculos de mult cu rasismul. Pe de altă parte, discriminarea din raţiuni culturale are o bază ştiinţifică mult mai solidă decât rasismul, iar îndeosebi specialiştii din domeniul ştiinţelor umane şi sociale nu pot nega existenţa şi importanţa diferenţelor culturale.

Desigur, chiar dacă acceptăm validitatea unor afirmaţii ale celor care susţin discriminarea din raţiuni culturale, nu trebuie să le acceptăm pe toate. Multe asemenea afirmaţii suferă de trei neajunsuri comune. În primul rând, cei care discriminează din raţiuni culturale confundă adesea superioritatea locală cu superioritatea obiectivă. Astfel, în contextul local al Caldoviei, metoda caldoviană de rezolvare a conflictelor ar putea fi superioară metodei recilandeze, caz în care o firmă caldoviană care îşi desfăşoară activitatea în Caldovia are motive întemeiate să-i discrimineze pe angajaţii introvertiţi (lucru care îi va afecta în mod disproporţionat pe imigranţii recilandezi). Totuşi, asta nu înseamnă că metoda caldoviană este superioară din punct de vedere obiectiv. Caldovienii ar putea învăţa câte ceva de la recilandezi, iar dacă împrejurările se schimbă - de exemplu, dacă firma din Caldovia se extinde la nivel global şi-şi deschide filiale în multe ţări diferite -, diversitatea ar putea deveni brusc un avantaj.

În al doilea rând, atunci când defineşti clar un etalon, un moment şi un loc, afirmaţiile discriminatorii în funcţie de cultură ar putea fi valide din punct de vedere empiric. Dar foarte adesea oamenii adoptă afirmaţii foarte generale, care nu prea au logică. Astfel, a spune că „cultura recilandeză este mai puţin tolerantă cu accesele de furie în public decât cultura caldoviană" e o afirmaţie raţională, dar este mult mai puţin raţional să spui că „cultura musulmană este foarte intolerantă". A doua afirmaţie este pur şi simplu mult prea vagă. Ce înţelegem prin „intolerant"? Intolerant faţă de cine sau cu ce? O cultură poate să fie intolerantă cu minorităţile religioase şi vederile politice neobişnuite şi, în acelaşi timp, să fie foarte tolerantă cu persoanele obeze sau în vârstă. Şi ce anume înţelegem prin „cultură musulmană"? Vorbim despre Peninsula Arabică în secolul al VII-lea? Imperiul Otoman în secolul al XVI-lea? Pakistanul la începutul secolului XXI? În sfârşit, care este criteriul? Dacă ne-ar interesa toleranţa faţă de minorităţile religioase şi am compara Imperiul Otoman în secolul al XVI-lea cu Europa Occidentală în secolul al XVI-lea, am conchide că cultura musulmană este extrem de tolerantă. Dacă am compara Afghanistanul condus de talibani cu Danemarca de astăzi, am ajunge la o concluzie cât se poate de diferită.

Totuşi, cea mai mare problemă a afirmaţiilor discriminatorii în funcţie de cultură este că, în ciuda naturii lor statistice, sunt folosite foarte adesea pentru a judeca pripit *indivizi*. Atunci când un băştinaş caldovian şi un imigrant recilandez candidează pentru aceeaşi funcţie în cadrul unei firme caldoviene, managerul ar putea prefera să-l angajeze pe caldovian, deoarece „recilandezii sunt glaciali şi neprietenoşi". Chiar dacă este adevărat din punct de vedere statistic, poate că acest recilandez e în realitate mult mai sociabil şi mai extrovertit decât acest caldovian? Deşi cultura este importantă, oamenii sunt modelaţi şi de genele lor şi de istoricul personal unic. Indivizii sfidează adesea stereotipurile statistice. E logic ca o firmă să prefere angajaţi sociabili în locul celor nesociabili, dar nu e logic să-i prefere pe caldovieni în defavoarea recilandezilor.

Toate acestea modifică însă anumite afirmaţii discriminatorii bazate pe cultură fără să discrediteze în ansamblu acest tip de discriminare. Spre deosebire de rasism, care este o prejudecată neîntemeiată ştiinţific, argumentele discriminatorii în funcţie de cultură ar putea fi uneori destul de valide. Dacă analizăm statisticile şi descoperim că firmele caldoviene au puţini recilandezi în funcţii de conducere, acest lucru s-ar putea datora nu discriminării rasiste, ci judecăţii chibzuite. Imigranţii recilandezi ar trebui să fie iritaţi de această situaţie şi să susţină că, iată, Caldovia nu respectă pactul imigraţiei? Ar trebui să obligăm firmele caldoviene să angajeze mai mulţi manageri recilandezi prin intermediul unor legi „de discriminare pozitivă", în speranţa de a mai domoli cultura profesională temperamentală a Caldoviei? Sau poate că vina le aparţine imigranţilor recilandezi, ce nu reuşesc să se integreze în cultura locală, motiv pentru care ar trebui să facem un efort şi mai susţinut şi mai energic de a le insufla copiilor recilandezi normele şi valorile caldoviene?

Revenind de pe tărâmul ficţiunii pe acela al faptelor, vedem că dezbaterea europeană pe marginea imigraţiei este departe de a fi o luptă clară între bine şi rău. Ar fi greşit să-i catalogăm pe toţi antiimigraţioniştii drept „fascişti" şi ar fi la fel de greşit să spunem despre toţi proimigraţioniştii că sunt dedicaţi „suicidului cultural". Prin urmare, dezbaterea pe tema imigraţiei nu ar trebui să se desfăşoare ca o luptă intransigentă legată de un imperativ moral nenegociabil. Este o discuţie între două poziţii politice legitime, care ar trebui tranşată prin intermediul procedurilor democratice standard.

În prezent, nu este câtuşi de puţin clar dacă Europa poate găsi o cale de mijloc care să-i permită să-şi menţină porţile deschise pentru străini fără să fie destabilizată de oamenii ce nu îi împărtăşesc valorile. Dacă Europa va reuşi să găsească o asemenea cale, formula ei ar putea fi copiată la nivel global. Dacă însă proiectul european eşuează, acest lucru ar arăta că încrederea în valorile liberale ale libertăţii şi toleranţei nu este de ajuns pentru a soluţiona conflictele culturale ale lumii şi a uni omenirea în faţa războiului nuclear, a colapsului ecologic şi a perturbării tehnologice. Dacă grecii şi germanii nu se pot pune de acord asupra unui destin comun şi dacă 500 de milioane de europeni bogaţi nu pot asimila câteva milioane de refugiaţi săraci, ce şanse au oamenii să rezolve conflictele mult mai grave care afectează civilizaţia noastră globală?

Un lucru care ar putea ajuta Europa şi lumea în ansamblu să integreze mai bine şi să menţină graniţele şi minţile deschise ar fi diminuarea isteriei în ceea ce priveşte terorismul. Ar fi un lucru cât se poate de nefericit dacă experimentul european al libertăţii şi toleranţei s-ar destrăma din cauza fricii exagerate de terorişti. Astfel, pe lângă faptul că teroriştii şi-ar atinge propriile obiective, această mână de fanatici ar avea şi un cuvânt mult prea important de spus în privinţa viitorului omenirii. Terorismul este arma unei părţi marginale şi slabe a omenirii. Cum a ajuns să domine politica globală?

Partea a III-a

Disperarea şi speranţa

Deşi provocările nu au precedent, iar dezacordurile sunt profunde, omenirea poate face faţă dacă ne ţinem temerile sub control şi avem vederi puţin mai umile.

Capitolul 10

Terorismul

Nu te panica

Teroriştii sunt maeştri ai controlului minţii. Ucid foarte puţini oameni, dar reuşesc să înspăimânte miliarde şi zdruncină structuri politice uriaşe, precum Uniunea Europeană sau Statele Unite. După 11 septembrie 2001, teroriştii au ucis anual circa 50 de oameni în Uniunea Europeană, aproximativ zece persoane în SUA, în jur de şapte în China şi cel mult 25.000 de oameni la nivel global (preponderent în Irak, Afghanistan, Pakistan, Nigeria şi Siria)[1]. În schimb, în fiecare an, accidentele rutiere fac circa 80.000 de victime în Europa, 40.000 în Statele Unite, 270.000 în China şi 1,25 de milioane la nivel global[2]. Diabetul şi glicemiile ridicate ucid anual circa 3,5 milioane de oameni, iar poluarea aerului cam şapte milioane[3]. Aşadar, de ce ne temem mai mult de terorism decât de zahăr şi de ce guvernele pierd alegeri din cauza unor atacuri teroriste sporadice, dar nu şi din pricina poluării cronice a aerului?

După cum o indică sensul literal al cuvântului, terorismul este o strategie militară care speră să schimbe situaţia politică mai curând semănând groază decât provocând pagube materiale. Această strategie este adoptată aproape întotdeauna de taberele foarte slabe care nu pot să le provoace inamicilor lor pagube materiale însemnate. Fireşte că orice acţiune militară seamănă groază. Însă în războiul convenţional frica este doar un produs auxiliar al pierderilor materiale, fiind de obicei proporţională cu forţa care provoacă pierderile. În terorism, frica este elementul principal şi există o disproporţie colosală între forţa propriu-zisă a teroriştilor şi teama pe care reuşesc să o inspire.

Nu este întotdeauna uşor de schimbat situaţia politică prin violenţă. În prima zi a Bătăliei de pe Somme, 1 iulie 1916, 19.000 de soldaţi britanici au fost ucişi, iar alţi 40.000 au fost răniţi. Până în noiembrie, când au încetat luptele, ambele tabere au înregistrat împreună peste un milion de victime, dintre care 300.000 de morţi[4]. Totuşi, acest carnaj înfiorător nu a modificat câtuşi de puţin balanţa politică de putere din Europa. A mai fost nevoie de încă doi ani şi de milioane de victime în plus până să se producă în sfârşit un declic.

În comparaţie cu ofensiva de pe Somme, terorismul este o chestiune insignifiantă. În atacurile de la Paris din noiembrie 2015 au murit 130 de oameni, exploziile de la Bruxelles din martie 2016 au ucis 32 de persoane, iar în atentatul de pe Manchester Arena din mai 2017 au murit 22. În 2002, în toiul campaniei de teroare desfăşurate de palestinieni împotriva Israelului, când zi de zi autobuze şi restaurante erau aruncate în aer, au murit 451 de israelieni[5]. În acelaşi an, 542 de israelieni au fost ucişi în accidente de circulaţie[6]. Câteva atacuri teroriste, precum explozia avionului Pan Am 103 deasupra oraşului Lockerbie în 1988, ucid sute de oameni[7]. Atacurile de la 11 septembrie au stabilit un nou record, omorând aproape 3.000 de oameni[8]. Totuşi, până şi aceste cifre sunt eclipsate de preţul războiului convenţional. Dacă aduni toţi oamenii ucişi şi răniţi în Europa în atacuri teroriste din 1945 încoace - inclusiv victimele grupărilor naţionaliste, religioase, de stânga şi de dreapta -, totalul va fi mult mai mic decât numărul victimelor oricărei bătălii obscure din Primul Război Mondial, precum a treia Bătălie de pe Aisne (250.000 de victime) sau a zecea Bătălie de la Isonzo (225.000)[9].

Atunci, pot spera teroriştii să realizeze mare lucru? După un act terorist, duşmanul are în continuare acelaşi număr de soldaţi, tancuri şi vase ca înainte. Reţeaua de comunicare, şoselele şi căile ferate ale inamicului sunt în mare măsură intacte. Fabricile, porturile şi bazele sale sunt neatinse. Cu toate acestea, teroriştii speră că, deşi nu prea reuşesc să afecteze puterea materială a inamicului, teama şi confuzia îl vor face pe duşman să-şi folosească în mod greşit forţa rămasă intactă şi să reacţioneze disproporţionat. Teroriştii calculează că, atunci când un inamic furios îşi va utiliza puterea imensă împotriva lor, va produce o furtună militară şi politică mult mai violentă decât ar fi putut stârni vreodată teroriştii înşişi.

În timpul oricărei furtuni se petrec numeroase lucruri neprevăzute. Se fac greşeli, se comit atrocităţi, opinia publică e nehotărâtă, indecişii îşi schimbă poziţia, iar balanţa de putere se modifică.

Din acest motiv, teroriştii seamănă cu o muscă ce încearcă să distrugă un magazin de porţelanuri. Musca e atât de nevolnică, încât nu poate clinti din loc nici măcar o singură ceaşcă de ceai. Atunci cum distruge o muscă un magazin de porţelanuri? Găseşte un taur, îi intră în ureche şi începe să bâzâie. Taurul o ia razna de frică şi furie şi distruge magazinul de porţelanuri. Exact asta s-a întâmplat după 11 septembrie 2001, când fundamentaliştii islamici au incitat taurul american să distrugă magazinul de porţelanuri din Orientul Mijlociu. Acum ei prosperă printre dărâmături. Iar lumea nu duce lipsă de tauri iuţi la mânie.

Refacerea cărţilor

Terorismul este o strategie militară deloc atrăgătoare, deoarece lasă toate deciziile importante în seama inamicului. Cum toate opţiunile pe care le avea duşmanul înaintea unui atac terorist îi sunt accesibile şi după aceea, e liber să aleagă dintre ele. Armatele încearcă de regulă să evite cu orice preţ o asemenea situaţie. Atunci când atacă, nu vor să pună în scenă un spectacol înspăimântător care să-l înfurie pe inamic şi să-l instige să riposteze. Mai curând, caută să-i provoace duşmanului pagube materiale însemnate şi să-i diminueze capacitatea de contraatac. Îndeosebi, încearcă să-i elimine cele mai periculoase arme şi opţiuni.

De exemplu, asta a făcut Japonia în decembrie 1941, când a lansat un atac-surpriză asupra Statelor Unite şi a scufundat flota americană din Pacific la Pearl Harbor. Aici nu era vorba de terorism. Era război. Japonezii nu puteau fi siguri cum aveau să reacţioneze americanii la acest atac, cu excepţia unui singur lucru : orice ar fi decis americanii să facă, nu ar fi fost capabili să trimită o flotă în Filipine sau în Hong Kong în 1942.

Provocarea inamicului să treacă la acţiune fără eliminarea uneia dintre armele sau opţiunile sale este un act disperat, la care se recurge doar atunci când nu mai există nici o altă opţiune. Ori de câte ori este posibilă provocarea unor pagube materiale însemnate, nimeni nu renunţă la ea doar de dragul terorismului. Dacă în decembrie 1941 japonezii ar fi torpilat un vas civil de pasageri cu scopul de a provoca Statele Unite, fără să se atingă însă de flota din Pacific de la Pearl Harbor, acest act ar fi fost nebunie curată.

Însă teroriştii nu prea au de ales. Sunt atât de slabi, încât nu pot purta un război. Aşa că aleg în schimb să producă un spectacol teatral, în speranţa că-l vor provoca pe inamic şi îl vor determina să reacţioneze exagerat. Teroriştii pun în scenă un spectacol înspăimântător de violent care ne subjugă imaginaţia şi o întoarce împotriva noastră. Omorând o mână de oameni, teroriştii fac alte milioane să se teamă pentru viaţa lor. Ca să risipească aceste temeri, guvernele reacţionează la teatrul terorist afişându-şi în mod ostentativ mecanismele de securitate şi orchestrând uriaşe demonstraţii de forţă, precum persecutarea unor populaţii întregi sau invadarea unor ţări străine. În majoritatea cazurilor, această reacţie disproporţionată la terorism constituie o ameninţare mult mai mare pentru siguranţa noastră decât teroriştii înşişi.

De aceea, teroriştii nu gândesc precum generalii din armată, ci ca nişte producători de teatru. Memoria colectivă a atacurilor din 11 septembrie dovedeşte faptul că toată lumea înţelege acest lucru în mod intuitiv. Dacă îi întrebi pe oameni ce s-a întâmplat pe 11 septembrie, cel mai probabil vor spune că al-Qaeda a dărâmat turnurile gemene de la World Trade Center. Însă atacul nu a vizat doar turnurile, implicând alte două acţiuni, în special un atac reuşit asupra Pentagonului. Cum se face că puţini oameni îşi mai amintesc de asta?

Dacă operaţiunea din 11 septembrie ar fi fost o campanie militară convenţională, atacul asupra Pentagonului ar fi trebuit să primească cea mai multă atenţie. Prin acest atac, al-Qaeda a reuşit să distrugă o parte din sediul central al inamicului, omorând şi rănind ofiţeri superiori şi analişti. Cum se face că memoria colectivă acordă o importanţă mult mai mare distrugerii celor două clădiri civile şi uciderii unor brokeri, contabili şi funcţionari?

Acest lucru se datorează faptului că Pentagonul este o clădire relativ plată şi ştearsă, în vreme ce World Trade Center era un înalt totem falic a cărui prăbuşire a produs un efect audiovizual de proporţii. Nici o persoană care a văzut imaginile cu prăbuşirea sa nu le-ar putea uita vreodată. Întrucât înţelegem în mod intuitiv că terorismul înseamnă teatru, îl judecăm mai curând în funcţie de impactul său emoţional decât în funcţie de cel material.

Asemenea teroriştilor, cei care combat terorismul ar trebui să gândească la rândul lor mai mult ca nişte producători de teatru şi mai puţin ca nişte generali de armată. Înainte de toate, dacă vrem să combatem terorismul în mod eficient, trebuie să conştientizăm faptul că nimic din ceea ce fac teroriştii nu ne poate înfrânge. Noi suntem singurii care ne putem învinge, dacă reacţionăm exagerat şi nechibzuit la provocările teroriştilor.

Teroriştii îşi asumă o misiune imposibilă : să schimbe balanţa politică de putere prin violenţă, deşi nu dispun de nici o armată. Ca să-şi atingă scopul, teroriştii lansează la rândul lor statului o provocare imposibilă : să demonstreze că îşi poate proteja toţi cetăţenii de violenţa politică, oriunde, oricând. Teroriştii speră că, atunci când statul va încerca să îndeplinească această misiune imposibilă, va reface cărţile politice şi le va da un as neaşteptat.

E adevărat, atunci când statul se ridică la înălţimea provocării, reuşeşte de obicei să-i strivească pe terorişti. Sute de organizaţii teroriste au fost eradicate în ultimele câteva decenii de diferite state. În 2002-2004 Israelul a dovedit că până şi cele mai feroce campanii teroriste pot fi înăbuşite prin forţă brută[10]. Teroriştii ştiu cât se poate de bine că într-o asemenea confruntare şansele nu sunt de partea lor. Dar, dat fiind că sunt foarte slabi şi nu au nici o altă opţiune militară, nu au nimic de pierdut şi foarte mult de câştigat. Din când în când, furtuna politică stârnită de campaniile de combatere a terorismului le aduce anumite avantaje teroriştilor, motiv pentru care pariul riscant are logică. Teroristul seamănă cu un jucător de cărţi care are o mână foarte proastă, dar care încearcă să-şi convingă rivalii să facă din nou cărţile. Nu are nimic de pierdut, însă ar putea câştiga totul.

O monedă mică într-un borcan mare şi gol

De ce ar trebui să accepte statul refacerea cărţilor ? De vreme ce pagubele materiale provocate de terorism sunt neglijabile, statul ar putea, teoretic, să nu facă nimic în privinţa lui sau să ia măsuri drastice, dar discrete, departe de camerele de luat vederi şi de microfoane. De fapt, statele exact asta fac cel mai adesea. Însă uneori îşi pierd cumpătul şi reacţionează mult prea agresiv şi public, făcând astfel jocul teroriştilor. De ce sunt statele atât de sensibile la provocările teroriştilor?

Statelor le este greu să nu cedeze în faţa acestor provocări întrucât legitimitatea statului modern se întemeiază pe promisiunea lui de a menţine violenţa politică departe de sfera publică. Un regim poate să ţină piept unor catastrofe cumplite, ba chiar să le ignore, dacă legitimitatea lui nu se bazează pe prevenirea acestora. Însă un regim se poate prăbuşi din cauza unei probleme minore, dacă se consideră că aceasta îi subminează legitimitatea. În secolul al XIV-lea, Moartea Neagră a ucis între un sfert şi o jumătate din populaţiile europene, însă nici un rege nu şi-a pierdut tronul ca urmare a acestui fapt şi nici un rege nu s-a dat peste cap ca să combată molima. La vremea aceea, nimeni nu era de părere că prevenirea molimelor se numără printre atribuţiile unui rege. În schimb, conducătorii ce permiteau răspândirea ereziei religioase în teritoriile pe care le stăpâneau riscau să-şi piardă coroana şi chiar capul.

Astăzi, e posibil ca un guvern să adopte o abordare mai laxă a violenţei domestice şi sexuale decât a terorismului, deoarece, în ciuda impactului unor mişcări precum #MeToo, violul nu subminează legitimitatea guvernului. În Franţa, de exemplu, peste 10.000 de cazuri de viol sunt raportate autorităţilor în fiecare an, iar alte zeci de mii de cazuri rămân probabil neraportate[11]. Cu toate acestea, violatorii şi soţii violenţi nu sunt consideraţi o ameninţare existenţială la adresa statului francez, deoarece, istoric vorbind, statul nu s-a clădit pe promisiunea de a elimina violenţa sexuală. În schimb, cazurile mult mai rare de terorism sunt considerate o ameninţare mortală la adresa Republicii Franceze, întrucât de-a lungul ultimelor secole statele occidentale moderne şi-au întemeiat treptat legitimitatea pe promisiunea explicită de a nu tolera câtuşi de puţin violenţa politică în interiorul graniţelor lor.

În Evul Mediu, sfera publică era dominată de violenţă politică. De fapt, capacitatea de a folosi violenţa era biletul de intrare în jocul politic, iar oricine nu dispunea de această capacitate nu avea nici o voce politică. Numeroase familii de nobili aveau în serviciu forţe armate, aidoma oraşelor, breslelor, bisericilor şi mănăstirilor. Atunci când un stareţ murea şi se isca o dispută pe marginea succesiunii, facţiunile rivale – care cuprindeau călugări, potentaţi locali şi vecini grijulii – tranşau adesea chestiunea recurgând la forţă armată.

Terorismul nu îşi avea locul într-o asemenea lume. Cine nu era îndeajuns de puternic încât să producă pagube materiale substanţiale era cu totul lipsit de însemnătate. Dacă în 1150 câţiva fanatici musulmani ar fi ucis o mână de civili la Ierusalim, cerând ca toţi cruciaţii să părăsească Ţara Sfântă, ar fi fost mai curând ridiculizaţi, căci nu ar fi reuşit să înspăimânte pe nimeni. Dacă voiai să fii luat în serios, trebuia să fi preluat cel puţin controlul asupra unui castel fortificat sau două. Terorismul nu îi deranja pe strămoşii noştri medievali, fiindcă se confruntau cu probleme mult mai mari.

În epoca modernă, statele centralizate au redus treptat nivelul violenţei politice pe teritoriile lor, iar în ultimele câteva decenii ţările occidentale au reuşit să o elimine aproape în totalitate. Cetăţenii Franţei, Marii Britanii sau Statelor Unite pot rivaliza pentru controlul oraşelor, al corporaţiilor, al organizaţiilor şi chiar al guvernului însuşi fără să aibă nevoie de vreo forţă armată. Trilioane de dolari, milioane de soldaţi şi mii de vase, avioane şi rachete nucleare trec din mâinile unui grup de politicieni în ale altuia fără să se tragă nici un glonţ. Oamenii s-au obişnuit rapid cu această stare de lucruri şi consideră că este dreptul lor natural. Prin urmare, până şi actele sporadice de violenţă politică în care mor câteva zeci de persoane sunt considerate o ameninţare mortală la adresa legitimităţii şi chiar a supravieţuirii statului. O monedă mică într-un borcan mare şi gol face foarte mult zgomot.

Iată ce face ca teatrul terorismului să aibă atât de mult succes. Statul a creat un spaţiu uriaş lipsit de violenţă politică, care acţionează acum ca o cutie de rezonanţă, amplificând impactul oricărui atac armat, oricât ar fi el de neînsemnat. Cu cât violenţa politică dintr-un anumit stat este mai mică, cu atât şocul publicului în faţa unui act de terorism este mai mare. Uciderea câtorva oameni în Belgia atrage mult mai multă atenţie decât uciderea câtorva sute în Nigeria sau în Irak. Aşadar, în mod paradoxal, însuşi succesul statelor moderne în prevenirea violenţei politice le face cu atât mai vulnerabile în faţa terorismului.

Statul a subliniat de nenumărate ori că nu va tolera violenţa politică între graniţele sale. La rândul lor, cetăţenii s-au obişnuit cu absenţa violenţei politice. De aceea, teatrul terorist generează o teamă viscerală de anarhie, care îi face pe oameni să simtă că ordinea socială este pe punctul de a se destrăma. După sute de ani de lupte sângeroase, am ieşit târâş din gaura neagră a violenţei, dar simţim că gaura neagră se află încă acolo, aşteptând răbdătoare să ne înghită din nou. Câteva atrocităţi înfiorătoare şi ne închipuim că ne prăvălim înapoi în ea.

Ca să domolească aceste temeri, statul este nevoit să reacţioneze la teatrul terorii cu propriul teatru al siguranţei. Cele mai eficiente soluţii pentru combaterea terorismului ar putea fi serviciile de informaţii bune şi acţiunile clandestine împotriva reţelelor financiare ce alimentează terorismul. Însă acestea nu sunt lucruri pe care cetăţenii să le poată vedea la televizor. Cetăţenii au urmărit drama teroristă a prăbuşirii turnurilor World Trade Center. Statul se simte constrâns să pună în scenă o contradramă la fel de spectaculoasă, cu şi mai mult foc şi fum. Aşadar, în loc să acţioneze discret şi eficient, statul dezlănţuie o furtună teribilă, care îndeplineşte adesea cele mai mari visuri ale teroriştilor.

Atunci, cum ar trebui să abordeze statul terorismul? O luptă eficientă împotriva terorismului ar trebui să se desfăşoare pe trei fronturi. În primul rând, guvernele ar trebui să se concentreze asupra acţiunilor clandestine de combatere a reţelelor teroriste. În al doilea rând, presa ar trebui să adopte o perspectivă echilibrată şi să evite isteria. Teatrul terorii nu poate avea câştig de cauză fără publicitate. Din păcate, presa asigură deseori această publicitate în mod gratuit. Relatează obsesiv despre atacurile teroriste şi le exagerează nemăsurat pericolul, deoarece articolele despre terorism vând ziarele mult mai bine decât cele despre diabet sau despre poluarea aerului.

Al treilea front este imaginaţia fiecăruia dintre noi. Teroriştii ne subjugă imaginaţia şi o folosesc împotriva noastră. Repetăm întruna atacul terorist pe scena minţii noastre – rememorând atacurile de la 11 septembrie sau cele mai recente atentate sinucigaşe. Teroriştii ucid o sută de oameni – şi fac astfel încât 100 de milioane să-şi imagineze că după fiecare copac stă la pândă câte un criminal. Este responsabilitatea fiecărui cetăţean să-şi elibereze imaginaţia de sub influenţa teroriştilor şi să-şi amintească adevăratele dimensiuni ale acestei ameninţări. Spaima noastră interioară este cea care determină presa să fie obsedată de terorism şi guvernul să reacţioneze exagerat.

Prin urmare, succesul sau eşecul terorismului depinde de noi. Dacă permitem ca imaginaţia noastră să fie subjugată de terorişti, iar apoi reacţionăm disproporţionat la propriile temeri, terorismul va învinge. Dacă ne eliberăm imaginaţia de sub influenţa teroriştilor şi reacţionăm într-un mod echilibrat şi calm, terorismul va eşua.

Terorismul devine nuclear

Analiza de mai sus este valabilă pentru terorism aşa cum l-am cunoscut în ultimele două secole, dar şi aşa cum se manifestă în prezent pe străzile din New York, Londra, Paris şi Tel Aviv. Cu toate acestea, dacă teroriştii vor intra în posesia unor arme de distrugere în masă, natura nu numai a terorismului, ci şi a statului şi a politicii globale se va schimba în mod dramatic. Dacă nişte organizaţii minuscule, ce reprezintă o mână de fanatici, vor putea să distrugă oraşe întregi şi să ucidă milioane de oameni, nu va mai exista o sferă publică lipsită de violenţă politică.

De aceea, deşi terorismul actual este mai mult teatru, terorismul nuclear, terorismul cibernetic sau bioterorismul din viitor ar reprezenta o ameninţare mult mai gravă şi ar impune o reacţie mult mai drastică din partea guvernelor. Tocmai din acest motiv, ar trebui să distingem cu mare grijă asemenea scenarii viitoare ipotetice de atacurile teroriste propriu-zise la care am fost martori până acum. Teama că teroriştii ar putea să pună mâna într-o bună zi pe o bombă nucleară şi să distrugă New Yorkul sau Londra nu justifică o reacţie exagerată şi isterică la un terorist care ucide 12 trecători cu o puşcă automată sau cu un camion neţinut sub control. Statele ar trebui să aibă şi mai multă grijă să nu înceapă să persecute toate grupurile de disidenţi sub pretextul că aceştia ar putea încerca într-o bună zi să facă rost de arme nucleare sau să preia controlul asupra maşinilor noastre autonome şi să le transforme într-o flotă de roboţi ucigaşi.

În mod asemănător, deşi guvernele trebuie în mod cert să monitorizeze grupările radicale şi să ia măsuri pentru a le împiedica să intre în posesia unor arme de distrugere în masă, ele trebuie să pună în balanţă teama de terorismul nuclear cu alte scenarii ameninţătoare. În ultimele două decenii, Statele Unite au irosit trilioane de dolari şi un capital politic imens în războiul împotriva terorismului. George W. Bush, Tony Blair, Barack Obama şi administraţiile lor pot susţine, în mod oarecum justificat, că, prin faptul că i-au vânat, i-au silit pe terorişti să se gândească mai mult la supravieţuire decât la obţinerea unor bombe nucleare. Astfel, e posibil să fi salvat lumea de la un 11 septembrie nuclear. Cum aceasta este o afirmaţie contrafactuală - „dacă nu am fi pornit războiul împotriva terorismului, al-Qaeda ar fi făcut rost de arme nucleare" -, e greu de spus dacă este adevărată sau nu.

Putem fi siguri însă că, declanşând războiul împotriva terorismului, americanii şi aliaţii lor au provocat distrugeri imense pe tot globul şi, în acelaşi timp, au suportat ceea ce economiştii numesc „costuri de oportunitate". Banii, timpul şi capitalul politic investite în combaterea terorismului nu au fost investite în combaterea încălzirii globale, a bolii SIDA şi a sărăciei, în instaurarea păcii şi prosperităţii în Africa Subsahariană sau în îmbunătăţirea relaţiilor cu Rusia şi China. Dacă New Yorkul sau Londra vor fi înghiţite în cele din urmă de apele în creştere ale Oceanului Atlantic sau dacă tensiunile din relaţiile cu Rusia vor erupe într-un război deschis, e posibil ca oamenii să-i acuze pe Bush, pe Blair şi pe Obama că s-au concentrat asupra frontului greşit.

Priorităţile sunt greu de stabilit în timp real, dar sunt foarte uşor de criticat privind în urmă. Îi acuzăm pe lideri că nu au reuşit să prevină catastrofele care au avut loc, dar nu suntem câtuşi de puţin conştienţi de dezastrele ce nu s-au materializat niciodată. Astfel, oamenii privesc retrospectiv la administraţia Clinton din anii 1990 şi o condamnă pentru faptul că a neglijat ameninţarea reprezentată de al-Qaeda. Dar în anii 1990 puţini oameni îşi imaginau că teroriştii islamici ar putea stârni un conflict global intrând cu avioane de pasageri în nişte zgârie-nori din New York. În schimb, mulţi se temeau că Rusia s-ar fi putut prăbuşi cu totul şi ar fi pierdut controlul nu numai asupra vastului ei teritoriu, ci şi asupra câtorva mii de bombe nucleare şi biologice. O altă îngrijorare era că războaiele sângeroase din fosta Iugoslavie s-ar putea răspândi şi în alte zone din Europa de Est, generând conflicte între Ungaria şi România, între Bulgaria şi Turcia sau între Polonia şi Ucraina.

Mulţi erau şi mai îngrijoraţi de reunificarea Germaniei. La doar patru decenii şi jumătate după căderea celui de-al Treilea Reich, mulţi oameni nutreau încă o teamă viscerală faţă de puterea germană. În absenţa ameninţării sovietice, nu va deveni Germania o superputere ce va domina continentul european ? Şi cum rămâne cu China ? Alarmată de prăbuşirea blocului sovietic, China ar putea să-şi abandoneze reformele, să revină la politicile maoiste inflexibile şi să ajungă o versiune mai mare a Coreei de Nord.

Astăzi putem ridiculiza aceste scenarii înfricoşătoare, deoarece ştim că ele nu s-au materializat. Situaţia din Rusia s-a stabilizat, cea mai mare parte a Europei de Est a fost integrată paşnic în UE, Germania reunificată este considerată astăzi lidera lumii libere, iar China a devenit motorul economic al întregii lumi. Toate acestea s-au realizat, cel puţin parţial, graţie politicilor constructive ale Statelor Unite şi Uniunii Europene. Ar fi fost mai înţelept ca SUA şi UE să se fi concentrat în anii 1990 mai curând asupra extremiştilor islamici decât asupra situaţiei din fostul bloc sovietic sau din China ?

Pur şi simplu nu ne putem pregăti pentru orice eventualitate. Prin urmare, deşi cu siguranţă trebuie să prevenim terorismul nuclear, acesta nu poate fi punctul numărul unu pe agenda omenirii. Şi cu siguranţă nu ar trebui să folosim ameninţarea teoretică a terorismului nuclear ca justificare a reacţiei exagerate la terorismul obişnuit. Sunt probleme diferite, care necesită soluţii diferite.

Dacă, în ciuda eforturilor noastre, grupările teroriste vor reuşi în cele din urmă să pună mâna pe arme de distrugere în masă, e greu de spus cum vor decurge luptele politice, dar ele vor fi cât se poate de diferite de campaniile de teroare şi de combatere a terorismului de la începutul secolului XXI. Dacă în 2050 lumea va fi plină de terorişti care vor avea arme nucleare şi biologice, victimele lor vor privi înapoi la lumea anului 2018 cu nostalgie presărată cu scepticism : cum puteau nişte oameni care trăiau într-un mediu atât de sigur să se simtă totuşi atât de ameninţaţi ?

Desigur, senzaţia noastră actuală de pericol nu este alimentată doar de terorism. Mulţi specialişti şi oameni de rând se tem că al Treilea Război Mondial este iminent, ca şi când am mai fi văzut acest film, cu un secol în urmă. La fel ca în 1914, în 2018 tensiunile în creştere dintre marile puteri împreună cu problemele globale insolubile par să ne împingă către un război mondial. Este această anxietate mai justificată decât teama noastră exagerată de terorism ?

Capitolul 11

Războiul

Nu subestima niciodată prostia omenească

Ultimele câteva decenii au fost cea mai paşnică perioadă din istoria omenirii. Dacă în primele societăţi agricole timpurii violenţa umană a fost cauza morţii pentru circa 15% dintre oameni, iar în secolul XX pentru 5%, astăzi ea este responsabilă pentru doar 1%[1]. Totuşi, de la criza financiară globală din 2008, situaţia internaţională se deteriorează rapid, propaganda în favoarea războiului este din nou la modă, iar cheltuielile militare cresc[2]. Atât oamenii obişnuiţi, cât şi experţii se tem că, la fel cum în 1914 asasinarea unui arhiduce austriac a declanşat Primul Război Mondial, în 2018 vreun incident din deşertul sirian sau vreo mişcare neinspirată din Peninsula Coreea ar putea isca un conflict global.

Având în vedere tensiunile tot mai mari din lume şi personalitatea liderilor de la Washington, Phenian şi din alte capitale, avem în mod cert motive de îngrijorare. Cu toate acestea, există mai multe diferenţe esenţiale între 2018 şi 1914. În special, în 1914 elitele din lumea întreagă erau extrem de încântate de război, deoarece aveau numeroase exemple concrete privind modul în care războaiele câştigate contribuiseră la prosperitatea economică şi la puterea politică. În schimb, în 2018 războaiele câştigate par să fie o specie pe cale de dispariţie.

Încă din vremea asirienilor şi a dinastiei Qin, marile imperii s-au clădit de obicei prin cuceriri violente. Şi în 1914, toate marile puteri îşi datorau statutul războaielor câştigate. De pildă, Japonia imperială a devenit o putere regională datorită victoriilor sale în faţa Chinei şi a Rusiei ; Germania a devenit cea mai tare din Europa după ce a învins Austro-Ungaria şi Franţa ; iar Marea Britanie a creat cel mai mare şi mai prosper imperiu din lume printr-o serie de mici războaie magnifice purtate pretutindeni pe glob. Astfel, în 1882 Marea Britanie a invadat şi a ocupat Egiptul, pierzând doar 57 de soldaţi în bătălia decisivă de la Tel el-Kebir[3]. Dacă în zilele noastre ocuparea unei ţări musulmane este un coşmar pentru occidentali, după Tel el-Kebir britanicii s-au confruntat cu o rezistenţă armată modestă şi mai bine de şase decenii au controlat Valea Nilului şi vitalul Canal Suez. Alte puteri europene au imitat modelul britanic şi, ori de câte ori guvernele de la Paris, Roma sau Bruxelles se gândeau să trimită soldaţi în Vietnam, Libia sau Congo, singura lor teamă era că altcineva ar fi putut ajunge acolo înaintea lor.

Până şi Statele Unite şi-au datorat statutul de mare putere mai degrabă acţiunii militare decât exclusiv iniţiativei economice. În 1846 a invadat Mexicul şi a cucerit California, Nevada, Utah, Arizona, New Mexico şi părţi din Colorado, Kansas, Wyoming şi Oklahoma. Tratatul de pace a confirmat şi anexarea anterioară a Texasului de către Statele Unite. Circa 13.000 de soldaţi americani au murit în război, care a extins teritoriul Statelor Unite cu 2,3 milioane de kilometri pătraţi (mai mult decât suprafaţa Franţei, Marii Britanii, Germaniei, Spaniei şi Italiei laolaltă)[4]. A fost chilipirul mileniului.

De aceea, în 1914 elitele de la Washington, Londra şi Berlin ştiau exact ce însemna un război câştigat şi cât se putea obţine de pe urma lui. În schimb, în 2018 elitele globale au motive întemeiate să presupună că, cel mai probabil, acest tip de război a dispărut. Deşi unii dictatori din Lumea a Treia şi unii actori nonstatali reuşesc în continuare să prospere graţie războiului, se pare că marile puteri nu mai ştiu cum să facă acest lucru.

Cea mai mare victorie din istoria recentă – cea a Statelor Unite în faţa Uniunii Sovietice – a fost obţinută fără nici o confruntare militară majoră. Ulterior, Statele Unite au savurat o vreme gloria militară de modă veche în Primul Război din Golf, însă acesta nu a făcut decât să le ispitească să irosească trilioane de dolari pe eşecuri militare umilitoare în Irak şi în Afghanistan. China, puterea aflată în ascensiune la începutul secolului XXI, a evitat în mod asiduu toate conflictele armate după eşecul invadării Vietnamului în 1979 şi îşi datorează ascensiunea strict factorilor economici. În această privinţă nu a copiat modelul imperiilor japonez, german şi italian de dinainte de 1914, ci mai curând pe cel al miracolelor economice japonez, german şi italian de după 1945. În toate aceste cazuri, prosperitatea economică şi influenţa geopolitică au fost obţinute fără a se trage nici măcar un glonţ.

Chiar şi în Orientul Mijlociu – ringul de luptă al lumii –, puterile regionale nu ştiu cum să poarte războaie eficiente. Iranul nu a câştigat nimic de pe urma masacrelor din lungul război cu Irakul, iar ulterior a evitat toate confruntările militare directe. Iranienii finanţează şi înarmează mişcări locale din Irak până în Yemen şi şi-au trimis Gărzile Revoluţionare să-i ajute pe aliaţii lor din Siria şi Liban, dar până acum au avut grijă să nu invadeze nici o ţară. Iranul a devenit recent liderul regional nu în virtutea vreunei victorii strălucite pe câmpul de luptă, ci mai curând prin neimplicare. Cei doi mari inamici ai săi – SUA şi Irak – s-au lansat într-un război care a distrus atât Irakul, cât şi apetitul american pentru complicaţiile Orientului Mijlociu, lăsând astfel Iranul să se bucure de pradă.

Aproape acelaşi lucru se poate spune şi despre Israel. Ultima oară a câştigat un război în 1967. De atunci, Israelul a prosperat în ciuda numeroaselor sale războaie, şi nu datorită lor. Majoritatea teritoriilor sale ocupate îl împovărează cu obligaţii economice masive şi responsabilităţi politice paralizante. Aproape la fel ca Iranul, Israelul şi-a îmbunătăţit în ultima vreme poziţia geopolitică nu câştigând războaie, ci evitând aventurile militare. Cât timp războiul a distrus duşmanii de odinioară ai Israelului în Irak, Siria şi Libia, Israelul s-a ţinut deoparte. Faptul că nu s-a lăsat atras în războiul civil sirian a fost fără îndoială cea mai mare realizare politică a lui Netanyahu (până în martie 2018). Dacă ar fi vrut, Forţele de Apărare ale Israelului ar fi putut captura Damascul în decurs de o săptămână, dar ce ar fi avut de câştigat Israelul din asta? Le-ar fi şi mai uşor să cucerească Gaza şi să răstoarne regimul Hamas, dar Israelul a refuzat în repetate rânduri să facă acest lucru. În ciuda capacităţii sale militare şi a retoricii belicoase a politicienilor israelieni, Israelul ştie că nu are mare lucru de câştigat de pe urma războiului. La fel ca SUA, China, Germania, Japonia şi Iran, Israelul pare să înţeleagă că în secolul XXI strategia cea mai de succes este să stai deoparte şi să-i laşi pe alţii să lupte în locul tău.

Perspectiva Kremlinului

Până în prezent, singura invazie de succes organizată de o mare putere în secolul XXI a fost cucerirea Crimeii de către Rusia. În februarie 2014 forţele ruse au invadat Ucraina vecină şi au ocupat peninsula Crimeea, care a fost ulterior anexată Rusiei. Aproape fără luptă, Rusia a dobândit un teritoriu vital din punct de vedere strategic, a băgat spaima în vecini şi şi-a reconfirmat poziţia de putere mondială. Cu toate acestea, cucerirea s-a realizat datorită unui concurs de împrejurări extraordinar. Nici armata ucraineană, nici populaţia locală nu le-au opus ruşilor prea multă rezistenţă, în vreme ce alte puteri s-au abţinut să intervină în mod direct în criză. Aceste împrejurări vor fi greu de reprodus altundeva în lume. Dacă precondiţia unui război câştigat este absenţa unor duşmani dispuşi să-l înfrunte pe agresor, ea limitează serios oportunităţile disponibile.

Ba chiar, atunci când Rusia a încercat să reproducă succesul din Crimeea în alte părţi ale Ucrainei, a întâmpinat o opoziţie mult mai hotărâtă, iar războiul din estul Ucrainei a ajuns să bată pasul pe loc. Şi mai rău (din perspectiva Moscovei), războiul a zgândărit sentimentele antiruse în Ucraina şi a transformat această ţară dintr-un aliat într-un duşman de moarte. La fel cum succesul din Primul Război din Golf a ispitit SUA să-şi fixeze nişte obiective prea ambiţioase în Irak, e posibil ca succesul din Crimeea să fi ispitit Rusia să-şi fixeze obiective prea ambiţioase în Ucraina.

În ansamblu, nu prea se poate spune că Rusia chiar a câştigat războaiele din Caucaz şi Ucraina de la începutul secolului XXI. Deşi au consolidat prestigiul Rusiei ca mare putere, au sporit de asemenea suspiciunile şi animozitatea faţă de Rusia, iar în termeni economici au reprezentat o iniţiativă necâştigătoare. Staţiunile turistice din Crimeea şi fabricile dărăpănate din epoca sovietică de la Luhansk şi Doneţk nu pot compensa preţul finanţării războiului şi cu siguranţă nu contrabalansează costurile scurgerii de capital şi ale sancţiunilor internaţionale. Ca să vă daţi seama de limitările politicii ruseşti, trebuie doar să comparaţi progresul economic uriaş al Chinei paşnice din ultimii 20 de ani cu stagnarea economică a Rusiei „victorioase” din aceeaşi perioadă[5].

Cu toată bravura Moscovei, probabil că elita rusă este pe deplin conştientă de costurile şi beneficiile reale ale aventurilor militare ale Rusiei, motiv pentru care a avut mare grijă până acum să nu le lase să escaladeze. Rusia a urmat principiul bătăuşului din curtea şcolii : „Ia-te de puştiul cel mai slab şi nu-l bate prea rău, ca nu cumva să intervină profesorul". Dacă Putin şi-ar fi purtat războaiele în spiritul lui Stalin, Petru cel Mare sau Ginghis-Han, atunci tancurile ruseşti ar fi dat iama de mult în Tbilisi şi Kiev, dacă nu chiar în Varşovia şi Berlin. Dar Putin nu este nici Ginghis, nici Stalin. Pare să ştie mai bine decât oricine altcineva că puterea militară nu poate valora prea mult în secolul XXI şi că a purta un război eficient înseamnă a purta un război limitat. Chiar şi în Siria, în ciuda cruzimii bombardamentelor aeriene ruseşti, Putin a avut grijă să minimizeze impactul Rusiei, să-i lase pe alţii să poarte toate luptele serioase şi să împiedice războiul să se extindă în ţările vecine.

De fapt, din perspectiva Rusiei, toate acţiunile sale aşa-zis agresive din ultimii ani nu erau gambiturile unui nou război global, ci mai curând o tentativă de consolidare a liniilor de apărare expuse. Ruşii pot sublinia pe bună dreptate faptul că după retragerile lor paşnice de la sfârşitul anilor 1980 şi începutul anilor 1990 au fost trataţi ca un duşman învins. SUA şi NATO au profitat de slăbiciunea ruşilor şi, în ciuda promisiunilor că nu vor face acest lucru, au extins NATO în Europa de Est şi chiar şi în unele foste republici sovietice. Occidentul a ignorat apoi interesele Rusiei din Orientul Mijlociu, a invadat Serbia şi Irakul folosindu-se de pretexte îndoielnice şi, în general, a dat cât se poate de clar de înţeles Rusiei că poate conta doar pe propria putere militară ca să-şi protejeze sfera de influenţă de incursiunile occidentale. Din această perspectivă, pentru mişcările militare recente ale Rusiei pot fi învinovăţiţi în aceeaşi măsură şi Bill Clinton şi George W. Bush, nu doar Vladimir Putin.

Desigur, acţiunile militare ruse din Georgia, Ucraina şi Siria s-ar putea dovedi a fi preambulul unei campanii imperialiste mult mai îndrăzneţe. Chiar dacă Putin nu a avut până acum planuri serioase de cuceriri globale, succesul i-ar putea alimenta ambiţiile. Cu toate acestea, ar fi de asemenea bine să ne amintim că Rusia lui Putin este mult mai slabă decât Uniunea Sovietică a lui Stalin şi că, dacă nu i se alătură alte ţări, precum China, nu poate susţine un nou Război Rece şi cu atât mai puţin un război mondial în toată puterea cuvântului. Rusia are o populaţie de 150 de milioane de locuitori şi un PIB de patru trilioane de dolari. Atât în ceea ce priveşte populaţia, cât şi producţia, este eclipsată de SUA (325 de milioane de locuitori şi 19 trilioane de dolari) şi de Uniunea Europeană (500 de milioane de locuitori şi 21 de trilioane de dolari)[6]. Împreună, SUA şi UE au de cinci ori mai mulţi locuitori decât Rusia şi de zece ori mai mulţi dolari.

Progresele tehnologice recente au adâncit acest decalaj şi mai mult decât pare. Uniunea Sovietică a atins apogeul la jumătatea secolului XX, când industria grea era locomotiva economiei globale, iar sistemul centralizat sovietic excela la producţia în masă de tractoare, camioane, tancuri şi rachete intercontinentale. Astăzi, tehnologia informaţiei şi biotehnologia sunt mult mai importante decât industria grea, dar Rusia nu excelează la nici una dintre ele. Deşi are capacităţi impresionante în domeniul războiului cibernetic, îi lipseşte un sector IT civil, iar economia sa se sprijină într-o măsură covârşitoare pe resursele naturale, îndeosebi pe petrol şi gaz. Poate că e suficient ca o serie de oligarhi să se îmbogăţească, iar Putin să rămână la putere, dar nu e de ajuns pentru a câştiga o cursă a înarmării digitale sau biotehnologice.

Şi mai important, Rusiei lui Putin îi lipseşte o ideologie universală. În timpul Războiului Rece, Uniunea Sovietică miza deopotrivă pe atracţia globală a comunismului şi pe impactul global al Armatei Roşii. În schimb, putinismul nu are mare lucru de oferit cubanezilor, vietnamezilor sau intelectualilor francezi. Poate că naţionalismul autoritarist se răspândeşte într-adevăr în lume, dar prin însăşi natura sa nu este favorabil întemeierii unor blocuri internaţionale coerente. În vreme ce atât comunismul polonez, cât şi comunismul rus slujeau, cel puţin în teorie, interesele universale ale unei clase muncitoare internaţionale, naţionalismul polonez şi naţionalismul rus slujesc, prin definiţie, interese contrare. Pe măsură ce ascensiunea lui Putin va provoca o acutizare a naţionalismului polonez, acest lucru va face doar ca în Polonia sentimentele antiruse să fie mai pronunţate ca înainte.

Iată de ce, cu toate că Rusia s-a lansat într-o campanie globală de dezinformare şi subversiune menită să destrame NATO şi UE, pare puţin probabil că e pe cale să se lanseze într-o campanie globală de cucerire fizică. Putem spera – pe baza unor premise destul de întemeiate – că anexarea

Crimeii şi incursiunile ruşilor din Georgia şi estul Ucrainei vor rămâne mai curând nişte exemple izolate şi că nu vor anunţa o nouă epocă a războiului.

Arta pierdută a câştigării războaielor

De ce le este atât de greu marilor puteri să câştige războaie în secolul XXI? Unul dintre motive este schimbarea naturii economiei. În trecut, bunurile economice erau preponderent de ordin material şi, de aceea, era relativ simplu să te îmbogăţeşti prin cucerire. Dacă îţi învingeai duşmanii pe câmpul de luptă, aveai de câştigat prin faptul că le prădai oraşele, le vindeai civilii pe pieţele de sclavi, puneai stăpânire pe lanurile valoroase de grâu şi le exploatai minele de aur. Romanii au prosperat din vânzarea grecilor şi galilor luaţi prizonieri, iar în secolul al XIX-lea americanii s-au îmbogăţit exploatând minele de aur din California şi fermele de vite din Texas.

Cu toate acestea, în secolul XXI se pot obţine doar profituri neînsemnate procedând astfel. Astăzi, principalele bunuri economice constau mai curând în cunoştinţe tehnice şi instituţionale decât în lanuri de grâu, mine de aur sau chiar câmpuri petrolifere şi pur şi simplu nu poţi să cucereşti cunoştinţe prin intermediul războiului. O organizaţie precum Statul Islamic ar putea prospera în continuare jefuind oraşe şi exploatând puţuri de petrol în Orientul Mijlociu – au confiscat peste 500 de milioane de dolari din bănci irakiene, iar în 2015 au mai obţinut 500 de milioane de dolari din vânzarea de petrol[7] –, dar pentru o mare putere precum China sau SUA aceste sume sunt un fleac. Cu un PIB anual de peste 20 de trilioane de dolari, e greu de crezut că China va porni la război pentru un amărât de miliard de dolari. Iar dacă ar investi trilioane de dolari într-un război împotriva Statelor Unite, cum ar acoperi China aceste cheltuieli şi cum ar compensa toate pagubele de război şi oportunităţile comerciale pierdute? Victorioasa Armată Populară de Eliberare ar jefui bogăţiile din Silicon Valley? E adevărat, corporaţii precum Apple, Facebook şi Google valorează sute de miliarde de dolari, dar nu poţi confisca aceste bogăţii prin forţă. Nu există mine de siliciu în Silicon Valley.

Teoretic, un război câştigat i-ar putea aduce încă învingătorului profituri uriaşe, oferindu-i posibilitatea de a rearanja sistemul comercial global în favoarea sa, aşa cum a făcut Marea Britanie după victoria sa în faţa lui Napoleon şi aşa cum au procedat Statele Unite după ce l-au învins pe Hitler. Cu toate acestea, schimbările din domeniul tehnologiei militare fac ca repetarea acestei isprăvi să fie dificilă în secolul XXI. Bomba atomică a transformat victoria într-un război mondial în sinucidere colectivă. Nu este o coincidenţă faptul că, după Hiroshima, superputerile nu au mai avut nici un alt conflict direct şi că s-au implicat doar în lupte cu miză mică (pentru ele), în care tentaţia de a folosi armele nucleare pentru a evita înfrângerea era redusă. De fapt, până şi atacarea unei puteri nucleare de mâna a doua precum Coreea de Nord este o idee câtuşi de puţin atrăgătoare. Gândul la ceea ce ar putea face familia Kim în faţa unei posibile înfrângeri militare dă fiori.

Războiul cibernetic înrăutăţeşte şi mai mult lucrurile pentru imperialiştii aspiranţi. Pe vremea reginei Victoria şi a mitralierei Maxim, armata britanică îi putea masacra pe negrii dintr-un deşert îndepărtat fără să pună în pericol liniştea străzilor din Manchester şi Birmingham. Chiar şi în timpul administraţiei George W. Bush, SUA puteau face ravagii în Bagdad şi Fallujah fără ca irakienii să poată recurge în vreun fel la represalii în San Francisco sau Chicago. Dar, dacă SUA atacă acum o ţară cu capacităţi chiar şi moderate de război cibernetic, războiul ar putea ajunge în California sau în Illinois în doar câteva minute. Programele virusate şi bombele logice ar putea să oprească traficul aerian din Dallas, să facă trenuri să se ciocnească în Philadelphia şi să dezactiveze reţeaua electrică din Michigan.

În marea epocă a cuceritorilor, războiul însemna pagube reduse şi profituri însemnate. În Bătălia de la Hastings din 1066 Wilhelm Cuceritorul a supus întreaga Anglie într-o singură zi cu preţul câtorva mii de morţi. Dimpotrivă, armele nucleare şi războiul cibernetic sunt tehnologii ce implică pagube însemnate şi profituri reduse. Ai putea folosi asemenea instrumente ca să distrugi ţări întregi, dar nu şi ca să construieşti imperii profitabile.

Prin urmare, într-o lume care se umple de zăngănit de arme şi vibraţii negative, poate cea mai bună garanţie a păcii pe care o avem este că marile puteri nu sunt familiarizate cu exemple recente de războaie de succes. În vreme ce Ginghis-Han sau Iulius Caesar ar fi invadat o ţară străină la cea mai mică provocare, liderii naţionalişti de astăzi, precum Erdoğan, Modi şi Netanyahu, tot vorbesc despre asta, dar au mare grijă să nu stârnească nici un război. Desigur, dacă cineva va găsi o formulă pentru a câştiga războaie în condiţiile secolului XXI, porţile iadului s-ar putea deschide brusc. De asta succesul Rusiei din Crimeea pare să fie un semn cu totul înspăimântător. Să sperăm că va rămâne o excepţie.

Marşul nebuniei

Din păcate, chiar dacă războaiele ar rămâne o afacere neprofitabilă în secolul XXI, acest lucru tot nu ne-ar oferi o garanţie absolută a păcii. Nu ar trebui să subestimăm nicicând prostia omenească. Atât la nivel personal, cât şi la nivel colectiv, oamenii sunt predispuşi să se implice în activităţi autodistructive.

În 1939 războiul era probabil o mişcare contraproductivă pentru puterile Axei – dar asta nu a salvat lumea. Unul dintre cele mai frapante aspecte ale celui de-al Doilea Război Mondial este că, după război, puterile învinse au prosperat mai mult decât înainte. La 20 de ani după anihilarea completă a armatelor lor şi prăbuşirea totală a imperiilor lor, germanii, italienii şi japonezii se bucurau de niveluri de bogăţie materială fără precedent. Atunci, de ce au mai intrat în război? De ce au provocat victime şi pagube materiale inutile care au afectat atâtea milioane de oameni? Nu a fost decât o eroare stupidă de calcul. În anii 1930, generalii, amiralii, economiştii şi jurnaliştii niponi au fost de părere că, dacă nu controla Coreea, Manciuria şi coasta chineză, Japonia era condamnată la stagnare economică[8]. Cu toţii se înşelau. De fapt, celebrul miracol economic nipon a început abia după ce Japonia şi-a pierdut toate cuceririle continentale.

Prostia omenească este una dintre cele mai importante forţe din istorie şi, cu toate acestea, avem deseori tendinţa de a nu o lua în seamă. Politicienii, generalii şi eruditii tratează lumea ca pe o mare partidă de şah, în care fiecare mişcare se bazează pe calcule raţionale atente. E corect până într-un punct. Puţini lideri din istorie au fost nebuni în sensul restrâns al cuvântului, mutând la întâmplare pioni şi cai. Generalul Tojo, Saddam Hussein şi Kim Jong-il au avut motive raţionale pentru fiecare mişcare pe care au făcut-o. Problema este că lumea e mult mai complicată decât o tablă de şah, iar judecata umană nu este în măsură să o înţeleagă cu adevărat. De aceea, până şi liderii raţionali ajung deseori să facă lucruri de-a dreptul stupide.

Aşadar, cât de mult ar trebui să ne temem de un război mondial? Ideal ar fi să evităm două extreme. Pe de o parte, războiul nu este în mod sigur inevitabil. Sfârşitul paşnic al Războiului Rece dovedeşte că, atunci când oamenii iau deciziile corecte, până şi conflictele superputerilor pot fi soluţionate paşnic. Mai mult decât atât, este extrem de periculos să pornim de la premisa că un nou război mondial este inevitabil. Aceasta ar fi o profeţie care se autoîmplineşte. Odată ce ţările consideră că războiul este inevitabil, îşi consolidează armatele, demarează curse nebuneşti ale înarmării, refuză să facă compromisuri în vreun conflict şi bănuiesc că gesturile de bunăvoinţă sunt doar nişte capcane. Acest lucru garantează izbucnirea războiului.

Pe de altă parte, ar fi o naivitate să credem că războiul este imposibil. Chiar dacă războiul este dezastruos pentru toată lumea, nici un zeu şi nici o lege a naturii nu ne protejează de prostia omenească.

Un posibil remediu pentru prostia omenească este o doză de smerenie. Tensiunile naţionale, religioase şi culturale sunt acutizate de sentimentul măreţ că naţiunea mea, religia mea şi cultura mea sunt cele mai importante din lume – şi că, de aceea, interesele mele ar trebui să primeze în faţa intereselor oricui altcuiva sau ale omenirii în ansamblu. Cum putem face astfel încât naţiunile, religiile şi culturile să fie puţin mai realiste şi mai modeste în ceea ce priveşte adevăratul lor loc în lume?

Capitolul 12

Smerenia

Nu ești buricul pământului

Majoritatea oamenilor tind să creadă că sunt buricul pământului, iar cultura lor este piatra de temelie a istoriei umane. Mulţi greci consideră că istoria a început cu Homer, Sofocle şi Platon şi că toate ideile şi invenţiile importante s-au născut la Atena, Sparta, Alexandria sau Constantinopol. Naţionaliştii chinezi susţin că istoria a început de fapt cu Împăratul Galben şi cu dinastiile Xia şi Shang şi că tot ce au realizat occidentalii, musulmanii sau indienii nu este decât o copie ştearsă a invenţiilor originale chineze.

Nativiştii hinduşi resping această fanfaronadă a chinezilor şi afirmă că până şi avioanele şi bombele nucleare au fost inventate de înţelepţi străvechi de pe subcontinentul indian cu mult înainte de Confucius sau de Platon, ca să nu mai vorbim de Einstein şi de fraţii Wright. Ştiaţi, de pildă, că Maharishi Bharadvaja a fost cel care a inventat rachetele şi avioanele, că Vishvamitra nu numai că a inventat, dar a şi folosit rachete, că Acharya Kanad a fost părintele teoriei atomice şi că *Mahābhārata* descrie cu precizie arme nucleare?[1]

Musulmanii pioşi consideră că toată istoria de dinainte de profetul Mahomed este în mare măsură irelevantă şi sunt de părere că toată istoria de după revelarea Coranului se învârte în jurul *ummei* musulmane. Principalele excepţii sunt naţionaliştii turci, iranieni şi egipteni, care susţin că şi înainte de Mahomed naţiunea lor era izvorul a tot ce avea omenirea mai bun; iar după revelarea Coranului, îndeosebi poporul lor a fost cel care a păstrat puritatea islamului şi i-a răspândit gloria.

E inutil să mai spunem că britanicii, francezii, germanii, americanii, ruşii, japonezii şi multe alte grupuri sunt convinşi în mod asemănător că omenirea ar fi trăit într-o ignoranţă barbară şi imorală dacă nu ar fi beneficiat de pe urma realizărilor spectaculoase ale naţiunii lor. Unele popoare din istorie au mers până într-acolo încât şi-au imaginat că instituţiile politice şi practicile lor religioase erau esenţiale pentru înseşi legile fizicii. Astfel, aztecii credeau cu tărie că fără sacrificiile pe care le făceau în fiecare an soarele nu ar mai fi răsărit, iar întregul univers s-ar fi dezintegrat.

Toate aceste afirmaţii sunt false. Ele îmbină o necunoaştere voită şi îndărătnică a istoriei cu ceva mai mult decât un iz de rasism. Nici una dintre religiile sau naţiunile de astăzi nu a existat atunci când oamenii au colonizat lumea, au domesticit plantele şi animalele, au construit primele oraşe sau au inventat scrierea şi banii. Moralitatea, arta, spiritualitatea şi creativitatea sunt însuşiri umane universale întipărite în ADN-ul nostru. Geneza lor a avut loc în Africa, în Epoca Pietrei. Prin urmare, este o dovadă de egocentrism cras să le plasezi într-un loc şi într-o perioadă mai recentă, fie că este vorba despre China din vremea Împăratului Galben, despre Grecia în timpul lui Platon sau despre Arabia din vremea lui Mahomed.

Personal, cunosc mult prea bine acest egocentrism cras, deoarece şi evreii, poporul meu, cred că sunt cei mai importanţi oameni din lume. Orice realizare sau invenţie a omului aţi pomeni, îşi vor asuma rapid meritele pentru ea. Şi pentru că-i cunosc îndeaproape, ştiu şi că sunt realmente convinşi de adevărul spuselor lor. Am mers odată la un instructor de yoga în Israel, care ne-a explicat cu toată seriozitatea, în cadrul lecţiei introductive, că yoga a fost inventată de Avraam şi că toate poziţiile fundamentale de yoga sunt inspirate de forma literelor alfabetului ebraic! (Astfel, postura *trikonasana* imită forma literei ebraice *alef*, *tuladandasana* imită litera *dalet* etc.) Avraam i-a arătat aceste posturi fiului uneia dintre concubinele sale, care s-a dus în India şi i-a învăţat pe indieni yoga. Când i-am cerut dovezi în acest sens, maestrul mi-a citat un pasaj din Biblie: „Iar fiilor ţiitoarelor sale, Avraam le-a făcut daruri şi, încă fiind el în viaţă, i-a trimis departe de la Isaac, fiul său, spre răsărit, în pământul Răsăritului" (Facerea 25 : 6). Ce crezi că erau acele daruri? Aşa că vezi, până şi yoga a fost inventată de fapt de evrei.

Să consideri că Avraam a inventat yoga este o idee deplasată. Cu toate acestea, iudaismul tradiţional susţine cât se poate de solemn că întregul cosmos există doar pentru ca rabinii evrei să-şi poată studia sfintele scripturi şi că, dacă evreii ar înceta această practică, universul ar lua sfârşit. China, India, Australia şi chiar galaxiile îndepărtate vor fi toate anihilate dacă rabinii din Ierusalim şi din Brooklyn vor înceta să mai dezbată Talmudul. Aceasta este o convingere esenţială a evreilor ortodocşi, iar oricine îndrăzneşte să o pună la îndoială este considerat un ignorant nesăbuit. Evreii laici poate că sunt puţin mai sceptici în legătură cu această afirmaţie extravagantă, dar şi ei cred că poporul evreu este eroul central al istoriei şi izvorul suprem al moralităţii, spiritualităţii şi învăţăturii umane.

Deşi poporul meu este redus numeric şi lipsit de o influenţă reală, compensează cu asupra de măsură prin neobrăzare. Întrucât e mai politicos să-ţi critici propriul popor decât să-i critici pe străini, voi folosi exemplul iudaismului pentru a arăta cât de ridicole sunt asemenea poveşti arogante şi îi voi lăsa pe cititorii din lumea întreagă să spargă baloanele umflate de propriile triburi.

Mama lui Freud

Cartea mea *Sapiens. Scurtă istorie a omenirii* a fost scrisă iniţial în ebraică, pentru publicul israelian. După publicarea ediţiei ebraice în 2011, cea mai frecventă întrebare pe care mi-au adresat-o cititorii israelieni a fost de ce abia dacă am vorbit despre iudaism în această istorie a rasei umane. De ce am scris atât de mult despre creştinism, islam şi budism şi numai câteva cuvinte despre religia iudaică şi poporul evreu ? Ignoram cu bună ştiinţă imensa lor contribuţie la istoria omenirii ? Eram motivat de vreo agendă politică sinistră ?

Asemenea întrebări sunt ceva firesc pentru evreii israelieni, care încă de la grădiniţă sunt educaţi să considere iudaismul superstarul istoriei umane. De obicei, copiii israelieni termină 12 ani de şcoală fără să-şi formeze o imagine clară asupra proceselor istorice globale. Nu sunt învăţaţi aproape nimic despre China, India sau Africa ; şi, deşi învaţă despre Imperiul Roman, Revoluţia Franceză şi al Doilea Război Mondial, aceste piese izolate de puzzle nu alcătuiesc o poveste atotcuprinzătoare. În schimb, singura istorie coerentă oferită de sistemul educaţional israelian începe cu Vechiul Testament ebraic, continuă până în epoca celui de-al Doilea Templu, sare de la o comunitate evreiască din diaspora la alta şi culminează cu ascensiunea sionismului, cu Holocaustul şi cu întemeierea statului Israel. Majoritatea elevilor ies din şcoală convinşi că aceasta trebuie să fie principala intrigă a întregii poveşti umane. Asta întrucât, chiar şi atunci când elevii aud despre Imperiul Roman sau despre Revoluţia Franceză, discuţia din clasă se concentrează asupra modului în care Imperiul Roman i-a tratat pe evrei sau a statutului legal şi politic al evreilor din Republica Franceză. Celor hrăniţi cu asemenea date istorice le este foarte greu să digere ideea că iudaismul a avut un impact relativ scăzut asupra lumii în ansamblu.

Cu toate acestea, adevărul este că iudaismul a jucat doar un rol modest în analele speciei noastre. Spre deosebire de religiile universale, precum creştinismul, islamul şi budismul, iudaismul a fost întotdeauna un crez tribal. Se concentrează asupra destinului unei singure naţiuni mici şi al unui singur teritoriu minuscul, fiind prea puţin interesat de soarta celorlalte popoare şi a celorlalte ţări. De exemplu, nu-i pasă prea mult de evenimentele din Japonia sau de oamenii care trăiesc pe subcontinentul indian. Aşadar, nu e de mirare că rolul său istoric a fost limitat.

Este cu siguranţă adevărat că iudaismul a dat naştere creştinismului şi că a influenţat apariţia islamului - două dintre cele mai importante religii din istorie. Cu toate acestea, meritul pentru realizările globale ale creştinismului şi islamului - precum şi vina pentru nenumăratele lor fărădelegi - le aparţine mai curând înşişi creştinilor şi musulmanilor decât evreilor. La fel cum ar fi nedrept să condamnăm iudaismul pentru uciderile în masă din timpul cruciadelor (creştinismul este vinovat 100%), tot aşa nu avem motive să acordăm iudaismului vreun merit pentru ideea creştină importantă potrivit căreia toate fiinţele umane sunt egale în faţa lui Dumnezeu (idee ce contrazice în mod direct iudaismul ortodox, care susţine şi astăzi că evreii sunt în mod intrinsec superiori tuturor celorlalţi oameni).

Rolul iudaismului în povestea omenirii seamănă oarecum cu rolul mamei lui Freud în istoria occidentală modernă. Bună sau rea, Sigmund Freud a avut o influenţă uriaşă asupra ştiinţei, culturii, artei şi înţelepciunii populare a Occidentului modern. Este de asemenea adevărat că fără mama lui Freud nu l-am fi avut pe Freud şi că personalitatea, ambiţiile şi opiniile acestuia au fost probabil modelate în mare măsură de relaţiile cu mama sa – ar fi primul care ar recunoaşte acest lucru. Dar, când se scrie istoria Occidentului modern, nimeni nu se aşteaptă la un capitol întreg despre mama lui Freud. În mod asemănător, fără iudaism nu am fi avut creştinismul, însă asta nu înseamnă să acordăm foarte multă importanţă iudaismului atunci când scriem istoria lumii. Esenţial este ce a făcut creştinismul cu moştenirea mamei sale iudaice.

Se înţelege de la sine că poporul evreu este un popor unic, cu o istorie remarcabilă (deşi acest lucru este valabil pentru majoritatea popoarelor). În mod asemănător, tot de la sine înţeles este şi faptul că tradiţia evreiască este plină de intuiţii profunde şi valori nobile (deşi are din belşug şi idei îndoielnice şi atitudini rasiste, misogine şi homofobe). Este adevărat şi că, raportat la populaţia lor, evreii au avut un impact disproporţionat asupra istoriei ultimilor 2.000 de ani. Dar când priveşti imaginea de ansamblu a istoriei noastre ca specie, de la apariţia lui *Homo sapiens* acum mai bine de 100.000 de ani, este evident că evreii au avut o contribuţie foarte limitată la istoria omenirii. Oamenii au colonizat întreaga planetă, au adoptat agricultura, au construit primele oraşe şi au inventat scrierea şi banii cu mii de ani înainte de apariţia iudaismului.

Chiar şi în ultimele două milenii, dacă priveşti istoria din perspectiva chinezilor sau a amerindienilor, cu greu sesizezi vreo contribuţie semnificativă a evreilor dacă nu iei în calcul mijlocirea creştinilor sau a musulmanilor. Astfel, Vechiul Testament evreiesc a devenit în cele din urmă o piatră de temelie a culturii umane globale deoarece a fost îmbrăţişat cu entuziasm de creştinism şi încorporat în Biblie. În schimb, Talmudul – a cărui importanţă pentru cultura evreiască o întrece cu mult pe cea a Vechiului Testament – a fost respins de creştinism şi, drept urmare, a rămas un text ezoteric pe care arabii, polonezii sau olandezii abia dacă îl cunosc – iar japonezii şi mayaşii cu atât mai puţin. (Şi e mare păcat, deoarece Talmudul este o carte mult mai profundă şi mai empatică decât Vechiul Testament.)

Puteţi numi o mare operă de artă inspirată de Vechiul Testament? E uşor: *David*, sculptura lui Michelangelo, *Nabucco*, opera lui Verdi, *Cele zece porunci*, filmul regizat de Cecil B. DeMille. Cunoaşteţi vreo operă celebră inspirată de Noul Testament? Floare la ureche: *Cina cea de taină* a lui Leonardo, *Patimile după Matei*, oratoriul lui Bach, filmul *Viața lui Brian* produs de grupul Monty Python. Iar acum, adevăratul test: puteți enumera câteva capodopere inspirate de Talmud?

Deși comunitățile evreiești care au studiat Talmudul s-au răspândit pe teritorii extinse în întreaga lume, ele nu au jucat un rol important în întemeierea imperiilor chineze, în expedițiile europene de explorare, în crearea sistemului democratic sau în Revoluția Industrială. Moneda, universitatea, parlamentul, banca, busola, tiparul și motorul cu aburi au fost inventate toate de nonevrei.

Etică înainte de Biblie

Israelienii folosesc adesea sintagma „cele trei mari religii", considerând că aceste religii sunt creștinismul (2,3 miliarde de adepți), islamul (1,8 miliarde) și iudaismul (15 milioane). Hinduismul, cu un miliard de credincioși, și budismul, cu 500 de milioane de discipoli - ca să nu mai vorbim de șintoism (50 de milioane) și de sikhism (25 de milioane) -, nu întrunesc condițiile necesare[2]. Această viziune denaturată asupra „celor trei mari religii" implică adesea faptul că, în mintea israelienilor, toate marile tradiții religioase și etice au ieșit din matca iudaismului, care a fost prima religie ce a propovăduit norme etice universale. Ca și când oamenii ar fi trăit înaintea lui Avraam și a lui Moise într-o stare naturală hobbesiană lipsită de îndatoriri morale, iar moralitatea contemporană ar decurge întru totul din cele zece porunci. Este o idee neîntemeiată și insolentă, care trece cu vederea multe dintre cele mai importante tradiții etice ale lumii.

Triburile de vânători-culegători din Epoca Pietrei aveau coduri morale cu zeci de mii de ani înainte de Avraam. Când primii coloniști europeni au ajuns în Australia la sfârșitul secolului al XVIII-lea, au întâlnit triburi de aborigeni care aveau o viziune etică bine dezvoltată asupra lumii, deși habar nu aveau cine erau Moise, Iisus și Mahomed. Cu greu s-ar putea spune că acei coloniști creștini care i-au deposedat în mod violent pe băștinași dădeau dovadă de standarde morale superioare.

Oamenii de ştiinţă de astăzi subliniază faptul că moralitatea are de fapt rădăcini evolutive adânci care precedă apariţia omenirii cu milioane de ani. Toate mamiferele sociale, precum lupii, delfinii şi maimuţele, au coduri etice, adaptate de evoluţie pentru a promova cooperarea în grup[3]. De exemplu, când puii de lup se joacă între ei, au reguli de „joc cinstit". Dacă un pui muşcă prea tare sau continuă să muşte un adversar care s-a întins pe spate şi s-a dat bătut, ceilalţi pui nu se vor mai juca cu el[4].

În grupurile de cimpanzei se aşteaptă ca membrii dominanţi să respecte drepturile de proprietate ale membrilor mai slabi. Dacă o femelă de rang inferior găseşte o banană, până şi masculul alfa va evita de regulă să o fure pentru el. Dacă încalcă această regulă, cel mai probabil îşi va pierde statutul[5]. Primatele nu numai că evită să profite de pe urma membrilor mai slabi ai grupului, dar uneori îi ajută în mod activ. Un bonobo mascul pe nume Kidogo, care trăia la grădina zoologică a districtului Milwaukee, suferea de o afecţiune cardiacă gravă din cauza căreia era plăpând şi confuz. Când a fost adus la grădina zoologică, nu putea nici să se orienteze, nici să înţeleagă instrucţiunile îngrijitorilor umani. Atunci când ceilalţi cimpanzei i-au înţeles necazul, au intervenit. Îl luau adesea pe Kidogo de mână şi îl duceau oriunde trebuia să ajungă. Dacă se rătăcea, Kidogo lansa semnale puternice de pericol, iar o primată venea în grabă în ajutorul său.

Unul dintre cei care îl ajutau cel mai adesea pe Kidogo era masculul cu rangul cel mai înalt din grup, Lody, care nu numai că îl ghida pe Kidogo, ci îl şi proteja. În vreme ce aproape toţi membrii grupului îl tratau cu bunăvoinţă pe Kidogo, un mascul tânăr pe nume Murph îl tachina adesea fără milă. Când Lody observa acest comportament, îl alunga deseori pe hărţuitor sau punea un braţ protector pe umerii lui Kidogo[6].

Un caz şi mai înduioşător a avut loc în junglele Coastei de Fildeş. După ce un cimpanzeu tânăr poreclit Oscar şi-a pierdut mama, s-a chinuit să supravieţuiască de unul singur. Nici una dintre celelalte femele nu era dispusă să-l adopte şi să aibă grijă de el, fiindcă erau ocupate până peste cap cu propriii pui. Oscar a slăbit treptat, sănătatea i s-a şubrezit şi şi-a pierdut vitalitatea. Dar, când totul părea pierdut, Oscar a fost „adoptat" de masculul alfa al grupului, Freddy. Acesta s-a asigurat că Oscar mănâncă bine şi obişnuia chiar să-l poarte în spate. Testele genetice au dovedit că Freddy nu era înrudit cu Oscar[7]. Putem doar specula ce anume l-a determinat pe bătrânul lider sever să aibă grijă de puiul orfan, dar se pare că liderii primatelor au căpătat tendinţa de a-i ajuta pe cei săraci, nevoiaşi şi orfani cu milioane de ani înainte ca Biblia să-i înveţe pe israeliţii antici ca „la nici o văduvă şi la nici un orfan să nu le faceţi rău!" (Ieşirea 22 : 21) şi înainte ca profetul Amos să se plângă de elitele sociale, „voi care asupriţi pe cei slabi, zdrobiţi pe cei săraci" (Amos 4 : 1).

Chiar şi printre *Homo sapiens* care trăiau în Orientul Mijlociu antic profeţii biblici nu erau fără precedent. „Să nu ucizi" şi „Să nu furi" erau precepte bine cunoscute în codurile juridice şi etice ale oraşelor-state sumeriene, ale Egiptului faraonic şi Imperiului Babilonian. Zilele periodice de odihnă au precedat cu mult sabatul evreiesc. Cu o mie de ani înainte ca profetul Amos să mustre elitele israelite pentru comportamentul lor opresiv, regele babilonian Hammurabi afirma că măreţii zei l-au instruit „să împartă dreptate în regat, să distrugă răul şi viclenia, să-i împiedice pe cei puternici să-i exploateze pe cei slabi"[8].

În acelaşi timp, în Egipt – cu câteva secole înainte să se nască Moise – scribii consemnau „povestea ţăranului elocvent", în care pământul unui ţăran sărac a fost furat de un moşier lacom. Ţăranul s-a înfăţişat dinaintea oficialilor corupţi ai faraonului, iar când aceştia nu i-au luat partea, a început să le explice de ce trebuie să împartă dreptate şi mai ales să-i apere pe săraci de cei bogaţi. Într-o alegorie plină de viaţă, acest ţăran egiptean le-a explicat că avutul modest al săracilor e pentru aceştia aidoma aerului pe care îl respiră, iar corupţia oficialilor îi sufocă astupându-le nările[9].

Numeroase legi biblice copiază reguli care erau acceptate în Mesopotamia, Egipt şi Canaan cu secole şi chiar cu milenii înaintea întemeierii regatelor Iudeea şi Israel. Iudaismul biblic a conferit acestor legi o notă aparte, transformându-le, din regulamente universale aplicabile tuturor oamenilor, în coduri tribale ce vizau înainte de toate poporul evreu. Moralitatea evreiască a fost modelată iniţial ca o chestiune tribală, exclusivă, şi într-o oarecare măsură a rămas aşa până în ziua de azi. Vechiul Testament, Talmudul şi mulţi rabini (deşi nu toţi) susţineau că viaţa unui evreu este mai preţioasă decât viaţa unui nonevreu, motiv pentru care, de exemplu, evreii au voie să încalce sabatul ca să salveze un evreu de la moarte, însă le este interzis să facă acest lucru doar ca să salveze un nonevreu (Talmudul babilonian, Yoma 84 : 2)[10].

Unii înţelepţi evrei au susţinut că până şi vestita poruncă „Să iubeşti pe aproapele tău ca pe tine însuţi" se referă doar la evrei şi că nu există absolut nici o poruncă de a-i iubi pe nonevrei. De fapt, textul original din Levitic spune : „Să nu te răzbuni cu mâna ta şi să nu ai ură asupra fiilor poporului tău, ci să iubeşti pe aproapele tău ca pe tine însuţi" (Leviticul 19 : 18), ceea ce trezeşte bănuiala că „aproapele tău" se referă doar la membrii „poporului tău". Această bănuială este întărită considerabil de faptul că Biblia le porunceşte evreilor să extermine anumite popoare, precum amoreii şi canaaneii : „Să nu laşi în viaţă nici un suflet", dispune cartea sfântă, „ci să-i dai blestemului : pe Hetei şi pe Amorei, pe Canaanei şi Ferezei, pe Hevei, pe Iebusei şi pe Gherghesei, precum ţi-a poruncit Domnul Dumnezeul tău" (Deuteronomul 20 : 16-17). Este unul dintre primele cazuri consemnate din istoria omenirii în care genocidul a fost prezentat ca o datorie religioasă.

Doar creştinii au selectat câteva frânturi mai bune din codul moral evreiesc, le-au transformat în porunci universale şi le-au răspândit în lumea întreagă. De fapt, creştinismul s-a desprins din iudaism tocmai din acest motiv. Deşi mulţi evrei cred până în ziua de azi că aşa-zisul „popor ales" este mai aproape de Dumnezeu decât sunt alte naţiuni, părintele creştinismului - Sfântul Apostol Pavel - preciza în vestita sa Epistolă către Galateni că „nu mai este iudeu, nici elin ; nu mai este nici rob, nici liber ; nu mai este parte bărbătească şi parte femeiască, pentru că voi toţi una sunteţi în Hristos Iisus" (Galateni 3 : 28).

Şi trebuie să subliniem din nou faptul că, în ciuda impactului enorm al creştinismului, cu siguranţă nu a fost prima oară când un om a propovăduit o etică universală. Biblia este departe de a fi izvorul exclusiv al moralităţii umane (din fericire, având în vedere nenumăratele sale atitudini rasiste, misogine şi homofobe). Confucius, Lao Zi, Buddha şi Mahavira au instituit coduri etice universale cu mult înaintea lui Pavel şi a lui Iisus, fără să ştie nimic despre ţara Canaanului sau despre profeţii Israelului. Confucius ne învăţa că fiecare persoană trebuie să-i iubească pe ceilalţi aşa cum se iubeşte pe sine cu aproximativ 500 de ani înainte ca rabinul Hillel cel Bătrân să spună că aceasta era esenţa Torei. Iar într-o perioadă în care iudaismul încă autoriza sacrificarea animalelor şi exterminarea sistematică a unor populaţii umane întregi, Buddha şi Mahavira îşi instruiau deja discipolii să evite să facă rău nu numai tuturor fiinţelor umane, ci tuturor fiinţelor conştiente, până şi insectelor. Prin urmare, nu are absolut nici o logică să acordăm iudaismului şi vlăstarelor lui, creştinismul şi islamul, vreun merit pentru crearea moralităţii umane.

Naşterea bigotismului

Atunci cum rămâne cu monoteismul? Nu merită iudaismul măcar un elogiu special pentru faptul că a introdus credinţa într-un Dumnezeu unic, care nu avea pereche nicăieri altundeva în lume (chiar dacă această credinţă a fost răspândită ulterior în cele patru zări mai mult de creştini şi musulmani decât de evrei)? Putem despica firul în patru până şi în această privinţă, de vreme ce prima dovadă clară a monoteismului se datorează revoluţiei religioase a faraonului Akhenaton, în jurul anului 1350 î.Hr., iar documente precum Stela lui Meşa (monument ridicat de regele Meşa al Moabului) arată că religia Israelului biblic nu era chiar atât de diferită de religia unor regate învecinate, precum Moabul. Meşa îl descrie pe măreţul său zeu Chemoş aproape la fel cum îl descrie Vechiul Testament pe Iahve. Însă adevărata problemă în ceea ce priveşte ideea că iudaismul a oferit lumii monoteismul este aceea că nu e nici pe departe un motiv de mândrie. Dintr-o perspectivă etică, monoteismul a fost fără îndoială una dintre cele mai proaste idei din istoria omenirii.

Monoteismul nu a făcut mare lucru ca să îmbunătăţească standardele morale ale oamenilor – chiar credeţi că musulmanii sunt în mod inerent mai etici decât hinduşii doar pentru că musulmanii cred într-un zeu unic, în vreme ce hinduşii cred în mai mulţi zei? Erau conchistadorii creştini mai etici decât triburile păgâne de amerindieni? Ceea ce a reuşit fără îndoială monoteismul a fost să-i determine pe mulţi să fie cu mult mai intoleranţi decât înainte, contribuind astfel la răspândirea persecuţiilor religioase şi a războaielor sfinte. Politeiştilor li s-a părut perfect acceptabil faptul că popoare diferite vor venera zei diferiţi şi vor îndeplini rituri şi ritualuri diverse. Rareori intrau în conflicte, persecutau sau ucideau oameni doar din pricina credinţelor lor religioase – sau chiar niciodată. În schimb, monoteiştii credeau că Dumnezeul lor era singurul zeu şi că el cerea supunere universală. Drept urmare, pe măsură ce creştinismul şi islamul s-au răspândit în lumea întreagă, a crescut şi incidenţa cruciadelor, jihadurilor, inchiziţiilor şi discriminării religioase[11].

Comparaţi, de pildă, atitudinea împăratului Aşoka al Indiei din secolul al III-lea î.Hr. cu cea a împăraţilor creştini ai Imperiului Roman târziu. Împăratul Aşoka conducea un imperiu înţesat de fel de fel de religii, secte şi guru. S-a autointitulat în mod oficial „Preaiubitul zeilor" şi „Cel care îi priveşte pe toţi cu afecţiune". Undeva în jurul anului 250 î.Hr., a emis un edict imperial de toleranţă care proclama:

> Preaiubitul zeilor, regele care îi priveşte pe toţi cu afecţiune, îi cinsteşte atât pe sihaştri, cât şi pe capii de familie de toate religiile (...) şi apreciază că ar trebui să existe o creştere a temeiurilor tuturor religiilor. Creşterea temeiurilor poate fi înfăptuită în diferite feluri, însă toate au la bază cumpătarea în vorbire, mai exact, să nu-ţi preamăreşti propria religie sau să condamni religia altora fără pricină... Acela care îşi preamăreşte propria religie din prea multă cucernicie şi îi condamnă pe alţii cu gândul „Lasă-mă să-mi ridic în slăvi propria religie", acela nu face decât să-şi vatăme propria religie. Prin urmare, contactul dintre religii este bun. Ar trebui să ascultăm şi să respectăm doctrinele mărturisite de alţii. Preaiubitul zeilor, regele care îi priveşte pe toţi cu afecţiune, doreşte ca toţi să cunoască temeinic doctrinele bune ale altor religii[12].

Cinci sute de ani mai târziu, Imperiul Roman târziu era la fel de divers ca India lui Aşoka, dar, când s-a impus creştinismul, împăraţii au adoptat o abordare cât se poate de diferită a religiei. Începând cu Constantin cel Mare şi cu fiul său, Constanţiu al II-lea, împăraţii au închis toate templele noncreştine şi au interzis aşa-numitele ritualuri „păgâne" sub ameninţarea pedepsei cu moartea. Persecuţia a atins apogeul în timpul domniei împăratului Teodosie – al cărui nume înseamnă „Dăruit de Dumnezeu" –, care în 391 a emis Codexul Teodosian, ce scotea efectiv în afara legii toate religiile, mai puţin creştinismul şi iudaismul (şi iudaismul era persecutat în numeroase feluri, dar practicarea lui a rămas legală)[13]. Potrivit noilor legi, puteai fi executat pentru simplul fapt că îl venerai pe Jupiter sau pe Mithra în intimitatea propriei case[14]. În cadrul campaniei lor de purificare a imperiului de orice moştenire păgână, împăraţii creştini au interzis şi Jocurile

Olimpice. Organizată vreme de mai bine de o mie de ani, ultima Olimpiadă a Antichităţii a avut loc undeva la sfârşitul secolului al IV-lea sau la începutul secolului al V-lea[15].

Desigur, nu toţi conducătorii monoteişti erau la fel de intoleranţi ca Teodosie, în vreme ce numeroşi lideri respingeau monoteismul fără să adopte politicile tolerante ale lui Aşoka. Cu toate acestea, insistând că „nu există alt zeu în afara Dumnezeului nostru", ideea monoteistă avea tendinţa de a încuraja bigotismul. Evreii ar face bine să-şi minimalizeze rolul în diseminarea acestei idei periculoase şi să-i lase pe creştini şi pe musulmani să-şi asume responsabilitatea în privinţa ei.

Fizică evreiască, biologie creştină

Abia în secolele al XIX-lea şi XX îi vedem pe evrei aducându-şi o extraordinară contribuţie la progresul omenirii în ansamblul ei, prin intermediul rolului lor impresionant în ştiinţa modernă. Pe lângă nume bine-cunoscute precum Einstein şi Freud, circa 20% dintre laureaţii Premiului Nobel pentru ştiinţă au fost evrei, deşi evreii reprezintă mai puţin de 0,2% din populaţia lumii[16]. Însă ar trebui subliniat faptul că aceasta a fost mai curând o contribuţie a evreilor individuali decât a iudaismului ca religie sau cultură. Majoritatea oamenilor de ştiinţă evrei importanţi din ultimii 200 de ani au activat în afara sferei religioase evreieşti. De fapt, evreii au început să aibă o contribuţie remarcabilă în ştiinţă abia după ce au abandonat ieşivele în favoarea laboratoarelor.

Înainte de 1800, impactul evreiesc asupra ştiinţei era limitat. Oarecum firesc, evreii nu au jucat un rol semnificativ în progresul ştiinţei în China, în India sau în civilizaţia maya. În Europa şi în Orientul Mijlociu, unii gânditori evrei precum Maimonide aveau o influenţă considerabilă asupra colegilor lor nonevrei, însă impactul evreiesc general era mai mult sau mai puţin proporţional cu ponderea lor demografică. Pe parcursul secolelor al XVI-lea, al XVII-lea şi al XVIII-lea, iudaismul nu a contribuit câtuşi de puţin la declanşarea Revoluţiei Ştiinţifice. Cu excepţia lui Spinoza (excomunicat de comunitatea evreiască din cauza concepţiilor sale), cu greu puteţi menţiona măcar un evreu care să fi fost esenţial pentru naşterea fizicii, chimiei, biologiei sau a ştiinţelor sociale moderne. Nu ştim ce făceau strămoşii lui Einstein pe vremea lui Galilei şi a lui Newton, dar cel mai probabil erau mult mai interesaţi să studieze Talmudul decât lumina.

Marea schimbare s-a produs abia în secolele al XIX-lea şi XX, când laicizarea şi Iluminismul evreiesc i-au făcut pe mulţi evrei să adopte stilul de viaţă şi viziunea asupra lumii ale vecinilor lor nonevrei. Evreii au început apoi să frecventeze universităţi şi centre de cercetare din ţări precum Germania, Franţa şi Statele Unite. Evreii erudiţi aduceau din ghetouri şi ştetluri moşteniri culturale importante. Valoarea centrală a educaţiei în cultura evreiască era unul dintre principalele motive din spatele succesului extraordinar al oamenilor de ştiinţă evrei. Alţi factori includeau dorinţa unei minorităţi persecutate de a-şi dovedi meritele, precum şi barierele care îi împiedicau pe evreii talentaţi să avanseze în instituţii mai antisemite, precum armata şi administraţia de stat.

Cu toate acestea, deşi aduceau cu ei din ieşive o disciplină solidă şi o credinţă profundă în valoarea cunoaşterii, oamenii de ştiinţă evrei nu aveau un bagaj folositor de idei şi observaţii concrete. Einstein era evreu, însă teoria relativităţii nu era „fizică evreiască". Ce legătură are credinţa în caracterul sacru al Torei cu intuiţia că energia este egală cu produsul dintre masă şi pătratul vitezei luminii ? De dragul comparaţiei, Darwin era creştin şi chiar şi-a început studiile la Cambridge cu intenţia de a deveni preot anglican. Rezultă de aici că teoria evoluţionistă este o teorie creştină ? Ar fi ridicol să considerăm că teoria relativităţii este o contribuţie evreiască la progresul omenirii, cum la fel de ridicol ar fi să lăudăm creştinismul pentru teoria evoluţionistă.

În mod similar, cu greu poţi vedea ceva specific evreiesc în inventarea procesului de sintetizare a amoniacului de către Fritz Haber (Premiul Nobel pentru chimie, 1918) ; în descoperirea antibioticului numit streptomicină de Selman Waksman (Premiul Nobel pentru fiziologie sau medicină, 1952) ; sau în descoperirea cvasicristalelor de Dan Shechtman (Premiul Nobel pentru chimie, 2011). În cazul specialiştilor din domeniul ştiinţelor umane şi sociale – precum Freud –, probabil că moştenirea evreiască a avut un impact mai profund asupra observaţiilor lor. Totuşi, chiar şi în aceste cazuri, discontinuităţile sunt mai evidente decât legăturile care s-au păstrat. Opiniile lui Freud cu privire la psihicul uman erau cât se poate de diferite de cele ale rabinului Yosef Karo sau ale rabinului Yochanan ben Zakkai, iar el nu a descoperit complexul lui Oedip citind cu atenţie Shulchan Aruch (codul de legi evreieşti).

Ca să rezumăm, deşi probabil că accentul pus de evrei pe studiu a contribuit foarte mult la succesul excepţional al oamenilor de ştiinţă evrei, gânditorii nonevrei au fost cei care au pus bazele realizărilor lui Einstein, Haber şi Freud. Revoluţia Ştiinţifică nu a fost un proiect evreiesc, iar evreii şi-au găsit locul în cadrul ei abia atunci când s-au mutat din ieşive în universităţi. De fapt, obiceiul evreiesc de a căuta răspunsurile la toate întrebările citind textele străvechi a constituit un obstacol major în calea integrării evreilor în lumea ştiinţei moderne, unde răspunsurile decurg din observaţii şi experimente. Dacă există ceva în religia evreiască în sine care conduce în mod inevitabil la descoperiri ştiinţifice, cum se face că între 1905 şi 1933 zece evrei germani laici au fost laureaţi cu Premii Nobel pentru chimie, medicină şi fizică, dar în aceeaşi perioadă nici măcar un singur evreu ultraortodox sau un singur evreu bulgar ori yemenit nu a câştigat vreun Premiu Nobel?

Ca nu cumva să fiu bănuit că aş fi un evreu trădător de neam sau un antisemit, vreau să subliniez faptul că nu spun că iudaismul a fost o religie cu totul nefastă sau ignorantă. Spun doar că nu a fost deosebit de importantă pentru istoria omenirii. Vreme de secole, iudaismul a fost religia umilă a unei minorităţi modeste persecutate care prefera mai curând să citească şi să mediteze decât să cucerească ţări îndepărtate şi să ardă eretici pe rug.

Antisemiţii consideră adeseori că evreii sunt deosebit de importanţi; îşi închipuie că evreii controlează lumea ori sistemul bancar, sau cel puţin mass-media, şi că sunt de vină pentru absolut tot, de la încălzirea globală la atacurile din 11 septembrie. Această paranoia antisemită este la fel de ridicolă ca megalomania evreiască. Evreii poate că sunt un popor foarte interesant, dar, când priveşti imaginea de ansamblu, nu se poate să nu-ţi dai seama că au avut un impact cu totul limitat asupra lumii.

De-a lungul istoriei, oamenii au creat sute de religii şi secte diferite. Câteva dintre ele – creştinismul, islamul, hinduismul, confucianismul şi budismul – au influenţat miliarde de oameni (nu întotdeauna în sensul bun).

Majoritatea credinţelor - precum religiile Bon, Yoruba şi religia iudaică - au avut un impact mult mai redus. Personal, îmi place ideea că nu sunt urmaşul unor cuceritori brutali ai lumii, ci al unor oameni neînsemnaţi care rareori îşi băgau nasul în treburile altora. Multe religii preţuiesc smerenia - după care îşi închipuie că sunt cel mai important lucru din univers. Îmbină îndemnurile la modestie personală cu o aroganţă colectivă flagrantă. Oamenii de toate credinţele ar face bine să ia smerenia mai în serios.

Iar dintre toate formele de smerenie, poate cea mai importantă este aceea faţă de Dumnezeu. Când vorbesc despre Dumnezeu, oamenii afişează deseori o modestie servilă, însă se folosesc ulterior de numele lui Dumnezeu pentru a-şi privi semenii de sus.

Capitolul 13

Dumnezeu

Nu lua numele Domnului în deșert

Dumnezeu există ? Depinde la care Dumnezeu vă gândiţi. La misterul cosmic sau la judecătorul lumii ? Uneori, când discută despre Dumnezeu, oamenii vorbesc despre o enigmă colosală şi nemaipomenită, despre care nu ştim absolut nimic. Îl invocăm pe acest Dumnezeu misterios ca să explicăm cele mai profunde taine ale cosmosului. De ce există ceva, şi nu nimic ? Ce a stat la baza legilor fundamentale ale fizicii ? Ce este conştiinţa şi de unde provine ? Nu cunoaştem răspunsurile la aceste întrebări şi dăm ignoranţei noastre măreţul nume de Dumnezeu. Trăsătura fundamentală a acestui Dumnezeu misterios este aceea că nu putem spune nimic concret despre El. Acesta este Dumnezeul filosofilor ; Dumnezeul despre care vorbim atunci când stăm noaptea târziu în jurul unui foc de tabără şi ne întrebăm ce este viaţa.

Alteori oamenii îl văd pe Dumnezeu ca pe un judecător sever al lumii noastre, despre care ştim chiar foarte multe. Ştim exact ce părere are El despre modă, mâncare, sex şi politică şi îl invocăm pe acest Bărbat Mânios din Cer ca să justificăm un milion de reguli, decrete şi conflicte. Se supără când femeile poartă bluze cu mânecă scurtă, când doi bărbaţi fac sex unul cu altul sau când adolescenţii se masturbează. Unii spun că nu îi place să bem alcool, în vreme ce alţii sunt de părere că, dimpotrivă, cere în mod categoric să bem vin în fiecare vineri seară sau duminică dimineaţă. S-au scris biblioteci întregi pentru a explica în cele mai mici detalii exact ce vrea El şi ce nu îi place. Trăsătura fundamentală a acestui judecător al lumii este că putem spune despre El lucruri cât se poate de concrete. Acesta este Dumnezeul cruciaţilor şi al jihadiştilor, al inchizitorilor, misoginilor şi homofobilor. Acesta este Dumnezeul despre care vorbim atunci când stăm în jurul unui rug aprins, azvârlind pietre şi proferând injurii la adresa ereticilor care ard pe el.

Când sunt întrebaţi dacă Dumnezeu există cu adevărat, credincioşii încep adeseori să vorbească despre tainele de nepătruns ale universului şi despre limitele înţelegerii umane. „Ştiinţa nu poate explica Big Bangul", exclamă ei, „aşa că sigur este opera lui Dumnezeu". Totuşi, la fel ca un magician care păcăleşte publicul înlocuind pe neobservate o carte de joc cu alta, credincioşii înlocuiesc rapid misterul cosmic cu judecătorul lumii. După ce reunesc sub numele de Dumnezeu secretele cosmosului, folosesc acest lucru ca să condamne cumva bikinii şi divorţurile. „Nu înţelegem Big Bangul - prin urmare, trebuie să-ţi acoperi părul în public şi să votezi împotriva căsătoriilor gay". Nu numai că între cele două nu există o legătură logică, dar se bat efectiv cap în cap. Cu cât tainele universului sunt mai adânci, cu atât e mai puţin probabil ca entităţii responsabile de ele să-i pese câtuşi de puţin de codurile vestimentare feminine sau de comportamentul sexual al omului.

Legătura care lipseşte între misterul cosmic şi judecătorul lumii este oferită de obicei de vreo carte sfântă. Şi, deşi este înţesată de reguli care mai de care mai superficiale, cartea este atribuită misterului cosmic. Chipurile ar fi fost alcătuită de creatorul spaţiului şi al timpului, care însă s-a sinchisit să ne lumineze mai ales în privinţa unor ritualuri ezoterice de templu şi a câtorva tabuuri alimentare. La drept vorbind, nu avem nici o dovadă că Biblia, Coranul, Cartea lui Mormon, Vedele sau orice altă carte sfântă au fost create de forţa care a stabilit că energia este egală cu produsul dintre masă şi pătratul vitezei luminii şi că protonii au o masă de 1.837 de ori mai mare decât cea a electronilor. Dacă privim lucrurile prin prisma datelor noastre ştiinţifice, toate aceste texte sfinte au fost scrise de nişte *Homo sapiens* cu o imaginaţie bogată. Ele sunt doar poveşti inventate de strămoşii noştri cu scopul de a legitima diverse norme sociale şi structuri politice.

Eu personal sunt de-a dreptul fascinat de misterul existenţei. Dar nu am înţeles niciodată ce legătură are el cu legile fără noimă ale iudaismului, creştinismului sau hinduismului. Aceste legi au fost cu siguranţă deosebit de utile în ceea ce priveşte instituirea şi menţinerea ordinii sociale vreme de mii de ani. Dar prin aceasta nu sunt fundamental diferite de legile instituţiilor şi statelor laice.

A treia dintre cele zece porunci biblice le cere oamenilor să nu ia niciodată numele Domnului în deşert. Mulţi înţeleg această poruncă într-un mod pueril, ca o interdicţie de a rosti în mod explicit numele lui Dumnezeu (ca în celebra scenă Monty Python „Dacă spui Iehova..."). Poate că sensul mai profund al acestei porunci este că nu ar trebui să folosim niciodată numele lui Dumnezeu pentru a ne justifica interesele politice, ambiţiile economice sau aversiunile personale. Oamenii urăsc pe cineva şi spun „Dumnezeu îl urăşte" ; oamenii îşi doresc o bucată de pământ şi spun „Dumnezeu o vrea". Lumea ar fi un loc mai bun dacă am respecta cu mai multă stricteţe cea de-a treia poruncă. Vrei să te războieşti cu vecinii tăi şi să le furi pământurile? Nu-l băga pe Dumnezeu în toată povestea asta şi găseşte-ţi alt pretext.

Dacă stai să te gândeşti, e o chestiune de semantică. Când folosesc cuvântul „Dumnezeu", mă gândesc la Dumnezeul Statului Islamic, al cruciadelor, al Inchiziţiei şi al bannerelor cu „Dumnezeu urăşte poponarii". Când mă gândesc la misterul existenţei, prefer să folosesc alte cuvinte, ca să evit orice confuzie. Şi, spre deosebire de Dumnezeul Statului Islamic şi al cruciadelor - care ţine foarte mult la nume şi mai presus de orice la numele Lui cel mai sfânt -, misterului existenţei nu îi pasă nici cât negru sub unghie ce nume îi dăm noi, primatele.

Etică păgână

Fireşte că misterul cosmic nu ne ajută câtuşi de puţin să menţinem ordinea socială. Oamenii susţin deseori că trebuie să credem într-un zeu care le-a dat oamenilor nişte legi cât se poate de concrete, căci altfel moralitatea va dispărea, iar societatea se va prăbuşi în haosul primordial.

Este fără îndoială adevărat că credinţa în zei a fost vitală pentru diferite ordini sociale şi că uneori a avut consecinţe benefice. De fapt, aceleaşi religii care le inspiră unora ură şi bigotism le inspiră altora iubire şi compasiune. De exemplu, la începutul anilor 1960, pastorul metodist Ted McIlvenna a conştientizat problemele comunităţii LGBT din parohia sa.

A început să analizeze situaţia homosexualilor şi a lesbienelor din societate în general, iar în mai 1964 a convocat o întâlnire revoluţionară de trei zile a clericilor şi activiştilor pentru drepturile homosexualilor şi lesbienelor la White Memorial Retreat Center, în California. Participanţii au înfiinţat ulterior Council on Religion and the Homosexual (CRH), care, pe lângă activişti, reunea preoţi metodişti, protestanţi, luterani sau unitarieni. Aceasta a fost prima organizaţie americană care a avut curajul să folosească în denumirea sa oficială cuvântul „homosexual".

În anii ce au urmat, activităţile CRH au fost cât se poate de variate, de la organizarea de baluri mascate la intentarea de procese împotriva discriminării injuste şi a persecuţiei. CRH a devenit iniţiatorul mişcării pentru drepturile homosexualilor din California. Pastorul McIlvenna şi ceilalţi slujitori ai Domnului care i s-au alăturat erau pe deplin conştienţi de poruncile biblice împotriva homosexualităţii. Dar s-au gândit că era mai important să respecte spiritul plin de compasiune al lui Hristos, şi nu cuvântul strict al Bibliei[1].

Totuşi, deşi zeii ne pot inspira să dăm dovadă de compasiune, credinţa religioasă nu este o condiţie necesară a comportamentului moral. Ideea potrivit căreia avem nevoie de o fiinţă supranaturală care să ne facă să ne comportăm moral presupune că moralitatea ar fi ceva nefiresc. Dar de ce? Moralitatea de un fel sau altul este naturală. Toate mamiferele sociale, de la cimpanzei la şobolani, au coduri etice care limitează lucruri precum furtul şi crima. În rândul oamenilor, moralitatea este prezentă în toate societăţile, chiar dacă nu toate cred în acelaşi zeu – sau în vreun zeu. Creştinii dau dovadă de milostenie chiar dacă nu cred în panteonul hindus, musulmanii preţuiesc sinceritatea deşi resping natura divină a lui Hristos, iar ţări laice precum Danemarca şi Republica Cehă nu sunt mai violente decât ţările evlavioase, precum Iranul şi Pakistanul.

Moralitatea nu înseamnă „respectarea poruncilor divine", ci „reducerea suferinţei". Prin urmare, ca să te comporţi moral, nu trebuie să crezi în cine ştie ce mit sau poveste. Trebuie doar să ajungi la o înţelegere profundă a suferinţei. Dacă înţelegi cu adevărat felul în care o faptă îţi provoacă ţie sau altora o suferinţă inutilă, te vei abţine în mod natural să o comiţi. Cu toate acestea, oamenii ucid, violează şi fură întrucât înţeleg doar superficial suferinţa pe care o produc. Sunt obsedaţi să dea curs poftelor sau lăcomiei lor nemijlocite, fără să le mai pese de impactul asupra altora – sau măcar de impactul pe termen lung asupra lor înşişi. Până şi inchizitorii care îi produc cu bună ştiinţă victimei lor cât mai multă suferinţă folosesc de obicei diferite tehnici de desensibilizare şi dezumanizare, pentru a se distanţa de ceea ce fac[2].

Aţi putea obiecta spunând că fiecare om caută în mod natural să evite durerea, dar de ce i-ar păsa cuiva de suferinţa altora, dacă nu îi cere vreun zeu acest lucru? Un răspuns evident este că oamenii sunt animale sociale, motiv pentru care fericirea lor depinde în foarte mare măsură de relaţiile lor cu ceilalţi. Fără dragoste, prietenie şi comunitate, cine ar putea fi fericit? Dacă duci o viaţă singuratică şi egocentrică, vei suferi aproape sigur. Aşadar, ca să fii fericit, trebuie să-ţi pese cel puţin de familia ta, de prietenii tăi şi de membrii comunităţii tale.

Cum rămâne atunci cu străinii? De ce să nu-i ucid pe străini şi să le iau averile ca să ne îmbogăţim atât eu, cât şi tribul meu? Mulţi gânditori au avansat teorii sociale elaborate, explicând de ce un asemenea comportament este contraproductiv pe termen lung. Nu v-ar plăcea să trăiţi într-o societate în care străinii sunt jefuiţi şi ucişi la ordinea zilei. Nu numai că aţi fi permanent în pericol, dar nu aţi mai beneficia de lucruri precum comerţul, care depind de încrederea dintre străini. Negustorii nu vizitează de regulă cuiburile de tâlhari. Aşa au justificat teoreticienii laici din China antică până în Europa modernă regula de aur „ce ţie nu-ţi place altuia nu-i face".

Cu toate acestea, în realitate nu avem nevoie de asemenea teorii complexe pe termen lung ca să găsim o bază naturală pentru compasiunea universală. Deocamdată să lăsăm comerţul deoparte. La un nivel mult mai imediat, când îi rănesc pe alţii, întotdeauna sufăr şi eu. Orice acţiune violentă din lume începe cu o dorinţă violentă în mintea cuiva, care tulbură liniştea şi fericirea acelei persoane înainte să tulbure liniştea şi fericirea altcuiva. Astfel, oamenii rareori fură înainte ca în mintea lor să se adune foarte multă lăcomie şi invidie. De regulă, nu ucid dacă nu simt mai întâi furie şi ură. Emoţii precum lăcomia, invidia, furia şi ura sunt extrem de neplăcute. Nu poţi avea parte de bucurie şi armonie dacă eşti cuprins de furie sau de invidie. Iată aşadar cum, cu mult înainte de a ucide pe cineva, furia ţi-a distrus deja liniştea sufletească.

De fapt, ai putea chiar să spumegi de furie ani la rând, fără să-ţi ucizi vreodată obiectul urii. În acest caz, nu ai rănit pe nimeni altcineva, dar ţi-ai făcut ţie însuţi rău. Prin urmare, interesul tău natural – şi nu porunca vreunui zeu – este cel care ar trebui să te determine să iei măsuri în privinţa propriei furii. Dacă te-ai elibera pe deplin de furie, te-ai simţi mult mai bine decât dacă ţi-ai ucide un duşman odios.

Pe unii oameni, o credinţă puternică într-un zeu milos care ne porunceşte să întoarcem şi celălalt obraz i-ar putea ajuta să-şi ţină furia în frâu. Aceasta a reprezentat o contribuţie însemnată a credinţei religioase la pacea şi armonia lumii. Din păcate, credinţa religioasă alimentează şi justifică furia altor oameni, mai ales dacă cineva îndrăzneşte să le insulte zeul sau să-i ignore voinţa. Aşadar, valoarea zeului judecător depinde până la urmă de comportamentul adepţilor săi. Dacă se comportă corect, pot să creadă orice poftesc. În mod similar, valoarea riturilor religioase şi a locurilor sfinte depinde de tipul sentimentelor şi comportamentelor pe care le inspiră. Dacă oamenii care vizitează un templu au parte de linişte sufletească şi armonie, e nemaipomenit. Dar dacă un anumit templu produce violenţă şi conflicte, ce nevoie mai avem de el? Este în mod evident un templu disfuncţional. La fel cum este inutil să te cerţi pentru un copac bolnav care produce spini în loc de fructe, este inutil să te cerţi pe marginea unui templu defect care produce mai curând ostilitate decât armonie.

Să nu vizitezi nici un templu şi să nu crezi în nici un zeu sunt de asemenea opţiuni viabile. După cum au dovedit ultimele câteva secole, nu trebuie să invocăm numele Domnului ca să ducem o viaţă morală. Secularismul ne poate asigura toate valorile de care avem nevoie.

Capitolul 14

Secularismul

Recunoaște-ți umbra

Ce înseamnă să fii laic? Laicismul este definit uneori drept negarea religiei, persoanele laice fiind aşadar caracterizate de ceea ce nu cred şi nu fac. Potrivit acestei definiţii, laiciştii nu cred în zei sau îngeri, nu merg la biserici şi temple şi nu înfăptuiesc rituri şi ritualuri. Astfel, lumea seculară pare să fie lipsită de fond, nihilistă şi amorală - o cutie goală care aşteaptă să fie umplută cu ceva.

Puţini oameni ar adopta o asemenea identitate negativă. Laiciştii autodeclaraţi văd cât se poate de diferit secularismul. Pentru ei, secularismul este o perspectivă pozitivă şi activă asupra lumii, definită printr-un cod coerent de valori, şi nu prin opoziţia faţă de o religie sau alta. De fapt, multe dintre valorile laice sunt împărtăşite de diverse tradiţii religioase. Spre deosebire de unele secte care insistă că deţin monopolul asupra înţelepciunii şi bunătăţii, una dintre principalele trăsături ale laiciştilor este că nu revendică un asemenea monopol. Ei nu cred că moralitatea şi înţelepciunea au pogorât din cer într-un anumit loc şi într-un anumit moment. Mai curând, moralitatea şi înţelepciunea sunt moştenirea naturală a tuturor oamenilor. De aceea, este de aşteptat ca măcar unele valori să-şi facă apariţia în societăţile umane din întreaga lume şi să fie împărtăşite de musulmani, creştini, hinduşi şi atei.

Liderii religioşi îşi pun adesea adepţii în faţa unei alegeri rigide de tipul ori/ori - ori eşti musulman, ori nu eşti. Iar dacă eşti musulman, ar trebui să respingi toate celelalte doctrine. În schimb, laiciştii sunt împăcaţi cu mai multe identităţi hibride. Din punctul de vedere al secularismului, poţi să spui în continuare că eşti musulman, să te rogi la Allah, să mănânci mâncare halal şi să mergi în pelerinaj la Mecca, şi cu toate acestea să fii un membru bun al societăţii laice, cu condiţia să-i respecţi codul etic. Acest cod etic – care este de fapt acceptat de milioane de musulmani, creştini şi hinduşi, precum şi de atei – consfinţeşte valorile adevărului, compasiunii, egalităţii, libertăţii, curajului şi responsabilităţii. El reprezintă temelia instituţiilor ştiinţifice şi democratice moderne.

La fel ca toate codurile etice, codul laic este mai curând un ideal la care să aspirăm decât o realitate socială. La fel cum societăţile creştine şi instituţiile creştine se abat adesea de la idealul creştin, de multe ori nici societăţile şi instituţiile laice nu se ridică la înălţimea idealului laic. Franţa medievală era un regat autoproclamat creştin, însă cocheta cu fel de fel de activităţi nu tocmai creştine (întrebaţi ţărănimea asuprită). Franţa modernă este un stat autoproclamat laic, dar încă de pe vremea lui Robespierre şi-a luat unele libertăţi îngrijorătoare în ceea ce priveşte însăşi definiţia libertăţii (întrebaţi femeile). Asta nu înseamnă că persoanelor laice – din Franţa sau de altundeva – le lipseşte o busolă morală sau un angajament etic. Înseamnă doar că nu este uşor să te ridici la înălţimea unui ideal.

Idealul laic

Atunci, care este idealul laic? Cel mai important angajament laic este faţă de **adevăr**, care se bazează pe observaţie şi dovezi, nu doar pe credinţă. Laicii se străduiesc să nu confunde adevărul cu credinţa. Dacă crezi cu tărie într-o anumită poveste, asta ne-ar putea spune o mulţime de lucruri interesante despre psihologia ta, despre copilăria ta şi despre structura creierului tău – dar nu dovedeşte că povestea este adevărată. (De multe ori e nevoie de credinţe puternice tocmai atunci când povestea nu este adevărată.)

În plus, laicii nu sanctifică un grup, o persoană sau o carte ca şi când doar acestea ar deţine monopolul asupra adevărului. În schimb, sanctifică adevărul oriunde s-ar dezvălui el – în oase fosilizate, în imagini ale unor galaxii îndepărtate, în tabele cu date statistice sau în scrierile diverselor tradiţii umane. Acest angajament faţă de adevăr stă la baza ştiinţei moderne, care i-a permis omenirii să fisioneze atomul, să descifreze genomul, să urmărească evoluţia vieţii şi să înţeleagă istoria umanităţii înseşi.

Celălalt angajament important al laicilor este faţă de **compasiune**. Etica seculară nu se sprijină pe respectarea edictelor vreunui zeu, ci mai curând pe o înţelegere profundă a suferinţei. De exemplu, persoanele laice se abţin de la crimă nu pentru că ar fi interzisă de vreo carte străveche, ci pentru că le provoacă fiinţelor conştiente foarte multă suferinţă. Faptul că unii evită să ucidă doar pentru că „aşa spune Dumnezeu" este extrem de îngrijorător şi de periculos. Asemenea oameni sunt motivaţi mai mult de supunere decât de compasiune – şi ce vor face dacă vor ajunge să creadă că zeul lor le porunceşte să ucidă eretici, vrăjitoare, soţi infideli sau străini?

Desigur, în absenţa unor porunci divine absolute, etica laică se confruntă adesea cu dileme dificile. Ce se întâmplă când aceeaşi faptă răneşte o persoană, dar o ajută pe alta? Este etic să le impui taxe mari celor bogaţi ca să-i ajuţi pe cei săraci? Să porţi un război sângeros ca să îndepărtezi de la putere un dictator brutal? Să primeşti un număr nelimitat de refugiaţi în ţara ta? Când se confruntă cu asemenea dileme, laicii nu întreabă „Ce porunceşte Dumnezeu?", ci cântăresc cu grijă sentimentele tuturor părţilor implicate, explorează o gamă largă de observaţii şi posibilităţi şi caută o cale de mijloc, pentru a produce cât mai puţin rău.

De pildă, atitudinile faţă de sexualitate. Cum decid laicii dacă să susţină sau să combată violul, homosexualitatea, zoofilia şi incestul? Analizând sentimentele. În mod evident, violul nu este etic – nu pentru că ar încălca vreo poruncă divină, ci pentru că răneşte oamenii. În schimb, o relaţie tandră dintre doi bărbaţi nu face rău nimănui, aşa că nu există nici un motiv pentru care să fie interzisă.

Atunci, cum rămâne cu zoofilia? Am participat la numeroase dezbateri private şi publice pe tema căsătoriilor gay, şi de multe ori câte un deştept se trezeşte să întrebe: „Dacă e în regulă căsătoria dintre doi bărbaţi, de ce să nu acceptăm şi căsătoria dintre un bărbat şi o capră?". Din perspectivă laică, răspunsul este evident. Relaţiile sănătoase necesită profunzime emoţională, intelectuală şi chiar spirituală. O căsnicie lipsită de o asemenea profunzime te va face să te simţi frustrat, singur şi subdezvoltat din punct de vedere psihic. Dacă doi bărbaţi pot cu siguranţă să-şi satisfacă unul altuia nevoile emoţionale, intelectuale şi spirituale, o relaţie cu o capră nu poate. Prin urmare, dacă vedeţi în căsătorie o instituţie menită să promoveze bunăstarea omului – aşa cum o consideră persoanele laice –, nici prin cap nu vă trece să puneţi o întrebare atât de bizară. Numai cei care consideră căsătoria un fel de ritual miraculos ar putea face asta.

Dar cu relaţiile dintre tată şi fiică cum rămâne? Şi unul, şi celălalt sunt oameni, aşa că ce e rău în asta? Ei bine, numeroase studii psihologice au demonstrat că asemenea relaţii îi provoacă respectivului copil traume imense şi de obicei ireparabile. În plus, reflectă şi intensifică tendinţele distructive ale părintelui. Evoluţia a modelat psihicul lui sapiens în aşa fel încât legăturile romantice să nu se asocieze bine cu cele părinteşti. Prin urmare, nu ai nevoie de Dumnezeu sau de Biblie ca să te opui incestului – trebuie doar să citeşti studiile psihologice relevante[1].

Acesta este motivul profund pentru care laicii preţuiesc adevărul ştiinţific. Nu ca să-şi satisfacă curiozitatea, ci ca să ştie cum să diminueze mai bine suferinţa din lume. Fără îndrumarea studiilor ştiinţifice, compasiunea noastră este adeseori oarbă.

Cele două angajamente, faţă de adevăr şi faţă de compasiune, au ca rezultat un alt angajament, faţă de **egalitate**. Deşi opiniile privind chestiunile de egalitate economică şi politică diferă, persoanele laice sunt în esenţă suspicioase în privinţa tuturor ierarhiilor apriorice. Suferinţa este suferinţă indiferent cine o trăieşte ; iar cunoştinţele sunt cunoştinţe indiferent cine le descoperă. Favorizarea experienţelor sau descoperirilor unei anumite naţiuni, clase ori ale unui anumit gen ne va face probabil să fim şi cruzi, şi ignoranţi. Laicii sunt cu siguranţă mândri de caracterul unic al naţiunii, ţării şi culturii lor – dar nu confundă „unicitatea" cu „superioritatea". De aceea, deşi îşi recunosc îndatoririle speciale faţă de naţiunea şi de ţara lor, laicii nu consideră că aceste îndatoriri sunt exclusive, recunoscându-şi în acelaşi timp şi îndatoririle faţă de omenire în ansamblul ei.

Nu putem căuta adevărul şi un mod de a scăpa de suferinţă fără **libertatea** de a gândi, investiga şi experimenta. De aceea, persoanele laice preţuiesc libertatea şi evită să confere autoritate supremă vreunui text, vreunei instituţii sau vreunui lider, considerându-le judecătorul absolut a ceea ce este adevărat şi drept. Oamenii ar trebui să aibă mereu libertatea de a-şi manifesta scepticismul, de a verifica din nou, de a auzi o a doua opinie, de a încerca o cale diferită. Persoanele laice îl admiră pe Galileo Galilei, care a avut curajul să se întrebe dacă Pământul chiar stă nemişcat în centrul universului ; admiră masele de oameni de rând care au luat cu asalt Bastilia în 1789 şi au pus capăt regimului despotic al lui Ludovic al XVI-lea ; şi o admiră pe Rosa Parks, care s-a încumetat să se aşeze în autobuz pe un loc rezervat doar pasagerilor albi.

E nevoie de foarte mult **curaj** ca să lupţi cu prejudecăţile şi cu regimurile opresive, dar e nevoie de şi mai mult curaj ca să-ţi recunoşti ignoranţa şi să te aventurezi în necunoscut. Educaţia laică ne învaţă că, dacă nu ştim ceva, nu ar trebui să ne temem să ne recunoaştem ignoranţa şi să căutăm noi dovezi. Chiar dacă credem că ştim ceva, nu ar trebui să ne fie teamă să ne punem la îndoială opiniile şi să ne verificăm din nou. Mulţi oameni se tem de necunoscut şi vor răspunsuri clare la orice întrebare. Teama de necunoscut ne poate paraliza mai mult decât orice tiran. De-a lungul istoriei, oamenii şi-au făcut griji că, dacă nu avem deplină încredere într-un set de răspunsuri absolute, societatea umană se va destrăma. De fapt, istoria modernă a demonstrat că o societate de oameni curajoşi şi dispuşi să-şi recunoască ignoranţa şi să pună întrebări dificile este de obicei nu doar mai prosperă, ci şi mai paşnică decât societăţile în care toată lumea trebuie să accepte necondiţionat un singur răspuns. Oamenii care se tem să nu-şi piardă adevărul tind să fie mai violenţi decât cei obişnuiţi să privească lumea din mai multe puncte de vedere diferite. De obicei, întrebările la care nu poţi răspunde sunt mult mai bune pentru tine decât răspunsurile pe care nu le poţi pune sub semnul întrebării.

În sfârşit, laicii preţuiesc **responsabilitatea**. Ei nu cred în existenţa vreunei puteri superioare care are grijă de lume, îi pedepseşte pe cei răi, îi răsplăteşte pe cei drepţi şi ne protejează de foamete, molimă sau război. Iată de ce noi, muritorii în carne şi oase, trebuie să ne asumăm pe deplin responsabilitatea pentru tot ceea ce facem – sau nu facem. Dacă în lume domnesc sărăcia şi suferinţa, este datoria noastră să găsim soluţii. Laicii se mândresc cu realizările impresionante ale societăţilor moderne, precum tratarea epidemiilor, hrănirea celor flămânzi şi instaurarea păcii în zone însemnate ale lumii. Nu trebuie să-i atribuim vreunui protector divin meritele acestor realizări – ele sunt rezultatul dezvoltării de către oameni a cunoştinţelor şi a compasiunii. Totuşi, exact din acelaşi motiv, trebuie să ne asumăm pe deplin responsabilitatea pentru crimele şi neajunsurile modernităţii, de la genocide la degradarea mediului. În loc să ne rugăm pentru minuni, ar trebui să întrebăm ce putem face pentru a ajuta.

Acestea sunt principalele valori ale lumii laice. După cum precizam mai devreme, nici una dintre aceste valori nu este exclusiv laică. Şi evreii preţuiesc adevărul, creştinii preţuiesc compasiunea, musulmanii preţuiesc egalitatea, hinduşii preţuiesc responsabilitatea şi aşa mai departe. Societăţile şi instituţiile laice se bucură să recunoască aceste legături şi să-i îmbrăţişeze pe evreii, creştinii, musulmanii şi hinduşii religioşi, cu condiţia ca, atunci când codul laic intră în dezacord cu doctrina religioasă, aceasta din urmă să cedeze. De exemplu, ca să fie acceptaţi în societatea laică, evreii ortodocşi trebuie să-i trateze pe nonevrei ca pe egalii lor, creştinii ar trebui să evite să-i ardă pe eretici pe rug, musulmanii trebuie să respecte libertatea de expresie, iar hinduşii ar trebui să renunţe la discriminarea pe criterii de castă.

În schimb, nu se aşteaptă nimeni ca oamenii religioşi să se lepede de Dumnezeu sau să renunţe la riturile şi ritualurile tradiţionale. Lumea laică îi judecă pe oameni mai curând pe baza comportamentului lor decât a hainelor şi ceremoniilor lor preferate. O persoană poate să adopte cel mai bizar cod vestimentar sectar şi să ia parte la cele mai ciudate ceremonii religioase, dar să procedeze astfel mânată de un angajament profund faţă de valorile laice esenţiale. Există numeroşi oameni de ştiinţă evrei, ecologişti creştini, critici feminişti musulmani şi activişti hinduşi pentru drepturile omului. Dacă sunt devotaţi adevărului ştiinţific, compasiunii, egalităţii şi libertăţii, sunt membri deplini ai lumii laice şi nu există absolut nici un motiv să li se ceară să renunţe la yarmulka, cruce, hijab sau tilaka.

Din motive similare, educaţia laică nu înseamnă o îndoctrinare negativă care îi învaţă pe copii să nu creadă în Dumnezeu şi să nu participe la nici o ceremonie religioasă. Mai curând, educaţia laică îi învaţă pe copii să distingă adevărul de credinţă; să-şi dezvolte compasiunea faţă de toate fiinţele în suferinţă ; să preţuiască înţelepciunea şi experienţele tuturor oamenilor de pe pământ ; să gândească liber, fără să se teamă de necunoscut ; şi să-şi asume responsabilitatea pentru faptele lor şi pentru lume în ansamblul ei.

Era Stalin laic?

Prin urmare, nu avem motive să criticăm secularismul că ar duce lipsă de angajamente etice sau de responsabilităţi sociale. De fapt, principala problemă a laicismului este tocmai opusul. Probabil că ridică ştacheta etică prea sus. Majoritatea oamenilor pur şi simplu nu se pot ridica la înălţimea unui cod atât de exigent, iar societăţile mari nu pot fi conduse pe baza căutării la nesfârşit a adevărului şi a compasiunii. Îndeosebi în situaţii de urgenţă – cum ar fi războaiele sau crizele economice –, societăţile trebuie să acţioneze prompt şi în forţă, chiar dacă nu sunt sigure care este adevărul şi care este lucrul cel mai plin de compasiune pe care trebuie să-l facă. Au nevoie de instrucţiuni clare, de sloganuri memorabile şi de strigăte de luptă însufleţitoare. Întrucât este dificil să trimiţi soldaţi la luptă sau să impui reforme economice radicale în numele unor supoziţii îndoielnice, mişcările seculare se transformă deseori în crezuri dogmatice.

De exemplu, Karl Marx susţinea la început că toate religiile sunt nişte escrocherii opresive şi îşi încuraja discipolii să investigheze ei înşişi adevărata natură a ordinii globale. În deceniile următoare, presiunile revoluţiei şi ale războiului au înăsprit marxismul, iar în epoca lui Stalin linia oficială a Partidului Comunist Sovietic afirma că ordinea globală era prea complicată, iar oamenii de rând nu o puteau înţelege, motiv pentru care cel mai bine era să aibă întotdeauna încredere în înţelepciunea partidului şi să facă orice li s-ar fi cerut, chiar şi atunci când orchestra încarcerarea şi exterminarea a zeci de milioane de oameni nevinovaţi. Poate părea urât, dar, după cum explicau neobosit ideologii partidului, revoluţia nu este un picnic, iar dacă vrei omletă, trebuie să spargi câteva ouă.

Prin urmare, a-l considera pe Stalin un lider laic este o chestiune ce ţine de modul în care definim laicismul. Dacă folosim definiţia negativă minimalistă – „persoanele laice nu cred în Dumnezeu" –, atunci Stalin era cu certitudine laic. Dacă folosim o definiţie pozitivă – „persoanele laice resping toate dogmele neştiinţifice şi sunt devotate adevărului, compasiunii şi libertăţii" –, atunci Marx era o eminenţă laică, iar Stalin era orice altceva. Era profetul religiei lipsite de Dumnezeu, dar extrem de dogmatice a stalinismului.

Stalinismul nu este un exemplu izolat. În partea opusă a spectrului politic, şi capitalismul a fost la început o teorie ştiinţifică foarte receptivă, dar s-a consolidat treptat într-o dogmă. Mulţi capitalişti repetă întruna mantra pieţelor libere şi a creşterii economice, fără să ţină cont de realităţile de la faţa locului. Oricât de cumplite sunt uneori consecinţele modernizării, industrializării sau privatizării, capitaliştii fanatici le resping numindu-le simple „dureri datorate creşterii" şi promit că totul se va îndrepta cu încă puţină creştere.

Democraţii liberali moderaţi au fost mai loiali căutării laice a adevărului şi compasiunii, dar până şi ei o abandonează uneori în favoarea unor dogme reconfortante. Astfel, când se confruntă cu dezastrul dictaturilor brutale şi al statelor eşuate, de multe ori liberalii se încred orbeşte în nemaipomenitul ritual al alegerilor generale. Poartă războaie şi cheltuiesc miliarde în locuri precum Irak, Afghanistan şi Congo din convingerea fermă că organizarea alegerilor generale va transforma ca prin minune aceste locuri în versiuni mai însorite ale Danemarcei. Şi asta în ciuda eşecurilor repetate şi a faptului că până şi în locurile cu o tradiţie consacrată a alegerilor generale aceste ritualuri aduc uneori la putere populişti autoritarişti şi nu instituie nimic mai măreţ decât nişte dictaturi majoritare. Dacă vei încerca să pui la îndoială aşa-zisa înţelepciune a alegerilor generale, nu vei fi trimis în gulag, dar probabil vei avea parte de un duş foarte rece de abuz dogmatic.

Desigur, nu toate dogmele sunt la fel de nocive. Unele dogme laice au adus câştiguri omenirii, la fel ca unele credinţe religioase. Acest lucru este adevărat îndeosebi în ceea ce priveşte doctrina drepturilor omului. Singurul loc în care există drepturile sunt poveştile inventate de oameni şi transmise de la unii la alţii. Aceste poveşti au fost consfinţite ca o dogmă evidentă prin sine în timpul luptei împotriva intoleranţei religioase şi a guvernelor autocrate. Deşi nu este adevărat că oamenii au un drept natural la viaţă sau la libertate, credinţa în această poveste a ţinut în frâu puterea regimurilor autoritare, a ferit minoritățile din calea răului și a protejat miliarde de cele mai cumplite consecințe ale sărăciei și violenței. Astfel, probabil că a contribuit la fericirea și bunăstarea omenirii mai mult decât orice altă doctrină din istorie.

Cu toate acestea, ea rămâne o dogmă. Astfel, articolul 19 din Declarația Drepturilor Omului a Națiunilor Unite afirmă că „Orice om are dreptul la libertatea opiniilor și exprimării". Dacă îl înțelegem ca pe o solicitare politică („orice om *ar trebui* să aibă dreptul la libertatea opiniilor"), este perfect rațional. Dar, dacă presupunem că fiecare sapiens este înzestrat în mod natural cu un „drept la libertatea opiniilor" și că, prin urmare, cenzura încalcă o lege a naturii, ratăm adevărul despre umanitate. Câtă vreme te definești ca „individ care deține drepturi naturale inalienabile", nu vei ști cine ești cu adevărat și nu vei înțelege forțele istorice care ți-au modelat societatea și propria minte (inclusiv credința ta în „drepturile naturale").

Poate că o asemenea ignoranță conta prea puțin în secolul XX, când oamenii erau ocupați să lupte împotriva lui Hitler și a lui Stalin. Însă ea s-ar putea dovedi fatală în secolul XXI, întrucât biotehnologia și inteligența artificială încearcă să schimbe acum însăși semnificația omenirii. Dacă militäm pentru dreptul la viață, implică acest lucru că ar trebui să folosim biotehnologia ca să învingem moartea? Dacă militäm pentru dreptul la libertate, ar trebui să le acordăm putere algoritmilor care ne descifrează și ne îndeplinesc dorințele ascunse? Dacă toți oamenii se bucură de drepturi egale, supraoamenii se bucură de supradrepturi? Laicilor le va fi greu să abordeze asemenea întrebări câtă vreme vor fi devotați unei credințe dogmatice în „drepturile omului".

Dogma drepturilor omului s-a conturat în secolele anterioare ca o armă împotriva Inchiziției, a *ancien régime*, a naziștilor și a KKK. Însă nu este câtuși de puțin pregătită să aibă de-a face cu supraoameni, cyborgi și computere superinteligente. Deși mișcările pentru drepturile omului au produs un arsenal absolut impresionant de argumente și mijloace de apărare împotriva prejudecăților religioase și a tiranilor umani, acest arsenal nu ne protejează de excesele consumeriste și de utopiile tehnologice.

Recunoaşterea umbrei

Laicismul nu ar trebui echivalat cu dogmatismul stalinist sau cu urmările negative ale imperialismului occidental şi ale industrializării scăpate de sub control. Cu toate acestea, nici nu se poate sustrage cu totul de la responsabilitatea pentru ele. Instituţiile ştiinţifice şi mişcările laice au hipnotizat miliarde de oameni cu promisiunea de a îmbunătăţi omenirea şi de a folosi darurile planetei Pământ în beneficiul speciei noastre. Aceste promisiuni au pus capăt molimei şi foametei, însă au produs şi gulaguri şi au dus la topirea calotelor glaciare. Aţi putea susţine că de vină este faptul că oamenii au înţeles greşit şi au distorsionat idealurile laice esenţiale şi realităţile ştiinţifice. Şi aveţi perfectă dreptate. Dar aceasta este o problemă comună a tuturor mişcărilor influente.

De exemplu, creştinismul a fost responsabil de crime de proporţii, dacă ne gândim la Inchiziţie, cruciade, oprimarea culturilor indigene pretutindeni pe glob şi lipsirea femeilor de putere. Un creştin s-ar putea simţi jignit de această afirmaţie şi ar putea riposta spunând că toate aceste crime au fost rezultatul unei înţelegeri complet greşite a creştinismului. Iisus a propovăduit doar iubirea, iar Inchiziţia s-a bazat pe o denaturare înfiorătoare a învăţăturilor sale. Putem înţelege această perspectivă, dar ar fi o greşeală să lăsăm creştinismul să scape atât de uşor. Creştinii consternaţi de Inchiziţie şi de cruciade nu se pot spăla pur şi simplu pe mâini de aceste atrocităţi – ar trebui mai curând să-şi pună câteva întrebări cât se poate de dure. Cum a permis, mai exact, „religia iubirii" să fie distorsionată într-un asemenea fel – şi nu o dată, ci de mai multe ori? Protestanţii care încearcă să dea vina pe fanatismul catolic sunt sfătuiţi să citească o carte despre comportamentul coloniştilor protestanţi din Irlanda sau din America de Nord. În mod similar, marxiştii ar trebui să se întrebe ce anume din învăţăturile lui Marx a deschis calea spre gulag, oamenii de ştiinţă ar trebui să analizeze modul în care proiectul ştiinţific s-a pretat atât de uşor la destabilizarea ecosistemului global, iar geneticienii, mai ales, ar trebui să ia aminte la felul în care naziştii au deturnat teoriile lui Darwin.

Fiecare religie, fiecare ideologie şi fiecare crez are propria sa umbră ; şi orice credinţă aţi îmbrăţişa, ar trebui să vă recunoaşteţi umbra şi să evitaţi asigurarea naivă că „nouă nu ni se poate întâmpla aşa ceva”. Ştiinţa laică are cel puţin un mare avantaj în faţa majorităţii religiilor tradiţionale : nu este îngrozită de umbra sa şi este în principiu dispusă să-şi recunoască greşelile şi punctele slabe. Dacă credeţi într-un adevăr absolut dezvăluit de o putere transcendentă, nu vă puteţi îngădui să recunoaşteţi vreo eroare – întrucât aceasta v-ar invalida întreaga poveste. Dar, dacă credeţi într-o căutare a adevărului de către oameni supuşi greşelii, recunoaşterea gafelor este o parte inerentă a jocului.

Acesta este şi motivul pentru care mişcările laice nedogmatice tind să facă promisiuni relativ modeste. Conştiente de imperfecţiunile lor, speră să producă mici schimbări progresive, mărind salariul minim cu câţiva dolari sau reducând mortalitatea infantilă cu câteva puncte procentuale. Este o marcă a ideologiilor dogmatice faptul că, din cauza încrederii lor exagerate în ele însele, de multe ori promit imposibilul. Liderii lor vorbesc cât se poate de liber despre „eternitate”, „puritate” şi „mântuire”, de parcă prin promulgarea unei legi, prin construirea unui templu sau prin cucerirea unui teritoriu ar putea salva lumea întreagă cu un singur gest măreţ.

În faţa celor mai importante decizii din istoria vieţii, eu unul aş avea mai multă încredere în cei care îşi recunosc ignoranţa decât în cei care se pretind a fi infailibili. Dacă vrei ca religia, ideologia sau viziunea ta asupra lumii să conducă lumea, prima mea întrebare pentru tine este următoarea : „Care a fost cea mai mare greşeală pe care a comis-o religia, ideologia sau viziunea ta asupra lumii ? Ce a înţeles greşit ?”. Dacă nu poţi să-mi oferi un răspuns serios, eu personal nu aş avea încredere în tine.

Partea a IV-a

Adevărul

Dacă vă simțiți copleșit și derutat de situația globală dificilă, sunteți absolut îndreptățit. Procesele globale au devenit prea complicate ca să le mai înțeleagă o singură persoană. Atunci cum puteți să cunoașteți adevărul despre lume și să evitați să cădeți victimă propagandei și dezinformării?

Capitolul 15

Ignoranța

Știi mai puține decât crezi

Capitolele anterioare au analizat câteva dintre cele mai importante probleme şi evoluţii ale epocii actuale, de la ameninţarea exagerată a terorismului până la ameninţarea subestimată a perturbării tehnologice. Dacă aţi rămas cu sentimentul supărător că e prea mult şi că nu le puteţi procesa pe toate, aveţi perfectă dreptate. Nimeni nu poate.

În ultimele câteva secole, gândirea liberală a căpătat o încredere imensă în individul raţional. I-a înfăţişat pe indivizii umani ca fiind agenţi raţionali independenţi şi a făcut din aceste creaturi mitice baza societăţii moderne. Democraţia se întemeiază pe ideea că alegătorul ştie cel mai bine, capitalismul pieţei libere consideră că clientul are întotdeauna dreptate, iar educaţia liberală îi învaţă pe elevi să gândească singuri.

Este însă o greşeală să i se acorde individului raţional atât de multă încredere. Gânditorii postcoloniali şi feminişti au subliniat faptul că acest „individ raţional" ar putea foarte bine să fie o iluzie occidentală şovină, care ridică în slăvi autonomia şi puterea bărbaţilor albi din clasele superioare. După cum precizam mai devreme, economiştii comportamentali şi psihologii evoluţionişti au demonstrat că majoritatea deciziilor omului au la bază mai curând reacţii emoţionale şi scurtături euristice decât o analiză raţională şi că, deşi emoţiile şi euristica noastră erau probabil potrivite pentru viaţa din Epoca Pietrei, ele sunt complet inadecvate în Epoca Siliciului.

Nu numai raţionalitatea, ci şi individualitatea este un mit. Oamenii gândesc rareori singuri. Mai curând gândim în grupuri. La fel cum e nevoie de un trib ca să creşti un copil, e nevoie de un trib şi ca să inventezi o unealtă, să aplanezi un conflict sau să tratezi o boală. Nici un individ nu ştie tot ce presupune construirea unei catedrale, a unei bombe atomice sau a unei aeronave. Ceea ce i-a oferit lui *Homo sapiens* un avantaj faţă de toate celelalte animale şi ne-a transformat în stăpânii planetei nu a fost raţionalitatea noastră individuală, ci capacitatea noastră incomparabilă de a gândi împreună în grupuri mari[1].

Indivizii umani ştiu ruşinos de puţine lucruri despre lume şi, de-a lungul istoriei, au ajuns să ştie din ce în ce mai puţin. Un vânător-culegător din Epoca Pietrei ştia să-şi facă propriile haine, să facă un foc, să vâneze iepuri şi să scape de lei. Credem că ştim mult mai multe astăzi, dar de fapt, ca indivizi, ştim mult mai puţine. Ne bazăm pe priceperea altora pentru aproape toate nevoile noastre. În cadrul unui experiment care ne îndeamnă la modestie, unor persoane li s-a cerut să evalueze cât de bine au înţeles mecanismul unui fermoar obişnuit. Majoritatea au răspuns cu încredere că l-au înţeles de minune – la urma urmei, folosesc mereu fermoare. Apoi li s-a cerut să descrie cât mai amănunţit paşii pe care îi presupune modul de funcţionare a unui fermoar. Cei mai mulţi habar nu aveau[2]. Este ceea ce Steven Sloman şi Philip Fernbach au numit „iluzia cunoaşterii". Credem că ştim multe, cu toate că, individual, ştim foarte puţine, întrucât tratăm cunoştinţele altora ca şi când ne-ar aparţine.

Acesta nu este neapărat un lucru rău. Faptul că ne bazăm pe gândirea de grup ne-a făcut să devenim stăpânii lumii, iar iluzia cunoaşterii ne permite să trecem prin viaţă fără să ne confruntăm cu efortul imposibil de a înţelege totul de unii singuri. Din perspectivă evoluţionistă, faptul că a avut încredere în cunoştinţele altora s-a dovedit extrem de benefic pentru *Homo sapiens*.

Totuşi, ca multe alte trăsături umane care au avut noimă în epocile trecute, dar care creează probleme în epoca modernă, iluzia cunoaşterii are şi un inconvenient. Lumea devine tot mai complexă, iar oamenii nu conştientizează cât de puţine ştiu despre ceea ce se petrece. Prin urmare, unii care nu ştiu mai nimic despre meteorologie sau biologie propun totuşi politici privind schimbarea climatică şi culturile modificate genetic, în vreme ce alţii au opinii cât se poate de ferme despre cum ar trebui să se procedeze în Irak sau în Ucraina, deşi sunt incapabili să localizeze aceste ţări pe o hartă. Oamenii îşi conştientizează rareori ignoranţa, deoarece se izolează într-o bulă a prietenilor care le împărtăşesc opiniile şi a fluxurilor de ştiri care le confirmă convingerile, acestea fiindu-le mereu întărite şi rareori contestate[3].

E puţin probabil ca lucrurile să se îmbunătăţească oferindu-le oamenilor informaţii mai multe şi mai bune. Savanţii speră să înlăture opiniile greşite cu ajutorul unei educaţii mai bune, iar experţii speră să influenţeze opinia publică în privinţa unor chestiuni precum Obamacare sau încălzirea globală prezentând publicului date corecte şi rapoarte întocmite de specialişti. Asemenea speranţe au la bază o înţelegere greşită a modului în care gândesc de fapt oamenii. Majoritatea opiniilor noastre sunt modelate mai curând de gândirea de grup decât de raţionalitatea individuală, şi ne menţinem aceste puncte de vedere datorită loialităţii faţă de grup. Cel mai probabil, asaltarea oamenilor cu fapte şi demascarea ignoranţei lor individuale vor da greş. Majoritatea nu agreează prea multe fapte şi cu siguranţă nu vor să se simtă proşti. Nu fiţi atât de sigur că îi puteţi convinge pe susţinătorii mişcării Tea Party de adevărul încălzirii globale prezentându-le tabele cu date statistice[4].

Puterea gândirii de grup este atât de generalizată, încât e dificil să scapi de sub imperiul ei chiar şi atunci când vederile ei par mai curând arbitrare. Astfel, în SUA, conservatorii de dreapta tind să fie mult mai puţin preocupaţi de aspecte precum poluarea şi speciile pe cale de dispariţie decât progresiştii de stânga, motiv pentru care Louisiana are norme de mediu mult mai laxe decât Massachusetts. Suntem obişnuiţi cu această situaţie, aşa că o luăm de bună, însă în realitate este destul de surprinzătoare. Am fi crezut că, de fapt, conservatorii ar ţine mult mai mult la menţinerea vechii ordini ecologice şi la protejarea pământurilor, pădurilor şi râurilor strămoşeşti. În schimb, ne-am aştepta ca progresiştii să fie mult mai receptivi la schimbările radicale din mediul rural, mai ales dacă scopul constă în accelerarea progresului şi îmbunătăţirea nivelului de trai al oamenilor. Cu toate acestea, odată ce diverse conjuncturi istorice au determinat stabilirea liniei de partid cu privire la aceste aspecte, pentru conservatori a devenit a doua natură să nu ia în serios grijile legate de poluarea apelor şi dispariţia păsărilor, în vreme ce progresiştii de stânga tind să privească cu teamă orice perturbare a vechii ordini ecologice[5].

Nici măcar oamenii de ştiinţă nu sunt imuni la puterea gândirii de grup. Astfel, cei care cred că faptele pot schimba opinia publică ar putea fi ei înşişi victimele gândirii ştiinţifice de grup. Comunitatea ştiinţifică crede în eficacitatea faptelor ; prin urmare, persoanele loiale acelei comunităţi continuă să creadă că pot câştiga dezbaterile publice aruncând în stânga şi-n dreapta cu datele corecte, în ciuda numeroaselor dovezi empirice care susţin contrariul.

În mod similar, credinţa liberală în raţionalitatea individuală ar putea fi ea însăşi produsul gândirii liberale de grup. În unul dintre punctele culminante ale filmului *Viaţa lui Brian* aparţinând grupului Monty Python, o mulţime imensă de adepţi visători îl confundă pe Brian cu Mesia. Brian le spune discipolilor săi : „Nu trebuie să mă urmaţi, nu trebuie să urmaţi pe nimeni ! Trebuie să gândiţi singuri ! Cu toţii sunteţi indivizi ! Cu toţii sunteţi diferiţi !". Mulţimea entuziastă scandează apoi la unison : „Da ! Suntem cu toţii indivizi ! Da, suntem cu toţii diferiţi !". Monty Python parodia ortodoxia contraculturii anilor 1960, dar e posibil să fie adevărat şi în ceea ce priveşte credinţa în individualismul raţional în general. Democraţiile moderne sunt înţesate de mulţimi care strigă la unison : „Da, alegătorul ştie cel mai bine ! Da, clientul are întotdeauna dreptate !".

Gaura neagră a puterii

Problema gândirii de grup şi a ignoranţei individuale îi afectează nu numai pe alegătorii şi pe clienţii obişnuiţi, ci şi pe preşedinţi şi pe directorii executivi ai companiilor. Aceştia poate că au la dispoziţie numeroşi consilieri şi vaste agenţii de informaţii, dar asta nu îmbunătăţeşte neapărat situaţia. Este extrem de greu să descoperi adevărul atunci când conduci lumea. Pur şi simplu eşti mult prea ocupat. Majoritatea liderilor politici şi mogulilor din lumea afacerilor sunt mereu pe fugă. Cu toate acestea, dacă vrei să aprofundezi un subiect oarecare, ai nevoie de foarte mult timp şi, mai ales, ai nevoie de privilegiul de a irosi timpul. Trebuie să încerci căi neproductive, să explorezi fundături, să faci loc îndoielilor şi plictiselii şi să laşi micile seminţe ale observaţiei să încolţească şi să înmugurească uşor. Dacă nu îţi permiţi să pierzi timpul, nu vei descoperi niciodată adevărul.

Şi mai rău, o mare putere denaturează în mod inevitabil adevărul. Puterea înseamnă mai curând să schimbi realitatea decât să o vezi exact aşa cum este. Când ai în mână un ciocan, totul seamănă cu un cui ; iar când dispui de foarte multă putere, totul pare a fi o invitaţie să-ţi bagi nasul. Chiar dacă reuşeşti cumva să-ţi ţii în frâu acest imbold, oamenii din jurul tău nu vor uita niciodată ce ciocan uriaş ai în mână. Conştient sau nu, oricine stă de vorbă cu tine va urmări ceva, aşa încât niciodată nu ai putea avea deplină încredere în ceea ce spune. Nici un sultan nu poate avea vreodată încredere că supuşii şi curtenii săi îi spun adevărul.

Aşadar, puterea însemnată acţionează ca o gaură neagră care deformează spaţiul din jurul ei. Cu cât te apropii mai mult, cu atât totul devine mai distorsionat. Fiecare cuvânt capătă o greutate colosală odată ce pătrunde pe orbita ta, iar fiecare persoană pe care o vezi încearcă să te flateze, să te liniştească sau să obţină ceva de la tine. Ei ştiu că nu le poţi oferi mai mult de un minut sau două şi se tem să nu spună ceva neclar sau nelalocul lui, aşa că ajung să rostească fie sloganuri lipsite de conţinut, fie cele mai banale clişee.

Cu câţiva ani în urmă am fost invitat să iau cina cu prim-ministrul israelian, Benjamin Netanyahu. Prietenii m-au avertizat să nu merg, însă nu am putut rezista tentaţiei. Credeam că aş putea să aud în sfârşit câteva secrete importante, care sunt divulgate doar unor persoane influente, în spatele uşilor închise. Dar ce dezamăgire ! Erau cam treizeci de persoane acolo şi toată lumea încerca să atragă atenţia personajului principal, să-l impresioneze cu inteligenţa lor, să-i intre în graţii sau să obţină ceva de la el. Dacă cineva de acolo ştia vreun mare secret, s-a priceput de minune să-l ţină pentru el. Nu a fost câtuşi de puţin vina lui Netanyahu – de fapt, nu a fost vina nimănui. A fost vina atracţiei gravitaţionale a puterii.

Dacă vă doriţi realmente adevărul, trebuie să evitaţi gaura neagră a puterii şi să vă permiteţi să pierdeţi foarte mult timp hoinărind ici şi colo pe la periferie. Cunoaşterea revoluţionară ajunge rareori în centru, întrucât centrul este construit pe cunoaşterea existentă. Gardienii vechii ordini stabilesc de obicei cine are acces la centrele de putere şi au tendinţa de a-i înlătura pe colportorii de idei neconvenţionale tulburătoare. Desigur, elimină şi o cantitate incredibilă de deşeuri. Să nu fii invitat la Forumul Economic Mondial de la Davos nu este câtuşi de puţin o garanţie a înţelepciunii. Iată de ce trebuie să petreci atât de mult timp la periferie - ar putea conţine unele observaţii revoluţionare strălucite, dar e plină mai ales de supoziţii nefondate, modele infirmate, dogme superstiţioase şi teorii ridicole ale conspiraţiei.

Aşadar, liderii se confruntă cu o dilemă fără ieşire. Dacă vor rămâne în centrul puterii, vor avea o viziune extrem de distorsionată asupra lumii. Dacă se vor aventura la periferie, vor irosi prea mult din timpul lor preţios. Iar problema doar se va înrăutăţi. În deceniile următoare, lumea va deveni şi mai complexă decât este astăzi. Prin urmare, indivizii umani - fie ei pioni sau regi - vor şti şi mai puţine lucruri despre gadgeturile tehnologice, despre curentele economice şi dinamica politică ce configurează lumea. După cum observa Socrate acum mai bine de 2.000 de ani, cel mai bun lucru pe care îl putem face în asemenea condiţii este să ne recunoaştem propria ignoranţă individuală.

Dar atunci cum rămâne cu moralitatea şi dreptatea? Dacă nu putem înţelege lumea, cum putem spera să facem diferenţa între bine şi rău, dreptate şi nedreptate?

Capitolul 16

Dreptatea

E posibil ca simțul dreptății pe care îl avem să fie învechit

La fel ca toate celelalte simţuri ale noastre, şi simţul dreptăţii are rădăcini evolutive străvechi. Moralitatea umană a fost modelată pe parcursul a milioane de ani de evoluţie, adaptată la dilemele sociale şi etice care se iveau în viaţa micilor grupuri de vânători-culegători. Dacă merg cu tine la vânătoare, iar eu omor o căprioară, în vreme ce tu nu prinzi nimic, ar trebui să-mi împart prada cu tine? Dacă tu te duci să culegi ciuperci şi te întorci cu un coş plin, faptul că eu sunt mai puternic decât tine mă îndreptăţeşte să-ţi iau toate ciupercile? Iar dacă ştiu că pui la cale să mă omori, e în regulă dacă acţionez preventiv şi-ţi tai beregata în miez de noapte? [1]

La prima vedere, nu s-au schimbat multe de când am părăsit savana africană în favoarea junglei urbane. Am putea crede că problemele cu care ne confruntăm astăzi – războiul civil sirian, inegalitatea globală, încălzirea globală – sunt doar o versiune mărită a aceloraşi probleme mai vechi. Însă aceasta este o iluzie. Mărimea contează, iar din punctul de vedere al dreptăţii, ca din multe alte puncte de vedere, nu suntem câtuşi de puţin adaptaţi la lumea în care trăim.

Problema nu este una care să ţină de valori. Fie că sunt laici sau religioşi, cetăţenii secolului XXI au o mulţime de valori. Problema ţine de implementarea acestor valori într-o lume globală complexă. Este numai vina cifrelor. În cazul vânătorilor-culegători, simţul dreptăţii era structurat astfel încât să facă faţă dilemelor din viaţa câtorva zeci de oameni, dintr-o regiune de câteva zeci de kilometri pătraţi. Atunci când încercăm să înţelegem relaţiile dintre milioane de oameni de pe continente întregi, simţul nostru moral este copleşit.

Dreptatea nu impune doar un set de valori abstracte, ci şi o înţelegere a relaţiilor concrete de tip cauză-efect. Dacă tu ai cules ciuperci ca să-ţi hrăneşti copiii, iar eu îţi iau cu forţa coşul cu ciuperci, ceea ce înseamnă că toată munca ta a fost în zadar, iar copiii tăi se vor culca flămânzi, e nedrept. Acest lucru e uşor de înţeles, fiindcă relaţiile de tip cauză-efect sunt uşor de sesizat. Din păcate, o trăsătură inerentă a lumii noastre globale moderne este aceea că relaţiile ei cauzale sunt extrem de ramificate şi de complexe. Pot să trăiesc liniştit acasă, fără să fac vreun rău cuiva, şi cu toate acestea, potrivit activiştilor de stânga, să fiu părtaş la fărădelegile săvârşite de soldaţii şi coloniştii israelieni în Cisiordania. Potrivit socialiştilor, viaţa mea tihnită se datorează copiilor care muncesc în fabricile deplorabile din Lumea a Treia. Activiştii pentru drepturile animalelor îmi amintesc că viaţa mea se împleteşte cu una dintre cele mai înfiorătoare crime din istorie – supunerea a miliarde de animale domestice unui regim brutal de exploatare.

Chiar sunt vinovat pentru toate acestea? Greu de spus. Întrucât existenţa mea depinde de o reţea ameţitoare de legături economice şi politice, iar relaţiile cauzale globale sunt atât de încâlcite, îmi vine greu să răspund până şi la întrebările cele mai simple – de pildă, de unde provine prânzul meu, cine a confecţionat pantofii pe care îi port şi ce face fondul meu de pensii cu banii mei[2].

Furt de râuri

Un vânător-culegător din vechime ştia prea bine de unde provenea prânzul său (se ocupase el însuşi de problemă), cine îi făcea mocasinii (dormea la douăzeci de metri de ea) şi ce făcea fondul său de pensii (se juca în noroi – pe vremea aceea, oamenii aveau un singur fond de pensii, numit „copii"). Eu sunt mult mai ignorant decât acel vânător-culegător. După ani de zile, cercetările ar putea scoate la iveală faptul că guvernul pe care l-am votat îi vinde pe ascuns arme unui dictator dubios din cealaltă jumătate a globului. Însă în intervalul de care am nevoie ca să aflu acest lucru e posibil să ratez descoperiri mult mai importante, cum ar fi soarta găinilor ale căror ouă le-am mâncat la cină.

Sistemul este structurat în aşa fel încât cei care nu fac nici un efort să afle pot rămâne într-o stare de ignoranţă binecuvântată, iar celor care chiar se străduiesc să le fie extrem de dificil să descopere adevărul. Cum e posibil să eviţi să furi, când sistemul economic global fură fără încetare în numele meu şi fără ştirea mea? Nu contează dacă judeci faptele în funcţie de consecinţele lor (e greşit să furi fiindcă faci victimele să sufere) sau dacă crezi în datorii categorice care ar trebui respectate indiferent de consecinţe (e greşit să furi fiindcă aşa a zis Dumnezeu). Problema este că a devenit extrem de complicat de înţeles ce facem de fapt.

Porunca „Să nu furi" a fost formulată pe vremea când furtul însemna să iei fizic, cu propria mână, ceva ce nu îţi aparţinea. Cu toate acestea, astăzi, argumentele cu adevărat importante în ceea ce priveşte furtul implică scenarii complet diferite. Să presupunem că investesc 10.000 de dolari în acţiunile unei mari corporaţii petrochimice, care îmi asigură un profit anual de 5%. Corporaţia este extrem de profitabilă, deoarece nu plăteşte pentru externalităţi. Deversează deşeuri toxice într-un râu din apropiere fără să-i pese de modul în care afectează alimentarea regională cu apă, sănătatea publicului sau fauna locală. Îşi foloseşte averea ca să angajeze o armată de avocaţi care o protejează de orice cerere de despăgubire. De asemenea, plăteşte lobbyişti care blochează orice tentativă de promulgare a unor legi mai aspre de protejare a mediului.

Putem acuza corporaţia că „fură un râu"? Dar pe mine, personal? Eu nu pătrund prin efracţie în casa nimănui şi nici nu fur bani din geanta cuiva. Nu sunt conştient de modul în care realizează profit această corporaţie. Abia dacă îmi amintesc că am investit în ea o parte din portofoliul meu. Aşadar, sunt eu vinovat de furt? Cum ne putem comporta moral, când ne este cu neputinţă să ştim toate datele relevante?

Putem încerca să ocolim problema adoptând o „moralitate a intenţiilor". Importantă este intenţia mea, şi nu ceea ce fac de fapt sau rezultatul acţiunilor mele. Totuşi, într-o lume în care totul este interconectat, imperativul moral suprem devine imperativul de a şti. Cele mai mari crime din istoria modernă au izvorât nu doar din ură şi lăcomie, ci chiar mai mult din ignoranţă şi indiferenţă. Fermecătoarele doamne britanice au finanţat comerţul cu sclavi din Atlantic cumpărând acţiuni şi obligaţiuni la bursa din Londra, fără să calce vreodată nici în Africa, nici în Caraibe. Apoi şi-au îndulcit ceaiul de la ora patru cu cuburi de zahăr albe ca zăpada produse pe plantaţii infernale – despre care nu ştiau o iotă.

În Germania, la sfârşitul anilor 1930, dirigintele oficiului poştal local putea fi un cetăţean cinstit, preocupat de binele angajaţilor săi, care îi ajuta personal pe cei care aveau nevoie să găsească pachete pierdute. Ajungea întotdeauna primul la muncă şi pleca ultimul, şi chiar pe timp de viscol se asigura ca poşta să sosească la timp. Din nefericire, oficiul său poştal eficient şi primitor era o celulă vitală în sistemul nervos al statului nazist. Facilita diseminarea propagandei rasiste şi grăbea trimiterea ordinelor de recrutare către Wehrmacht, precum şi a ordinelor stricte către sediul local al organizaţiei SS. E ceva în neregulă cu intenţiile celor care nu fac un efort sincer de a şti.

Dar ce se înţelege prin „efort sincer de a şti"? Diriginţii de poştă din fiecare ţară ar trebui să deschidă corespondenţa pe care o distribuie şi să demisioneze sau să se revolte dacă descoperă propagandă guvernamentală? E uşor să priveşti retrospectiv cu o certitudine morală absolută la Germania nazistă din anii 1930 – fiindcă ştim unde a dus înlănţuirea de cauze şi efecte. Însă, fără privilegiul de a privi în urmă, certitudinea morală ne-ar putea fi inaccesibilă. Adevărul trist este că lumea a devenit pur şi simplu prea complicată pentru creierele noastre de vânători-culegători.

Majoritatea nedreptăţilor lumii contemporane se datorează mai curând prejudecăţilor structurale la scară mare decât prejudecăţilor individuale, iar creierele noastre de vânători-culegători nu au evoluat astfel încât să detecteze prejudecăţile structurale. Suntem cu toţii complici cel puţin la unele dintre aceste prejudecăţi şi pur şi simplu nu avem timp şi energie să le descoperim pe toate. Scriind această carte, am învăţat lecţia la un nivel personal. Atunci când dezbat chestiuni globale, risc întotdeauna să privilegiez punctul de vedere al elitei globale în detrimentul celui al diferitelor grupuri dezavantajate. Elita globală controlează conversaţia, aşa că este imposibil să-i treci cu vederea opiniile. În schimb, grupurile dezavantajate sunt reduse mereu la tăcere, aşa că e uşor să uiţi de ele – nu din rea-voinţă, ci din pură ignoranţă.

De exemplu, nu ştiu absolut nimic despre opiniile şi problemele specifice ale aborigenilor din Tasmania. Ba chiar ştiu atât de puţine, încât într-o carte anterioară am presupus că aborigenii din Tasmania nu mai există, fiind exterminaţi de coloniştii europeni. Ba chiar, astăzi există mii de oameni care se trag din populaţia aborigenă a Tasmaniei şi care se confruntă cu numeroase probleme specifice – dintre care una este negarea frecventă chiar a existenţei lor, nu în ultimul rând de specialişti de seamă.

Chiar dacă aparţii unui grup dezavantajat şi, prin urmare, îi înţelegi în mod direct şi profund punctul de vedere, asta nu înseamnă că înţelegi punctul de vedere al tuturor celorlalte asemenea grupuri. Asta pentru că fiecare grup şi fiecare subgrup se confruntă cu un labirint diferit de plafoane privind avansarea, standarde duble, insulte mascate şi discriminare instituţională. Un bărbat afro-american în vârstă de 30 de ani are treizeci de ani de experienţă cu privire la ceea ce înseamnă să fii bărbat afro-american. Dar nu are deloc experienţă cu privire la ceea ce înseamnă să fii femeie afro-americană, rom bulgar, rus orb sau lesbiană chineză.

Cu vârsta, acest bărbat afro-american a fost oprit şi percheziţionat de poliţie în repetate rânduri, fără nici un motiv evident – lucru cu care lesbiana chineză nu s-a confruntat niciodată. În schimb, dat fiind că s-a născut într-o familie afro-americană, într-un cartier afro-american, a fost înconjurat de oameni ca el, care l-au învăţat ce trebuia să ştie ca să supravieţuiască şi să o ducă bine ca bărbat afro-american. Lesbiana chineză nu s-a născut într-o familie de lesbiene, într-un cartier de lesbiene, şi poate că nu a avut pe nimeni în toată lumea asta care să o înveţe câteva lecţii importante. De aceea, dacă eşti negru şi copilăreşti în Baltimore, nu îţi vine deloc uşor să înţelegi cât de greu e să fii lesbiană în Hangzhou.

Asta conta mai puţin în epocile anterioare, întrucât nu erai câtuşi de puţin responsabil de necazurile oamenilor din cealaltă jumătate a globului. Dacă făceai un efort şi empatizai cu vecinii tăi mai puţin norocoşi, de obicei era de ajuns. Dar astăzi dezbaterile globale majore pe teme precum schimbarea climatică şi inteligenţa artificială au impact asupra tuturor – fie că locuieşti în Tasmania, Hangzhou sau Baltimore –, aşa că trebuie să ţinem seama de toate punctele de vedere. Totuşi, cum poate cineva să facă asta ? Cum poate cineva să înţeleagă reţeaua relaţiilor a mii de grupuri care se intersectează în lumea întreagă ?[3]

Reducerea proporţiilor sau negare?

Chiar dacă ne dorim cu adevărat acest lucru, cei mai mulţi dintre noi nu mai suntem în stare să înţelegem marile probleme morale ale lumii. Oamenii pot înţelege relaţiile dintre doi vânători-culegători, dintre douăzeci de vânători-culegători sau dintre două clanuri vecine. Nu dispun însă de ceea ce este nevoie pentru a înţelege relaţiile dintre câteva milioane de sirieni, dintre 500 de milioane de europeni sau dintre toate grupurile şi subgrupurile de pe planetă care se intersectează.

În încercarea de a înţelege şi de a judeca dileme morale de o asemenea anvergură, oamenii recurg deseori la una din patru metode. Prima constă în micşorarea problemei : a înţelege războiul civil sirian ca şi când ar avea loc între doi vânători-culegători ; a considera regimul Assad o singură persoană, iar rebelii o altă persoană, una rea şi una bună. Complexitatea istorică a conflictului este înlocuită cu o intrigă simplă, clară[4].

A doua presupune concentrarea atenţiei asupra unei poveşti umane înduioşătoare, care simbolizează în aparenţă întregul conflict. Când încerci să le explici oamenilor adevărata complexitate a conflictului prin intermediul statisticilor şi al datelor precise, îi pierzi ; dar o poveste personală despre soarta unui copil activează canalele lacrimale, face sângele să fiarbă în vene şi produce o falsă certitudine morală[5]. Este un lucru pe care numeroase fundaţii caritabile l-au înţeles de multă vreme. Într-un experiment demn de luat în seamă, oamenii au fost rugaţi să doneze bani ca să ajute o fetiţă săracă de şapte ani din Mali pe nume Rokia. Mulţi au fost înduioşaţi de povestea ei şi şi-au deschis inimile şi portofelele. Totuşi, atunci când, pe lângă povestea personală a Rokiei, cercetătorii le-au prezentat oamenilor şi statistici despre problema mai amplă a sărăciei din Africa, respondenţii au devenit brusc *mai puţin* dispuşi să ajute. În cadrul unui alt studiu, cercetătorii au solicitat donaţii pentru a ajuta fie un copil bolnav, fie opt copii bolnavi. Oamenii au dat mai mulţi bani copilului decât grupului de opt copii[6].

A treia metodă de abordare a dilemelor morale la scară largă constă în elaborarea unor teorii ale conspiraţiei. Cum funcţionează economia globală, este ea bună sau rea? E prea complicat ca să înţelegem. Este mult mai uşor să ne imaginăm că 20 de multimiliardari trag sforile în culise, controlând presa şi stârnind războaie ca să se îmbogăţească. Aproape întotdeauna este o ficţiune fără nici un temei. Lumea contemporană este prea complicată, nu numai pentru simţul nostru al dreptăţii, ci şi pentru abilităţile noastre manageriale. Nimeni – nici măcar multimiliardarii, CIA, francmasonii şi Înţelepţii Sionului – nu înţelege cu adevărat ce se petrece în lume. Aşa că nimeni nu e în stare să tragă efectiv sforile[7].

Aceste trei metode încearcă să nege adevărata complexitate a lumii. Cea de-a patra şi ultima metodă este să creăm o dogmă, să ne încredem într-o teorie, într-o instituţie sau într-un lider aşa-zis atotştiutor şi să-i urmăm oriunde ne-ar conduce. Dogmele religioase şi ideologice sunt încă extrem de atrăgătoare în epoca noastră ştiinţifică, tocmai pentru că ne oferă un refugiu în faţa complexităţii frustrante a realităţii. După cum precizam mai devreme, mişcările laice nu au fost ferite de acest pericol. Chiar dacă începi cu o respingere a tuturor dogmelor religioase şi cu un angajament ferm faţă de adevărul ştiinţific, mai devreme sau mai târziu complexitatea realităţii devine atât de supărătoare, încât eşti împins să croieşti o doctrină care nu ar trebui pusă la îndoială. Deşi asemenea doctrine le oferă oamenilor confort intelectual şi siguranţă morală, este discutabil dacă asigură şi dreptate.

Atunci ce ar trebui să facem? Să adoptăm dogma liberală şi să avem încredere în ansamblul alegătorilor şi clienţilor individuali? Sau poate că ar trebui să respingem abordarea individualistă şi, la fel ca multe culturi anterioare din istorie, să mobilizăm comunităţile să descifreze lumea *împreună*? O asemenea soluţie nu ne duce însă decât din lacul ignoranţei individuale în puţul gândirii părtinitoare de grup. Cetele de vânători-culegători, comunităţile rurale şi chiar cartierele urbane se puteau gândi împreună la problemele comune cu care se confruntau. Dar acum avem parte de probleme globale, fără să avem şi o comunitate globală. Nici Facebookul, nici naţionalismul şi nici religia nu creează nici pe departe o asemenea comunitate. Toate triburile umane existente sunt preocupate mai curând să-şi promoveze propriile interese decât să înţeleagă adevărul global. Nici americanii, nici chinezii, nici musulmanii, nici hinduşii nu constituie „comunitatea globală" - aşa că modul în care interpretează ei realitatea nu este câtuşi de puţin demn de încredere.

Atunci ar trebui să ne dăm bătuţi şi să declarăm că încercarea omului de a înţelege adevărul şi de a găsi dreptatea a dat greş ? Am intrat oficial în Epoca Post-Adevărului ?

Capitolul 17

Post-adevărul

Unele ştiri false persistă pentru totdeauna

Ni se tot spune în ultima vreme că trăim într-o epocă nouă şi înspăimântătoare a „post-adevărului" şi că minciunile şi ficţiunile sunt pretutindeni în jurul nostru. Exemplele nu sunt greu de găsit. Astfel, la sfârşitul lunii februarie 2014, unităţi speciale ruseşti fără însemne militare au invadat Ucraina şi au ocupat clădiri-cheie din Crimeea. Guvernul rus şi preşedintele Putin în persoană au negat în repetate rânduri că ar fi fost vorba de trupe ruseşti, prezentându-le drept „grupuri de autoapărare" spontane care se poate să fi achiziţionat echipament asemănător celui rusesc de la magazinele locale[1]. Atunci când făceau această afirmaţie destul de ridicolă, Putin şi asistenţii săi ştiau prea bine că mint.

Naţionaliştii ruşi pot justifica această minciună susţinând că a slujit un adevăr mai important. Rusia era implicată într-un război drept şi, dacă e în regulă să ucizi pentru o cauză dreaptă, cu siguranţă e în regulă şi să minţi, nu? Cauza mai importantă care, chipurile, justifica invazia Ucrainei era conservarea sfintei naţiuni ruse. Potrivit miturilor naţionale ruseşti, Rusia este o entitate sacră care a dăinuit vreme de o mie de ani, în ciuda repetatelor tentative ale duşmanilor răuvoitori de a o invada şi ciopârţi. După mongoli, polonezi, suedezi, Grande Armée a lui Napoleon şi Wehrmacht-ul lui Hitler, în anii 1990 NATO, SUA şi UE au fost cele care au încercat să distrugă Rusia smulgând bucăţi din ea şi transformându-le în „ţări false" precum Ucraina. Pentru mulţi naţionalişti ruşi, ideea că Ucraina este o naţiune separată de Rusia constituie o minciună mult mai mare decât orice ar fi spus preşedintele Putin în cursul misiunii sale sfinte de reîntregire a naţiunii ruse.

Cetăţenii ucraineni, observatorii externi şi istoricii ar putea fi indignaţi de această explicaţie, considerând-o un fel de „minciună nucleară" în arsenalul rusesc al înşelăciunii. Afirmaţia potrivit căreia Ucraina nu ar exista ca naţiune şi ca ţară independentă trece cu vederea o listă lungă de fapte istorice – de exemplu, că din acei o mie de ani de aşa-zisă unitate rusească, Kievul şi Moscova au făcut parte din aceeaşi ţară timp de doar aproximativ 300 de ani. De asemenea, încalcă numeroase legi şi tratate internaţionale pe care Rusia le-a acceptat înainte şi care au protejat suveranitatea şi graniţele Ucrainei independente. Cel mai important, nu ţine seama de modul în care se privesc pe ei înşişi milioane de ucraineni. Ei nu au nici un cuvânt de spus în legătură cu identitatea lor?

Naţionaliştii ucraineni ar fi cu siguranţă de acord cu naţionaliştii ruşi că în zonă există şi unele ţări false. Doar că Ucraina nu se numără printre ele. Acele ţări false sunt mai degrabă „Republica Populară Luhansk" şi „Republica Populară Doneţk", pe care Rusia le-a creat ca să mascheze invadarea neprovocată a Ucrainei[2].

Orice tabără aţi susţine, se pare că trăim într-adevăr într-o epocă înspăimântătoare a post-adevărului, în care nu numai unele incidente militare, ci şi istorii şi naţiuni întregi ar putea fi contrafăcute. Dar dacă aceasta este epoca post-adevărului, care a fost, mai exact, epoca de glorie a adevărului? Anii 1980? Anii 1950? Anii 1930? Şi ce anume a declanşat tranziţia către epoca post-adevărului – internetul? Reţelele sociale? Ascensiunea lui Putin şi a lui Trump?

O privire fugitivă în istorie ne dezvăluie că propaganda şi dezinformarea nu reprezintă o noutate; până şi obiceiul de a nega existenţa unor naţiuni întregi şi de a crea ţări false are o istorie îndelungată. În 1931, armata japoneză a înscenat atacuri asupra ei ca să justifice invadarea Chinei, după care a creat ţara falsă Manciukuo ca să-şi legitimeze cuceririle. China însăşi a negat multă vreme că Tibetul a existat vreodată ca ţară independentă. Colonizarea Australiei de către britanici a fost justificată prin doctrina juridică *terra nullius* („pământul nimănui"), care a şters efectiv 50.000 de ani de istorie a aborigenilor.

La începutul secolului XX, un slogan îndrăgit de sionişti vorbea despre întoarcerea „unui popor fără pământ [evreii] pe un pământ fără popor [Palestina]". Existenţa populaţiei arabe locale a fost trecută în mod convenabil cu vederea. În 1969, prim-ministrul israelian Golda Meir a rostit vorbele celebre potrivit cărora nu există un popor palestinian şi nici nu a existat vreodată. Asemenea puncte de vedere sunt foarte des întâlnite în Israel chiar şi astăzi, în ciuda deceniilor de conflicte armate împotriva unui lucru care nu există. De exemplu, în februarie 2016, deputata Anat Berko a rostit în faţa Parlamentului israelian un discurs în care a pus sub semnul întrebării realitatea şi istoria poporului palestinian. Dovada ei? Litera „P" nici măcar nu există în arabă, aşa încât cum ar putea să existe un popor palestinian? (În arabă, „F" îi ţine locul lui „P", iar denumirea arabă a Palestinei este Falastin.)

Specia post-adevăr

În realitate, oamenii au trăit dintotdeauna în epoca post-adevărului. *Homo sapiens* este o specie post-adevăr, a cărei putere depinde de crearea şi acceptarea unor ficţiuni. Încă din Epoca Pietrei, rolul miturilor autoconsolidate a fost acela de a uni colectivităţi umane. De fapt, *Homo sapiens* a cucerit această planetă datorită (mai presus de orice) capacităţii unice a omului de a crea şi de a disemina ficţiuni. Suntem singurele mamifere care pot coopera cu numeroşi străini, deoarece numai noi putem să inventăm poveşti fictive, să le împrăştiem în toate părţile şi să convingem milioane de oameni să creadă în ele. Atâta vreme cât toată lumea crede în aceleaşi ficţiuni, cu toţii ne supunem aceloraşi legi şi, prin urmare, putem coopera în mod eficient.

Aşadar, dacă daţi vina pe Facebook, pe Trump sau pe Putin pentru faptul că au inaugurat o epocă nouă şi înspăimântătoare a post-adevărului, amintiţi-vă că acum câteva secole milioane de creştini s-au închis într-o bulă mitologică autoconsolidată, fără să îndrăznească să pună la îndoială veridicitatea faptelor din Biblie, în vreme ce milioane de musulmani au dat crezare orbeşte Coranului. Vreme de mii de ani, o bună parte din ceea ce în reţelele sociale umane treceau drept „ştiri" şi „fapte" erau poveşti despre minuni, îngeri, demoni şi vrăjitoare, cu reporteri îndrăzneţi care transmiteau live direct din măruntaiele infernului. Nu avem nici o dovadă ştiinţifică potrivit căreia Eva a fost ispitită de Şarpe, sufletele tuturor necredincioşilor ard în iad după ce mor sau creatorului universului nu îi place atunci când un brahman se căsătoreşte cu un paria – cu toate acestea, miliarde de oameni au crezut în aceste poveşti vreme de mii de ani. Unele ştiri false persistă pentru totdeauna.

Sunt conştient că mulţi ar putea fi deranjaţi de faptul că echivalez religia cu ştirile false, dar exact asta e ideea. Când o mie de oameni cred o poveste inventată timp de o lună, aceasta este o ştire falsă. Când un miliard de oameni o cred vreme de o mie de ani, e o religie – şi suntem avertizaţi să nu o numim „ştire falsă", ca să nu rănim sentimentele credincioşilor (sau să le stârnim furia). Remarcaţi totuşi că nu neg eficienţa sau potenţialele binefaceri ale religiei. Dimpotrivă. Bună sau rea, ficţiunea se numără printre cele mai eficiente instrumente pe care omenirea le are la dispoziţie. Prin faptul că îi aduce pe oameni laolaltă, credinţele religioase fac posibilă cooperarea umană la scară largă. Îi inspiră pe oameni să construiască spitale, şcoli şi poduri, pe lângă armate şi închisori. Adam şi Eva nu au existat niciodată, dar Catedrala din Chartres tot frumoasă rămâne. Poate că o bună parte din Biblie este pură ficţiune, dar tot poate aduce bucurii pentru miliarde de oameni şi îi poate încuraja să dea dovadă de compasiune, curaj şi creativitate – la fel ca alte opere importante de ficţiune, precum *Don Quijote*, *Război şi pace* şi *Harry Potter*.

Repet, unii s-ar putea simţi jigniţi de faptul că am comparat Biblia cu *Harry Potter*. Dacă eşti un creştin cu înclinaţii ştiinţifice, ai putea explica toate erorile şi miturile din Biblie afirmând că sfânta carte nu a fost niciodată menită să fie citită ca o relatare factuală, ci mai curând ca o poveste metaforică de o înţelepciune profundă. Dar acest lucru nu este valabil şi pentru *Harry Potter*?

Dacă eşti un creştin fundamentalist, cel mai probabil vei insista că fiecare cuvinţel din Biblie este literalmente adevărat. Să presupunem pentru o clipă că ai dreptate şi că Biblia este cuvântul infailibil al unicului Dumnezeu adevărat. Atunci ce părere ai despre Coran, Talmud, Cartea lui Mormon, Vede, Avesta şi Cartea egipteană a morţilor? Nu eşti tentat să spui că aceste texte sunt ficţiuni elaborate, create de oameni în carne şi oase (sau poate de diavoli)? Şi cum priveşti caracterul divin al unor împăraţi romani precum Augustus şi Claudius? Senatul roman pretindea că are puterea de a-i transforma pe oameni în zei, iar apoi se aştepta ca supuşii imperiului să-i venereze pe aceşti zei. Nu era asta o ficţiune? De fapt, în istorie avem cel puţin un exemplu de zeu fals care a recunoscut cu gura lui ficţiunea. După cum spuneam mai devreme, militarismul japonez din anii 1930 şi de la începutul anilor 1940 a avut la bază credinţa fanatică în natura divină a împăratului Hirohito. După înfrângerea Japoniei, Hirohito a mărturisit public că acest lucru nu era adevărat şi că de fapt nu era zeu.

Aşadar, chiar dacă suntem de acord că Biblia este cuvântul adevărat al lui Dumnezeu, tot rămânem cu miliarde de hinduşi, musulmani, evrei, egipteni, romani şi japonezi evlavioşi care au dat crezare vreme de mii de ani unor ficţiuni. Repet, nu înseamnă că aceste ficţiuni sunt neapărat lipsite de valoare sau dăunătoare. Ar putea fi totuşi frumoase şi înălţătoare.

Desigur, nu toate miturile religioase au fost la fel de benefice. Pe 29 august 1255, trupul unui băiat englez de nouă ani, pe nume Hugh, a fost găsit într-un puţ din oraşul Lincoln. Chiar şi fără Facebook şi Twitter, au început să circule rapid zvonuri că Hugh ar fi fost ucis de evreii din partea locului în cadrul unui ritual. Povestea era înflorită de fiecare dată când era reluată, iar unul dintre cei mai vestiţi cronicari englezi ai vremii – Matthew Paris – a oferit o descriere amănunţită şi sângeroasă a modului în care câţiva evrei de seamă de pe cuprinsul Angliei s-au adunat la Lincoln ca să-l îngraşe, să-l tortureze şi, într-un final, să-l răstignească pe copilul răpit. Nouăsprezece evrei au fost judecaţi şi executaţi pentru aşa-zisa crimă. Acuzaţii similare de omor ritualic la adresa evreilor au început să curgă şi în alte oraşe englezeşti, ducând la o serie de pogromuri în care au fost masacrate comunităţi întregi. În cele din urmă, în 1290, toată populaţia evreiască a fost expulzată din Anglia[3].

Povestea nu s-a încheiat aici. La un secol după alungarea evreilor din Anglia, Geoffrey Chaucer – părintele literaturii engleze – a inclus un omor ritualic comis de evrei, după modelul poveştii lui Hugh din Lincoln, în *Povestirile din Canterbury* („Povestirea Stareţei"). Punctul culminant al poveştii este spânzurarea evreilor. Acuzaţiile de omor ritualic lansate împotriva evreilor au devenit ulterior o marcă a tuturor mişcărilor antisemite din Spania Evului Mediu Târziu până în Rusia modernă. Un ecou îndepărtat se poate auzi până şi în „ştirea falsă" din 2016 potrivit căreia Hillary

Clinton ar fi condus o reţea de trafic de copii, care erau sclavi sexuali în subsolul unei pizzerii îndrăgite. Îndeajuns de mulţi americani au crezut acea poveste, fiind astfel afectată campania electorală a lui Clinton, iar o persoană chiar s-a dus înarmată cu un pistol la pizzeria respectivă şi a cerut să vadă subsolul (s-a dovedit că pizzeria nu avea subsol)[4].

Cât despre Hugh din Lincoln, nimeni nu ştie cum şi-a găsit cu adevărat sfârşitul, dar a fost înmormântat în Catedrala din Lincoln şi venerat ca sfânt. Avea faima că înfăptuia diferite minuni, iar mormântul său a continuat să atragă pelerini şi la sute de ani după expulzarea tuturor evreilor din Anglia[5]. Abia în 1955 – la zece ani după Holocaust – Catedrala din Lincoln a repudiat omorul ritualic, aşezând în apropierea mormântului lui Hugh o placă pe care scrie:

> Poveştile născocite cu „ucideri ritualice" ale unor băieţi creştini de către comunităţile evreieşti erau des întâlnite pe tot cuprinsul Europei în Evul Mediu şi chiar mult mai târziu. Aceste ficţiuni i-au costat pe mulţi evrei nevinovaţi viaţa. Lincoln a avut propria legendă, iar aşa-zisa victimă a fost înmormântată în catedrală în anul 1255. Asemenea poveşti nu fac cinste creştinătăţii[6].

Ei bine, unele ştiri false rezistă doar 700 de ani.

O dată minciună, întotdeauna adevărul

Religiile străvechi nu au fost singurele care au folosit ficţiunea pentru a consolida cooperarea. În epoca recentă, fiecare naţiune şi-a creat propria mitologie naţională, în vreme ce mişcări precum comunismul, fascismul şi liberalismul au produs crezuri autoconsolidate elaborate. Joseph Goebbels, maestrul propagandei naziste şi poate cel mai priceput expert media al epocii moderne, ar fi explicat succint în ce constă metoda sa, afirmând că „o minciună spusă o dată rămâne minciună, dar o minciună spusă de o mie de ori devine adevăr"[7]. În *Mein Kampf*, Hitler scria: „Cea mai strălucită tehnică propagandistică nu va avea nici un succes dacă nu se ţine cont în permanenţă de un principiu fundamental – trebuie să se limiteze la un număr mic de elemente şi să le repete la nesfârşit"[8]. Oare vreun vânzător de ştiri false din prezent ar putea aduce îmbunătăţiri la aşa ceva?

Aparatul sovietic de propagandă era la fel de inventiv cu adevărul, rescriind orice istorie, de la războaie întregi la fotografii individuale. Pe 29 iunie 1936, ziarul oficial *Pravda* (numele înseamnă „adevăr") înfăţişa pe prima pagină o fotografie cu un Iosif Stalin care, zâmbitor, o îmbrăţişa pe Ghelia Markizova, o fetiţă în vârstă de şapte ani. Imaginea a devenit o icoană stalinistă, consacrându-l pe Stalin drept Părintele Naţiunii şi idealizând „Fericita Copilărie Sovietică". Tiparniţele şi fabricile din întreaga ţară au început să producă la viteză milioane de postere, sculpturi şi mozaicuri cu această scenă, care erau expuse în instituţiile publice de pe tot cuprinsul Uniunii Sovietice. La fel cum nici o biserică ortodoxă rusă nu era terminată dacă nu avea o icoană a Fecioarei Maria cu pruncul Iisus în braţe, nici o şcoală sovietică nu se putea lipsi de icoana în care Tătucul Stalin o îmbrăţişa pe micuţa Ghelia.

Din nefericire, în imperiul lui Stalin celebritatea era deseori premergătoare dezastrului. În decurs de un an, tatăl Gheliei a fost arestat sub acuzaţiile false că ar fi fost spion japonez şi terorist troţkist. În 1938 a fost executat, una dintre milioanele de victime ale terorii staliniste. Ghelia şi mama ei au fost exilate în Kazahstan, unde mama a murit în scurt timp, în împrejurări misterioase. Ce mai era de făcut acum cu nenumăratele icoane care îl înfăţişau pe Părintele Naţiunii cu fiica unui „duşman al poporului" condamnat? Nici o problemă. Din acel moment, Ghelia Markizova a dispărut, iar „Fericitul Copil Sovietic" din imaginea prezentă peste tot a fost identificat drept Mamlakat Nahangova – o fată tadjică de 13 ani care câştigase Ordinul Lenin culegând cu sârguinţă foarte mult bumbac pe câmp (dacă cineva credea că fata din imagine nu părea să aibă 13 ani, era îndeajuns de chibzuit să nu dea glas unei asemenea erezii contrarevoluţionare)[9].

Aparatul sovietic de propagandă era atât de eficient, încât reuşea să ascundă atrocităţile monstruoase de acasă proiectând totodată o imagine utopică peste hotare. Astăzi, ucrainenii se plâng că Putin a reuşit să păcălească multe canale occidentale de presă în legătură cu manevrele Rusiei din Crimeea şi Donbas. Cu toate acestea, în arta înşelătoriei e mic copil pe lângă Stalin. La începutul anilor 1930, jurnaliştii şi intelectualii occidentali de stânga ridicau în slăvi Uniunea Sovietică, considerând-o o societate ideală, în vreme ce ucrainenii şi alţi cetăţeni sovietici mureau cu milioanele din cauza foametei orchestrate de însuşi Stalin. Deşi în epoca Facebook şi Twitter este uneori greu să decizi în ce versiune a evenimentelor să crezi, cel puţin nu mai e posibil ca un regim să ucidă milioane de oameni fără ca lumea să afle despre asta.

Pe lângă religii şi ideologii, şi firmele comerciale se bazează pe ficţiune şi pe ştiri false. De multe ori strategia de marcă implică repetarea la nesfârşit a aceleiaşi poveşti fictive, până când oamenii ajung să fie convinşi că este adevărată. Ce imagini vă vin în minte atunci când vă gândiţi la Coca-Cola? Imagini cu tineri sănătoşi care fac sport şi se distrează împreună? Sau cu diabetici supraponderali care zac pe un pat de spital? Dacă beţi multă Coca-Cola nu veţi întineri, nu veţi fi mai sănătos şi nici atletic – mai curând vă veţi alege cu un risc crescut de obezitate şi diabet. Cu toate acestea, decenii la rând, Coca-Cola a investit miliarde de dolari pentru a se asocia cu tinereţea, sănătatea şi sportul – iar miliarde de oameni cred în mod inconştient în această legătură.

Realitatea este că adevărul nu s-a aflat niciodată în fruntea agendei lui *Homo sapiens*. Mulţi oameni pornesc de la premisa că, dacă o anumită religie sau ideologie denaturează realitatea, adepţii ei vor descoperi cu siguranţă acest lucru mai devreme sau mai târziu, deoarece nu le vor putea face faţă unor rivali mai perspicace. Ei bine, acesta nu este altceva decât un alt mit consolator. În realitate, puterea cooperării umane depinde de un echilibru delicat între adevăr şi ficţiune.

Dacă distorsionezi prea mult realitatea, acest lucru te va slăbi de fapt, făcându-te să te comporţi nerealist. De exemplu, în 1905, un clarvăzător est-african pe nume Kinjikitile Ngwale a pretins că era posedat de spiritul-şarpe Hongo. Noul profet avea un mesaj revoluţionar pentru locuitorii coloniei germane a Africii de Est: să se unească şi să-i alunge pe germani. Ca să facă mesajul mai atrăgător, Ngwale le-a oferit adepţilor săi un leac magic care ar fi transformat, chipurile, gloanţele germane în apă (*maji* în swahili). Aşa a început Revolta Maji Maji. A eşuat. Asta pentru că pe câmpul de luptă gloanţele germane nu se prefăceau în apă. În schimb, străpungeau fără milă trupurile rebelilor prost înarmaţi[10]. Cu două mii de ani mai devreme, Marea Revoltă a Evreilor împotriva romanilor a fost inspirată în mod asemănător de o credinţă arzătoare că Dumnezeu va lupta de partea evreilor şi îi va ajuta să înfrângă Imperiul Roman aparent invincibil. Şi aceasta a eşuat, ducând la distrugerea Ierusalimului şi exilul evreilor.

Pe de altă parte, nu poţi organiza în mod eficient mase de oameni fără să te bazezi pe o mitologie. Dacă mergi pe mâna realităţii pure, te vor urma prea puţini. Fără mituri, ar fi fost imposibilă nu numai organizarea revoltelor eşuate Maji Maji şi evreieşti, ci şi a războiului mahdist şi a revoltei macabeilor, care au avut mult mai mult succes.

De fapt, poveştile false au un avantaj intrinsec în faţa adevărului atunci când se pune problema de a-i uni pe oameni. Dacă vrei să măsori loialitatea grupului, să le ceri oamenilor să creadă o absurditate este un test mult mai bun decât să le ceri să creadă adevărul. Dacă o mare căpetenie spune „soarele răsare la est şi apune la vest", nu e nevoie de loialitate faţă de căpetenie pentru ca aceasta să fie aplaudată. Dar, dacă aceeaşi căpetenie spune „soarele răsare la vest şi apune la est", numai loialiştii adevăraţi vor bate din palme. În mod similar, dacă toţi vecinii tăi cred aceeaşi poveste absurdă, poţi fi sigur că vor fi solidari în momentele de criză. Dacă sunt dispuşi să creadă doar fapte recunoscute ca atare, ce dovedeşte acest lucru?

Aţi putea susţine că, cel puţin în unele cazuri, organizarea eficientă a oamenilor este posibilă mai curând prin intermediul unor acorduri consensuale decât prin ficţiuni şi mituri. Astfel, în sfera economică, banii şi corporaţiile îi leagă pe oameni mult mai eficient decât vreun zeu sau vreo carte sfântă, deşi toată lumea ştie că nu sunt altceva decât o convenţie umană. În cazul unei cărţi sfinte, un credincios adevărat ar spune „Cred că această carte este sfântă", în vreme ce, în cazul dolarului, un credincios adevărat ar spune doar „Cred că *alţi oameni* cred că dolarul are valoare". Evident că dolarul este doar o creaţie umană, însă oamenii din întreaga lume îl respectă. În acest caz, de ce nu pot oamenii să renunţe la toate miturile şi ficţiunile şi să se organizeze pe baza unor convenţii consensuale, cum este dolarul?

Asemenea convenţii nu sunt însă net diferite de ficţiune. Deosebirea dintre cărţile sfinte şi bani, de exemplu, este mult mai mică decât ar putea părea la prima vedere. Când văd o bancnotă de un dolar, majoritatea oamenilor uită că este doar o convenţie umană – şi, uitându-se la bucata verde de hârtie cu chipul albului mort, o văd ca pe un lucru valoros în sine. E greu de crezut că îşi spun vreodată: „De fapt, aceasta este o bucată de hârtie fără valoare, dar, întrucât alţi oameni o consideră valoroasă, mă pot folosi de ea”. Dacă aţi analiza creierul unui om apelând la imagistica prin rezonanţă magnetică funcţională, aţi vedea că, atunci când persoana respectivă primeşte o valiză plină cu bancnote de o sută de dolari, părţile creierului care încep să se excite nu sunt părţile sceptice („Alţi oameni cred că aceste hârtii au valoare”), ci mai curând părţile lacome („Sfinte Sisoe ! Vreau asta !”). În schimb, în majoritatea cazurilor, oamenii încep să sanctifice Biblia, Vedele sau Cartea lui Mormon numai după o prezenţă îndelungată şi repetată în preajma altora care le consideră sfinte. Învăţăm să respectăm cărţile sfinte exact în acelaşi fel în care învăţăm să respectăm bancnotele.

Iată de ce în practică nu există o diferenţă clară între „a şti că un lucru este doar o convenţie umană” şi „a crede că un lucru este valoros în sine”. În multe cazuri, oamenii sunt nesiguri sau uită de această diferenţă. Ca să dau un alt exemplu, dacă aţi purta o discuţie filosofică profundă pe această temă, mai toată lumea ar fi de acord cu un lucru : corporaţiile sunt poveşti fictive create de fiinţe umane. Microsoft nu înseamnă clădirile pe care le deţine, oamenii pe care îi are ca angajaţi sau acţionarii pe care îi slujeşte – mai curând, este o ficţiune juridică elaborată, creată de legiuitori şi avocaţi. Cu toate acestea, în 99% din timp nu purtăm discuţii filosofice profunde şi tratăm corporaţiile ca şi când ar fi entităţi reale, aidoma tigrilor sau oamenilor.

Graniţa dintre ficţiune şi realitate poate fi estompată cu mai multe scopuri, începând cu „de dragul distracţiei” şi mergând până la „supravieţuire”. Nu poţi să joci jocuri sau să citeşti romane dacă nu renunţi la scepticism cel puţin pentru o vreme. Ca să savurezi cu adevărat fotbalul, trebuie să accepţi regulile jocului şi să uiţi preţ de cel puţin 90 de minute că sunt doar invenţii ale omului. În caz contrar, ţi se va părea de-a dreptul ridicol ca 22 de oameni să alerge după o minge. Fotbalul ar putea începe ca o simplă distracţie, dar poate deveni ulterior o chestie mult mai serioasă, după cum va confirma orice huligan englez sau naţionalist argentinian. Fotbalul poate contura identităţi personale, poate cimenta comunităţi la scară largă şi poate oferi chiar motive de violenţă. Naţiunile şi religiile sunt cluburi de fotbal pe steroizi.

Oamenii au această abilitate remarcabilă de a şti şi a nu şti în acelaşi timp. Sau, mai corect, pot şti ceva atunci când se gândesc serios la acel lucru, dar în cea mai mare parte a timpului nu se gândesc la el, aşa că nu îl ştiu. Dacă vă concentraţi cu adevărat, vă daţi seama că banii sunt o ficţiune. Dar de obicei nu vă concentraţi. Dacă sunteţi întrebat despre asta, ştiţi că fotbalul este o invenţie a omului. Dar, în toiul meciului, nimeni nu vă întreabă aşa ceva. Dacă investiţi timp şi energie, puteţi descoperi că naţiunile sunt poveşti elaborate. Dar, în plin război, nu aveţi nici timp, nici energie. Dacă doriţi să aflaţi şi căutaţi adevărul suprem, vă daţi seama că povestea cu Adam şi Eva este un mit. Dar cât de des doriţi să aflaţi adevărul suprem?

Adevărul şi puterea nu pot călători împreună decât până într-un anumit punct. Mai devreme sau mai târziu, fiecare o ia pe drumul său. Dacă vrei putere, la un moment dat vei fi nevoit să diseminezi ficţiuni. Dacă vrei să afli adevărul despre lume, la un moment dat va trebui să renunţi la putere. Vei fi nevoit să recunoşti diverse lucruri – de exemplu, despre sursele propriei puteri – care îţi vor înfuria aliaţii, îţi vor descuraja adepţii sau vor submina armonia socială. Această ruptură dintre adevăr şi putere nu are nimic mistic. Dacă vreţi să o vedeţi pe viu, găsiţi un protestant american alb tipic şi ridicaţi problema rasei, localizaţi un israelian tradiţionalist şi pomeniţi-i de Ocupaţie sau încercaţi să discutaţi cu un tip obişnuit despre patriarhat.

De-a lungul istoriei, erudiţii s-au confruntat în repetate rânduri cu această dilemă: Slujesc puterea sau adevărul? Ar trebui să încerce să-i unească pe oameni, asigurându-se că toată lumea crede în aceeaşi poveste, sau ar trebui să-i lase să cunoască adevărul chiar cu preţul dezbinării? Cele mai puternice instituţii de studiu – fie ele ale preoţilor creştini, ale mandarinilor confucianişti sau ale ideologilor comunişti – au pus unitatea mai presus de adevăr. De aceea au fost atât de puternice.

Ca specie, oamenii preferă puterea în detrimentul adevărului. Investim mult mai mult timp şi efort încercând să controlăm lumea decât încercând să o înţelegem – şi chiar şi atunci când ne străduim să o înţelegem o facem de regulă în speranţa că, înţelegând lumea, ne va fi mai uşor să o controlăm. De aceea, dacă visaţi la o societate în care adevărul să domine, iar miturile să fie ignorate, nu vă aşteptaţi la mare lucru din partea lui *Homo sapiens*. Încercaţi-vă mai bine norocul cu cimpanzeii.

Cum ieşiţi din maşina de spălat creierul

Toate acestea nu înseamnă că ştirile false nu constituie o problemă serioasă sau că politicienii şi preoţii au dreptul neîngrădit de a minţi cu neruşinare. De asemenea, ar fi complet greşit să tragem concluzia că totul este doar o ştire falsă, că orice încercare de a descoperi adevărul este sortită eşecului şi că nu există absolut nici o diferenţă între jurnalismul serios şi propagandă. În spatele tuturor ştirilor false se ascund fapte reale şi o suferinţă reală. În Ucraina, de pildă, soldaţii ruşi luptă cu adevărat, câteva mii au murit cu adevărat, iar sute de mii şi-au pierdut cu adevărat casele. Suferinţa umană este deseori cauzată de credinţa în ficţiune, însă suferinţa în sine este cât se poate de reală.

Prin urmare, în loc să acceptăm ştirile false ca pe o normă, ar trebui să recunoaştem că este o problemă mult mai dificilă decât avem tendinţa să credem şi ar trebui să ne străduim şi mai mult să distingem realitatea de ficţiune. Nu vă aşteptaţi la perfecţiune. Una dintre cele mai mari ficţiuni este să negi complexitatea lumii şi să o vezi în termeni absoluţi de puritate desăvârşită *versus* rău satanic. Nici un politician nu spune tot adevărul şi numai adevărul, însă unii politicieni sunt mult mai buni decât alţii. Dacă ar fi să aleg, aş avea mult mai multă încredere în Churchill decât în Stalin, deşi prim-ministrul britanic nu se sfia să înflorească adevărul atunci când asta îi slujea interesele. În mod asemănător, nici un ziar nu este lipsit de prejudecăţi şi de greşeli, dar unele ziare fac un efort sincer de a afla adevărul, pe când altele sunt o maşină de spălat creiere. Dacă aş fi trăit în anii 1930, sper că aş fi avut înţelepciunea de a mă încrede mai mult în *The New York Times* decât în *Pravda* şi *Der Stürmer*.

Este responsabilitatea noastră, a tuturor, să investim timp şi efort pentru a ne scoate la iveală prejudecăţile şi a ne verifica sursele de informare. După cum precizam în capitolele anterioare, nu putem investiga totul noi înşine. Dar, tocmai de aceea, trebuie cel puţin să ne cercetăm cu atenţie sursele preferate de informaţii – fie că este vorba de un ziar, un website, o reţea de televiziune sau o persoană. În capitolul 20 vom explora mult mai profund modul de a evita să fim spălaţi pe creier şi cum să distingem realitatea de ficţiune. Aici aş vrea să prezint două reguli de bază simple.

În primul rând, dacă vrei informaţii de încredere, plăteşte bine pentru ele. Dacă îţi primeşti ştirile gratuit, e posibil ca tu însuţi să fii produsul. Să presupunem că un miliardar dubios ţi-ar propune următorul târg : „Îţi dau 30 de dolari pe lună, în schimb mă laşi să-ţi spăl creierul timp de o oră în fiecare zi, băgându-ţi în cap orice prejudecăţi politice şi comerciale am chef". Ai accepta târgul ? Puţini oameni sănătoşi la cap l-ar accepta. Aşa că miliardarul dubios îţi oferă un târg puţin diferit : „Mă laşi să-ţi spăl creierul timp de o oră în fiecare zi şi, în schimb, nu te taxez deloc pentru acest serviciu". Brusc, târgul sună acum tentant pentru sute de milioane de oameni. Nu le urma exemplul.

Cea de-a doua regulă de bază este că, dacă o anumită chestiune pare extraordinar de importantă pentru tine, ar trebui să faci efortul de a citi literatura ştiinţifică relevantă. Iar când spun literatură ştiinţifică, mă refer la articole evaluate de colegi, la cărţi publicate de edituri academice celebre şi la lucrările unor profesori din cadrul unor instituţii cu renume. Ştiinţa are în mod evident limitele sale şi a greşit de multe ori în trecut. Cu toate acestea, secole la rând, comunitatea ştiinţifică a fost pentru noi cea mai de încredere sursă de cunoaştere. Dacă, după părerea voastră, comunitatea ştiinţifică greşeşte într-o anumită privinţă, acest lucru este cu siguranţă posibil, dar faceţi măcar efortul de a cunoaşte teoriile ştiinţifice pe care le respingeţi şi aduceţi dovezi empirice care să vă susţină afirmaţiile.

La rândul lor, oamenii de ştiinţă trebuie să se implice mult mai mult în actualele dezbateri publice. Nu ar trebui să se teamă să se facă auziţi atunci când dezbaterea intră în domeniul lor de competenţă, fie că este vorba despre medicină sau istorie. Tăcerea nu înseamnă neutralitate ; ci susţinerea statu-quoului. Desigur, este extrem de important să continuăm să facem cercetări academice şi să publicăm rezultatele în reviste ştiinţifice pe care le citesc doar câţiva experţi. Dar este la fel de important să comunicăm publicului larg cele mai recente teorii ştiinţifice prin intermediul cărţilor de popularizare a ştiinţei şi chiar prin utilizarea ingenioasă a artei şi a ficţiunii.

Asta înseamnă că oamenii de ştiinţă ar trebui să înceapă să scrie science-fiction? De fapt, nu e o idee chiar atât de rea. Arta joacă un rol esenţial în modelarea viziunii oamenilor asupra lumii, iar în secolul XXI ştiinţifico-fantasticul este fără îndoială cel mai important gen literar dintre toate, deoarece modelează felul în care majoritatea oamenilor înţeleg lucruri precum inteligenţa artificială, bioingineria şi modificările climatice. Avem cu certitudine nevoie de ştiinţă bună, dar, dintr-o perspectivă politică, un film science-fiction bun valorează mult mai mult decât un articol în *Science* sau în *Nature*.

Capitolul 18

Ştiinţifico-fantasticul

Viitorul nu este ceea ce vezi în filme

Oamenii controlează lumea deoarece pot coopera mai bine decât orice alt animal, şi pot coopera atât de bine întrucât cred în ficţiuni. Prin urmare, poeţii, pictorii şi dramaturgii sunt cel puţin la fel de importanţi ca soldaţii şi inginerii. Oamenii pornesc la război şi construiesc catedrale deoarece cred în Dumnezeu, şi cred în Dumnezeu fiindcă au citit poeme despre Dumnezeu, fiindcă au văzut imagini cu Dumnezeu şi fiindcă au fost fascinaţi de piesele de teatru despre Dumnezeu. În mod similar, credinţa noastră în mitologia modernă a capitalismului este susţinută de creaţiile artistice ale Hollywoodului şi industriei pop. Credem că dacă ne cumpărăm mai multe lucruri vom fi fericiţi, deoarece am văzut cu ochii noştri paradisul capitalist la televizor.

La începutul secolului XXI, poate cel mai important gen artistic este science-fictionul. Foarte puţini oameni citesc cele mai recente articole din domeniul învăţării automate sau al ingineriei genetice. În schimb, filme precum *Matrix* şi *Ea* sau seriale de televiziune precum *Westworld* şi *Oglinda neagră* modelează felul în care oamenii înţeleg cele mai importante descoperiri tehnologice, sociale şi economice ale epocii noastre. Asta mai înseamnă şi că ştiinţifico-fantasticul trebuie să fie mult mai responsabil în ceea ce priveşte modul în care prezintă realităţile ştiinţifice, altfel le-ar putea insufla oamenilor idei eronate sau le-ar putea concentra atenţia asupra unor probleme greşit înţelese.

După cum precizam într-un capitol anterior, poate cel mai cumplit păcat al science-fictionului din zilele noastre este acela că are tendinţa de a confunda inteligenţa cu conştiinţa. Drept urmare, este extrem de îngrijorat de un potențial război între roboți și oameni, când de fapt ar trebui să ne temem de un conflict între o elită restrânsă de supraoameni puternici datorită unor algoritmi și o vastă clasă inferioară de *Homo sapiens* lipsiți de putere. Când ne gândim la viitorul inteligenței artificiale, Karl Marx este în continuare un ghid mai bun decât Steven Spielberg.

De fapt, multe filme despre inteligența artificială se abat atât de mult de la realitatea științifică, încât bănuim că sunt doar niște alegorii cu interese complet diferite. Astfel, filmul *Ex Machina* din 2015 pare să fie despre un expert în inteligența artificială care se îndrăgostește de o femeie-robot, doar ca să fie păcălit și manipulat de aceasta. În realitate, nu este un film despre teama omului de roboții inteligenți. Este un film despre teama bărbatului de femeile inteligente și, mai ales, despre teama că emanciparea femeii ar putea duce la dominația ei. Ori de câte ori urmăriți un film despre o inteligență artificială în care inteligența artificială este femeie, iar omul de știință e bărbat, este probabil mai curând un film despre feminism decât despre cibernetică. Căci de ce ar avea inteligența artificială identitate sexuală sau de gen? Sexul este o caracteristică a ființelor multicelulare organice. Ce ar putea să însemne pentru o ființă cibernetică nonorganică?

Viața într-o cutie

O temă pe care științifico-fantasticul a explorat-o cu mult mai multă perspicacitate o reprezintă pericolul ca tehnologia să fie folosită pentru manipularea și controlarea ființelor umane. *Matrix* înfățișează o lume în care aproape toți oamenii sunt închiși în cyberspațiu și toate experiențele lor sunt modelate de un algoritm suprem. *Truman Show* se concentrează asupra unui singur individ care, fără știrea lui, este vedeta unei emisiuni de televiziune de tip reality-show. Acesta nu știe că toți prietenii și toate cunoștințele lui – inclusiv mama, soția și cel mai bun prieten – sunt actori; tot ce i se întâmplă respectă un scenariu bine scris; și tot ce spune și face este filmat cu camere ascunse și urmărit cu aviditate de milioane de fani.

Totuși, în cele din urmă, ambele filme – deși strălucite – dau înapoi în fața implicațiilor profunde ale scenariilor lor. Pornesc de la premisa că oamenii blocaţi în matrice au un eu autentic, care rămâne neatins de toate manipulările tehnologice, şi că dincolo de matrice se află o realitate autentică, la care eroii pot avea acces dacă se străduiesc îndeajuns de mult. Matricea este doar o barieră artificială ce separă eul autentic interior de lumea autentică exterioară. După multe obstacole şi peripeţii, ambii eroi - Neo în *Matrix* şi Truman în *Truman Show* - reuşesc să o depăşească şi să se elibereze din pânza manipulărilor, să-şi descopere eul autentic şi să ajungă pe tărâmul autentic al făgăduinţei.

În mod destul de curios, acest tărâm autentic al făgăduinţei este identic din toate punctele de vedere importante cu matricea inventată. Atunci când Truman reuşeşte să iasă din studioul de televiziune, încearcă să o găsească pe iubita lui din liceu, pe care regizorul emisiunii o dăduse afară. Totuşi, dacă Truman şi-ar transforma în realitate această iluzie romantică, viaţa lui ar arăta exact ca visul hollywoodian perfect pe care *Truman Show* l-a vândut câtorva milioane de spectatori din întreaga lume - plus vacanţe în Fiji. Filmul nu ne dă nici măcar un indiciu despre ce fel de viaţă diferită poate găsi Truman în lumea reală.

În mod asemănător, atunci când Neo evadează din matrice înghiţind celebra pastilă roşie, el descoperă că lumea exterioară nu este câtuşi de puţin diferită de lumea din interior. Atât afară, cât şi înăuntru au loc conflicte violente, iar oamenii se lasă conduşi de teamă, pofte carnale, dragoste şi invidie. La sfârşitul filmului, lui Neo ar fi trebuit să i se spună că realitatea în care a pătruns nu este altceva decât o matrice mai mare şi că, dacă vrea să evadeze în „adevărata lume reală", trebuie să aleagă din nou între pastila albastră şi pastila roşie.

Actuala revoluţie tehnologică şi ştiinţifică nu implică doar faptul că indivizi autentici şi realităţi autentice pot fi manipulate prin intermediul algoritmilor şi al camerelor de filmat, ci şi, mai curând, că autenticitatea este un mit. Oamenii se tem să fie închişi într-o cutie, dar nu îşi dau seama că sunt deja închişi într-o cutie - creierul lor -, care este închisă într-o cutie mai mare - societatea umană, cu nenumăratele ei ficţiuni. Când evadezi din matrice, singurul lucru pe care îl descoperi este o matrice mai mare. Când ţăranii şi muncitorii s-au revoltat împotriva ţarului în 1917, au ajuns pe mâna lui Stalin ; iar când începi să explorezi feluritele moduri în care lumea te manipulează, ajungi să-ţi dai seama în cele din urmă că identitatea ta profundă este o iluzie complexă creată de reţelele neurale.

Oamenii se tem că, dacă sunt închişi într-o cutie, vor rata toate minunăţiile lumii. Câtă vreme Neo este blocat în matrice, iar Truman e închis în studioul de televiziune, nu vor vizita niciodată Fiji, Parisul sau Machu Picchu. Dar, la drept vorbind, tot ce vei experimenta vreodată în viaţă este în interiorul propriului corp şi în propria minte. Evadarea din matrice sau călătoria în Fiji nu vor conta absolut deloc. Nu e ca şi când undeva în mintea ta ar exista un cufăr din fier pe care e lipit un anunţ mare şi roşu ce te avertizează: „Deschide numai în Fiji!", iar când ajungi în sfârşit în Pacificul de Sud poţi să deschizi cufărul, din care ies fel de fel de emoţii şi sentimente deosebite, pe care nu le poţi trăi decât în Fiji. Iar dacă nu vizitezi în viaţa ta Fiji, atunci ai ratat pentru totdeauna aceste sentimente deosebite. Nu. Orice poţi simţi în Fiji, poţi simţi oriunde în lume; chiar şi în matrice.

Poate că trăim cu toţii într-o uriaşă simulare computerizată, în stil *Matrix*. Acest fapt ne-ar contrazice toate poveştile naţionale, religioase şi ideologice. Însă experienţele noastre mentale ar rămâne reale. Dacă s-ar dovedi că istoria umană este o simulare elaborată realizată pe un supercomputer de şobolani de ştiinţă de pe planeta Zircon, ar fi destul de stânjenitor pentru Karl Marx şi Statul Islamic. Dar aceşti şobolani de ştiinţă tot ar avea de dat socoteală pentru genocidul armean şi pentru Auschwitz. Cum au făcut ca aceste lucruri să treacă neobservate de comisia de etică a Universităţii Zircon? Deşi camerele de gazare erau doar semnale electrice în circuite integrate, experienţele durerii, fricii şi disperării nu au fost deloc mai puţin înfiorătoare din acest motiv.

Durerea e durere, teama e teamă, iar iubirea e iubire – chiar şi în matrice. Nu contează dacă teama pe care o simţi este inspirată de o mulţime de atomi din lumea exterioară sau de semnale electrice manipulate de un computer. Teama rămâne reală. Aşadar, dacă vrei să explorezi realitatea minţii tale, poţi face asta atât în interiorul matricei, cât şi în afara ei.

Majoritatea filmelor science-fiction spun de fapt o poveste extrem de veche: victoria minţii asupra materiei. Cu 30.000 de ani în urmă, povestea era următoarea: „Mintea îşi imaginează un cuţit din piatră –

mâna creează un cuţit – omul ucide mamutul". Dar adevărul este că oamenii au dobândit controlul asupra lumii nu atât pentru că au inventat cuţite şi au ucis mamuţi, cât pentru că au manipulat minţile oamenilor. Mintea nu este subiectul care modelează liber fapte istorice şi realităţi biologice – mintea este un obiect modelat de istorie şi biologie. Până şi idealurile pe care le preţuim cel mai mult – libertatea, iubirea, creativitatea – sunt aidoma unui cuţit din piatră pe care l-a cioplit altcineva ca să ucidă un mamut. Potrivit celor mai bune teorii ştiinţifice şi celor mai moderne instrumente tehnologice, mintea nu este niciodată la adăpost de manipulare. Nu există un eu autentic care aşteaptă să fie eliberat din cochilia manipulatoare.

Aveţi idee câte filme, romane şi poezii aţi consumat de-a lungul anilor şi cum v-au cioplit şi rafinat aceste artefacte conceptul de dragoste? Comediile romantice sunt pentru iubire ceea ce este pornografia pentru sex şi Rambo pentru război. Iar dacă credeţi că puteţi să apăsaţi vreo tastă Delete şi să ştergeţi orice urmă de Hollywood din subconştient şi sistemul limbic, vă amăgiţi singuri.

Ne place ideea de a ciopli cuţite din piatră, dar nu să fim noi înşine cuţite din piatră. De aceea, varianta cu matrice a vechii poveşti a mamutului sună cam aşa: „Mintea îşi imaginează un robot – mâna creează un robot – robotul ucide terorişti, dar încearcă şi să controleze mintea – mintea ucide robotul". Totuşi, această poveste e falsă. Problema nu e că mintea nu va fi în stare să ucidă robotul. Problema e că mintea care şi-a imaginat din capul locului robotul era deja produsul unor manipulări mult mai vechi. De aceea, uciderea robotului nu ne va elibera.

Disney îşi pierde încrederea în liberul-arbitru

În 2015, Pixar Studios şi Walt Disney Pictures au lansat o saga de animaţie mult mai realistă şi mai tulburătoare despre condiţia umană, care a devenit rapid un mare succes atât în rândul copiilor, cât şi al adulţilor. *Întors pe dos* spune povestea unei fetiţe de 11 ani, Riley Andersen, care se mută cu părinţii ei din Minnesota în San Francisco. Întrucât îi este dor de prietenele şi de oraşul său natal, îi vine greu să se adapteze la noua ei viaţă şi încearcă să fugă înapoi în Minnesota. Totuşi, fără ştirea lui Riley, se petrece o dramă de proporţii şi mai mari. Riley nu este, fără să ştie, vedeta unui reality-show de televiziune şi nici nu este blocată în matrice. Mai curând, Riley însăşi este matricea şi există ceva blocat în ea.

Disney şi-a construit imperiul reluând la nesfârşit acelaşi mit. În nenumărate filme Disney, eroii se confruntă cu dificultăţi şi pericole, dar în cele din urmă înving, întrucât îşi găsesc eul autentic şi dau curs liberului-arbitru. *Întors pe dos* demontează cu brutalitate acest mit. Adoptă cea mai recentă perspectivă neurobiologică asupra oamenilor şi îi poartă pe spectatori într-o călătorie în creierul lui Riley, doar ca să descopere că nu are nici un eu autentic şi că alegerile ei nu stau niciodată sub semnul liberului-arbitru. Riley este în realitate un robot uriaş controlat de o sumedenie de mecanisme biochimice contradictorii, pe care filmul le personifică sub forma unor personaje simpatice de desene animate: galbena şi voioasa Bucurie, albastra şi ursuza Tristeţe, roşia şi irascibila Furie şi aşa mai departe. Manipulând o serie de butoane şi manete de la Centrul de comandă şi urmărind în acelaşi timp fiecare mişcare a lui Riley pe un uriaş ecran de televizor, aceste personaje controlează toate dispoziţiile, deciziile şi faptele lui Riley.

Neputinţa lui Riley de a se adapta la noua ei viaţă din San Francisco se datorează unei probleme apărute la Centrul de comandă care ameninţă să distrugă cu totul echilibrul creierului lui Riley. Ca să îndrepte situaţia, Bucurie şi Tristeţe pornesc într-o călătorie uimitoare prin creierul lui Riley, mergând cu Trenul Gândurilor, explorând temniţa subconştientului şi vizitând studioul interior, unde o echipă de neuroni artistici produc de zor vise. Mergând pe urmele acestor mecanisme biochimice personificate până în adâncul creierului lui Riley, nu întâlnim niciodată un suflet, un eu autentic sau un liber-arbitru. De fapt, momentul revelaţiei de care atârnă toată intriga are loc nu atunci când Riley îşi descoperă eul autentic unic, ci mai curând atunci când devine evident faptul că Riley nu poate fi identificată cu un singur nucleu şi că bunăstarea ei depinde de interacţiunea mai multor mecanisme diferite.

La început, spectatorii tind să o identifice pe Riley cu personajul principal – galbena şi voioasa Bucurie. Însă în cele din urmă se dovedeşte că aceasta era greşeala critică ce ameninţa să distrugă viaţa lui Riley. Crezând că doar ea este esenţa autentică a lui Riley, Bucurie le terorizează pe toate celelalte personaje din interior, perturbând astfel echilibrul delicat al creierului lui Riley. Catharsisul se produce atunci când Bucurie îşi înţelege greşeala şi, împreună cu spectatorii, îşi dă seama că Riley nu e Bucurie, Tristeţe sau oricare altul dintre celelalte personaje. Riley este o poveste complexă produsă de conflictele şi colaborările tuturor personajelor biochimice.

Lucrul cu adevărat uimitor nu este doar acela că Disney a avut curajul să lanseze pe piaţă un film cu un mesaj absolut radical, ci şi că acesta a devenit un succes mondial. Poate că acest succes se datorează faptului că *Întors pe dos* este o comedie cu final fericit, iar majoritatea spectatorilor nu i-au conştientizat nici substratul neurologic, nici implicaţiile sinistre.

Nu acelaşi lucru se poate spune despre cea mai profetică operă literară ştiinţifico-fantastică a secolului XX. E imposibil să-i rataţi natura sinistră. A fost scrisă cu aproape un veac în urmă, dar devine tot mai relevantă cu fiecare an ce trece. Aldous Huxley a scris *Minunata lume nouă* în 1931, pe când comunismul şi fascismul acaparaseră Rusia şi Italia, nazismul era în ascensiune în Germania, Japonia militaristă se lansa în războiul ei de cucerire în China, iar lumea întreagă era în ghearele Marii Depresiuni. Totuşi, Huxley a reuşit să vadă prin toţi aceşti nori întunecaţi şi să-şi imagineze o societate a viitorului fără război, foamete şi molimă, care se bucură necontenit de pace, prosperitate şi sănătate. Este o lume consumeristă, care dă frâu liber sexului, drogurilor şi rock-and-rollului şi a cărei valoare supremă este fericirea. Ipoteza care stă la baza cărţii este aceea că oamenii sunt algoritmi biochimici, că ştiinţa poate modifica algoritmul uman şi că tehnologia poate fi folosită ulterior pentru a-l manipula.

În această minunată lume nouă, Statul Mondial foloseşte biotehnologie şi inginerie socială avansate ca să se asigure că toată lumea este mulţumită mereu şi că nimeni nu are nici un motiv să se răzvrătească. E ca şi când Bucurie, Tristeţe şi celelalte personaje din creierul lui Riley ar fi fost transformate în agenţi guvernamentali loiali. Prin urmare, nu este nevoie de poliţie secretă, de lagăre de concentrare sau de un Minister al Iubirii *à la O mie nouă sute optzeci şi patru* de Orwell. De fapt, geniul lui Huxley constă în faptul că arată că ai putea să-i controlezi pe oameni mult mai bine prin dragoste şi plăcere decât prin teamă şi violenţă.

Când citesc *O mie nouă sute optzeci și patru*, oamenilor le este clar că Orwell descrie o lume înfricoșătoare, de coșmar, și că singura întrebare fără răspuns este „Cum evităm să ajungem într-o situație atât de cumplită?". Lectura romanului *Minunata lume nouă* este o experiență mult mai deconcertantă și mai provocatoare, fiindcă e greu să spui cu certitudine ce anume o face să fie distopică. Lumea este pașnică și prosperă și toți sunt extrem de satisfăcuți tot timpul. Ce ar putea fi rău în asta?

Huxley pune această întrebare direct, în punctul culminant al romanului: dialogul dintre Mustafa Mond, Controlorul Mondial pentru Europa Occidentală, și John Sălbaticul, care a trăit toată viața într-o rezervație indiană din New Mexico și care este singurul bărbat din Londra, în afară de Mustafa, care mai știe câte ceva despre Shakespeare sau Dumnezeu.

Când John Sălbaticul încearcă să-i instige pe locuitorii Londrei să se răzvrătească împotriva sistemului care îi controlează, aceștia reacționează cu o apatie totală la îndemnul său, dar poliția îl arestează și îl aduce înaintea lui Mustafa Mond. Controlorul Mondial are o discuție plăcută cu John, explicându-i că, dacă insistă să fie antisocial, ar trebui să se mute într-un loc retras, unde să ducă o viață de pustnic. John pune apoi la îndoială ideile care stau la baza ordinii globale și acuză Statul Mondial că, pornind în căutarea fericirii, a eliminat nu numai adevărul și frumusețea, ci și tot ceea ce este nobil și eroic în viață:

> — Tinere dragă, îi zise prietenos Mustafa Mond, civilizația n-are câtuși de puțin nevoie de noblețe sau de eroism. Chestiile astea sunt doar simptome ale ineficacității politice. Într-o societate ca a noastră, organizată corespunzător, nimeni nu are prilejul de a deveni nobil sau erou. Pentru ca să se nască un asemenea prilej, ar trebui să se destabilizeze de tot situația. Acolo unde sunt războaie, unde oamenii sunt dezbinați în convingerile sau atașamentele lor, unde apar ispite cărora trebuie să li se împotrivească, lucruri îndrăgite care trebuie obținute ori apărate prin luptă - acolo, evident, capătă oarecare sens noblețea și eroismul. Dar azi nu mai avem războaie. Și se iau cele mai mari precauții pentru a-i împiedica pe oameni să se îndrăgostească prea tare de cineva. Nu mai există dezbinări în materie de convingeri sau atașamente; ești condiționat astfel încât să nu poți să nu faci ceea ce trebuie. Iar ceea ce trebuie să faci este în general atât de agreabil - și li se dă frâu liber atâtor impulsuri firești - încât, de fapt, nu există ispite cărora să li te împotrivești.

Iar dacă vreodată, din cine ştie ce ghinion nemaipomenit, s-ar întâmpla cumva ceva neplăcut, păi, na, există întotdeauna *soma* care să-ţi ofere o sărbătoare sau o vacanţă, posibilitatea de a fugi de realitate. Ai întotdeauna la îndemână *soma* ca să-ţi potolească furia, să te împace cu duşmanii, să te facă răbdător şi capabil să înduri multă vreme orice. În trecut nu puteai realiza aceste lucruri decât cu mari eforturi şi după ani îndelungaţi de educaţie morală chinuitoare. Acum înghiţi două-trei tablete de o jumătate de gram şi gata. Acum oricine poate fi virtuos. Poţi duce cu tine într-o sticluţă cel puţin jumătate din etică. Creştinismul fără lacrimi - asta este *soma*.

— Bine, dar lacrimile sunt necesare. Nu vă aduceţi aminte ce spunea Othello? „Furtuna tot mereu de mi-ar aduce atât senin, atunci să sufle vântul trezind moartea." Era o poveste pe care ne-o spunea un indian bătrân, despre Fata de la Mátsaki. Flăcăii care voiau s-o ia de nevastă trebuiau să sape grădina o dimineaţă întreagă. Treaba părea un fleac; dar roiau pe acolo muşte şi ţânţari - gângănii din acelea vrăjite. Cei mai mulţi dintre flăcăi pur şi simplu nu rezistau la înţepăturile şi muşcăturile lor. Dar cel care a rezistat - acela a câştigat mâna fetei.

— Fermecător! Dar în ţările civilizate, spuse Controlorul, poţi să posezi fetele fără să fii nevoit să le sapi grădina; în schimb, nu mai sunt nici muşte, nici ţânţari care să te înţepe. De veacuri întregi am scăpat de aceste gângănii. Sălbaticul încuviinţă din cap, dar încruntă din sprâncene:

— Aţi scăpat de ele. Da, aşa faceţi cu toate. Scăpaţi de toate neplăcerile, în loc să învăţaţi să le faceţi faţă. „Mai vrednic oare e să rabzi în cuget ale vitregiei praştii şi săgeţi, sau fierul să-l ridici asupra mării de griji - şi să le curmi?"... dar voi nu faceţi nici una, nici alta. Nici nu răbdaţi, nici nu ridicaţi sabia asupra lor. Doar desfiinţaţi praştiile şi săgeţile. E prea uşor asta. (...) Ceea ce v-ar trebui, măcar din când în când, ca o schimbare, ar fi ceva care să stârnească lacrimi, continuă Sălbaticul. (...) A trăi înfruntând primejdia nu înseamnă nimic?

— Ba da, chiar foarte mult, răspunse Controlorul. Bărbaţilor şi femeilor trebuie să li se stimuleze din când în când secreţia de adrenalină. (...) E una dintre condiţiile sănătăţii perfecte. Tocmai de aceea am impus ca obligatorii tratamente cu SPV.

— SPV?

— Surogat de Pasiune Violentă. Administrat cu regularitate o dată pe lună. Inundăm întregul sistem al organismului cu adrenalină. Este echivalentul fiziologic complet al spaimei şi al furiei. Are toate efectele tonice ale uciderii Desdemonei şi ale suferinţelor ei când o strânge de gât Othello - dar fără nici unul dintre inconvenientele acestora.

— Dar mie îmi plac inconvenientele.

— Nouă nu. Noi preferăm să facem totul într-un mod confortabil.

— Eu unul nu vreau confort. Îl vreau pe Dumnezeu, vreau poezie, vreau primejdie adevărată, vreau libertate, vreau bunătate. Vreau păcatul.

— De fapt, dumneata pretinzi dreptul de a fi nefericit, îi spuse Mustafa Mond.

— Mă rog, fie şi aşa! îl sfidă Sălbaticul. Cer dreptul la nefericire.

— Ca să nu mai pomenim de dreptul de a îmbătrâni, de a te urâţi şi de a ajunge neputincios. Dreptul de a suferi de sifilis şi cancer; dreptul de a avea prea puţină hrană; dreptul de a te umple de păduchi; dreptul de a trăi grija permanentă a zilei de mâine; dreptul de a te îmbolnăvi de tifos; dreptul de a fi chinuit de tot felul de dureri inimaginabile.

Urmă o lungă tăcere.

— Da, da, cer toate astea! exclamă într-un târziu Sălbaticul.

Mustafa Mond dădu din umeri:

— Să-ţi fie de bine[1].

John Sălbaticul se retrage într-o sălbăticie nelocuită, unde trăieşte ca un pustnic. Anii petrecuţi în rezervaţia indiană, în care a fost spălat pe creier de Shakespeare şi religie, l-au condiţionat să respingă toate binecuvântările modernităţii. Dar zvonurile despre acest individ atât de neobişnuit şi de interesant se răspândesc rapid, oamenii dau năvală să-l urmărească şi să-i consemneze toate faptele, iar în scurt timp devine o celebritate. Sătul până peste cap de toată atenţia nedorită, ca să evadeze din matricea civilizată, Sălbaticul nu înghite o pastilă roşie, ci se spânzură.

Spre deosebire de creatorii filmelor *Matrix* şi *Truman Show*, Huxley a pus la îndoială posibilitatea unei evadări, deoarece s-a întrebat dacă exista cineva care să evadeze. De vreme ce creierul şi „eul" tău fac parte din matrice, ca să evadezi din matrice trebuie să evadezi din propriul eu. Aceasta este însă o posibilitate ce merită explorată. Evitarea definiţiei înguste a eului ar putea deveni o tehnică necesară de supravieţuire în secolul XXI.

Partea a V-a

Flexibilitatea

Cum trăiești într-o epocă a confuziei, când vechile povești s-au destrămat și nu a apărut încă nici o poveste nouă care să le înlocuiască?

Capitolul 19

Educația

Schimbarea este singura constantă

Omenirea se confruntă cu revoluţii fără precedent, toate poveştile noastre vechi se destramă, iar până în clipa de faţă nu a apărut nici o poveste nouă care să le înlocuiască. Cum putem să ne pregătim noi înşine şi pe copiii noştri pentru o lume cu asemenea transformări fără precedent şi incertitudini radicale ? Un copil care se naşte astăzi va avea puţin peste 30 de ani în 2050. Dacă totul merge bine, persoana respectivă va fi încă în viaţă în 2100, putând chiar să fie un cetăţean activ al secolului XXII. Ce ar trebui să-l învăţăm pe acel copil ca să-l ajutăm să supravieţuiască şi să o ducă bine în lumea anului 2050 sau a secolului XXII ? Ce fel de abilităţi îi vor fi necesare ca să obţină un loc de muncă, să înţeleagă ce se petrece în jurul său şi să-şi găsească drumul în labirintul vieţii ?

Din păcate, cum nimeni nu ştie cum va arăta lumea în 2050 – şi cu atât mai puţin în 2100 –, nu cunoaştem răspunsul la aceste întrebări. Desigur, oamenii nu au putut prezice niciodată viitorul cu acurateţe. Însă astăzi este mai dificil decât oricând în trecut, deoarece, odată ce tehnologia ne permite să proiectăm corpuri, creiere şi minţi, nu mai putem fi siguri de nimic – inclusiv de lucrurile care înainte păreau fixe şi eterne.

Acum o mie de ani, în 1018, existau multe lucruri pe care oamenii nu le cunoşteau în legătură cu viitorul, însă erau convinşi că elementele de bază ale societăţii umane nu aveau să se schimbe. Dacă trăiai în China în 1018, ştiai că era posibil ca până în 1050 Imperiul Song să se prăbuşească, khitanii să năvălească din nord şi molimele să ucidă milioane de oameni. Totuşi, îţi era clar că până şi în 1050 majoritatea oamenilor aveau să muncească în continuare ca agricultori şi ţesători, conducătorii aveau să se bazeze în continuare pe oameni ca să-şi doteze armatele şi administraţiile, bărbaţii aveau să domine în continuare femeile, speranţa de viaţă avea să rămână în jur de 40 de ani, iar corpul uman avea să fie exact la fel. De aceea, în 1018, părinţii chinezi săraci îşi învăţau copiii să planteze orez sau să ţeasă mătase, iar părinţii mai înstăriţi îşi învăţau băieţii să citească clasicii confucianişti, să scrie caligrafic sau să lupte călare – şi îşi învăţau fetele să fie gospodine modeste şi supuse. Era evident că aceste abilităţi aveau să fie necesare şi în 1050.

În schimb, astăzi nu avem nici cea mai vagă idee cum va arăta China sau restul lumii în 2050. Nu ştim cum îşi vor câştiga oamenii existenţa, nu ştim cum vor funcţiona armatele sau administraţiile şi nici cum vor arăta relaţiile de gen. Probabil că unii oameni vor trăi mult mai mult decât astăzi, iar corpul uman în sine ar putea trece printr-o revoluţie fără precedent graţie bioingineriei şi interfeţelor directe creier-computer. De aceea, o bună parte din ceea ce învaţă astăzi copiii va fi cel mai probabil irelevant în 2050.

În prezent, prea multe şcoli se axează pe acumularea de informaţii. În trecut avea o logică, fiindcă informaţiile erau puţine şi până şi fluxul lent al celor existente era blocat în repetate rânduri de cenzură. Dacă trăiai, să spunem, într-un orăşel de provincie din Mexic în 1800, îţi era greu să afli mare lucru despre restul lumii. Nu existau radio, televiziune, cotidiene sau biblioteci publice[1]. Chiar dacă ştiai să scrii şi să citeşti şi aveai acces la o bibliotecă privată, nu prea aveai ce citi în afară de romane şi broşuri religioase. Imperiul Spaniol cenzura masiv toate textele tipărite local şi permitea doar importul unui număr redus de publicaţii verificate temeinic[2]. Era cam aceeaşi situaţie şi dacă trăiai într-un orăşel de provincie din Rusia, India, Turcia sau China. Când s-au înfiinţat şcolile moderne, unde toţi copiii învăţau să citească şi să scrie şi dobândeau noţiuni elementare de geografie, istorie şi biologie, ele au constituit un progres major.

Însă în secolul XXI suntem asaltaţi de un volum enorm de informaţii, pe care nici măcar cenzorii nu încearcă să le blocheze. În schimb, împrăştie de zor informaţii false sau ne distrag atenţia cu fapte irelevante. Dacă trăieşti într-un orăşel mexican de provincie şi ai un smartphone, poţi să-ţi petreci mai multe vieţi doar citind Wikipedia, urmărind conferinţe TED şi urmând cursuri gratuite online. Nici un guvern nu poate spera să ascundă toate informaţiile care nu-i sunt pe plac. Pe de altă parte, este alarmant de uşor să asaltezi publicul cu relatări contradictorii şi diversiuni. Oamenii din lumea întreagă sunt doar la un clic distanţă de cele mai recente ştiri referitoare la bombardamentele din Alep sau la topirea calotelor glaciare din Oceanul Arctic – însă există atât de multe relatări contradictorii, încât e greu să ştii ce să mai crezi. În plus, nenumărate alte lucruri sunt doar la un clic distanţă, ceea ce nu te ajută deloc să te concentrezi, iar când politica sau ştiinţa par prea complicate, e tentant să treci la nişte filmuleţe amuzante cu pisici, la bârfe despre vedete sau la pornografie.

Într-o asemenea lume, ultimul lucru pe care trebuie să-l ofere un profesor elevilor săi este mai multă informaţie. Deja au parte de mult prea multă. În schimb, oamenii au nevoie de abilitatea de a interpreta această informaţie, de a distinge între ceea ce este important şi ceea ce nu este important şi, mai presus de orice, de a îmbina mai multe fărâme de informaţie într-o imagine de ansamblu asupra lumii.

La drept vorbind, acesta a fost idealul educaţiei liberale occidentale secole la rând, dar până acum chiar şi cele mai multe dintre şcolile din Vest nu s-au dat peste cap ca să-l îndeplinească. Profesorii şi-au fixat ca principală misiune să pompeze în elevi informaţii, încurajându-i totodată „să gândească singuri". Din cauza fricii lor de autoritarism, şcolile liberale au avut realmente oroare de naraţiunile însemnate. Au presupus că, atâta vreme cât le oferim elevilor foarte multe informaţii şi un minimum de libertate, elevii îşi vor crea propria imagine asupra lumii şi, chiar dacă această generaţie nu va reuşi să sintetizeze toate datele într-o poveste coerentă şi relevantă despre lume, va fi timp din belşug pentru a construi o sinteză bună în viitor. Timpul nostru s-a scurs. Deciziile pe care le vom lua în următoarele câteva decenii vor modela viitorul vieţii înseşi, şi putem lua aceste decizii doar pe baza viziunii noastre actuale asupra lumii. Dacă acestei generaţii îi lipseşte o viziune cuprinzătoare asupra cosmosului, viitorul vieţii va fi decis în mod arbitrar.

Acum e-acum

Pe lângă informaţie, majoritatea şcolilor insistă de asemenea prea mult să le ofere elevilor un set de abilităţi prestabilite - de pildă, să rezolve ecuaţii diferenţiale, să scrie coduri în C++, să identifice substanţe chimice într-o eprubetă sau să converseze în chineză. Totuşi, de vreme ce habar nu avem cum vor arăta lumea şi piaţa muncii în 2050, nu prea ştim de ce abilităţi vor avea nevoie oamenii. E posibil să ne străduim din răsputeri să-i învăţăm pe copii să scrie în C++ sau să vorbească limba chineză, doar ca să descoperim că în 2050 inteligenţa artificială poate scrie un software mult mai bine decât oamenii şi că o nouă aplicaţie Google Translate îţi permite să porţi conversaţii într-o mandarină, cantoneză sau hakka aproape impecabile, deşi tu nu ştii să spui decât „*Ni hao*".

Aşadar, ce ar trebui să predăm? Mulţi experţi în pedagogie susţin că şcolile ar trebui să înceapă să predea „cei patru C" - gândire critică, comunicare, colaborare şi creativitate[3]. În linii mari, şcolile ar trebui să reducă rolul abilităţilor tehnice şi să pună accent pe abilităţi de ordin general necesare în viaţă. Cea mai importantă dintre toate va fi abilitatea de a face faţă schimbării, de a învăţa lucruri noi şi de a-ţi păstra echilibrul mintal în situaţii neobişnuite. Ca să ţineţi pasul cu lumea anului 2050, va trebui nu numai să inventaţi idei şi produse noi - mai presus de orice, va trebui să vă reinventaţi la nesfârşit.

De vreme ce ritmul schimbării creşte, probabil că nu numai economia, ci şi însăşi semnificaţia sintagmei „a fi uman" se vor modifica. În 1848, *Manifestul Partidului Comunist* declara deja că „tot ce este solid se volatilizează". Marx şi Engels se gândeau însă mai ales la structurile sociale şi economice. Până în 2048, şi structurile fizice şi cognitive se vor volatiliza - sau vor dispărea într-un cloud de biţi de informaţii.

În 1848, milioane de oameni îşi pierdeau locurile de muncă de la fermele din mediul rural şi plecau în marile oraşe să lucreze în fabrici. Dar, când ajungeau acolo, era puţin probabil să-şi schimbe sexul sau să capete un al şaselea simţ. Iar dacă găseau o slujbă la vreo fabrică de textile, se puteau aştepta să rămână în acel domeniu pentru tot restul vieţii lor profesionale.

În 2048, oamenii ar putea avea de-a face cu migraţii în cyberspaţiu, cu identităţi fluide de gen şi cu noi experienţe senzoriale generate de implanturi cibernetice. Dacă muncesc şi găsesc relevanţă în crearea de ţinute ultimul răcnet pentru un joc 3-D de realitate virtuală, în decurs de un deceniu nu numai această profesie, ci şi toate slujbele care necesită acest nivel de creaţie artistică ar putea fi preluate de inteligenţa artificială. Aşadar, la 25 de ani te prezinţi pe un site de întâlniri drept „o femeie heterosexuală de 25 de ani care locuieşte la Londra şi lucrează la un atelier de design vestimentar". La 35 de ani spui că eşti „o persoană de gen neutru care trece printr-o ajustare a vârstei, a cărei activitate neocorticală se desfăşoară preponderent în lumea virtuală NewCosmos şi a cărei misiune în viaţă este aceea de a merge acolo unde nici un designer de modă nu a ajuns vreodată". La 45 de ani, atât întâlnirile, cât şi autoprezentările sunt cu totul depăşite. Pur şi simplu aştepţi ca un algoritm să găsească (sau să creeze) partenerul perfect pentru tine. Cât despre relevanţa artei designului vestimentar, eşti depăşită în mod irevocabil de algoritmi, astfel încât, privind în urmă la marile tale realizări din deceniul anterior, eşti mai curând jenată decât mândră. Iar la 45 de ani ai încă în faţă numeroase decenii de schimbare radicală.

Vă rog să nu interpretaţi literal acest scenariu. Nimeni nu poate prezice cu adevărat schimbările propriu-zise la care vom fi martori. E posibil ca orice scenariu să fie departe de adevăr. Dacă cineva vă descrie lumea de la mijlocul secolului XXI şi pare ceva ştiinţifico-fantastic, probabil se înşală. Dar, dacă cineva vă descrie lumea de la mijlocul secolului XXI şi *nu* pare ceva ştiinţifico-fantastic, cu siguranţă se înşală. Nu putem fi siguri de detalii, dar schimbarea în sine este singura certitudine.

O schimbare atât de profundă ar putea foarte bine să transforme structura de bază a vieţii, făcând ca discontinuitatea să fie cea mai frapantă trăsătură a sa. Din vremuri străvechi, viaţa a fost divizată în două părţi complementare : o perioadă de învăţare, urmată de o perioadă de muncă. În prima parte a vieţii acumulai informaţii, îţi dezvoltai diverse abilităţi, îţi formai o viziune asupra lumii şi îţi construiai o identitate stabilă. Chiar dacă la 15 ani îţi petreceai bună parte din zi lucrând pe orezăria familiei (şi nu într-o şcoală formală), cel mai important lucru pe care îl făceai era să înveţi : cum să cultivi orez, cum să negociezi cu lacomii negustori de orez din marile oraşe şi cum să aplanezi conflictele cu ceilalţi săteni referitoare la pământuri şi la apă. În a doua parte a vieţii te bazai pe abilităţile acumulate ca să-ţi găseşti drumul în lume, să-ţi câştigi existenţa şi să contribui la prosperitatea societăţii. Fireşte, chiar şi la 50 de ani, învăţai în continuare lucruri noi despre orez, despre negustori şi despre conflicte, dar acestea erau reglaje fine ale unor abilităţi bine şlefuite.

Până la jumătatea secolului XXI, schimbarea accelerată şi duratele mai mari de viaţă vor face ca acest model tradiţional să devină învechit. Viaţa se va destrăma de la margini şi va exista tot mai puţină continuitate între diferitele perioade ale sale. „Cine sunt?" va fi o întrebare mai importantă şi mai complicată decât oricând înainte[4].

Cel mai probabil, aceste lucruri vor implica un nivel uriaş de stres. Deoarece schimbarea este aproape întotdeauna stresantă, iar după o anumită vârstă celor mai mulţi oameni nu le place să se schimbe. Când ai 15 ani, toată viaţa ta înseamnă schimbare. Corpul îţi creşte, mintea ţi se dezvoltă, relaţiile devin mai profunde. Totul este în continuă mişcare şi totul e nou. Te inventezi de zor. Celor mai mulţi adolescenţi li se pare înfricoşător, dar, în acelaşi timp, este şi palpitant. Noi perspective ţi se vor deschide în faţă şi ai o lume întreagă de cucerit.

Pe la 50 de ani nu mai vrei schimbare, iar majoritatea oamenilor au renunţat să cucerească lumea. Da, am făcut-o deja pe asta, am şi tricoul care o dovedeşte. Preferi mai curând stabilitatea. Ai investit atât de mult în abilităţile tale, în cariera ta, în identitatea ta şi în viziunea ta asupra lumii, încât nu vrei să o iei de la capăt. Cu cât ai muncit mai mult ca să construieşti un lucru, cu atât îţi este mai greu să renunţi la el şi să faci loc pentru ceva nou. Ai putea să preţuieşti încă experienţele noi şi ajustările minore, dar majoritatea oamenilor trecuţi de 50 de ani nu sunt pregătiţi să revizuiască structurile profunde ale identităţii şi personalităţii lor.

Acest fapt are cauze neurologice. Deşi creierul adult este mai flexibil şi mai versatil decât se credea cândva, este totuşi mai puţin maleabil decât creierul unui adolescent. Reconectarea neuronilor şi restabilirea sinapselor constituie o muncă al naibii de grea[5]. Dar în secolul XXI nu îţi prea poţi permite stabilitate. Dacă încerci să te agăţi de o identitate, o slujbă sau o viziune asupra lumii stabile, rişti să rămâi în urmă, în timp ce lumea trece ca vântul pe lângă tine. Întrucât, cel mai probabil, speranţa de viaţă va creşte, e posibil ca ulterior să petreci mai multe decenii ca o fosilă dezorientată. Ca să rămâi relevant (nu numai din punct de vedere economic, ci înainte de toate social), vei avea nevoie de abilitatea de a învăţa şi de a te reinventa în permanenţă - dar, fireşte, la o vârstă mai mică de 50 de ani.

Pe măsură ce straniul va deveni noua normalitate, atât experienţele tale trecute, cât şi experienţele trecute ale întregii omeniri vor deveni un ghid demn de tot mai puţină încredere. Oamenii ca indivizi şi omenirea în ansamblul ei vor trebui să se confrunte tot mai mult cu lucruri de care nimeni nu s-a mai lovit vreodată înainte, precum maşini superinteligente, corpuri proiectate, algoritmi care îţi pot manipula emoţiile cu o precizie supranaturală, cataclisme climatice cauzate de om, cu evoluţie rapidă, şi nevoia de a-ţi schimba profesia în fiecare deceniu. Ce se cuvine să faci atunci când te confrunţi cu o situaţie absolut fără precedent? Cum ar trebui să te comporţi când eşti asaltat de un volum enorm de informaţii şi îţi este absolut imposibil să le asimilezi şi să le analizezi pe toate? Cum să trăieşti într-o lume în care incertitudinea profundă nu este o eroare, ci o caracteristică?

Ca să supravieţuieşti şi să prosperi într-o asemenea lume, vei avea nevoie de foarte multă flexibilitate mentală şi de rezerve însemnate de echilibru emoţional. Va trebui să renunţi în repetate rânduri la unele lucruri pe care le stăpâneşti cel mai bine şi să te simţi în largul tău în necunoscut. Din păcate, este mult mai dificil să-i înveţi pe copii să accepte necunoscutul şi să-şi păstreze echilibrul mental decât să-i înveţi o ecuaţie din fizică sau cauzele Primului Război Mondial. Nu poţi învăţa flexibilitatea citind o carte sau ascultând o conferinţă. Profesorilor înşişi le lipseşte de obicei flexibilitatea mentală pe care o reclamă secolul XXI, întrucât ei înşişi sunt produsul vechiului sistem educaţional.

Revoluţia Industrială ne-a lăsat moştenire teoria educaţională a liniei de producţie. În centrul oraşului se află o clădire mare din beton împărţită în mai multe încăperi identice, iar fiecare încăpere este dotată cu rânduri de pupitre şi scaune. La sunetul unui clopoţel, mergi în una dintre aceste încăperi împreună cu alţi 30 de copii care sunt de aceeaşi vârstă cu tine. Din oră în oră, intră câte un adult şi începe să vorbească. Cu toţii sunt plătiţi de stat să facă asta. Unul dintre ei vă povesteşte despre forma Pământului, altul vă spune despre trecutul omului, iar un al treilea vă povesteşte despre corpul uman. E uşor să râzi de acest model şi mai toată lumea e de acord că, oricâte realizări ar fi avut în trecut, acum este la pământ. Însă până în clipa de faţă nu am creat o alternativă viabilă. Cu siguranţă nu o alternativă accesibilă, care să poată fi implementată şi în zonele rurale ale Mexicului, nu numai în suburbiile înstărite din California.

Piratarea oamenilor

Aşadar, cel mai bun sfat pe care i l-aş putea da unui adolescent de 15 ani împotmolit într-o şcoală învechită de undeva din Mexic, India sau Alabama este următorul : nu te baza prea mult pe adulţi. Cei mai mulţi dintre ei sunt bine intenţionaţi, dar pur şi simplu nu înţeleg lumea. În trecut, era o variantă aproape sigură să mergi pe mâna adulţilor, întrucât cunoşteau lumea destul de bine, iar lumea se schimba într-un ritm lent. Dar secolul XXI va fi diferit. Având în vedere ritmul în creştere al schimbării, nu poţi fi sigur niciodată dacă ceea ce îţi spun adulţii este înţelepciune atemporală sau prejudecată învechită.

Atunci, pe ce te poţi baza în schimb ? Poate pe tehnologie ? E un pariu şi mai riscant. Tehnologia te poate ajuta foarte mult, dar, dacă va căpăta prea multă putere asupra vieţii tale, ai putea deveni ostaticul agendei sale. Cu mii de ani în urmă oamenii au inventat agricultura, dar această tehnologie a îmbogăţit doar o mică elită, înrobindu-i în acelaşi timp pe majoritatea oamenilor. Cei mai mulţi au ajuns să muncească de dimineaţă până seara, smulgând buruieni, cărând găleţi cu apă şi recoltând cerealele sub soarele arzător. Vi se poate întâmpla şi vouă.

Tehnologia nu e rea. Dacă ştii ce vrei în viaţă, tehnologia te poate ajuta să obţii acel lucru. Dar, dacă nu ştii, tehnologiei îi va fi cât se poate de uşor să-ţi modeleze obiectivele în locul tău şi să preia controlul asupra vieţii tale. Mai ales pe măsură ce tehnologia se va pricepe tot mai mult să-i înţeleagă pe oameni, e posibil să te trezeşti din ce în ce mai des că o slujeşti, în loc să te slujească ea pe tine. Aţi văzut acei zombi care hoinăresc pe străzi cu feţele lipite de smartphone-uri ? Credeţi că ei controlează tehnologia sau că tehnologia îi controlează pe ei ?

Prin urmare, ar trebui să te bazezi pe tine însuţi? Sună grozav în *Sesame Street* sau într-un film Disney de modă veche, dar în viaţa reală nu merge atât de bine. Până şi Disney ajunge să-şi dea seama de acest lucru. La fel ca Riley Andersen, majoritatea oamenilor nu se cunosc câtuşi de puţin pe ei înşişi, iar când încearcă să-şi „asculte propria voce" cad uşor pradă manipulărilor externe. Vocea pe care o auzim în capul nostru nu a fost niciodată demnă de încredere, fiindcă a reflectat mereu propaganda statului, spălarea ideologică a creierului şi spoturile publicitare, ca să nu mai vorbim de erorile biochimice.

Pe măsură ce biotehnologia şi învăţarea automată se vor îmbunătăţi, va deveni mai uşor să manipulezi cele mai profunde emoţii şi dorinţe ale oamenilor şi va deveni mai periculos ca oricând să-ţi urmezi pur şi simplu inima. Atunci când Coca-Cola, Amazon, Baidu sau guvernul va şti cum să tragă sforile inimii tale şi să apese pe butoanele creierului tău, vei mai putea să faci diferenţa între eul tău şi experţii lor în marketing?

Pentru a îndeplini cu succes o sarcină atât de descurajantă, va trebui să munceşti din greu ca să ajungi să-ţi cunoşti mai bine propriul sistem de operare. Să ştii ce eşti şi ce vrei de la viaţă. Acesta este, fireşte, cel mai vechi sfat dintotdeauna: cunoaşte-te pe tine însuţi. Vreme de mii de ani, filosofii şi profeţii i-au îndemnat pe oameni să se cunoască pe sine. Însă acest sfat nu a fost niciodată mai necesar decât în secolul XXI, deoarece, spre deosebire de epoca lui Lao Zi sau a lui Socrate, acum ai parte de o concurenţă serioasă. Coca-Cola, Amazon, Baidu şi statul se întrec în a avea acces la tine. Nu la smartphone-ul tău, nu la computerul tău şi nici la contul tău bancar – se întrec în a avea acces la *tine* şi la sistemul tău organic de operare. Poate ai auzit că trăim în epoca pirătării computerelor, dar abia dacă e jumătate din adevăr. De fapt, trăim în epoca pirătării oamenilor.

Algoritmii te privesc chiar acum. Urmăresc unde te duci, ce cumperi, cu cine te întâlneşti. În scurt timp îţi vor monitoriza fiecare pas, fiecare răsuflare, fiecare bătaie a inimii. Se bazează pe Big Data şi pe învăţarea automată ca să te cunoască din ce în ce mai bine. Şi de îndată ce te vor cunoaşte mai bine decât te cunoşti tu însuţi, ar putea să te controleze şi să te manipuleze, iar tu nu vei putea face mare lucru în această privinţă. Vei trăi în matrice sau în *Truman Show*. La urma urmei, este o simplă chestiune empirică: dacă algoritmii vor înţelege cu adevărat ceea ce se petrece în interiorul tău mai bine decât tine, autoritatea va trece de partea lor.

Desigur, poate că vei fi absolut bucuros să le cedezi algoritmilor toată autoritatea şi să ai încredere în ei să decidă pentru tine şi pentru restul lumii. În acest caz, nu trebuie decât să te relaxezi şi să te bucuri de călătorie. Nu ai nimic de făcut în această privinţă. Algoritmii se vor ocupa de tot. Dacă însă vrei să păstrezi un oarecare control asupra existenţei personale şi a viitorului vieţii, trebuie să alergi mai repede decât algoritmii, mai repede decât Amazon şi decât statul şi să ajungi să te cunoşti pe tine însuţi înaintea lor. Dar, ca să fii mai iute, nu lua mult bagaj cu tine. Lasă-ţi toate iluziile în urmă. Sunt foarte grele.

Capitolul 20

Sensul

Viaţa nu este o poveste

Cine sunt eu? Ce ar trebui să fac în viaţă? Care este sensul vieţii? Oamenii şi-au pus aceste întrebări din vremuri imemoriale. Fiecare generaţie are nevoie de un nou răspuns, întrucât ceea ce ştim şi ceea ce nu ştim se schimbă încontinuu. Având în vedere tot ce ştim şi ce nu ştim despre ştiinţă, despre Dumnezeu, despre politică şi religie, care este cel mai bun răspuns pe care îl putem oferi astăzi?

Ce fel de răspuns aşteaptă oamenii? În aproape toate cazurile, când oamenii pun întrebări legate de sensul vieţii, se aşteaptă să li se spună o poveste. *Homo sapiens* este un animal care spune poveşti, care gândeşte mai curând în poveşti decât în numere sau în grafice şi care crede că universul însuşi funcţionează ca o poveste înţesată cu personaje bune şi rele, conflicte şi soluţii, puncte culminante şi finaluri fericite. Atunci când căutăm sensul vieţii, ne dorim o poveste care să explice ce este realitatea şi care este rolul meu specific în drama cosmică. Acest rol mă face să iau parte la ceva mai presus de mine şi conferă sens tuturor experienţelor şi alegerilor mele.

O poveste îndrăgită, spusă vreme de mii de ani câtorva miliarde de oameni neliniştiţi, ne spune că facem cu toţii parte dintr-un ciclu etern care cuprinde şi conectează toate fiinţele. Fiecare fiinţă are de îndeplinit o funcţie anume în cadrul ciclului. Să înţelegi sensul vieţii înseamnă să-ţi înţelegi funcţia unică, iar să duci o viaţă bună înseamnă să îndeplineşti funcţia respectivă.

Poemul epic hindus *Bhagavad Gītā* relatează cum, în toiul unui război civil sângeros, marele prinţ războinic Arjuna este măcinat de îndoieli.

Văzându-şi prietenii şi rudele în armata rivală, ezită să lupte şi să-i ucidă. Începe să se întrebe ce sunt binele şi răul, cine le-a decis şi care este rostul vieţii omului. Zeul Krishna îi explică apoi lui Arjuna că, în marele ciclu cosmic, fiecare fiinţă are o *dharma* unică, aceasta reprezentând calea pe care trebuie să o urmezi şi îndatoririle pe care trebuie să le duci la bun sfârşit. Dacă îţi împlineşti dharma, oricât de greu ar fi drumul, te bucuri de linişte sufletească şi te eliberezi de toate îndoielile. Dacă refuzi să-ţi urmezi dharma şi încerci să adopţi calea altcuiva – sau rătăceşti fără nici o cale –, vei perturba echilibrul cosmic şi nu-ţi vei putea găsi niciodată pacea sau bucuria. Nu contează câtuşi de puţin care este calea ta, câtă vreme o urmezi. O spălătoreasă care îşi îndeplineşte cu dăruire îndatoririle de spălătoreasă este net superioară unui prinţ care se abate de la îndatoririle lui de prinţ. După ce a înţeles sensul vieţii, Arjuna urmează cum se cuvine dharma *lui* de războinic. Îşi ucide prietenii şi rudele, obţine victoria în fruntea armatei sale şi devine unul dintre cei mai apreciaţi şi mai îndrăgiţi eroi ai lumii hinduse.

Filmul Disney *Regele Leu* din 1994 a reformulat această poveste străveche pentru publicul modern, tânărul leu Simba ţinându-i locul lui Arjuna. Atunci când Simba vrea să afle sensul existenţei, tatăl lui – regele leu Mufasa – îi povesteşte despre marele Cerc al Vieţii. Mufasa îi spune că antilopele mănâncă iarba, leii mănâncă antilopele, iar când leii mor, corpul lor se descompune şi hrăneşte iarba. Aşa se perpetuează viaţa de la o generaţie la alta, cu condiţia ca fiecare animal să-şi joace rolul în această dramă. Totul este interconectat şi fiecare depinde de toţi ceilalţi, aşa că, dacă fie şi un fir de iarbă nu îşi îndeplineşte vocaţia, întregul Cerc al Vieţii ar putea să se destrame. Vocaţia lui Simba, spune Mufasa, este să conducă regatul leilor după moartea lui şi să ţină celelalte animale sub control.

Totuşi, când Mufasa este ucis prematur de fratele său rău, Scar, tânărul Simba se învinovăţeşte pentru catastrofă şi, măcinat de vină, părăseşte regatul leilor, îşi reneagă destinul regal şi se retrage în sălbăticie. Aici întâlneşte alţi doi paria, o suricată şi un mistreţ, iar împreună petrec câţiva ani lipsiţi de griji departe de drumurile umblate. Filosofia lor antisocială este că soluţia la orice problemă e să cânte *Hakuna matata* – nici o grijă.

Dar Simba nu îşi poate ocoli dharma. Pe măsură ce se maturizează, devine tot mai neliniştit, neştiind cine este şi ce ar trebui să facă în viaţă. În punctul culminant al filmului, spiritul lui Mufasa i se arată lui Simba într-un vis şi îi aminteşte de Cercul Vieţii şi de identitatea sa regală. De asemenea, Simba află că, în lipsa lui, maleficul Scar a ocupat tronul şi a administrat prost regatul, care acum suferă enorm din cauza lipsei de armonie şi a foametei. Simba înţelege în cele din urmă cine este şi ce ar trebui să facă. Se întoarce în regatul leilor, îşi ucide unchiul, devine rege şi restabileşte armonia şi prosperitatea. Filmul se încheie cu un Simba mândru care li-l prezintă animalelor adunate pe moştenitorul său nou-născut, care asigură perpetuarea marelui Cerc al Vieţii.

Cercul Vieţii vede în drama cosmică o poveste circulară. Din câte ştiu Simba şi Arjuna, leii au mâncat antilope, iar războinicii au purtat bătălii de foarte multă vreme şi vor continua să facă asta pentru totdeauna. Repetiţia eternă conferă putere poveştii, dând de înţeles că acesta este cursul firesc al lucrurilor şi că, dacă Arjuna va evita să lupte sau dacă Simba va refuza să devină rege, se vor răzvrăti chiar împotriva legilor naturii.

Dacă eu cred într-o anumită versiune a poveştii Cercului Vieţii, asta înseamnă că am o identitate fixă şi adevărată, care îmi stabileşte îndatoririle în viaţă. Poate că m-am îndoit sau nu am ştiut ani la rând de această identitate, dar într-o bună zi, într-un moment important, ea va fi dezvăluită şi îmi voi înţelege rolul în drama cosmică şi, deşi e posibil ca după aceea să am parte de numeroase piedici şi necazuri, îndoielile şi deznădejdea mă vor ocoli.

Alte religii şi ideologii cred într-o dramă cosmică liniară, care are un început cert şi incontestabil, un mijloc nu tocmai lung şi un sfârşit de tipul o dată pentru totdeauna. De exemplu, povestea musulmană spune că la început Allah a creat tot universul şi i-a stabilit legile. Apoi le-a dezvăluit oamenilor aceste legi în Coran. Din nefericire, oameni ignoranţi şi răi s-au răzvrătit împotriva lui Allah şi au încercat să încalce sau să ascundă aceste legi, fiind de datoria musulmanilor virtuoşi şi loiali să apere aceste legi şi să le răspândească cuvântul. În cele din urmă, în Ziua de Apoi, Allah va judeca felul în care s-a comportat fiecare individ. Pe cei drepţi îi va răsplăti oferindu-le fericirea veşnică în rai, iar pe cei răi îi va azvârli în cazanele încinse ale iadului.

Această poveste importantă implică faptul că rolul meu mărunt, dar însemnat în viață este să respect poruncile lui Allah, să răspândesc cuvântul legilor sale și să mă asigur că voința sa este îndeplinită. În cazul în care cred povestea musulmană, găsesc un sens în faptul că mă rog de cinci ori pe zi, donez bani pentru construirea unei noi moschei și lupt împotriva apostaților și necredincioșilor. Până și cele mai banale activități – să mă spăl pe mâini, să beau vin, să fac sex – sunt pline de însemnătate cosmică.

Și naționalismul susține o poveste liniară. Astfel, povestea sionistă începe cu peripețiile și realizările biblice ale poporului evreu, relatează 2.000 de ani de exil și persecuție, atinge punctul culminant odată cu Holocaustul și întemeierea statului Israel și așteaptă cu nerăbdare ziua în care Israelul se va bucura de pace și prosperitate și va deveni o călăuză morală și spirituală pentru întreaga lume. Dacă eu cred în povestea sionistă, trag concluzia că misiunea vieții mele este să promovez interesele națiunii evreiești protejând puritatea limbii ebraice, să lupt pentru a redobândi teritoriul evreiesc pierdut sau, poate, să cresc o nouă generație de copii israelieni loiali.

Și în acest caz, până și sarcinile banale sunt pline de însemnătate. De Ziua Independenței, elevii israelieni cântă adesea împreună un cântec popular care preamărește orice faptă făcută de dragul patriei-mamă. Un copil cântă „Am construit o casă pe pământul Israelului", altul – „Am plantat un copac pe pământul Israelului", un al treilea intervine cu „Am scris o poezie pe pământul Israelului" – și tot așa, până când, în cele din urmă, cântă în cor „Așa că avem o casă, și un copac, și o poezie [și orice altceva ați mai vrea să adăugați] pe pământul Israelului".

Comunismul ne spune o poveste asemănătoare, dar se axează mai curând pe clasă decât pe etnie. *Manifestul Partidului Comunist* începe proclamând că:

> Istoria tuturor societăților de până azi este istoria luptelor de clasă.
> Omul liber și sclavul, patricianul și plebeul, nobilul și iobagul, meșterul și calfa, într-un cuvânt asupritorii și asupriții, se aflau într-un permanent antagonism, duceau o luptă neîntreruptă, când ascunsă, când fățișă, o luptă care de fiecare dată se sfârșea printr-o prefacere revoluționară a întregii societăți sau prin pieirea claselor aflate în luptă[1].

Manifestul explică în continuare că, în epoca modernă, „Societatea întreagă se scindează din ce în ce mai mult în două mari tabere duşmane, în două mari clase direct opuse una alteia: burghezia şi proletariatul”[2]. Lupta lor se va încheia cu victoria proletariatului, care va anunţa sfârşitul istoriei şi instaurarea paradisului comunist pe pământ, în care nimeni nu va deţine nimic şi toată lumea va fi pe deplin liberă şi fericită.

Dacă eu cred în această poveste comunistă, conchid că misiunea vieţii mele este să grăbesc revoluţia globală scriind broşuri pătimaşe, organizând greve şi demonstraţii sau, poate, asasinând capitalişti lacomi şi luptând împotriva lacheilor lor. Povestea conferă însemnătate până şi celor mai mărunte gesturi, precum boicotarea unei mărci care îi exploatează pe muncitorii din industria textilă din Bangladesh sau faptul că mă cert cu socrul meu, un porc capitalist, pe tema cinei de Crăciun.

Când mă uit la toată varietatea de poveşti care încearcă să-mi definească adevărata identitate şi să confere însemnătate faptelor mele, constat cu uimire că dimensiunile contează prea puţin. Unele poveşti, precum Cercul Vieţii al lui Simba, par să dureze o veşnicie. Pot şti cine sunt doar pe fundalul întregului univers. În schimb, alte poveşti, precum majoritatea miturilor naţionaliste şi tribale, sunt mărunte. Sionismul consideră sacre aventurile a circa 0,2% din omenire şi 0,005% din suprafaţa pământului, care au avut loc în decursul unei fracţiuni minuscule din istorie. Povestea sionistă nu atribuie nici o însemnătate imperiilor chineze, triburilor din Noua Guinee şi galaxiei Andromeda, precum şi sutelor de milioane de ani care s-au scurs înainte de existenţa lui Moise şi a lui Avraam şi de evoluţia primatelor.

O asemenea miopie poate avea repercusiuni grave. De exemplu, una dintre piedicile majore în calea unui tratat de pace între israelieni şi palestinieni este faptul că israelienii nu sunt dispuşi să împartă oraşul Ierusalim. Ei susţin că acest oraş este „capitala eternă a poporului evreu” – şi fireşte că nu poţi face compromisuri când vine vorba de un lucru etern[3]. De altfel, ce mai contează câţiva oameni morţi comparativ cu eternitatea, nu? Fireşte, este o aberaţie totală. Eternitatea înseamnă cel puţin 13,8 miliarde de ani – actuala vârstă a universului. Planeta Pământ s-a format acum circa 4,5 miliarde de ani, iar oamenii există de cel puţin două milioane de ani. În schimb, oraşul Ierusalim a fost întemeiat cu doar 5.000 de ani în urmă, iar poporul evreu are o istorie de cel mult 3.000 de ani. Cu greu poate fi asta numită eternitate.

Cât despre viitor, fizica ne spune că planeta Pământ va fi absorbită de un soare în expansiune peste circa 7,5 miliarde de ani[4] şi că universul nostru va mai continua să existe cel puţin 13 miliarde de ani. Chiar crede cineva că poporul evreu, statul Israel sau oraşul Ierusalim vor mai exista peste 13.000 de ani, darămite peste 13 miliarde de ani ? Privind în viitor, sionismul are un orizont de cel mult câteva secole, însă este de ajuns ca să epuizeze imaginaţia celor mai mulţi israelieni şi să fie cumva etichetat drept „eternitate". Iar de dragul „oraşului etern", oamenii sunt dispuşi să facă sacrificii pe care probabil nu le-ar face pentru o adunătură vremelnică de case.

Ca adolescent în Israel, şi eu am fost fermecat iniţial de promisiunea naţionalistă de a face parte din ceva mai presus de mine. Voiam să cred că, dacă mi-aş da viaţa pentru naţiune, aş trăi veşnic în naţiune. Dar nu reuşeam să înţeleg ce înseamnă „să trăieşti veşnic în naţiune". Sintagma suna foarte profund, dar ce însemna cu adevărat ? Îmi amintesc o ceremonie de Ziua Eroilor pe când aveam 13 sau 14 ani. În vreme ce în SUA Ziua Eroilor e marcată mai mult de reduceri, în Israel este un eveniment extrem de solemn şi de important. În această zi, şcolile organizează ceremonii de comemorare a soldaţilor căzuţi în numeroasele războaie ale Israelului. Copiii se îmbracă în alb, recită poezii, cântă, depun coroane de flori şi flutură steaguri. Aşa că iată-mă acolo, îmbrăcat în alb, în timpul ceremoniei de la şcoală, iar în pauzele dintre fluturatul steagului şi recitatul poeziilor fireşte că mi-am spus că, atunci când voi fi mare, aş vrea să fiu şi eu un soldat căzut. La urma urmei, dacă aş fi un erou căzut care şi-a jertfit viaţa pentru Israel, atunci toţi aceşti copii ar recita poezii şi ar flutura steaguri în cinstea mea.

Dar apoi mi-am zis : „Stai puţin. Dacă aş fi mort, cum aş şti că aceşti copii ar recita cu adevărat poezii în cinstea mea?". Aşa că am încercat să-mi închipui că aş fi mort. Şi mi-am imaginat că zac sub o piatră albă de mormânt, într-un cimitir militar îngrijit, ascultând poeziile care se auzeau de deasupra pământului. Dar apoi m-am gândit : „Dacă sunt mort, nu pot să aud nici o poezie, fiindcă nu am urechi, nu am creier şi nu pot să aud şi să simt nimic. Atunci, ce rost mai are?".

Mai rău, la vârsta de 13 ani ştiam deja că universul are o vechime de câteva miliarde de ani şi că probabil va mai exista câteva miliarde de ani de atunci înainte. Puteam să mă aştept la modul realist ca Israelul să existe o perioadă atât de lungă? Copiii de *Homo sapiens* îmbrăcaţi în alb aveau să mai recite poezii în cinstea mea după 200 de milioane de ani? Era ceva putred în toată povestea asta.

Dacă se întâmplă să fii palestinian, nu te simţi superior. Este la fel de puţin probabil ca peste vreo 200 de milioane de ani să mai existe vreun palestinian. De fapt, după toate probabilităţile, până atunci nu va mai exista nici un mamifer. Alte mişcări naţionale sunt la fel de obtuze. Naţionalismului sârb puţin îi pasă de evenimentele din jurasic, în vreme ce naţionaliştii coreeni cred că o mică peninsulă de pe coasta de est a Asiei este singura parte din cosmos care contează cu adevărat în marea orânduire a lucrurilor.

Desigur, nici măcar Simba – în ciuda angajamentului său faţă de nesfârşitul Cerc al Vieţii – nu ia vreodată în calcul faptul că leii, antilopele şi iarba nu sunt cu adevărat eterne. Simba nu se gândeşte cum arăta universul înaintea evoluţiei mamiferelor şi nici care ar fi soarta scumpei sale savane africane odată ce oamenii ar omorî toţi leii şi ar acoperi pajiştile cu asfalt şi beton. Ar face acest lucru ca viaţa lui Simba să fie complet lipsită de însemnătate?

Toate poveştile sunt incomplete. Totuşi, pentru a-mi construi o identitate viabilă şi pentru a conferi însemnătate vieţii mele, nu am neapărat nevoie de o poveste completă, lipsită de lacune şi contradicţii interne. Ca să confere însemnătate vieţii mele, o poveste trebuie să îndeplinească doar două condiţii: în primul rând, să-mi ofere *mie* un anumit rol. E greu de crezut că membrul unui trib din Noua Guinee va crede în sionism sau în naţionalismul sârb, întrucât acestor poveşti nu le pasă câtuşi de puţin de Noua Guinee sau de poporul ei. La fel ca vedetelor de cinema, oamenilor le plac doar acele scenarii care le rezervă un rol important.

În al doilea rând, deşi o poveste bună nu trebuie neapărat să se extindă la infinit, ea trebuie să se extindă dincolo de orizonturile mele. Povestea îmi asigură o identitate şi conferă însemnătate vieţii mele dacă mă integrează în ceva mai presus de mine. Dar există întotdeauna riscul să mă întreb ce conferă însemnătate acelui „ceva mai presus de mine". Dacă sensul vieţii mele este să ajut proletariatul sau naţiunea polonă, ce anume conferă însemnătate, mai exact, proletariatului sau naţiunii polone? Există o poveste cu un bărbat care susţinea că lumea se sprijină pe spinarea unui elefant uriaş. Întrebat pe ce anume se sprijină elefantul, a răspuns că stă pe spatele unei broaşte-ţestoase mari. Şi broasca-ţestoasă? Pe spatele unei broaşte-ţestoase şi mai mari. Şi acea broască-ţestoasă mai mare? Bărbatul s-a înfuriat şi a spus: „Nu-ţi mai bate capul. De aici înainte sunt numai broaşte-ţestoase".

Majoritatea poveştilor de succes rămân cu final deschis. Nu trebuie să explice niciodată de unde provine în ultimă instanţă sensul, deoarece se pricep de minune să capteze atenţia oamenilor şi să o menţină într-o zonă sigură. Astfel, când explici că lumea se sprijină pe spinarea unui elefant uriaş, ar trebui să preîntâmpini orice întrebare dificilă, descriind cât se poate de amănunţit cum, atunci când elefantul îşi flutură urechile gigantice, provoacă uragane, iar când freamătă de furie, cutremurele zguduie suprafaţa pământului. Dacă ţeşi o poveste îndeajuns de bună, nimănui nu-i va trece prin cap să întrebe pe ce stă elefantul. În mod asemănător, naţionalismul ne farmecă cu poveşti eroice, ne emoţionează până la lacrimi relatând dezastre din trecut şi ne stârneşte furia insistând asupra nedreptăţilor pe care le-a suferit naţiunea noastră. Ne cufundăm atât de mult în această epopee naţională, încât începem să evaluăm tot ce se petrece în lume în funcţie de impactul asupra naţiunii noastre şi nici prin cap nu ne trece să întrebăm ce face ca naţiunea noastră să fie atât de importantă.

Atunci când crezi o anumită poveste, te face să fii extrem de interesat de cele mai mici amănunte ale sale şi, în acelaşi timp, să nu vezi nimic din ceea ce se situează în afara orizonturilor sale. Comuniştii convinşi ar putea petrece ore în şir dezbătând dacă este admisibil să închei o alianţă cu social-democraţii în fazele incipiente ale revoluţiei, însă rareori stau să cântărească locul proletariatului în evoluţia vieţii mamiferelor pe planeta Pământ sau în răspândirea vieţii organice în cosmos. Asemenea flecăreli sunt considerate o pierdere contrarevoluţionară de vreme.

Deşi unele poveşti se străduiesc să cuprindă în întregime spaţiul şi timpul, abilitatea de a controla atenţia face ca multe alte poveşti de succes să aibă o anvergură mult mai modestă. O lege crucială a artei povestirii este aceea că, odată ce o poveste reuşeşte să treacă dincolo de orizontul publicului, ţinta sa supremă contează mai puţin. Oamenii ar putea da dovadă de acelaşi fanatism sângeros atât de dragul unei naţiuni cu o istorie de o mie de ani, cât şi de dragul unui zeu de un miliard de ani. Oamenii pur şi simplu nu se descurcă cu numerele mari. În majoritatea cazurilor, este nevoie de surprinzător de puţin ca să ne epuizeze imaginaţia.

Având în vedere tot ce ştim despre univers, ar părea absolut imposibil ca o persoană sănătoasă la cap să creadă că adevărul suprem despre univers şi existenţa omului este povestea naţionalismului israelian, german sau rus - sau, de fapt, a naţionalismului în general. O poveste care trece cu vederea aproape în totalitate timpul şi spaţiul, Big Bangul, fizica cuantică şi evoluţia vieţii este, în cel mai bun caz, doar o parte infimă din adevăr. Cu toate acestea, oamenii reuşesc cumva să nu vadă dincolo de ea.

De fapt, miliarde de oameni au crezut de-a lungul istoriei că, pentru ca vieţile lor să aibă sens, nici măcar nu trebuie să fie integraţi într-o naţiune sau într-o mişcare ideologică importantă. Este suficient doar „să lase ceva în urmă", asigurându-se astfel că povestea lor personală continuă şi după moartea lor. Acel „ceva" pe care îl las în urmă este, la modul ideal, sufletul meu sau esenţa mea personală. Dacă renasc într-un nou corp după moartea corpului meu actual, atunci moartea nu este sfârşitul. Este doar spaţiul dintre două capitole, iar intriga care a început într-un capitol va continua în următorul. Mulţi oameni au cel puţin o încredere vagă într-o asemenea teorie, chiar dacă nu şi-o întemeiază pe o teologie anume. Nu au nevoie de o dogmă elaborată - au nevoie doar de sentimentul liniştitor că povestea lor va continua dincolo de orizontul morţii.

Această teorie a vieţii ca poveste fără sfârşit este extrem de atrăgătoare şi de des întâlnită, dar se confruntă cu două mari probleme. În primul rând, dacă îmi prelungesc povestea personală, în realitate nu o fac să aibă mai multă însemnătate. O fac doar mai lungă. De fapt, cele două mari religii care îmbrăţişează ideea unui ciclu nesfârşit de naşteri şi morţi - hinduismul şi budismul - împărtăşesc şi groaza de zădărnicia acestuia. De milioane şi milioane de ori, învăţ să merg, mă maturizez, mă cert cu soacra, mă îmbolnăvesc, mor - iar apoi o iau de la capăt. Care e rostul? Dacă aş strânge toate lacrimile pe care le-am vărsat în toate vieţile mele anterioare, aş umple Oceanul Pacific; dacă aş strânge laolaltă toţi dinţii şi toate firele de păr pe care le-am pierdut, s-ar face un munte mai înalt decât Himalaya. Şi cu ce mă pot lăuda? Nu e de mirare că înţelepţii hinduşi şi budişti şi-au concentrat o bună parte din eforturi pe găsirea unei modalităţi de a coborî din acest carusel, nu de a-l perpetua.

Cea de-a doua problemă a acestei teorii este sărăcia dovezilor care o susţin. Ce dovadă am că într-o viaţă trecută am fost un ţăran medieval, un vânător neanderthalian, un *Tyrannosaurus rex* sau o amibă (dacă am trăit cu adevărat milioane de vieţi, cu siguranţă am fost un dinozaur şi o amibă la un moment dat, întrucât oamenii au existat doar în ultimii 2,5 milioane de ani)? Cine îmi garantează că în viitor voi renaşte ca explorator intergalactic, cyborg sau chiar broască? A-mi întemeia viaţa pe această promisiune e ca şi cum mi-aş vinde casa în schimbul unui cec postdatat la o bancă de deasupra norilor.

Prin urmare, oamenii care se îndoiesc că un fel de suflet sau spirit supravieţuieşte cu adevărat morţii lor se străduiesc să lase în urmă ceva puţin mai palpabil. Acel „ceva palpabil" ar putea lua una din două forme: culturală sau biologică. Aş putea lăsa în urmă un poem, să spunem, sau o parte din genele mele preţioase. Viaţa mea are sens deoarece oamenii îmi vor citi poezia şi peste o sută de ani sau întrucât copiii şi nepoţii mei vor fi încă în viaţă. Şi care este sensul vieţii lor? Ei bine, asta e problema lor, nu a mea. Aşadar, sensul vieţii seamănă oarecum cu joaca cu o grenadă de mână activă. Odată ce o pasezi altcuiva, eşti în siguranţă.

Din păcate, această speranţă modestă de a „lăsa doar ceva în urmă" este rareori îndeplinită. Majoritatea organismelor care au existat vreodată au dispărut fără să lase vreo moştenire genetică. Aproape toţi dinozaurii, de exemplu. Sau o familie de neanderthalieni care a dispărut odată ce a apărut sapiens. Sau clanul polonez al bunicii mele. În 1934, bunica mea Fanny a emigrat în Ierusalim împreună cu părinţii şi cu cele două surori ale sale, dar majoritatea rudelor lor au rămas în oraşele poloneze Chmielnik şi Częstochowa. Câţiva ani mai târziu, au venit naziştii şi i-au exterminat până la ultimul copil.

Încercările de a lăsa în urmă o moştenire culturală au rareori mai mult succes. Din clanul polonez al bunicii mele au mai rămas doar câteva chipuri şterse în albumul de familie, iar la 96 de ani, nici măcar bunica nu îşi mai aminteşte numele celor din fotografii. Din câte ştiu, nu au lăsat în urmă nici o operă culturală – nici un poem, nici un jurnal, nici măcar o listă de cumpărături. Aţi putea susţine că au contribuit la moştenirea colectivă a poporului evreu sau a mişcării sioniste, dar asta nu conferă câtuşi de puţin însemnătate vieţilor lor individuale. În plus, de unde ştiţi că toţi îşi preţuiau cu adevărat identitatea evreiască sau erau de acord cu mişcarea sionistă? Dacă unul dintre ei era comunist convins şi şi-a sacrificat viaţa spionând pentru sovietici? Poate că altul nu voia decât să se integreze în societatea poloneză, a luptat ca ofiţer în armata poloneză şi a fost ucis de sovietici în masacrul de la Katîn. Sau poate că un al treilea era un feminist radical, respingând toate identităţile naţionaliste şi religioase tradiţionale. De vreme ce nu au lăsat nimic în urmă, este extrem de uşor să-i recrutezi postum pentru cutare sau cutare cauză, fiindcă nici măcar nu pot să protesteze.

Dacă nu putem lăsa ceva palpabil în urmă – de pildă, o genă sau o poezie –, poate că este de ajuns doar să facem lumea puţin mai bună? Poţi să ajuţi pe cineva, iar acel cineva va ajuta apoi pe altcineva, iar astfel vei contribui la îmbunătăţirea generală a lumii, reprezentând o mică verigă în marele lanţ al bunătăţii. Poate că îţi asumi rolul de mentor al unui copil dificil, dar strălucit, care ajunge mai târziu doctor şi salvează sute de vieţi omeneşti. Poate că ajuţi o bătrânică să traverseze strada şi îi înseninezi o oră din viaţă. Deşi are meritele lui, marele lanţ al bunătăţii seamănă întru câtva cu marele lanţ al broaştelor-ţestoase – nu este deloc clar de unde provine sensul lui. Un bătrân înţelept a fost întrebat ce a descoperit cu privire la sensul vieţii. „Ei bine”, a răspuns acesta, „am descoperit că mă aflu aici, pe pământ, ca să ajut alţi oameni. Ceea ce nu am înţeles încă este motivul pentru care se află aici ceilalţi oameni”.

Pentru cei care nu au încredere în marile lanţuri, în moştenirile viitoare sau în epopeile colective, poate cea mai sigură şi mai cumpătată poveste la care pot apela este romantismul. Acesta nu caută să meargă dincolo de clipa prezentă. După cum dovedesc nenumărate poeme de dragoste, când eşti îndrăgostit, tot universul se reduce la lobul urechii, geana sau sfârcul persoanei iubite. Când o priveşte lung pe Julieta sprijinindu-şi obrazul în palmă, Romeo exclamă: „O, ce n-aş da să fiu mănuşa ei/ Şi să-i ating obrazul!...”. Conectându-te cu un singur corp aici şi acum, te simţi conectat cu întregul univers.

La drept vorbind, persoana iubită este doar o altă ființă umană, câtuşi de puţin diferită, în esenţă, de puzderia de oameni pe care îi ignori zi de zi în metrou şi la supermarket. Dar pentru tine ea pare nemărginită şi te pierzi bucuros în acea nemărginire. Poeţi mistici de toate tradiţiile au contopit adesea dragostea romantică cu comuniunea cosmică, scriind despre Dumnezeu ca despre un amant. Poeţii romantici au întors complimentul scriind despre iubirile lor ca despre nişte zei. Dacă eşti cu adevărat îndrăgostit de cineva, nu-ţi baţi niciodată capul cu sensul vieţii.

Şi dacă nu eşti îndrăgostit? Ei bine, în cazul în care crezi în povestea romantică, dar nu eşti îndrăgostit, cel puţin ştii care este scopul vieţii tale: să găseşti dragostea adevărată. Ai văzut-o în nenumărate filme şi ai citit despre ea într-o sumedenie de cărţi. Ştii că într-o bună zi vei întâlni acea persoană deosebită, vei vedea nemărginirea în doi ochi scânteietori, toată viaţa ta va căpăta brusc un sens şi toate întrebările pe care ţi le-ai pus vreodată vor primi un răspuns dacă repeţi un nume la nesfârşit, aşa cum fac Tony în *Poveste din cartierul de vest* sau Romeo când o vede pe Julieta uitându-se la el din balcon.

Greutatea acoperişului

Deşi o poveste bună trebuie să-mi ofere un rol şi trebuie să-mi depăşească orizonturile, nu trebuie neapărat să fie şi adevărată. O poveste poate să fie pură ficţiune şi, cu toate acestea, să-mi asigure o identitate şi să mă facă să simt că viaţa mea are sens. De fapt, potrivit celor mai bune date ştiinţifice de care dispunem, nici una dintre miile de poveşti pe care diferitele culturi, religii şi triburi le-au inventat de-a lungul istoriei nu este adevărată. Nu sunt decât invenţii ale omului. Dacă tu ceri adevăratul sens al vieţii şi primeşti în schimb o poveste, să ştii că este răspunsul greşit. Detaliile exacte nici măcar nu contează. *Orice* poveste este greşită, din simplul motiv că e o poveste. Universul efectiv nu funcţionează ca o poveste.

Atunci de ce cred oamenii în aceste ficţiuni? Un motiv este acela că identitatea lor personală e întemeiată pe poveste. Oamenii sunt învăţaţi să creadă în poveste încă din copilărie. O aud de la părinţii lor, de la profesori, de la vecini şi din cultura generală cu mult înainte să-şi dezvolte independenţa intelectuală şi emoţională necesară pentru a pune la îndoială şi a verifica asemenea poveşti. Până când intelectul lor se maturizează, sunt atât de implicaţi în poveste, încât este mult mai probabil să-şi folosească intelectul pentru a justifica povestea, în loc să o pună la îndoială. Majoritatea oamenilor care pornesc în căutarea identităţii sunt aidoma copiilor ce merg la vânătoare de comori. Găsesc doar ceea ce părinţii lor au ascuns de ei dinainte.

În al doilea rând, nu numai identităţile noastre personale, ci şi instituţiile noastre colective sunt întemeiate pe poveste. Prin urmare, este extrem de înfricoşător să pui povestea la îndoială. În numeroase societăţi, oricine încearcă să facă acest lucru este ostracizat sau persecutat. Şi chiar dacă nu se ajunge până acolo, ai nevoie de nervi de oţel ca să pui la îndoială însăşi structura societăţii. Întrucât, dacă povestea este de fapt falsă, atunci lumea întreagă aşa cum o ştim nu mai are nici o noimă. Legile statului, normele sociale, instituţiile economice – toate s-ar putea prăbuşi.

Majoritatea poveştilor rezistă mai curând datorită greutăţii acoperişului decât trăiniciei temeliilor lor. Să luăm exemplul poveştii creştine. Are o bază cât se poate de fragilă. Ce dovezi avem că fiul Creatorului întregului univers s-a născut, ca o formă de viaţă bazată pe carbon, undeva în Calea Lactee cu circa 2.000 de ani în urmă? Ce dovezi avem că s-a întâmplat în Galileea şi că mama Lui era fecioară? Cu toate acestea, s-au construit imense instituţii globale pe această poveste, iar greutatea lor apasă cu o forţă covârşitoare, astfel încât menţin povestea la locul ei. S-au purtat războaie pe marginea modificării unui singur cuvânt din poveste. Schisma de o mie de ani dintre creştinii apuseni şi cei ortodocşi răsăriteni, care s-a manifestat recent în măcelul reciproc dintre sârbi şi croaţi, a început din pricina unui singur cuvânt, *filioque* („şi de la fiul", în latină). Creştinii apuseni voiau să introducă acest cuvânt în crezul creştin, în vreme ce creştinii răsăriteni obiectau cu vehemenţă. (Implicaţiile teologice ale adăugării acestui cuvânt sunt atât de ezoterice, încât mi-ar fi imposibil să le explic aici în aşa fel încât să le şi înţelegeţi. Dacă sunteţi curioşi, căutaţi pe Google.)

Odată ce identităţile noastre personale şi sisteme sociale întregi se construiesc pe o poveste, devine de neconceput să o pui la îndoială – nu din pricina dovezilor care o susţin, ci pentru că destrămarea ei ar declanşa un cataclism personal şi social. În istorie, acoperişul este uneori mai important decât temelia.

Hocus-pocus şi industria credinţei

Toate poveştile care ne oferă însemnătate şi identitate sunt fictive, dar oamenii trebuie să creadă în ele. Aşadar, cum faci ca povestea să *pară* reală ? În mod evident, este *motivul* pentru care oamenii vor să creadă povestea, dar *cum* ajung să o creadă cu adevărat ? Cu mii de ani în urmă, preoţii şi şamanii descoperiseră deja răspunsul : ritualurile. Ritualul este un act magic ce face abstractul concret şi fictivul real. Esenţa ritualului este vraja magică „Hocus-pocus, X este Y!”[5].

Cum să-l faci pe Hristos real pentru discipolii săi ? În cadrul liturghiei, preotul ia o bucată de pâine şi un pahar cu vin şi proclamă că pâinea este trupul lui Hristos, vinul este sângele lui Hristos, iar dacă mănâncă pâinea şi beau vinul, credincioşii se unesc cu Hristos. Ce poate fi mai real decât să simţi efectiv gustul lui Hristos în gură ? În mod tradiţional, preotul făcea aceste afirmaţii îndrăzneţe în latină, limba veche a religiei, dreptului şi secretelor vieţii. În faţa ochilor uluiţi ai ţăranilor adunaţi, preotul ridica o bucată de pâine şi exclama : *Hoc est corpus!* – „Acesta este trupul!” –, iar pâinea devenea, chipurile, trupul lui Hristos. În mintea ţăranilor neştiutori de carte, care nu vorbeau latina, *Hoc est corpus!* a devenit „Hocus-pocus!” – şi astfel a luat naştere puternica vrajă care poate transforma o broască într-un prinţ şi un dovleac într-o trăsură[6].

Cu o mie de ani înainte să apară creştinismul, vechii hinduşi au folosit acelaşi truc. *Brihadaranyaka Upanishad* interpretează sacrificiul ritualic al unui cal drept o depănare a întregii poveşti a cosmosului. Textul respectă structura „Hocus-pocus, X este Y!”, spunând : „Capul calului de sacrificiu este răsăritul, ochiul lui e soarele, forţa sa vitală este aerul, gura lui deschisă e focul numit Vaisvanara, iar trupul calului de sacrificiu este anul... membrele sale sunt anotimpurile, încheieturile lui sunt lunile şi săptămânile, picioarele lui sunt zilele şi nopţile, oasele lui sunt stelele, iar carnea lui, norii... căscatul lui, fulgerul, scuturatul corpului, tunetul, urina e ploaia, iar nechezatul e vocea"[7]. Astfel, un biet cal devine întregul cosmos.

Aproape orice lucru poate fi transformat într-un ritual, conferind unor gesturi banale, precum aprinderea lumânărilor, trasul clopotelor sau număratul mătăniilor, o profundă însemnătate religioasă. Acelaşi lucru este valabil şi pentru gesturile fizice, precum aplecatul capului, prosternarea întregului corp sau împreunarea mâinilor. Diverse forme de acoperăminte pentru cap, de la turbanul sikh la hijabul musulman, au fost atât de încărcate de însemnătate, încât au stârnit lupte aprinse secole la rând.

Şi mâncarea poate fi încărcată de o însemnătate spirituală care îi depăşeşte cu mult valoarea nutritivă, fie că este vorba despre ouăle de Paşte, care simbolizează o nouă viaţă şi învierea lui Hristos, sau despre ierburile amare şi pâinea nedospită pe care evreii trebuie să le mănânce de Paştele evreiesc ca să-şi amintească de robia din Egipt şi de fuga lor miraculoasă. Cu greu găsiţi în lume un preparat care să nu fi fost interpretat astfel încât să simbolizeze ceva. De pildă, de Anul Nou, evreii religioşi mănâncă miere, pentru ca anul ce vine să fie dulce; capete de peşte, ca să fie prolifici ca peştii şi să meargă mai curând înainte decât înapoi; şi rodii, pentru ca faptele lor bune să se înmulţească precum numeroasele seminţe ale rodiei.

Ritualuri asemănătoare au fost folosite şi în scopuri politice. Vreme de mii de ani, coroanele, tronurile şi sceptrele au reprezentat regate şi imperii întregi, iar milioane de oameni au murit în războaie violente purtate pentru preluarea „tronului" sau a „coroanei". Curţile regale au cultivat protocoale extrem de complexe, pe măsura celor mai elaborate ceremonii religioase. În armată, disciplina şi ritualul sunt de nedespărţit, iar soldaţii din Roma antică şi până în zilele noastre petrec ore în şir mărşăluind în formaţie, salutându-şi superiorii şi lustruind bocanci. Napoleon a făcut o observaţie celebră, şi anume că putea să-i facă pe oameni să-şi sacrifice viaţa pentru o panglică colorată.

Poate că nimeni nu a înţeles importanţa politică a ritualurilor mai bine decât Confucius, care vedea în respectarea strictă a riturilor (*li*) cheia armoniei sociale şi a stabilităţii politice. Textele confucianiste clasice, precum *Cartea riturilor*, *Riturile Zhou* şi *Cartea etichetei şi a riturilor*, au consemnat în cele mai mici amănunte ce rit ar trebui înfăptuit şi cu ce ocazie oficială, până la numărul de vase ritualice folosite în cadrul ceremoniei, tipul instrumentelor muzicale utilizate şi culorile costumelor purtate. Ori de câte ori China se confrunta cu o criză, eruditii confucianişti se grăbeau să o pună pe seama neglijării riturilor, aidoma unui sergent-major care pune înfrângerea militară pe seama faptului că soldaţii delăsători nu şi-au lustruit bocancii[8].

În Occidentul modern, obsesia confucianistă pentru ritualuri a fost văzută adesea ca un semn de superficialitate şi de arhaism. De fapt, probabil atestă respectul lui Confucius pentru natura umană profundă şi atemporală. Poate că nu este o coincidenţă faptul că toate culturile confucianiste – înainte de toate în China, dar şi în ţările învecinate, Coreea, Vietnam şi Japonia – au produs structuri sociale şi politice deosebit de longevive. Dacă vrei să afli adevărul suprem al vieţii, riturile şi ritualurile constituie o piedică enormă. Dar, dacă eşti interesat – precum Confucius – de armonia şi stabilitatea socială, adevărul este adesea un impediment, în vreme ce riturile şi ritualurile sunt printre cei mai buni aliaţi ai tăi.

Acest fapt este la fel de relevant în secolul XXI precum era în China antică. Puterea lui Hocus-pocus este bine sănătoasă în lumea noastră industrială modernă. Pentru mulţi dintre oamenii anului 2018, două beţe prinse în cuie sunt Dumnezeu, un afiş colorat pe zid este Revoluţia, iar o bucată de pânză ce flutură în vânt este Naţiunea. Nu poţi să vezi sau să auzi Franţa, întrucât există doar în imaginaţia ta, dar cu siguranţă poţi să vezi tricolorul şi să auzi *La Marseillaise*. Aşadar, prin faptul că fluturi un drapel colorat şi intonezi un imn transformi naţiunea, dintr-o poveste abstractă, într-o realitate palpabilă.

Cu mii de ani în urmă, hinduşi evlavioşi îşi sacrificau caii nepreţuiţi – astăzi investesc în confecţionarea unor drapele costisitoare. Steagul naţional al Indiei este cunoscut drept Tirangā (literal, „tricolor"), întrucât constă în trei benzi – una galbenă ca şofranul, una albă şi una verde. Codul Steagului Indian din 2002 proclamă că drapelul „reprezintă speranţele şi aspiraţiile oamenilor din India. Este simbolul mândriei noastre naţionale. De-a lungul ultimelor cinci decenii, mai mulţi oameni, inclusiv membri ai forţelor armate, şi-au jertfit cu dragă inimă viaţa pentru ca tricolorul să fie arborat în toată gloria lui"[9]. Codul Steagului îl citează apoi pe Sarvepalli Radhakrishnan, al doilea preşedinte al Indiei, care explica :

Culoarea şofranului denotă abnegaţie sau absenţa vreunui interes personal. Liderii noştri trebuie să fie indiferenţi la câştigurile materiale şi să se dedice muncii lor. Albul din centru este lumina, calea adevărului care să ne îndrume purtarea. Verdele arată relaţia pe care o avem cu solul, relaţia cu viaţa vegetală de aici de care depinde orice altă viaţă. Roata Ashoka din centrul benzii albe este roata legii dharma. Adevărul sau satya, dharma sau virtutea trebuie să fie principiile călăuzitoare ale tuturor celor care lucrează sub acest stindard[10].

În 2017, guvernul naţionalist al Indiei a arborat unul dintre cele mai mari drapele din lume la Attari, la graniţa indo-pakistaneză, într-un gest calculat, menit să inspire nu atât abnegaţie sau absenţa interesului personal, cât invidia pakistanezilor. Respectivul Tirangā avea 36 de metri lungime şi 24 de metri lăţime şi a fost înălţat pe un catarg înalt de 110 metri (ce ar fi spus Freud despre asta?). Tricolorul putea fi văzut tocmai din metropola pakistaneză Lahore. Din nefericire, vânturile puternice au tot rupt drapelul, iar mândria naţională a trebuit să fie cusută în repetate rânduri, cu un cost exorbitant pentru contribuabilii indieni[11]. De ce investeşte guvernul indian resurse în confecţionarea unor drapele enorme, în loc să construiască sisteme de canalizare în mahalalele din Delhi? Pentru că steagul face ca India să fie reală într-un mod în care sistemele de canalizare nu o fac.

De fapt, însuşi costul steagului face ca ritualul să fie mai eficient. Dintre toate ritualurile, sacrificiul este cel mai puternic, deoarece, dintre toate lucrurile din lume, suferinţa este cea mai reală. Nu poţi niciodată să o ignori sau să o pui la îndoială. Dacă vrei să-i faci pe oameni să creadă cu adevărat într-o ficţiune, îndeamnă-i să facă un sacrificiu pentru ea. Odată ce suferi pentru o poveste, de obicei e de ajuns să te convingă că povestea este adevărată. Dacă posteşti fiindcă aşa ţi-a poruncit Dumnezeu să faci, senzaţia concretă de foame îl face pe Dumnezeu prezent mai mult decât orice statuie sau icoană. Dacă îţi pierzi picioarele într-un război patriotic, cioturile şi scaunul tău cu rotile fac naţiunea mai reală decât orice poem sau imn. La un nivel mai puţin grandios, preferând să cumperi paste locale inferioare calitativ în locul pastelor importate din Italia, de calitate superioară, ai putea face un mărunt sacrificiu zilnic prin care naţiunea devine reală chiar şi la supermarket.

Acesta este, fireşte, un sofism. Dacă suferi din cauza credinţei tale în Dumnezeu sau în naţiune, asta nu dovedeşte că aceste credinţe ale tale sunt adevărate. Poate că doar plăteşti pentru naivitatea ta? Totuşi, celor mai mulţi oameni nu le place să admită că sunt fraieri. Prin urmare, cu cât sacrifică mai mult pentru o anumită credinţă, cu atât credinţa lor devine mai puternică. Aceasta este alchimia misterioasă a sacrificiului. Ca să aibă control asupra noastră, preotul care înfăptuieşte sacrificiul nu trebuie să ne dea nimic - nici ploaie, nici bani, nici victorie în război. Mai curând, trebuie să ia ceva. Odată ce ne convinge să facem un sacrificiu dureros, suntem prinşi în capcană.

Acest lucru funcţionează şi în lumea comercială. Dacă achiziţionezi un Fiat la mâna a doua cu 2.000 de dolari, probabil că te vei plânge de el oricui este dispus să te asculte. Dar, dacă îţi cumperi un Ferrari nou-nouţ cu 200.000 de dolari, îl vei ridica în slăvi în stânga şi-n dreapta nu pentru că ar fi o maşină nemaipomenită, ci pentru că ai dat atât de mulţi bani pe ea, încât trebuie să crezi că este cel mai grozav lucru din lume. Chiar şi în dragoste, orice Romeo sau Werther aspirant ştie că fără sacrificiu nu există iubire adevărată. Sacrificiul nu este doar o modalitate de a-ţi convinge persoana iubită că ai intenţii serioase - este şi o metodă de a te convinge pe tine însuţi că eşti într-adevăr îndrăgostit. De ce credeţi că femeile le cer iubiţilor lor să le aducă inele cu diamant? Odată ce partenerul face un sacrificiu financiar atât de mare, trebuie să se convingă pe el însuşi că a fost pentru o cauză importantă.

Sacrificiul de sine este extrem de convingător nu doar pentru martirii înşişi, ci şi pentru martori. Puţini zei şi puţine naţiuni sau revoluţii pot rezista fără martiri. Dacă îndrăzneşti să pui la îndoială drama divină, mitul naţionalist sau saga revoluţionară, eşti numaidecât mustrat: „Dar martirii binecuvântaţi au murit pentru asta! Cutezi să spui că au murit în zadar? Crezi că aceşti eroi erau neghiobi?".

Pentru musulmanii şiiţi, drama cosmosului a atins punctul culminant în ziua de Ashura, a zecea zi a lunii Muharram, la 61 de ani după Hegira (10 octombrie 680, potrivit calendarului creştin). În acea zi, la Karbala, în Irak, soldaţii diabolicului uzurpator Yazid l-au masacrat pe Husayn ibn Ali, nepotul profetului Mahomed, împreună cu un mic grup de discipoli. Pentru şiiţi, martiriul lui Husayn a ajuns să simbolizeze veşnica luptă dintre bine şi rău şi a celor oprimaţi împotriva nedreptăţii. La fel cum creştinii reconstituie în repetate rânduri drama răstignirii şi reproduc patimile lui Hristos, tot aşa şiiţii reconstituie drama zilei de Ashura şi reproduc patimile lui Husayn. Milioane de şiiţi se adună an de an la altarul sfânt din Karbala, ridicat pe locul unde a fost jertfit Husayn, iar în ziua de Ashura şiiţii din lumea întreagă înfăptuiesc ritualuri de doliu, în unele cazuri flagelându-se şi tăindu-se cu lanţuri şi cuţite.

Cu toate acestea, importanţa sărbătorii Ashura nu se limitează la un singur loc şi la o singură zi. Ayatollahul Ruhollah Khomeini şi mulţi alţi lideri şiiţi le-au spus în repetate rânduri adepţilor lor că „fiecare zi este Ashura şi fiecare loc este Karbala"[12]. Martiriul lui Husayn la Karbala conferă astfel însemnătate oricărui eveniment, oriunde, oricând, şi până şi cele mai banale decizii ar trebui văzute ca având un impact asupra marii lupte cosmice dintre bine şi rău. Dacă te încumeţi să pui la îndoială această poveste, ţi se va aduce imediat aminte de Karbala - iar să te îndoieşti de martiriul lui Husayn sau să-l iei în râs este cea mai mare crimă pe care ai putea-o săvârşi vreodată.

În schimb, dacă martirii sunt puţini, iar oamenii nu sunt dispuşi să se sacrifice, preotul i-ar putea convinge să sacrifice pe altcineva în locul lor. Ai putea să sacrifici un om ca jertfă adusă răzbunătorului zeu Ba'al, să arzi un eretic pe rug întru slava lui Iisus Hristos, să execuţi femei vinovate de adulter pentru că aşa a spus Allah sau să-i trimiţi pe duşmanii de clasă în gulag. Odată ce faci asta, o alchimie uşor diferită a sacrificiului începe să-şi folosească farmecele asupra ta. Odată ce îţi provoci singur suferinţă în numele unei poveşti, ea îţi dă de ales : „Fie povestea este adevărată, fie sunt un tâmpit credul". Atunci când provoci suferinţă altora, ai de asemenea de ales : „Fie povestea este adevărată, fie sunt un ticălos crud". Şi la fel cum nu vrem să recunoaştem că suntem fraieri, tot aşa nu vrem să recunoaştem că suntem ticăloşi, aşa că preferăm să credem că povestea este adevărată.

În martie 1839, în oraşul iranian Maşhad, un vraci local i-a spus unei evreice care suferea de o boală de piele că, dacă omoară un câine şi se spală pe mâini cu sângele lui, avea să se vindece. Maşhad este un oraş şiit sfânt şi s-a întâmplat ca femeia să urmeze tratamentul sinistru în ziua sacră de Ashura. A fost observată de câţiva şiiţi, care au crezut - sau cel puţin aşa au susţinut – că femeia a ucis câinele ca să parodieze martiriul din Karbala. Vestea acestui sacrilegiu de neconceput s-a răspândit rapid pe străzile Maşhadului. Instigată de imamul local, o mulţime furioasă a pătruns în cartierul evreiesc, a incendiat sinagoga şi a ucis pe loc 36 de evrei. Tuturor evreilor din Maşhad care au supravieţuit li s-a dat apoi de ales: fie se converteau numaidecât la islam, fie erau ucişi. Episodul sordid nu a afectat câtuşi de puţin reputaţia Maşhadului de „capitală spirituală a Iranului"[13].

Când ne gândim la un sacrificiu uman, de obicei ne vin în minte ritualuri macabre în temple canaanite sau aztece, şi de multe ori se spune că monoteismul a pus capăt acestei practici înfiorătoare. De fapt, monoteiştii au practicat sacrificiul uman la o scară mult mai mare decât majoritatea cultelor politeiste. Creştinismul şi islamul au ucis mult mai mulţi oameni în numele lui Dumnezeu decât adepţii lui Ba'al sau ai lui Huitzilopochtli. În vreme ce conchistadorii spanioli puseseră capăt tuturor sacrificiilor umane aduse zeilor azteci şi incaşi, în Spania Inchiziţia ardea eretici cu grămada.

Există fel de fel de sacrificii. Ele nu implică întotdeauna preoţi care mânuiesc cuţite sau pogromuri sângeroase. Iudaismul, de pildă, interzice munca şi călătoriile în ziua sfântă de Sabat (literal, cuvântul *sabat* înseamnă „a sta nemişcat" sau „a se odihni"). Sabatul începe vineri la apus şi durează până sâmbătă la apus, iar în acest interval evreii ortodocşi se abţin de la aproape orice fel de muncă, neputând nici măcar să rupă hârtie igienică dintr-un sul la toaletă. (Unii dintre cei mai eruditi rabini chiar au discutat despre asta şi au conchis că, dacă ar rupe hârtia igienică, evreii pioşi ar încălca tabuul Sabatului, aşa că, dacă vor să se şteargă la fund de Sabat, trebuie să-şi pregătească o rezervă de hârtie igienică ruptă dinainte[14].)

În Israel, evreii religioşi încearcă adesea să-i forţeze pe evreii laici şi chiar pe ateii convinşi să respecte aceste tabuuri. Întrucât partidele ortodoxe deţin de obicei puterea în politica israeliană, de-a lungul anilor au reuşit să promulge numeroase legi care interzic fel de fel de activităţi de Sabat. Deşi nu au putut să scoată în afara legii folosirea vehiculelor private de Sabat, au reuşit să interzică transportul public. Acest sacrificiu religios naţional afectează în principal cele mai slabe sectoare ale societăţii, mai ales că sâmbăta este singura zi din săptămână când membrii clasei muncitoare sunt liberi să călătorească pentru a-şi vizita rude îndepărtate, prieteni sau pentru a se bucura de diverse atracţii turistice. O bunică bogată nu are nici o problemă să urce la volanul maşinii sale noi-nouţe şi să-şi viziteze nepoţii într-un alt oraş, dar o bunică săracă nu poate face acest lucru deoarece nu circulă nici un autobuz şi nici un tren.

Creând asemenea dificultăţi pentru sute de mii de cetăţeni, partidele religioase îşi dovedesc şi-şi consolidează credinţa nestrămutată în iudaism. Deşi nu se varsă nici o picătură de sânge, este sacrificată totuşi bunăstarea multor oameni. Dacă iudaismul este doar o ficţiune, atunci este un lucru crud şi neomenos să împiedici o bunică să-şi viziteze nepoţii sau să nu laşi un student nevoiaş să meargă să se distreze pe plajă. Făcând totuşi aceste lucruri, partidele religioase spun lumii - şi-şi spun lor înseşi - că ele cred cu adevărat în povestea evreiască. Ce, credeţi că-i încântă să le facă rău oamenilor fără absolut nici un motiv întemeiat?

Sacrificiul nu numai că îţi întăreşte încrederea în poveste, dar se şi substituie adesea tuturor celorlalte obligaţii pe care le ai faţă de ea. Majoritatea marilor poveşti ale omenirii au impus idealuri pe care cei mai mulţi dintre oameni nu le pot atinge. Câţi creştini respectă într-adevăr cele zece porunci, cuvânt cu cuvânt, fără să mintă sau să poftească vreodată ceva? Câţi budişti au ajuns până acum în etapa dizolvării eului? Câţi socialişti muncesc până la capătul puterilor, luând doar atât cât le trebuie cu adevărat?

Incapabili să se ridice la nivelul idealului, oamenii recurg la sacrificiu ca la o soluţie. Un hindus ar putea să se implice în fraude fiscale, să meargă din când în când la prostituate şi să se poarte urât cu părinţii săi în vârstă, dar apoi să se convingă pe el însuşi că este o persoană cât se poate de pioasă, deoarece susţine distrugerea moscheii Babri din Ayodhya şi a donat chiar bani pentru construirea pe locul acesteia a unui templu hindus. La fel ca în vechime, în secolul XXI căutarea sensului de către om se sfârşeşte mult prea adesea cu o serie de sacrificii.

Portofoliul identității

Egiptenii, canaaniţii şi grecii antici încercau să evite sacrificiile. Aveau nenumăraţi zei, iar dacă unul îi lăsa la greu, sperau că altul le va veni totuşi în ajutor. Aşa că aduceau ofrande zeului soarelui dimineaţa, zeiţei pământului la amiază şi unui amalgam de zâne şi demoni seara. Nici asta nu s-a schimbat prea mult. Astăzi, toţi zeii – fie că este vorba despre Iahve, Mamon, Naţiunea sau Revoluţia –, precum şi toate poveştile în care cred oamenii sunt incomplete, pline de lacune şi înţesate de contradicţii. Prin urmare, oamenii îşi pun rareori întreaga credinţă într-o singură poveste. În schimb, păstrează un portofoliu de poveşti şi identităţi diferite, trecând de la una la alta în funcţie de nevoi. Asemenea disonanţe cognitive sunt inerente în aproape toate societăţile şi mişcările.

Să luăm exemplul unui partizan tipic al mişcării Tea Party care îmbină cumva o credinţă arzătoare în Iisus Hristos cu o combatere fermă a politicilor guvernamentale de asistenţă socială şi o susţinere înverşunată a Asociaţiei Naţionale a Armelor. Nu propovăduia Iisus mai curând să-i ajuţi pe cei săraci decât să te înarmezi până-n dinţi ? Poate părea o contradicţie, însă creierul uman are nenumărate sertare şi compartimente, iar unii neuroni pur şi simplu nu comunică între ei. În mod asemănător, puteţi găsi o mulţime de susţinători ai lui Bernie Sanders inspiraţi de o credinţă neclară într-o revoluţie viitoare, dar care cred în acelaşi timp în importanţa investirii chibzuite a banilor. Aceştia pot trece cu uşurinţă de la o discuţie pe marginea distribuirii inechitabile a averii în lume la una despre performanţa investiţiilor lor pe Wall Street.

Nimeni nu are o singură identitate. Nimeni nu este doar musulman, doar italian sau doar capitalist. Dar din când în când apare câte un crez fanatic şi insistă că oamenii ar trebui să creadă într-o singură poveste şi să aibă o singură identitate. În generaţiile recente, cel mai fanatic asemenea crez a fost fascismul. Fascismul insista că oamenii nu ar trebui să creadă nici o poveste în afara celei naţionaliste şi că nu ar trebui să aibă nici o identitate cu excepţia identităţii lor naţionale. Nu toţi naţionaliştii sunt fascişti. Majoritatea naţionaliştilor au mare încredere în povestea naţiunii lor şi subliniază meritele unice ale naţiunii lor şi obligaţiile unice pe care le au faţă de naţiunea lor – cu toate acestea, recunosc că lumea nu se rezumă doar la naţiunea lor. Pot să fiu un italian devotat, cu obligaţii deosebite faţă de naţiunea italiană, şi cu toate acestea să am şi alte identităţi. Pot fi de asemenea socialist, catolic, soţ, tată, om de ştiinţă şi vegetarian, iar fiecare dintre aceste identităţi aduce cu sine obligaţii suplimentare. Uneori, câteva dintre identităţile mele mă atrag în direcţii diferite, iar unele dintre obligaţiile mele intră în conflict una cu alta. Dar, mă rog, cine a spus că viaţa e uşoară?

Fascismul este ceea ce se întâmplă atunci când naţionalismul vrea să-şi facă viaţa foarte uşoară, negând toate celelalte identităţi şi obligaţii. A existat foarte multă confuzie în ultima vreme pe marginea sensului exact al fascismului. Oamenii spun despre aproape orice persoană care nu le place că este „fascistă". Termenul riscă să degenereze într-o injurie utilizabilă în orice condiţii. Aşadar, ce înseamnă de fapt? Pe scurt, în vreme ce naţionalismul mă învaţă că naţiunea mea este unică şi că am obligaţii speciale faţă de ea, fascismul spune că naţiunea mea este supremă şi că datorez naţiunii mele obligaţii exclusive. Indiferent de circumstanţe, nu ar trebui să pun niciodată interesele vreunui grup sau individ mai presus de interesele naţiunii mele. Chiar dacă naţiunea mea urmează să obţină un profit neînsemnat provocându-le foarte multă suferinţă câtorva milioane de străini dintr-o regiune îndepărtată, nu ar trebui să am îndoieli în legătură cu susţinerea naţiunii mele. Altminteri, sunt un trădător demn de dispreţ. Dacă naţiunea îmi cere să omor milioane de oameni, ar trebui să omor milioane de oameni. Dacă naţiunea îmi cere să trădez adevărul şi frumuseţea, ar trebui să trădez adevărul şi frumuseţea.

Cum evaluează un fascist arta? Cum ştie un fascist dacă un film este bun? Foarte simplu. Există un singur etalon. Dacă filmul slujeşte interesele naţionale, este un film bun. Dacă nu slujeşte interesele naţionale, e un film prost. Şi cum decide un fascist ce să le predea copiilor la şcoală? Foloseşte acelaşi etalon. Îi învaţă pe copii orice slujeşte interesele naţiunii; adevărul nu contează[15].

Această venerare a naţiunii este extrem de atrăgătoare, nu numai pentru că simplifică numeroase dileme dificile, ci şi pentru că îi face pe oameni să creadă că aparţin celui mai important şi mai frumos lucru din lume – naţiunea lor. Ororile celui de-al Doilea Război Mondial şi ale Holocaustului scot la iveală consecinţele înfiorătoare ale acestei mentalităţi. Din nefericire, atunci când oamenii vorbesc despre relele fascismului, o fac adesea destul de prost, întrucât tind să-l prezinte ca pe un monstru odios şi nu reuşesc să explice de ce este atât de seducător. Iată de ce astăzi oamenii adoptă uneori idei fasciste fără să-şi dea seama. Ei îşi spun: „Am fost învăţat că fascismul este urât, dar când mă uit în oglindă văd ceva cât se poate de frumos, aşa că nu pot fi fascist".

Seamănă oarecum cu greşeala pe care o fac filmele hollywoodiene atunci când înfăţişează personajele negative - Cap-de-mort, Sauron, Darth Vader - ca fiind urâte şi rele. De obicei, sunt crude şi răutăcioase până şi cu cei mai fideli susţinători ai lor. Ceea ce nu înţeleg niciodată atunci când urmăresc asemenea filme este de ce ar fi cineva tentat să urmeze un ticălos dezgustător precum Cap-de-mort?

Problema cu răul este că în viaţa reală nu e neapărat urât. De fapt, poate fi foarte frumos. Creştinismul a ştiut acest lucru mai bine decât Hollywoodul, motiv pentru care arta creştină tradiţională obişnuia să-l înfăţişeze pe Satan drept un individ extrem de arătos. De aceea e atât de dificil să rezişti ispitelor lui Satan. Acesta este şi motivul pentru care e greu să ţii piept fascismului. Când te priveşti în oglinda fascistă, ceea ce vezi acolo nu e câtuşi de puţin urât. Când germanii se uitau în oglinda fascistă în anii 1930, vedeau în Germania cel mai frumos lucru din lume. Dacă ruşii vor privi astăzi în oglinda fascistă, vor vedea Rusia drept cel mai frumos lucru din lume. Iar dacă israelienii vor privi în oglinda fascistă, vor vedea Israelul drept cel mai frumos lucru din lume. Apoi îşi vor dori să se piardă în acea colectivitate frumoasă.

Cuvântul „fascism" provine din latinescul *fascis*, care înseamnă „mănunchi de nuiele". Nu pare câtuşi de puţin un simbol extravagant pentru una dintre cele mai feroce şi mai letale ideologii din istoria lumii. Dar are o însemnătate profundă şi sinistră. O singură nuia este foarte slabă şi poţi să o frângi cu uşurinţă în două. Totuşi, odată ce legi mai multe nuiele laolaltă într-un *fascis*, devine aproape imposibil să le rupi. Asta înseamnă că individul este lipsit de însemnătate, dar, câtă vreme colectivul rămâne unit şi solidar, el este nespus de puternic[16]. Prin urmare, fasciştii cred în privilegierea intereselor colectivului în detrimentul celor ale oricărui individ şi cer ca nici o singură nuia să nu îndrăznească vreodată să distrugă unitatea mănunchiului.

Desigur, nu este niciodată clar unde se termină un „mănunchi de nuiele" uman şi unde începe altul. De ce ar trebui să consider că Italia este mănunchiul de nuiele căruia îi aparţin? De ce nu familia mea, oraşul Florenţa, provincia Toscana, continentul european sau întreaga specie umană? Formele mai blânde de naţionalism îmi vor spune că pot să am într-adevăr obligaţii faţă de familia mea, faţă de Florenţa, Europa şi faţă de întreaga omenire, iar în acelaşi timp să am obligaţii speciale faţă de Italia. În schimb, fasciştii italieni îmi vor cere loialitate absolută doar faţă de Italia.

În ciuda eforturilor lui Mussolini şi ale partidului său fascist, majoritatea italienilor nu au fost atât de entuziasmaţi să pună Italia înainte de *famiglia*. În Germania, aparatul de propagandă nazist a făcut o treabă mult mai meticuloasă, dar nici măcar Hitler nu a reuşit să-i facă pe oameni să uite toate poveştile alternative. Chiar şi în perioada cea mai întunecată a epocii naziste, oamenii au păstrat întotdeauna câteva poveşti de rezervă pe lângă cea oficială. Acest lucru a devenit cât se poate de clar în 1945. Ai fi zis că după 12 ani de spălare nazistă pe creier mulţi germani ar fi complet incapabili să-şi înţeleagă vieţile postbelice. Dat fiind că îşi puseseră întreaga credinţă într-o singură mare poveste, ce să facă după destrămarea poveştii respective? Cu toate acestea, majoritatea germanilor şi-au revenit cu o viteză uimitoare. Au păstrat într-un colţ al minţii alte câteva poveşti despre lume, iar imediat după ce Hitler şi-a tras un glonţ în cap, locuitorii Berlinului, Hamburgului şi Münchenului au adoptat noi identităţi şi au găsit sensuri noi pentru vieţile lor.

E adevărat, circa 20% dintre gauleiterii nazişti – lideri regionali de partid – s-au sinucis, precum şi aproximativ 10% dintre generali[17]. Dar asta înseamnă că 80% dintre gauleiteri şi 90% dintre generali şi-au continuat bucuroşi viaţa. Majoritatea covârşitoare a naziştilor cu carnet de partid şi chiar a membrilor SS de rând nici nu au înnebunit, nici nu şi-au pus capăt zilelor. Au fost după aceea fermieri, profesori, doctori şi agenţi de asigurări productivi.

De fapt, nici măcar suicidul nu dovedeşte un devotament absolut faţă de o singură poveste. Pe 13 noiembrie 2015, Statul Islamic a orchestrat mai multe atacuri sinucigaşe la Paris în care au murit 130 de oameni. Gruparea extremistă a explicat că a făcut acest lucru drept răzbunare pentru bombardarea activiştilor Statului Islamic din Siria şi Irak de către forţele aeriene franceze şi în speranţa de a descuraja Franţa să mai execute asemenea bombardamente în viitor[18]. Tot atunci, Statul Islamic a declarat de asemenea că toţi musulmanii ucişi de forţele aeriene franceze erau martiri, care se bucurau de fericirea veşnică în rai.

Ceva nu are noimă aici. Dacă martirii ucişi de forţele aeriene franceze sunt acum într-adevăr în rai, de ce ar trebui să se răzbune cineva pentru asta? Răzbunare pentru ce, mai exact? Pentru că au trimis oameni în rai? Dacă ai auzi că scumpul tău frate a câştigat un milion de dolari la loto, ai începe să arunci în aer agenţii loto drept răzbunare? Atunci de ce să te dezlănţui la Paris doar pentru că forţele aeriene franceze le-au dat câtorva dintre fraţii tăi un bilet dus în paradis? Ar fi şi mai rău dacă ai reuşi cu adevărat să-i descurajezi pe francezi să mai recurgă la bombardamente în Siria. Deoarece, în acest caz, mai puţini musulmani vor ajunge în rai.

Am putea fi tentaţi să conchidem că activiştii Statului Islamic nu cred cu adevărat că martirii ajung în rai. De aceea sunt furioşi când sunt bombardaţi şi ucişi. Dar dacă e aşa, de ce unii dintre ei îşi prind la brâu centuri cu explozibil şi se aruncă de bunăvoie în aer? Cel mai probabil, răspunsul este că se agaţă de două poveşti contradictorii, fără să se gândească prea mult la inconsecvenţe. După cum precizam mai devreme, unii neuroni pur şi simplu nu comunică între ei.

Cu opt secole înainte ca forţele aeriene franceze să bombardeze bastioanele Statului Islamic din Siria şi Irak, o altă armată franceză a invadat Orientul Mijlociu, în ceea ce posteritatea cunoaşte drept „Cruciada a şaptea". Conduşi de sfântul rege Ludovic al IX-lea, cruciaţii sperau să cucerească Valea Nilului şi să transforme Egiptul într-un bastion creştin. Cu toate acestea, au fost înfrânţi în Bătălia de la Mansoura, iar majoritatea cruciaţilor au fost luaţi prizonieri. Un cavaler cruciat, Jean de Joinville, scria mai târziu în memoriile sale că, atunci când bătălia era pierdută şi au decis să se predea, unul dintre oamenii lui a spus: „Nu pot fi de acord cu această decizie. Sfatul meu este să ne lăsăm cu toţii ucişi, fiindcă astfel vom ajunge în paradis". Joinville comentează sec că „nici unul dintre noi nu i-a luat în seamă sfatul"[19].

Joinville nu explică de ce au refuzat. La urma urmei, erau bărbaţi care îşi părăsiseră castelele confortabile din Franţa pentru o aventură primejdioasă şi de lungă durată în Orientul Mijlociu, în mare măsură datorită credinţei lor în promisiunea mântuirii veşnice. Atunci de ce, când erau doar la un pas de fericirea eternă a paradisului, au ales captivitatea musulmană ? Se pare că, deşi cruciaţii credeau cu înflăcărare în mântuire şi paradis, la momentul adevărului au preferat să nu rişte.

Supermarketul din Helsingør

De-a lungul istoriei, aproape toţi oamenii au crezut în mai multe poveşti în acelaşi timp şi nu au fost niciodată pe deplin convinşi de adevărul nici uneia dintre ele. Această incertitudine a tulburat majoritatea religiilor, care, prin urmare, au văzut în credinţă o virtute capitală, iar în îndoială, unul dintre cele mai cumplite păcate. Ca şi când ar fi existat ceva intrinsec bun în a crede diferite lucruri fără dovezi. Totuşi, odată cu dezvoltarea culturii moderne, lucrurile au început să se inverseze. Credinţa a semănat tot mai mult cu o sclavie mentală, în vreme ce îndoiala a ajuns să fie considerată o condiţie prealabilă a libertăţii.

Undeva între 1599 şi 1602, William Shakespeare şi-a scris propria versiune a *Regelui Leu*, cunoscută mai bine sub numele de *Hamlet*. Totuşi, spre deosebire de Simba, Hamlet nu încheie Cercul Vieţii. Rămâne sceptic şi indecis până la sfârşit, fără să descopere vreodată ce înseamnă viaţa şi fără să decidă ce este mai bine, a fi sau a nu fi. Prin aceasta, Hamlet este eroul modern paradigmatic. Modernitatea nu a respins nenumăratele poveşti pe care le-a moştenit din trecut. În schimb, a deschis un supermarket pentru ele. Omul modern este liber să le încerce pe toate, alegând şi combinând orice e pe placul său.

Unii nu suportă atâta libertate şi incertitudine. Mişcările totalitare moderne, precum fascismul, au reacţionat violent la supermarketul ideilor nesigure şi au cerut credinţă absolută într-o singură poveste, mai mult chiar decât religiile tradiţionale. Majoritatea oamenilor moderni au agreat însă supermarketul. Ce faci când nu ştii care este sensul vieţii şi ce poveste să crezi ? Sanctifici însăşi capacitatea de a alege. Stai pentru totdeauna acolo, la raionul din supermarket, având puterea şi libertatea de a alege orice îţi place şi examinând produsele expuse în faţa ta, şi... stop-cadru, tăiaţi, Sfârşit. Să curgă genericul.

Potrivit mitologiei liberale, dacă stai îndeajuns de mult în acel supermarket enorm, mai devreme sau mai târziu vei avea parte de epifania liberală şi vei descoperi adevăratul sens al vieţii. Toate poveştile de pe rafturile supermarketului sunt falsuri. Sensul vieţii nu este un produs de-a gata. Nu există nici un scenariu divin şi nimic din afara mea nu poate conferi însemnătate vieţii mele. Eu sunt cel care dă sens tuturor lucrurilor prin intermediul propriilor sentimente şi al alegerilor mele libere.

În filmul fantastic *Willow* – un basm mediocru marca George Lucas –, eroul eponim este un pitic obişnuit care visează să devină un mare vrăjitor şi să stăpânească secretele existenţei. Într-o bună zi, un asemenea vrăjitor trece prin sătucul piticului în căutarea unui ucenic. Willow şi alţi doi pitici plini de speranţă se înfăţişează dinaintea lui, iar vrăjitorul le dă aspiranţilor un test simplu. Întinde mâna dreaptă, îşi depărtează degetele şi îi întreabă cu o voce demnă de Yoda: „În care deget stă puterea de a controla lumea?". Fiecare dintre cei trei pitici alege câte un deget – dar nu ghiceşte nici unul. Cu toate acestea, vrăjitorul observă ceva la Willow, iar mai târziu îl întreabă: „Când ţi-am arătat degetele, care a fost primul tău impuls?". „Ei bine, era o prostie", spune jenat Willow, „să-mi aleg propriul deget". „Aha!", exclamă triumfător vrăjitorul, „Acesta era răspunsul corect! Îţi lipseşte încrederea în tine însuţi". Mitologia liberală repetă la nesfârşit această lecţie.

Propriile noastre degete umane sunt cele care au scris Biblia, Coranul şi Vedele şi mintea noastră este cea care conferă putere acestor poveşti. Sunt fără îndoială poveşti frumoase, însă frumuseţea lor depinde strict de ochii privitorului. Ierusalimul, Mecca, Varanasi şi Bodh Gaya sunt locuri sfinte, dar numai datorită sentimentelor pe care le insuflă oamenilor atunci când merg acolo. În sine, universul este doar un ghiveci de atomi fără nici o noimă. Nici un lucru nu este frumos, sacru sau sexy – doar sentimentele umane îl fac să fie aşa. Numai sentimentele umane fac ca un măr roşu să fie apetisant, iar o balegă – dezgustătoare. Dacă îndepărtăm sentimentele umane, nu rămânem decât cu o adunătură de molecule.

Sperăm să găsim sens integrându-ne într-o poveste de-a gata despre univers, dar, potrivit interpretării liberale a lumii, adevărul este exact pe dos. Universul nu îmi conferă mie sens. *Eu* confer sens universului. Aceasta este vocaţia mea cosmică. Eu nu am o soartă sau o dharma fixă. Dacă ajung în situaţia lui Simba sau a lui Arjuna, pot alege să lupt pentru tronul unui regat, dar nu sunt obligat să fac asta. Pot la fel de bine să mă alătur unui circ ambulant, să merg pe Broadway să cânt într-un musical sau să mă mut în Silicon Valley şi să lansez o afacere. Sunt liber să-mi creez propria dharma.

Aşadar, la fel ca toate celelalte poveşti cosmice, şi povestea liberală începe cu creaţia. Potrivit acesteia, creaţia are loc clipă de clipă, iar eu sunt creatorul. Atunci care este ţelul vieţii mele ? Să creez sens simţind, gândind, dorind şi inventând. Orice îngrădeşte libertatea omului de a simţi, a gândi, a dori şi a inventa îngrădeşte sensul universului. Iată de ce libertatea faţă de asemenea limite este idealul suprem.

În termeni practici, cei care cred în povestea liberală trăiesc la lumina a două porunci : creează şi luptă pentru libertate. Creativitatea se poate manifesta scriind o poezie, explorându-ţi sexualitatea, inventând o nouă aplicaţie sau descoperind o substanţă chimică necunoscută. Lupta pentru libertate include orice îi eliberează pe oameni de constrângerile sociale, biologice şi fizice - să protestezi împotriva dictatorilor brutali, să înveţi fetele să citească, să găseşti un leac pentru cancer sau să construieşti o navă spaţială. Panteonul liberal al eroilor îi reuneşte atât pe Rosa Parks şi Pablo Picasso, cât şi pe Louis Pasteur şi fraţii Wright.

În teorie, sună extrem de palpitant şi de profund. Din păcate, libertatea şi creativitatea fiinţei umane nu sunt aşa cum şi le imaginează povestea liberală. Potrivit înţelegerii noastre ştiinţifice, în spatele alegerilor şi creaţiilor noastre nu se ascunde nici o vrajă. Ele sunt produsul a miliarde de neuroni care îşi transmit reciproc semnale biochimice şi, chiar dacă îi eliberezi pe oameni din jugul Bisericii Catolice şi al Uniunii Sovietice, alegerile lor vor fi în continuare dictate de algoritmi biochimici la fel de nemiloşi ca Inchiziţia şi KGB-ul.

Povestea liberală mă învaţă să caut libertatea de expresie şi să mă împlinesc pe mine însumi. Dar atât „eul", cât şi libertatea sunt himere mitologice împrumutate din basmele străvechi. Liberalismul are o viziune cu totul neclară asupra „liberului-arbitru". În mod evident, oamenii au voinţă, au dorinţe, iar uneori sunt liberi să-şi îndeplinească dorinţele.

Dacă prin „liber-arbitru" înţelegi libertatea de a face ce doreşti, atunci da, oamenii au liber-arbitru. Dar, dacă prin „liber-arbitru" înţelegi libertatea de a alege ce să doreşti, atunci nu, oamenii nu au liber-arbitru.

Dacă sunt atras sexual de bărbaţi, aş putea fi liber să dau curs fanteziilor mele, dar nu sunt liber să mă simt atras în schimb de femei. În unele cazuri, aş putea decide să-mi ţin în frâu impulsurile sexuale sau să încerc chiar o terapie de „conversie sexuală", dar însăşi dorinţa de a-mi schimba orientarea sexuală îmi este impusă de neuronii mei, încurajaţi poate de prejudecăţile mele culturale şi religioase. De ce o persoană se simte ruşinată de sexualitatea sa şi încearcă să o schimbe, în vreme ce altă persoană dă curs aceloraşi dorinţe sexuale fără nici o urmă de vinovăţie? Puteţi spune că prima persoană are sentimente religioase mai puternice decât a doua. Dar oamenii aleg liber să aibă sentimente religioase puternice sau slabe? Din nou, o persoană ar putea decide să meargă la biserică în fiecare duminică, într-un efort conştient de a-şi întări sentimentele religioase slabe – dar de ce o persoană aspiră să fie mai credincioasă, în vreme ce alta nu are absolut nici o problemă să rămână atee? Acest fapt s-ar putea datora mai multor înclinaţii culturale şi genetice, dar nu este niciodată produsul „liberului-arbitru".

Ceea ce este adevărat despre dorinţa sexuală este valabil pentru orice fel de dorinţă şi, de fapt, pentru toate sentimentele şi gândurile. Să luăm exemplul următorului gând care vă vine în minte. De unde a venit? Aţi ales liber să-l aveţi şi abia atunci l-aţi avut? În nici un caz. Procesul autoexplorării începe cu lucruri simple, devenind treptat tot mai greu. Iniţial, conştientizăm faptul că nu controlăm lumea exterioară. Nu decid eu când plouă. Apoi ne dăm seama că nu controlăm ceea ce se petrece în propriul corp. Nu îmi controlez tensiunea arterială. După aceea, înţelegem că nu ne controlăm nici măcar creierul. Nu le spun eu neuronilor când să se excite. În cele din urmă ar trebui să conştientizăm faptul că nu ne controlăm dorinţele şi nici măcar reacţiile la aceste dorinţe.

Conştientizarea acestor lucruri ne poate ajuta să devenim mai puţin obsedaţi de opiniile, sentimentele şi dorinţele noastre. Nu avem liber-arbitru, dar putem fi puţin mai liberi faţă de tirania voinţei noastre. De obicei, oamenii acordă atât de multă importanţă dorinţelor lor, încât încearcă să controleze şi să modeleze întreaga lume conform acestor dorinţe. Urmărind să-şi îndeplinească dorinţele, oamenii zboară spre Lună, poartă războaie mondiale şi destabilizează întregul ecosistem. Dacă înţelegem că dorinţele noastre nu sunt manifestările magice ale liberului-arbitru, ci mai curând produsul unor procese biochimice (influenţate de factori culturali aflaţi de asemenea în afara controlului nostru), am putea fi mai puţin preocupaţi de ele. Este mai bine să ne înţelegem pe noi înşine, mintea şi dorinţele noastre, decât să încercăm să dăm curs oricărei fantezii ce ne trece prin cap.

Iar ca să ne înţelegem pe noi înşine, un pas crucial este să recunoaştem că „eul" este o ficţiune pe care mecanismele complexe ale minţii noastre o inventează, o actualizează şi o rescriu în permanenţă. În mintea mea există un povestitor care explică cine sunt, de unde vin, încotro mă îndrept şi ce se întâmplă chiar acum. Aidoma propagandiştilor guvernamentali care explică ultimele frământări politice, de multe ori naratorul interior înţelege lucrurile greşit, însă rareori recunoaşte asta, poate chiar niciodată. Şi la fel cum guvernul construieşte un mit naţional cu drapele, idoli şi parade, şi aparatul meu interior de propagandă construieşte un mit personal cu amintiri de preţ şi traume de care mă agăţ, dar care adesea nu seamănă mai deloc cu adevărul.

În epoca Facebook şi Instagram puteţi observa mai clar ca oricând acest proces de construire a mitului, deoarece o parte din el a fost externalizat din minte în computer. Este deopotrivă fascinant şi înspăimântător să vezi oameni care petrec ore în şir construind şi înfrumuseţând online un eu perfect, ataşându-se de propria creaţie şi confundând-o cu adevărul despre ei înşişi[20]. Aşa devine o vacanţă în familie înţesată de ambuteiaje, certuri meschine şi tăceri încordate o colecţie de privelişti frumoase, cine perfecte şi chipuri zâmbitoare ; 99% din experienţa noastră nu devine niciodată parte din povestea eului.

Este demn de remarcat faptul că eul nostru iluzoriu tinde să fie foarte vizual, în vreme ce experienţele noastre propriu-zise sunt corporale, materiale. În cadrul fanteziei, urmăreşti o scenă cu ochiul minţii sau pe monitorul computerului. Te vezi pe o plajă tropicală, cu marea albastră în spatele tău, cu un zâmbet larg pe chip, într-o mână ai un cocktail, iar cu cealaltă îţi cuprinzi iubitul după mijloc. Raiul pe pământ. Ceea ce nu arată imaginea sunt musca enervantă care te pişcă de picior, senzaţia de nod în stomac de la supa de peşte stricat pe care ai mâncat-o, încordarea maxilarului atunci când simulezi un zâmbet larg şi cearta urâtă pe care cuplul fericit a avut-o cu cinci minute în urmă. Dacă am putea percepe ce simţeau oamenii din fotografii atunci când le făceau !

De aceea, dacă vrei cu adevărat să te înţelegi pe tine însuţi, nu ar trebui să te identifici cu contul tău de Facebook sau cu povestea interioară a eului. În schimb, ar trebui să urmăreşti fluxul propriu-zis al corpului şi al minţii. Vei vedea cum gândurile, emoţiile şi dorinţele apar şi dispar fără prea multe motive şi fără vreun control din partea ta, la fel cum diferite vânturi bat dintr-o direcţie sau alta şi îţi ciufulesc părul. Şi, la fel cum nu eşti acele vânturi, tot aşa nu eşti nici amestecul de gânduri, emoţii şi dorinţe de care ai parte şi, cu siguranţă, nici povestea igienizată pe care o spui despre ele privind în urmă. Le experimentezi pe toate, dar nu le controlezi, nu le stăpâneşti şi nu eşti ele. Oamenii întreabă „Cine sunt?" şi aşteaptă să li se spună o poveste. Primul lucru pe care trebuie să-l ştii despre tine însuţi este că nu eşti o poveste.

Nici o poveste

Liberalismul a făcut un pas radical negând toate dramele cosmice, dar apoi a recreat drama în interiorul fiinţei umane - universul nu are nici o intrigă, aşa că ţine de noi, oamenii, să creăm o intrigă, iar aceasta este vocaţia noastră şi sensul vieţii noastre. Cu mii de ani înaintea epocii noastre liberale, budismul antic a mers şi mai departe, negând nu numai toate dramele cosmice, ci până şi drama interioară a creaţiei umane. Universul nu are nici un sens şi nici sentimentele umane nu comportă vreunul. Ele nu fac parte dintr-o mare poveste cosmică - sunt doar vibraţii efemere, apărând şi dispărând fără nici un motiv anume. Acesta este adevărul. Revino-ţi şi treci peste asta !

Brihadaranyaka Upanishad ne spune : „Capul calului de sacrificiu este răsăritul, ochiul lui e soarele... membrele sale sunt anotimpurile, încheieturile lui sunt lunile şi săptămânile, picioarele lui sunt zilele şi nopţile, oasele lui sunt stelele, iar carnea lui, norii...". În schimb, *Mahasatipatthana Sutta*, un text budist esenţial, arată că, atunci când un om meditează, el îşi analizează corpul cu mare atenţie, observând că „în acest corp există fire de păr pe cap, fire de păr pe piele, unghii, dinţi, piele, carne, tendoane, oase, măduvă, rinichi, inimă... salivă, mucozitate nazală, lichid sinovial şi urină. Astfel continuă să analizeze corpul... Acum a ajuns să înţeleagă: «Acesta este corpul!»"[21]. Părul, oasele sau urina nu simbolizează nimic altceva. Sunt doar ceea ce sunt.

Pasaj după pasaj, textul explică în continuare că, orice lucru ar observa în corp sau în minte persoana care meditează, ea îl înţelege doar aşa cum este. Astfel, când cel care meditează respiră, „Respirând adânc, înţelege cum se cuvine «Respir adânc». Respirând superficial, înţelege cum se cuvine «Respir superficial»"[22]. Respiraţia adâncă nu reprezintă anotimpurile, iar respiraţia superficială nu simbolizează zilele. Ele sunt doar vibraţii în corp.

Potrivit învăţăturilor lui Buddha, cele trei realităţi elementare ale universului sunt: totul se schimbă în permanenţă, nimic nu are o esenţă care dăinuie şi nimic nu este pe deplin satisfăcător. Poţi explora cele mai îndepărtate colţuri ale galaxiei, ale corpului tău sau ale minţii tale, dar niciodată nu vei întâlni ceva imuabil, de esenţă veşnică şi care te satisface pe deplin.

Suferinţa apare deoarece oamenii nu înţeleg acest lucru. Cred că există pe undeva o esenţă veşnică şi că, dacă vor putea să o găsească şi să se conecteze la ea, vor fi pe deplin satisfăcuţi. Această esenţă veşnică este numită uneori Dumnezeu, uneori naţiune, uneori suflet, uneori eu autentic şi uneori dragoste adevărată – şi cu cât oamenii se agaţă mai mult de ea, cu atât sunt mai dezamăgiţi şi suferă mai mult din cauza neputinţei lor de a o găsi. Mai rău decât atât, cu cât ataşamentul este mai puternic, cu atât mai intensă este ura pe care o dezvoltă asemenea oameni faţă de orice persoană, grup sau instituţie ce pare să se interpună între ei şi ţelul lor nepreţuit.

Aşadar, conform preceptelor lui Buddha, viaţa nu are nici un sens, iar oamenii nu sunt nevoiţi să creeze vreunul. Ei trebuie doar să conştientizeze faptul că nu există nici un sens, eliberându-se astfel de suferinţa provocată de ataşamente şi de identificarea cu fenomene deşarte. „Ce ar trebui să fac?", întreabă oamenii, iar Buddha îi sfătuieşte: „Nu faceţi nimic. Absolut nimic". Toată problema este că facem în permanenţă ceva. Nu neapărat la nivel fizic – putem sta nemişcaţi ore în şir cu ochii închişi –, dar la nivel mental suntem extrem de ocupaţi: creăm poveşti şi identităţi, purtăm lupte şi obţinem victorii. A nu face realmente nimic înseamnă că nici mintea nu face nimic şi nu creează nimic.

Din nefericire, şi aceasta se transformă cu mare uşurinţă într-o epopee eroică. Chiar în timp ce stai cu ochii închişi şi observi cum aerul intră şi iese din nări, ai putea foarte bine să începi să creezi poveşti despre asta. „Respiraţia mea e puţin forţată, iar dacă voi respira mai calm, voi fi mai sănătos" ; sau „Dacă voi continua să-mi urmăresc respiraţia şi să nu fac nimic, mă voi lumina şi voi fi cea mai înţeleaptă şi mai fericită persoană din lume". Apoi povestea începe să se dezvolte, iar oamenii pornesc într-o călătorie nu numai pentru a se elibera de propriile ataşamente, ci şi pentru a-i convinge pe alţii să facă asta. Odată ce am acceptat faptul că viaţa nu are sens, găsesc sens explicându-le şi altora acest lucru, certându-mă cu necredincioşii, ţinându-le predici scepticilor, donând bani pentru construirea mănăstirilor şi aşa mai departe. „Nici o poveste" poate deveni cu foarte multă uşurinţă doar o altă poveste.

Istoria budismului oferă o mulţime de exemple pentru modul cum oameni care cred în efemeritatea şi deşertăciunea tuturor fenomenelor, precum şi în faptul că este important să nu ai ataşamente pot avea dispute sau chiar conflicte în privinţa guvernării unei ţări, a dreptului de proprietate asupra unei clădiri sau chiar pe marginea sensului unui cuvânt. Să lupţi împotriva altora întrucât crezi în slava unui Dumnezeu veşnic este un lucru nefericit, dar de înţeles ; să lupţi împotriva altora deoarece crezi în deşertăciunea tuturor fenomenelor este realmente bizar – dar cât se poate de omenesc.

În secolul al XVIII-lea, dinastiile regale ale Birmaniei şi Siamului învecinat se mândreau cu devotamentul lor faţă de Buddha şi au dobândit legitimitate protejând credinţa budistă. Regii înzestrau mănăstiri, construiau pagode şi îi ascultau în fiecare săptămână pe călugării eruditi care ţineau predici elocvente despre cele cinci angajamente morale capitale ale oricărei fiinţe umane : să se abţină să ucidă, să fure, să comită agresiuni sexuale, să înşele şi să se îmbete. Cu toate acestea, cele două regate aveau mereu conflicte. Pe 7 aprilie 1767, armata regelui birman Hsinbyushin a luat cu asalt capitala Siamului, după un asediu de durată. Trupele victorioase au ucis, au jefuit, au violat şi probabil că s-au mai şi îmbătat pe ici, pe colo. După aceea au ars din temelii o mare parte din oraş, cu palatele, mănăstirile şi pagodele lui, şi au dus acasă mii de sclavi şi grămezi de aur şi pietre preţioase.

Nu se punea problema ca regele Hsinbyushin să nu-şi ia în serios credinţa budistă. La şapte ani după marea sa victorie, regele a pornit într-o expediţie regală în josul marelui fluviu Irrawaddy, oprindu-se pentru rugăciune la pagodele importante întâlnite în cale şi cerându-i lui Buddha să-i binecuvânteze armatele cu mai multe victorii. Când a ajuns în Yangon, Hsinbyushin a refăcut şi a extins cea mai sfântă construcţie din toată Birmania – pagoda Shwedagon. Apoi a poleit edificiul mărit cu propria greutate în aur şi a înălţat deasupra pagodei o fleşă din aur încrustată cu pietre preţioase (furate probabil din Siam). De asemenea, a profitat de ocazie ca să-i execute pe regele prizonier din Bago, pe fratele şi pe fiul acestuia[23].

În Japonia anilor 1930, oamenii găseau chiar modalităţi ingenioase de a îmbina doctrinele budiste cu naţionalismul, militarismul şi fascismul. Gânditori budişti radicali precum Nissho Inoue, Ikki Kita şi Tanaka Chigaku susţineau că, pentru a-şi dizolva ataşamentele egocentrice, oamenii ar trebui să se dedice cu totul împăratului, să renunţe la orice părere personală şi să dea dovadă de loialitate totală faţă de naţiune. Diverse organizaţii ultranaţionaliste au fost inspirate de asemenea idei, inclusiv o grupare militară fanatică ce încerca să răstoarne sistemul politic conservator din Japonia printr-o campanie de asasinate. L-au ucis pe fostul ministru de Finanţe, pe directorul general al corporaţiei Mitsui şi, în cele din urmă, pe prim-ministrul Inukai Tsuyoshi. Astfel au grăbit transformarea Japoniei într-o dictatură militară. Ulterior, când armata a pornit la război, preoţii budişti şi maeştrii meditaţiei Zen propovăduiau supunerea altruistă faţă de autoritatea statului şi recomandau sacrificiul de sine pentru efortul de război. În schimb, învăţăturile budiste despre compasiune şi nonviolenţă au fost cumva date uitării şi nu au avut nici o influenţă vizibilă asupra comportamentului trupelor nipone la Nanjing, Manila sau Seul[24].

Astăzi, istoricul Myanmarului budist în ceea ce priveşte drepturile omului este printre cele mai cumplite din lume, iar un călugăr budist, Ashin Wirathu, se află în fruntea mişcării antimusulmane din ţară. Acesta susţine că nu vrea decât să protejeze Myanmarul şi budismul de conspiraţiile jihadiste musulmane, însă predicile şi articolele sale sunt atât de inflamate, încât în februarie 2018 Facebook i-a închis pagina, punând interdicţia pe seama discursului său care instigă la ură. În cursul unui interviu din 2017 acordat ziarului *The Guardian*, călugărul a propovăduit compasiunea pentru un ţânţar trecător, dar, pus în faţa acuzaţiilor potrivit cărora armata Myanmarului ar fi violat femei musulmane, a râs şi a spus: „Imposibil. Corpurile lor sunt prea dezgustătoare"[25].

Există foarte puţine şanse să avem parte de pace mondială şi armonie globală de îndată ce opt miliarde de oameni vor începe să mediteze în mod regulat. Este atât de greu să vezi adevărul despre propria persoană! Chiar dacă reuşeşti cumva să-i convingi pe majoritatea oamenilor să încerce acest lucru, mulţi dintre noi vor denatura rapid adevărul scos la iveală, transformându-l într-o poveste cu eroi, răufăcători şi duşmani, şi vor găsi pretexte foarte bune să pornească la război.

Testul realității

Deşi toate aceste poveşti de amploare sunt ficţiuni generate de propria noastră minte, nu avem motive de disperare. Realitatea rămâne în continuare acolo. Nu poţi juca un rol într-o dramă inventată, dar în primul rând de ce ai vrea să faci asta? Marea întrebare cu care se confruntă oamenii nu este „Care e sensul vieţii?", ci mai curând „Cum să scap de suferinţă?". Atunci când renunţi la toate ficţiunile, poţi observa realitatea cu mult mai multă claritate decât înainte, iar dacă realmente ştii adevărul despre tine însuţi şi despre lume, nimic nu te poate face să suferi. Dar, fireşte, e uşor de spus, greu de făcut.

Noi, oamenii, am cucerit lumea graţie capacităţii noastre de a crea şi a crede poveşti fictive. Prin urmare, nu ne pricepem prea bine să facem diferenţa între ficţiune şi realitate. Ignorarea acestei diferenţe a fost pentru noi o chestiune de supravieţuire. Totuşi, dacă vrei să cunoşti diferenţa, locul din care trebuie să începi este suferinţa. Deoarece lucrul cel mai real din lume este suferinţa.

Când ai de-a face cu o poveste importantă şi vrei să afli dacă este reală sau imaginară, una dintre întrebările-cheie pe care trebuie să ţi le pui este dacă eroul central al poveştii poate suferi. De exemplu, dacă cineva îţi spune povestea naţiunii polone, gândeşte-te o clipă dacă Polonia poate suferi. Se ştie că Adam Mickiewicz, marele poet romantic şi părintele naţionalismului polonez modern, a numit Polonia „Hristosul naţiunilor". Scriind în 1832, la câteva decenii după ce Polonia a fost împărţită între Rusia, Prusia şi Austria şi la scurt timp după ce revolta poloneză din 1830 a fost reprimată cu brutalitate de către ruşi, Mickiewicz arăta că suferinţa înfiorătoare a Poloniei a fost un sacrificiu în numele întregii omeniri, comparabil cu sacrificiul lui Hristos, şi că, aidoma lui Hristos, Polonia va învia din morţi.

Într-un pasaj celebru, Mickiewicz scria:

> Polonia a spus [oamenilor din Europa]: „Oricine va veni la mine va fi liber şi egal, căci eu sunt LIBERTATEA". Însă regii, când au auzit una ca asta, au fost cuprinşi de spaimă şi au răstignit naţiunea polonă şi au aşezat-o în mormânt, strigând: „Am ucis şi am îngropat Libertatea". Dar au strigat prosteşte... Căci Naţiunea Polonă nu a murit... În cea de-a Treia Zi, Sufletul va reveni în Corp; iar Naţiunea va învia şi va elibera toate popoarele Europei din Sclavie[26].

Chiar poate o naţiune să sufere? Are o naţiune ochi, mâini, simţuri, ataşamente şi pasiuni? Dacă o înţepi, poate sângera? Fireşte că nu. Dacă este înfrântă în război, dacă-şi pierde o provincie sau chiar independenţa, tot nu poate simţi durere, tristeţe sau orice altă suferinţă, deoarece nu are corp, nu are minte şi nici sentimente. La drept vorbind, este doar o metaforă. Doar în imaginaţia anumitor oameni Polonia este o entitate reală, capabilă de suferinţă. Polonia dăinuie deoarece aceşti oameni îi oferă trupurile lor – nu doar slujind ca soldaţi în armata polonă, ci şi întrupând efectiv bucuriile şi necazurile naţiunii. În mai 1831, când vestea înfrângerii polone în bătălia de la Ostrołęka a ajuns la Varşovia, oamenilor li s-a pus un nod în stomac de durere, pieptul li s-a umflat de suferinţă, iar ochii li s-au umplut de lacrimi.

Toate acestea nu justifică invazia rusă, fireşte, şi nici nu subminează dreptul polonezilor de a-şi întemeia o ţară independentă şi de a-şi decide propriile legi şi cutume. Cu toate acestea, înseamnă că, în cele din urmă, realitatea nu poate fi povestea naţiunii polone, întrucât însăşi existenţa Poloniei depinde de imagini din mintea oamenilor.

În schimb, să analizăm soarta unei femei din Varşovia care a fost jefuită şi violată de trupele invadatoare ruseşti. Spre deosebire de suferinţa metaforică a naţiunii polone, suferinţa acelei femei a fost cât se poate de reală. E posibil să fi avut drept cauză credinţele umane în diverse ficţiuni, precum naţionalismul rus, creştinismul ortodox şi eroismul macho, care au inspirat mulţi politicieni şi soldaţi ruşi. Cu toate acestea, suferinţa provocată a fost 100% reală.

Ori de câte ori politicienii încep să vorbească în termeni mistici, fiţi cu mare băgare de seamă. Ar putea încerca să mascheze şi să justifice suferinţa reală ascunzând-o în spatele unor cuvinte mari şi de neînţeles. Fiţi atenţi îndeosebi la următoarele patru cuvinte : „sacrificiu", „eternitate", „puritate", „mântuire". Dacă auziţi oricare dintre aceste cuvinte, trageţi un semnal de alarmă. Iar dacă se întâmplă să trăiţi într-o ţară al cărei lider spune la ordinea zilei lucruri precum „Sacrificiul lor va mântui puritatea naţiunii noastre eterne", să ştiţi că aveţi mari probleme. Ca să vă păstraţi sănătatea mintală, încercaţi întotdeauna să traduceţi asemenea baliverne în termeni reali : un soldat ce se zvârcoleşte de durere, o femeie bătută şi maltratată, un copil care tremură de frică.

Aşadar, dacă vreţi să aflaţi adevărul despre univers, despre sensul vieţii şi despre propria identitate, cel mai indicat este să începeţi acordând atenţie suferinţei şi explorând-o.

Răspunsul nu este o poveste.

Capitolul 21

Meditația

Doar observă

După ce am criticat atât de multe poveşti, religii şi ideologii, cinstit ar fi să mă pun şi pe mine în bătaia puştii şi să explic cum reuşeşte totuşi o persoană atât de sceptică să se trezească binedispusă dimineaţa. Ezit să fac acest lucru - pe de o parte, de teamă să nu exagerez, iar pe de altă parte, pentru că nu vreau să dau o impresie greşită, ca şi când ceea ce merge în cazul meu va merge pentru toţi. Sunt cât se poate de conştient de faptul că particularităţile genelor, neuronilor, dharmei şi istoriei mele personale nu sunt împărtăşite de toată lumea. Dar poate că este bine ca toţi cititorii să ştie cel puţin ce nuanţe colorează ochelarii prin care privesc eu lumea, distorsionând astfel modul în care văd şi scriu.

În adolescenţă eram o persoană bulversată şi neliniştită. Lumea nu avea nici o noimă pentru mine şi nu primeam nici un răspuns la marile întrebări pe care le aveam despre viaţă. În special, nu înţelegeam de ce exista atât de multă suferinţă în lume şi în propria mea viaţă şi ce se putea face în acest sens. De la oamenii din jur şi din cărţile pe care le citeam nu primeam decât ficţiuni elaborate : mituri religioase despre zei şi ceruri, mituri naţionaliste despre patria-mamă şi misiunea ei istorică, mituri romantice despre dragoste şi aventură sau mituri capitaliste despre creşterea economică şi despre cum mă vor face fericit cumpărăturile şi consumul. Aveam suficientă minte cât să-mi dau seama că toate acestea erau probabil ficţiuni, dar nu aveam nici cea mai vagă idee cum să găsesc adevărul.

Când mi-am început studiile la universitate, am crezut că acela era locul ideal unde aveam să găsesc răspunsuri. Dar am fost dezamăgit. Lumea academică mi-a pus la dispoziţie instrumente puternice cu care să demontez toate miturile create vreodată de om, dar tot nu mi-a oferit răspunsuri satisfăcătoare la marile întrebări ale vieţii. Dimpotrivă, m-a încurajat să mă concentrez asupra unor chestiuni tot mai înguste. În cele din urmă m-am trezit că scriu o lucrare de doctorat la University of Oxford despre textele autobiografice ale soldaţilor medievali. Ca hobby suplimentar, am continuat să citesc o mulţime de cărţi de filosofie şi să mă implic în numeroase dezbateri filosofice, dar, deşi acestea erau o sursă inepuizabilă de satisfacţii intelectuale, nu mă ajutau câtuşi de puţin să pătrund realmente în esenţa lucrurilor. Era extrem de frustrant.

În cele din urmă, bunul meu prieten Ron mi-a sugerat ca, măcar câteva zile, să las deoparte toate cărţile şi discuţiile intelectuale şi să încerc un curs de meditaţie Vipassana. („Vipassana" înseamnă „introspecţie" în limba pali a vechii Indii.) Am crezut că e o aiureală New Age şi, cum nu aveam nici un chef să mai aud o altă mitologie, am refuzat să merg. Dar, după un an de insistenţe răbdătoare, în aprilie 2000 m-a convins să rămân timp de zece zile într-un refugiu Vipassana[1].

Înainte de asta ştiam foarte puţine despre meditaţie şi presupuneam că trebuie să implice fel de fel de teorii mistice complicate. De aceea, am fost uimit de utilitatea practică a învăţăturilor. Cel care preda cursul, S.N. Goenka, îi învăţa pe elevi să stea cu picioarele încrucişate şi cu ochii închişi şi să-şi concentreze întreaga atenţie asupra modului în care aerul intră şi iese pe nări. „Nu faceţi nimic", repeta el, „nu încercaţi să controlaţi respiraţia sau să respiraţi în vreun fel anume. Urmăriţi doar realitatea clipei prezente, oricare ar fi aceasta. Când inspiraţi, sunteţi doar conştienţi - acum aerul intră în nări. Când expiraţi, sunteţi doar conştienţi - acum aerul iese pe nări. Iar când vă pierdeţi concentrarea şi mintea începe să rătăcească printre amintiri şi fantezii, sunteţi doar conştienţi - acum mintea mi s-a abătut de la respiraţie". A fost cel mai important lucru pe care mi l-a spus vreodată cineva.

Când oamenii pun marile întrebări ale vieţii, de obicei nu au absolut nici un interes să ştie când le intră aerul în nări şi când iese. Mai curând, vor să ştie, de exemplu, ce se întâmplă după ce mori. Cu toate acestea, adevărata enigmă a vieţii nu este ce se întâmplă după ce mori, ci ce se întâmplă înainte să mori. Dacă vrei să înţelegi moartea, trebuie să înţelegi viaţa.

Oamenii întreabă: „Când voi muri, pur şi simplu voi dispărea complet? Voi merge în rai? Voi renaşte într-un nou corp?". Aceste întrebări au la bază ipoteza că există un „eu" care dăinuie de la naştere până la moarte, iar întrebarea este „Ce se va întâmpla cu acest eu în momentul morţii?". Dar ce anume rezistă de la naştere până la moarte? Corpul se schimbă clipă de clipă, creierul se schimbă clipă de clipă, mintea se schimbă clipă de clipă. Cu cât te priveşti mai îndeaproape, cu atât devine mai evident faptul că nimic nu dăinuie nici măcar de la o clipă la alta. Atunci ce anume ţine laolaltă o viaţă întreagă? Dacă nu ştii răspunsul la această întrebare, nu înţelegi viaţa şi cu siguranţă nu ai nici o şansă să înţelegi moartea. Dacă vei descoperi vreodată ce anume ţine viaţa laolaltă, răspunsul la marea întrebare a morţii va deveni de asemenea evident.

Oamenii spun: „Sufletul dăinuie de la naştere până la moarte şi ţine astfel viaţa laolaltă" - dar aceasta nu este decât o poveste. Ai observat vreodată un suflet? Poţi explora această problemă în orice moment, nu doar în clipa morţii. Dacă poţi înţelege ce se întâmplă cu tine atunci când o clipă ia sfârşit, iar alta începe, vei înţelege şi ce se va întâmpla cu tine în clipa morţii. Dacă vei putea să te priveşti cu adevărat pe durata unei singure respiraţii, vei înţelege totul.

Primul lucru pe care l-am aflat concentrându-mă asupra respiraţiei a fost că, în ciuda tuturor cărţilor pe care le citisem şi a tuturor cursurilor pe care le urmasem la universitate, nu ştiam mai nimic despre mintea mea şi aveam un control extrem de redus asupra ei. În ciuda eforturilor mele, nu puteam fi atent mai mult de zece secunde la realitatea aerului care-mi intra şi ieşea pe nări, fiindcă mintea mea începea să rătăcească. Ani în şir am trăit cu impresia că sunt stăpânul vieţii mele şi directorul executiv al brandului meu personal. Dar câteva ore de meditaţie au fost de ajuns să-mi arate că nu deţineam câtuşi de puţin controlul asupra propriei mele persoane. Nu eram directorul executiv - abia dacă eram portarul. Mi s-a cerut să stau la poarta corpului meu - nările - şi doar să urmăresc ce intră sau iese. Totuşi, după câteva clipe, mi-am pierdut concentrarea şi mi-am părăsit postul. A fost o experienţă care mi-a deschis ochii.

De-a lungul cursului, elevii au fost învăţaţi să-şi urmărească nu numai respiraţia, ci şi senzaţiile din corp. Şi nu senzaţii speciale, precum euforia şi extazul, ci mai curând cele mai banale şi mai obişnuite senzaţii:

căldura, încordarea, durerea şi aşa mai departe. Tehnica Vipassana are la bază observaţia că fluxul minţii este strâns legat de senzaţiile corporale. Între mine şi lume se află mereu senzaţiile corporale. Nu reacţionez niciodată la evenimentele din lumea exterioară ; reacţionez mereu la senzaţiile propriului corp. Când senzaţia este neplăcută, reacţionez cu aversiune. Când senzaţia este plăcută, reacţionez dorindu-mi mai mult. Chiar şi atunci când credem că reacţionăm la ceea ce a făcut o altă persoană, la ultima postare pe Twitter a preşedintelui Trump sau la o amintire îndepărtată din copilărie, adevărul este că reacţionăm mereu la senzaţiile noastre corporale imediate. Dacă suntem indignaţi că o persoană ne-a jignit naţiunea sau zeul, insulta este de nesuportat din cauza senzaţiilor usturătoare din stomac şi a durerii care ne strânge inima ca într-o menghină. Naţiunea noastră nu simte nimic, dar corpul nostru suferă cu adevărat.

Vrei să ştii ce e furia ? Ei bine, nu trebuie decât să fii atent la senzaţiile care se formează şi se răspândesc în corpul tău atunci când eşti furios. Aveam 24 de ani când am mers la acel refugiu şi furia mă cuprinsese probabil de 10.000 de ori înainte, însă nu mă obosisem niciodată să acord atenţie senzaţiilor provocate de furie. Ori de câte ori fusesem furios, mă concentrasem asupra obiectului furiei mele – ceva ce făcuse sau spusese cineva –, şi nu asupra realităţii senzoriale a furiei.

Cred că în acele zece zile, acordând atenţie senzaţiilor mele, am aflat despre mine însumi şi despre oameni în general mai multe decât aflasem în toată viaţa mea de până atunci. Iar pentru asta nu am fost nevoit să accept nici o poveste, teorie sau mitologie. A trebuit doar să observ realitatea aşa cum este ea. Cel mai important lucru pe care l-am conştientizat a fost acela că sursa cea mai profundă a suferinţei mele constă în tiparele propriei minţi. Când vreau un lucru şi nu am parte de el, mintea mea reacţionează generând suferinţă. Suferinţa nu e o stare obiectivă în lumea exterioară. Este o reacţie mentală generată de propria minte. Conştientizarea acestui fapt este primul pas ce trebuie făcut pentru a nu genera şi mai multă suferinţă.

După acel prim curs din anul 2000, am început să meditez câte două ore în fiecare zi, iar an de an merg într-un refugiu de meditaţie timp de o lună sau două. Nu este o evadare din realitate. E o conectare cu realitatea.

Cel puţin două ore pe zi, observ efectiv realitatea aşa cum este ea, iar în celelalte 22 de ore sunt asaltat cu e-mailuri, tweeturi şi filmuleţe cu căţei drăgălaşi. Fără concentrarea şi claritatea oferite de această tehnică, nu aş fi putut scrie *Sapiens* sau *Homo deus*. Cel puţin pentru mine, meditaţia nu a intrat niciodată în conflict cu cercetarea ştiinţifică. Mai curând, a fost un alt instrument de preţ în trusa ştiinţifică, îndeosebi atunci când încercam să înţeleg mintea omenească.

Săpând din ambele capete

Ştiinţei îi vine greu să descifreze misterele minţii, mai ales pentru că nu avem instrumente eficiente. Mulţi oameni, printre care şi mulţi oameni de ştiinţă, tind să confunde mintea cu creierul, dar în realitate sunt lucruri cât se poate de diferite. Creierul este o reţea materială de neuroni, sinapse şi substanţe biochimice. Mintea este un flux de experienţe subiective, precum durerea, plăcerea, furia sau dragostea. În opinia biologilor, creierul produce cumva mintea, iar reacţiile biochimice din miliarde de neuroni produc cumva experienţe ca durerea sau iubirea. Cu toate acestea, până în prezent nu avem absolut nici o explicaţie pentru modul în care mintea este produsă de creier. Cum se face că atunci când miliarde de neuroni emit semnale electrice într-un anumit tipar simt durere, iar când neuronii se excită într-un tipar diferit simt iubire? Nu avem nici cea mai vagă idee. De aceea, chiar dacă mintea este produsă într-adevăr de creier, cel puţin deocamdată studiul minţii este un demers diferit de studiul creierului.

Cercetarea creierului progresează în salturi graţie microscoapelor, scannerelor cerebrale şi computerelor puternice. Dar nu putem vedea mintea la microscop sau cu ajutorul unui scanner cerebral. Aceste dispozitive ne permit să detectăm activităţile biochimice şi electrice din creier, dar nu ne oferă acces la experienţele subiective asociate cu aceste activităţi. În 2018, singura minte la care pot avea acces direct este mintea mea. Dacă vreau să ştiu ce experienţe au alte fiinţe conştiente, pot afla doar pe baza unor relatări la mâna a doua, care, fireşte, comportă numeroase distorsiuni şi limitări.

Am putea, fără îndoială, să adunăm mai multe relatări la mâna a doua de la diverse persoane şi să folosim statistica pentru a identifica tiparele recurente. Asemenea metode le-au permis psihologilor şi experţilor în neuroştiinţe nu numai să înţeleagă mult mai bine mintea, ci şi să îmbunătăţească şi chiar să salveze milioane de vieţi. Cu toate acestea, e greu să treci de un anumit prag folosind doar relatări la mâna a doua. În ştiinţă, atunci când investighezi un anumit fenomen, cel mai bine este să-l observi în mod direct. Antropologii, de pildă, folosesc pe scară largă surse secundare, dar, dacă vrei cu adevărat să înţelegi cultura samoană, mai devreme sau mai târziu va trebui să-ţi faci bagajele şi să vizitezi Samoa.

Fireşte, nu este de ajuns doar să vizitezi. Un blog scris de un turist care călătoreşte prin Samoa nu ar fi considerat un studiu antropologic ştiinţific, deoarece majoritatea turiştilor nu dispun de instrumentele şi pregătirea necesare. Observaţiile lor sunt prea arbitrare şi părtinitoare. Ca să devenim antropologi de încredere, trebuie să învăţăm cum să analizăm culturile umane într-o manieră metodică şi obiectivă, lipsită de idei preconcepute şi prejudecăţi. Este ceea ce se studiază la facultatea de antropologie şi ceea ce le-a permis antropologilor să joace un rol absolut vital în construirea unor punţi între diferite culturi.

Studiul ştiinţific al minţii rareori respectă acest model antropologic. În vreme ce antropologii îşi consemnează adesea vizitele pe insule îndepărtate şi în ţări misterioase, cercetătorii conştiinţei pornesc rareori în asemenea călătorii personale pe tărâmurile minţii. Fiindcă singura minte pe care o pot observa în mod direct este a mea şi, oricât ar fi de greu să analizezi cultura samoană fără idei preconcepute şi prejudecăţi, este şi mai greu să-mi analizez obiectiv propria minte. După mai bine de un secol de eforturi, antropologii au astăzi la dispoziţie proceduri puternice de analiză obiectivă. În schimb, în vreme ce cercetătorii minţii au dezvoltat numeroase instrumente pentru colectarea şi analiza relatărilor la mâna a doua, când vine vorba de analiza propriilor minţi nu am intrat câtuşi de puţin în miezul problemei.

În absenţa metodelor moderne de analiză directă a minţii, am putea încerca unele dintre instrumentele dezvoltate de culturile premoderne. Diverse culturi antice au acordat foarte multă atenţie studiului minţii, bazându-se nu pe colectarea relatărilor la mâna a doua, ci pe instruirea oamenilor să-şi analizeze sistematic propria minte. Metodele pe care le-au creat sunt reunite sub termenul generic de „meditaţie". Astăzi, acest termen este asociat deseori cu religia şi misticismul, dar, în principiu, meditaţia este orice metodă de analiză directă a propriei minţi. Într-adevăr, numeroase religii au folosit pe scară largă diferite tehnici de meditaţie, dar asta nu înseamnă că meditaţia este neapărat religioasă. Multe religii au folosit pe scară largă şi cărţile, ceea ce nu înseamnă că utilizarea cărţilor este o practică religioasă.

De-a lungul mileniilor, oamenii au dezvoltat sute de tehnici de meditaţie, ale căror principii şi eficienţă diferă. Am experimentat personal doar una – Vipassana –, aşa că este singura despre care pot vorbi în oarecare cunoştinţă de cauză. Se spune că, la fel ca multe alte tehnici de meditaţie, Vipassana ar fi fost descoperită în India antică de Buddha. De-a lungul secolelor, numeroase teorii şi poveşti i-au fost atribuite lui Buddha, deseori fără nici o dovadă. Dar nu trebuie să crezi nici una dintre ele ca să meditezi. Maestrul de la care am învăţat Vipassana, Goenka, era un instructor cât se poate de practic. Le repeta cursanţilor că, atunci când analizează mintea, trebuie să lase la o parte toate descrierile la mâna a doua, dogmele religioase şi speculaţiile filosofice şi să se concentreze asupra propriei experienţe şi asupra realităţii pe care o întâlnesc cu adevărat. Zi de zi, mai mulţi elevi mergeau în camera lui pentru a-i cere îndrumare şi a-i pune întrebări. Pe o plăcuţă aflată la intrarea în cameră scria: „Vă rog să evitaţi discuţiile teoretice şi filosofice şi să vă axaţi întrebările pe chestiuni care au legătură cu practica voastră propriu-zisă".

Practica propriu-zisă înseamnă să urmăreşti senzaţiile corporale şi reacţiile mentale la senzaţii într-o manieră metodică, continuă şi obiectivă, scoţând astfel la iveală tiparele elementare ale minţii. Oamenii transformă uneori meditaţia în căutarea unor experienţe speciale, precum fericirea şi extazul. Cu toate acestea, la drept vorbind, conştiinţa este cel mai mare mister al universului, iar senzaţiile banale de căldură şi mâncărime sunt la fel de misterioase ca sentimentele de euforie sau armonie cosmică. Cei care practică meditaţia Vipassana sunt preveniţi să nu pornească niciodată în căutarea unor experienţe speciale, ci să se concentreze asupra înţelegerii realităţii minţii lor, oricare ar fi această realitate.

În ultimii ani, atât cercetătorii minţii, cât şi specialiştii în neuroştiinţe s-au arătat tot mai interesaţi de asemenea tehnici de meditaţie, dar majoritatea experţilor au folosit până acum doar indirect acest instrument[2]. Omul de ştiinţă obişnuit nu practică efectiv meditaţia. Mai curând invită în laboratorul său persoane cu experienţă în arta meditaţiei, le acoperă capul cu electrozi, le cere să mediteze şi urmăreşte activităţile cerebrale rezultate. Astfel putem afla nenumărate lucruri interesante despre creier ; dar dacă scopul este acela de a înţelege mintea, ratăm unele dintre cele mai importante observaţii. E ca şi când cineva ar încerca să înţeleagă structura materiei analizând o piatră cu lupa. Te duci la persoana în cauză, îi dai un microscop şi îi spui : „Încearcă cu ăsta. Ai putea vedea mult mai bine". Persoana ia microscopul, pune mâna pe lupa sa de încredere şi analizează atent cu lupa materia din care este făcut microscopul... Meditaţia este un instrument de analiză directă a minţii. Îi ratezi cea mai mare parte a potenţialului dacă, în loc să meditezi tu însuţi, monitorizezi activităţile electrice din creierul altei persoane care meditează.

Fireşte că nu sugerez să abandonăm instrumentele şi practicile actuale folosite în cercetarea creierului. Meditaţia nu le înlocuieşte, dar le-ar putea completa. Situaţia seamănă oarecum cu cea a inginerilor care sapă un tunel printr-un munte uriaş. De ce să sapi dintr-un singur capăt? Mai bine sapi simultan din ambele capete. Dacă mintea şi creierul sunt de fapt unul şi acelaşi lucru, cele două tunele se vor întâlni cu siguranţă. Dar dacă mintea şi creierul nu sunt acelaşi lucru? Atunci este cu atât mai important să sapi în minte, şi nu doar în creier.

Unele universităţi şi laboratoare au început de fapt să folosească meditaţia ca pe un instrument de cercetare, nu doar ca pe un simplu obiect al studiilor asupra creierului. Totuşi, acest proces se află încă în fază incipientă, un motiv fiind acela că necesită o implicare majoră din partea cercetătorilor. Meditaţia serioasă impune foarte multă disciplină. Dacă încerci să-ţi analizezi obiectiv senzaţiile, primul lucru pe care îl vei observa este cât de sălbatică şi de nerăbdătoare este mintea. Chiar dacă te concentrezi asupra analizei unei senzaţii relativ uşor de identificat, precum felul în care aerul intră şi iese pe nări, de obicei mintea ta poate face asta timp de cel mult câteva secunde, după care îşi pierde concentrarea şi începe să rătăcească printre gânduri, amintiri şi visuri.

Atunci când un microscop nu focalizează cum se cuvine, nu trebuie decât să învârtim de o mică manetă. Dacă maneta e stricată, putem chema un tehnician să o repare. Dar, când mintea îşi pierde concentrarea, nu o putem repara atât de uşor. De obicei e nevoie de foarte multă pregătire ca să te calmezi şi să-ţi concentrezi mintea, astfel încât să poată începe să se analizeze metodic şi obiectiv. Poate că în viitor va fi posibil ca, luând o pastilă, să reuşim să ne concentrăm instantaneu. Totuşi, întrucât meditaţia îşi propune mai curând să exploreze mintea decât doar să o concentreze, o asemenea scurtătură s-ar putea dovedi contraproductivă. Pastila ne-ar putea face foarte vigilenţi şi concentraţi, dar, în acelaşi timp, ne-ar putea împiedica să explorăm întregul spectru al minţii. La urma urmei, până şi astăzi ne putem concentra cu uşurinţă mintea urmărind un thriller bun la televizor - dar mintea este atât de concentrată la film, încât nu îşi poate analiza propria dinamică.

Totuşi, chiar dacă nu ne putem baza pe asemenea gadgeturi tehnologice, nu ar trebui să renunţăm. Ne putem lăsa inspiraţi de antropologi, zoologi şi astronauţi. Antropologii şi zoologii petrec ani în şir pe insule îndepărtate, fiind expuşi unui număr mare de boli şi pericole. Astronauţii se supun vreme de mai mulţi ani unor condiţii dificile de antrenament, pregătindu-se pentru expediţiile lor primejdioase în spaţiul cosmic. Dacă suntem dispuşi să facem asemenea eforturi pentru a înţelege culturi străine, specii necunoscute şi planete îndepărtate, s-ar putea să merite să ne străduim la fel de mult ca să ne înţelegem propria minte. Şi ar fi bine să ne înţelegem mintea înainte ca algoritmii să ajungă să ia decizii în locul nostru.

Autoanaliza nu a fost niciodată uşoară, dar cu timpul ar putea deveni tot mai grea. De-a lungul istoriei, oamenii au creat poveşti din ce în ce mai complexe despre ei înşişi, ceea ce a făcut să fie tot mai dificil să ştim cine suntem cu adevărat. Aceste poveşti erau menite să unească un număr mare de oameni, să acumuleze puterea şi să menţină armonia socială. Ele erau vitale pentru a hrăni miliarde de oameni flămânzi şi pentru a avea certitudinea că acei oameni nu îşi taie unul altuia beregata. Când oamenii încercau să se analizeze, de obicei descopereau aceste poveşti de-a gata. O explorare cu final deschis era prea periculoasă. Ameninţa să submineze ordinea socială.

Odată cu dezvoltarea tehnologiei s-au întâmplat două lucruri. Mai întâi, pe măsură ce cuţitele din silex au evoluat treptat până la rachete nucleare, destabilizarea ordinii sociale a devenit mai periculoasă. În al doilea rând, pe măsură ce picturile rupestre au evoluat treptat până la transmisii televizate, a devenit mai uşor să-i induci pe oameni în eroare. În viitorul apropiat, algoritmii ar putea desăvârşi acest proces, făcând ca oamenilor să le fie aproape imposibil să observe realitatea în ce-i priveşte. Algoritmii vor fi cei care vor decide în locul nostru cine suntem şi ce ar trebui să ştim despre noi înşine.

Vreme de câţiva ani sau câteva decenii, încă mai avem de ales. Dacă ne dăm silinţa, putem încă explora cine suntem cu adevărat. Dar, dacă vrem să profităm de această ocazie, ar fi bine să o facem acum.

Mulțumiri

Aş vrea să le mulţumesc tuturor celor care m-au ajutat să scriu – dar şi să şterg :

Michal Shavit, editorul meu de la Penguin Random House din Marea Britanie, care a venit cu ideea acestei cărţi şi care m-a îndrumat pe tot parcursul îndelungatului proces de scriere ; de asemenea, întreaga echipă de la Penguin Random House, pentru eforturile şi sprijinul lor.

David Milner, care, ca de obicei, a redactat de minune manuscrisul. Uneori a fost nevoie doar să mă întreb ce ar spune David ca să mă aplec şi mai mult asupra textului.

Suzanne Dean, directorul de creaţie de la Penguin Random House, care este geniul din spatele copertei cărţii.

Preena Gadher şi colegele ei de la Riot Communications, pentru orchestrarea unei campanii strălucite de PR.

Cindy Spiegel de la Spiegel & Grau, pentru feedbackul ei şi pentru că s-a ocupat de toate peste Atlantic.

Toţi ceilalţi editori ai mei de pe toate continentele lumii (mai puţin Antarctica), pentru încrederea, dăruirea şi profesionalismul lor.

Asistentul meu de cercetare, Idan Sherer, pentru că a verificat totul, de la sinagogi antice la inteligenţă artificială.

Shmuel Rosner, pentru sprijinul său neabătut şi sfaturile bune.

Yigal Borochovsky şi Sarai Aharoni, care au citit manuscrisul şi au investit mult timp şi efort corectându-mi greşelile şi făcându-mă să văd lucrurile din noi perspective.

Danny Orbach, Uri Sabach, Yoram Yovell şi Ron Merom, pentru observaţiile lor legate de kamikaze, supraveghere, psihologie şi algoritmi.

Echipa mea devotată – Ido Ayal, Maya Orbach, Naama Wartenburg şi Eilona Ariel –, care a petrecut multe zile în iadul care este contul meu de e-mail.

Toţi prietenii şi toate rudele mele, pentru răbdarea şi dragostea lor.

Mama mea Pnina şi soacra mea Hannah, pentru că mi-au împărtăşit din timpul şi din experienţa lor.

Soţul şi managerul meu Itzik, fără care nimic din toate astea nu s-ar fi întâmplat. Eu nu ştiu decât să scriu cărţi. De toate celelalte se ocupă el.

Şi, în fine, toţi cititorii mei, pentru interesul, timpul şi comentariile lor. Dacă o carte stă pe un raft şi nu o citeşte nimeni, face vreun zgomot?

*

După cum precizam în introducere, această carte a fost scrisă în urma conversaţiilor avute cu publicul. Multe dintre capitole au fost alcătuite ca răspuns la întrebările pe care mi le-au adresat cititorii, jurnaliştii şi colegii. Versiuni anterioare ale unor secţiuni au mai fost publicate sub formă de eseuri şi articole, ceea ce mi-a oferit oportunitatea de a primi feedback şi de a-mi şlefui argumentele. Aceste versiuni anterioare includ următoarele eseuri şi articole:

„If We Know Meat Is Murder, Why Is It So Hard For Us to Change and Become Moral?", *Haaretz*, 21 iunie 2012.

„The Theatre of Terror", *Guardian*, 31 ianuarie 2015.

„Judaism Is Not a Major Player in the History of Humankind", *Haaretz*, 31 iulie 2016.

„Yuval Noah Harari on Big Data, Google and the End of Free Will", FT.com, 26 august 2016.

„Isis is as much an offshoot of our global civilisation as Google", *Guardian*, 9 septembrie 2016.

„Salvation by Algorithm: God, Technology and New 21st Century Religion", *New Statesman*, 9 septembrie 2016.

„Does Trump's Rise Mean Liberalism's End?", *New Yorker*, 7 octombrie 2016.

„Yuval Noah Harari Challenges the Future According to Facebook", *Financial Times*, 23 martie 2017.

„Humankind: The Post-Truth Species", Bloomberg.com, 13 aprilie 2017.

„People Have Limited Knowledge. What's the Remedy? Nobody Knows", *New York Times*, 18 aprilie 2017.

„The Meaning of Life in a World Without Work", *Guardian*, 8 mai 2017.

„In Big Data vs. Bach, Computers Might Win", *Bloomberg View*, 13 mai 2017.

„Are We About to Witness the Most Unequal Societies in History?", *Guardian*, 24 mai 2017.

„Universal Basic Income is Neither Universal Nor Basic", *Bloomberg View*, 4 iunie 2017.

„Why It's No Longer Possible For Any Country to Win a War", Time.com, 23 iunie 2017.

„The Age of Disorder: Why Technology is the Greatest Threat to Humankind", *New Statesman*, 25 iulie 2017.

„Reboot for the AI Revolution", *Nature News*, 17 octombrie 2017.

Note

Capitolul 1

Deziluzionarea

1. Vezi, de exemplu, discursul inaugural al lui George W. Bush din 2005, în care spunea: „Evenimentele şi simţul practic ne conduc la o concluzie: supravieţuirea libertăţii în ţara noastră depinde tot mai mult de succesul libertăţii în alte ţări. Cea mai bună speranţă pentru pace în lumea noastră este extinderea libertăţii în lumea întreagă". „Bush Pledges to Spread Democracy", CNN, 20 ianuarie 2005, http://edition.cnn.com/2005/ALL POLITICS/ 01/20/bush.speech, accesat pe 7 ianuarie 2018. Pentru Obama, vezi, de exemplu, ultimul său discurs rostit la ONU: Katie Reilly, „Read Barack Obama's Final Speech to the United Nations as President", *Time*, 20 septembrie 2016, http://time.com/4501910/president-obama-united-nations-speech-transcript, accesat pe 3 decembrie 2017.
2. William Neikirk şi David S. Cloud, „Clinton: Abuses Put China «On Wrong Side of History»", *Chicago Tribune*, 30 octombrie 1997, http://articles.chicagotribune.com/1997-10-30/news/9710300304_1_human-rights-jiang-zemin-chinese-leader, accesat pe 3 decembrie 2017.
3. Eric Bradner, „Hillary Clinton's Email Controversy, Explained", CNN, 28 octombrie 2016, http://edition.cnn.com/2015/09/03/politics/hillary-clinton-email-controversy-explained-2016/index.html, accesat pe 3 decembrie 2017.
4. Chris Graham şi Robert Midgley, „Mexico Border Wall: What is Donald Trump Planning, How Much Will It Cost and Who Will Pay for It?", *Telegraph*, 23 august 2017, http://www.telegraph.co.uk/news/0/mexico-border-wall-donald-trump-planning-much-will-cost-will, accesat pe 3 decembrie 2017; Michael Schuman, „Is China Stealing Jobs? It May Be Losing Them, Instead", *New York Times*, 22 iulie 2016, https://www.nytimes.com/2016/07/23/business/international/china-jobs-donald-trump.html, accesat pe 3 decembrie 2017.
5. Pentru mai multe exemple din secolul al XIX-lea şi de la începutul secolului XX, vezi: Evgeny Dobrenko şi Eric Naiman (eds.), *The Landscape of*

Stalinism : The Art and Ideology of Soviet Space (Seattle : University of Washington Press, 2003) ; W.L. Guttsman, *Art for the Workers : Ideology and the Visual Arts in Weimar Germany* (New York : Manchester University Press, 1997). Pentru o discuţie generală, vezi, de exemplu : Nicholas John Cull, *Propaganda and Mass Persuasion : A Historical Encyclopedia, 1500 to the Present* (Santa Barbara : ABC-CLIO, 2003).

6. Pentru această interpretare, vezi : Ishaan Tharoor, „Brexit : A modern-day Peasants' Revolt ? ", *Washington Post*, 25 iunie 2016, https : //www.washington post.com/news/worldviews/wp/2016/06/25/the-brexit-a-modern-day-peasants-revolt/ ? utm_term = .9b8e81bd5306 ; John Curtice, „US election 2016 : The Trump-Brexit voter revolt", BBC, 11 noiembrie 2016, http : //www.bbc.com/ news/election-us-2016–37943072.
7. Cel mai vestit dintre aceştia rămâne, desigur, Francis Fukuyama, *The End of History and the Last Man* (Londra : Penguin, 1992).
8. Karen Dawisha, *Putin's Kleptocracy* (New York : Simon & Schuster, 2014) ; Timothy Snyder, *The Road to Unfreedom : Russia, Europe, America* (New York : Tim Duggan Books, 2018) ; Anne Garrels, *Putin Country : A Journey Into the Real Russia* (New York : Farrar, Straus & Giroux, 2016) ; Steven Lee Myers, *The New Tsar : The Rise and Reign of Vladimir Putin* (New York : Knopf Doubleday, 2016).
9. Credit Suisse, *Global Wealth Report 2015*, 53, https : //publications.credit-suisse.com/tasks/render/file/ ? fileID = F2425415-DCA7-80B8-EAD989AF 9341D47E, accesat pe 12 martie 2018 ; Filip Novokmet, Thomas Piketty şi Gabriel Zucman, „From Soviets to Oligarchs : Inequality and Property in Russia 1905-2016", iulie 2017, *World Wealth and Income Database*, http : // www.piketty.pse.ens.fr/files/NPZ2017WIDworld.pdf, accesat pe 12 martie 2018 ; Shaun Walker, „Unequal Russia", *Guardian*, 25 aprilie 2017, https : // www.theguardian.com/inequality/2017/apr/25/unequal-russia-is-anger-stirring-in-the-global-capital-of-inequality, accesat pe 12 martie 2018.
10. Ayelet Shani, „The Israelis Who Take Rebuilding the Third Temple Very Seriously", *Haaretz*, 10 august 2017, https : //www.haaretz.com/israel-news/. premium-1.805977, accesat în ianuarie 2018 ; „Israeli Minister : We Should Rebuild Jerusalem Temple", *Israel Today*, 7 iulie 2013, http : //www.israel today.co.il/Default.aspx ? tabid = 178&nid = 23964, accesat pe 7 ianuarie 2018 ; Yuri Yanover, „Dep. Minister Hotovely : The Solution Is Greater Israel without Gaza", *Jewish Press*, 25 august 2013, http : //www.jewishpress.com/news/ breaking-news/dep-minister-hotovely-the-solution-is-greater-israel-without-gaza/2013/08/25, accesat pe 7 ianuarie 2018 ; „Israeli Minister : The Bible Says West Bank Is Ours", Al Jazeera, 24 februarie 2017, http : //www.aljazeera.com/

programmes/upfront/2017/02/israeli-minister-bible-west-bank-1702240828 27910.html, accesat pe 29 ianuarie 2018.

11. Katie Reilly, „Read Barack Obama's Final Speech to the United Nations as President", *Time*, 20 septembrie 2016, http://time.com/4501910/president-obama-united-nations-speech-transcript, accesat pe 3 decembrie 2017.

Capitolul 2

Munca

1. Gregory R. Woirol, *The Technological Unemployment and Structural Unemployment Debates* (Westport : Greenwood Press, 1996), pp. 18-20 ; Amy Sue Bix, *Inventing Ourselves out of Jobs ? America's Debate over Technological Unemployment, 1929-1981* (Baltimore : Johns Hopkins University Press, 2000), pp. 1-8 ; Joel Mokyr, Chris Vickers şi Nicolas L. Ziebarth, „The History of Technological Anxiety and the Future of Economic Growth : Is This Time Different ? ", *Journal of Economic Perspectives*, 29 : 3 (2015), pp. 33-42 ; Joe Mokyr, *The Gifts of Athena : Historical Origins of the Knowledge Economy* (Princeton : Princeton University Press, 2002), pp. 255-257 ; David H. Autor, „Why Are There Still So Many Jobs ? The History and the Future of Workplace Automation", *Journal of Economic Perspectives*, 29 : 3 (2015), pp. 3-30 ; Melanie Arntz, Terry Gregory şi Ulrich Zierahn, „The Risk of Automation for Jobs in OECD Countries", *OECD Social, Employment and Migration Working Papers*, 89 (2016) ; Mariacristina Piva şi Marco Vivarelli, „Technological Change and Employment : Were Ricardo and Marx Right ? ", *IZA Institute of Labor Economics, Discussion Paper No. 10471* (2017).
2. Vezi, de exemplu, performanţele inteligenţei artificiale mai bune decât ale oamenilor în zbor şi mai ales în simularea zborului de luptă : Nicholas Ernest *et al.*, „Genetic Fuzzy based Artificial Intelligence for Unmanned Combat Aerial Vehicle Control in Simulated Air Combat Missions", *Journal of Defense Management*, 6 : 1 (2016), pp. 1-7 ; sisteme inteligente de instruire şi învăţare : Kurt VanLehn, „The Relative Effectiveness of Human Tutoring, Intelligent Tutoring Systems, and Other Tutoring Systems", *Educational Psychologist*, 46 : 4 (2011), pp. 197-221 ; comerţ algoritmic : Giuseppe Nuti *et al.*, „Algorithmic Trading", *Computer*, 44 : 11 (2011), pp. 61-69 ; planificare financiară, management de portofoliu etc. : Arash Baharammirzaee, „A comparative Survey of Artificial Intelligence Applications in Finance : Artificial Neural

Networks, Expert System and Hybrid Intelligent Systems", *Neural Computing and Applications*, 19 : 8 (2010), pp. 1165-1195 ; analiză de date complexe în sisteme medicale, diagnostic şi tratament : Marjorie Glass Zauderer *et al.*, „Piloting IBM Watson Oncology within Memorial Sloan Kettering's Regional Network", *Journal of Clinical Oncology*, 32 : 15 (2014), e17653 ; creare de texte originale în limbaj natural pornind de la un volum masiv de date : Jean-Sébastien Vayre *et al.*, „Communication Mediated through Natural Language Generation in Big Data Environments : The Case of Nomao", *Journal of Computer and Communication*, 5 (2017), pp. 125-148 ; recunoaştere facială : Florian Schroff, Dmitry Kalenichenko şi James Philbin, „FaceNet : A Unified Embedding for Face Recognition and Clustering", *IEEE Conference on Computer Vision and Pattern Recognition (CVPR)* (2015), pp. 815-823 ; şi şofatul : Cristiano Premebida, „A Lidar and Vision-based Approach for Pedestrian and Vehicle Detection and Tracking", *2007 IEEE Intelligent Transportation Systems Conference* (2007).

3. Daniel Kahneman, *Thinking, Fast and Slow* (New York : Farrar, Straus & Giroux, 2011) ; Dan Ariely, *Predictably Irrational* (New York : Harper, 2009) ; Brian D. Ripley, *Pattern Recognition and Neural Networks* (Cambridge : Cambridge University Press, 2007) ; Christopher M. Bishop, *Pattern Recognition and Machine Learning* (New York : Springer, 2007).
4. Seyed Azimi *et al.*, „Vehicular Networks for Collision Avoidance at Intersections", *SAE International Journal of Passenger Cars – Mechanical Systems*, 4 (2011), pp. 406-416 ; Swarun Kumar *et al.*, „CarSpeak : A Content-Centric Network for Autonomous Driving", *SIGCOM Computer Communication Review*, 42 (2012), pp. 259-270 ; Mihail L. Sichitiu şi Maria Kihl, „Inter-Vehicle Communication Systems : A Survey", *IEEE Communications Surveys & Tutorials* (2008), p. 10 ; Mario Gerla, Eun-Kyu Lee şi Giovanni Pau, „Internet of Vehicles : From Intelligent Grid to Autonomous Cars and Vehicular Clouds", *2014 IEEE World Forum on Internet of Things (WF-IoT)* (2014), pp. 241-246.
5. David D. Luxton *et al.*, „mHealth for Mental Health : Integrating Smartphone Technology in Behavioural Healthcare", *Professional Psychology : Research and Practice*, 42 : 6 (2011), pp. 505-512 ; Abu Saleh Mohammad Mosa, Illhoi Yoo şi Lincoln Sheets, „A Systematic Review of Healthcare Application for Smartphones", *BMC Medical Informatics and Decision Making*, 12 : 1 (2012), p. 67 ; Karl Frederick Braekkan Payne, Heather Wharrad şi Kim Watts, „Smartphone and Medical Related App Use among Medical Students and Junior Doctors in the United Kingdom (UK) : A Regional Survey", *BMC Medical Informatics and Decision Making*, 12 : 1 (2012), p. 121 ; Sandeep

Kumar Vashist, E. Marion Schneider şi John H.T. Loung, „Commercial Smartphone-Based Devices and Smart Applications for Personalised Healthcare Monitoring and Management", *Diagnostics*, 4 : 3 (2014), pp. 104-128 ; Maged N. Kamel Bouls *et al.*, „How Smartphones Are Changing the Face of Mobile and Participatory Healthcare : An Overview, with Example from eCAALYX", *BioMedical Engineering OnLine*, 10 : 24 (2011), https : //doi.org/10.1186/1475-925X-10-24, accesat pe 30 iulie 2017 ; Paul J.F. White, Blake W. Podaima şi Marcia R. Friesen, „Algorithms for Smartphone and Tablet Image Analysis for Healthcare Applications", *IEEE Access*, 2 (2014), pp. 831-840.

6. World Health Organization, *Global status report on road safety 2015* (2016) ; „Estimates for 2000-2015, Cause-Specific Mortality", http : //www.who.int/healthinfo/global_burden_disease/estimates/en/index1.html, accesat pe 6 septembrie 2017.
7. Pentru o analiză a cauzelor accidentelor rutiere din Statele Unite, vezi : Daniel J. Fagnant şi Kara Kockelman, „Preparing a Nation for Autonomous Vehicles : Opportunities, Barriers and Policy Recommendations", *Transportation Research Part A : Policy and Practice*, 77 (2015), pp. 167-181 ; pentru o analiză generală la nivel global, vezi, de exemplu : *OECD/ITF, Road Safety Annual Report 2016* (Paris : OECD Publishing, 2016), http : //dx.doi.org/10.1787/irtad-2016-en.
8. Kristofer D. Kusano şi Hampton C. Gabler, „Safety Benefits of Forward Collision Warning, Brake Assist, and Autonomous Braking Systems in Rear-End Collisions", *IEEE Transactions on Intelligent Transportation Systems*, 13 : 4 (2012), pp. 1546-1555 ; James M. Anderson *et al.*, *Autonomous Vehicle Technology : A Guide for Policymakers* (Santa Monica : RAND Corporation, 2014), mai ales pp. 13-15 ; Daniel J. Fagnant şi Kara Kockelman, „Preparing a Nation for Autonomous Vehicles : Opportunities, Barriers and Policy Recommendations", *Transportation Research Part A : Policy and Practice*, 77 (2015), pp. 167-181 ; Jean-François Bonnefon, Azim Shariff şi Iyad Rahwan, „Autonomous Vehicles Need Experimental Ethics : Are We Ready for Utilitarian Cars ? ", *arXiv* (2015), pp. 1-15. Pentru sugestii de reţele între vehicule cu scopul prevenirii coliziunilor, vezi : Seyed R. Azimi *et al.*, „Vehicular Networks for Collision Avoidance at Intersections", *SAE International Journal of Passenger Cars – Mechanical Systems*, 4 : 1 (2011), pp. 406-416 ; Swarun Kumar *et al.*, „CarSpeak : A Content-Centric Network for Autonomous Driving", *SIGCOM Computer Communication Review*, 42 : 4 (2012), pp. 259-270 ; Mihail L. Sichitiu şi Maria Kihl, „Inter-Vehicle Communication Systems : A Survey", *IEEE Communications Surveys &*

Tutorials, 10 : 2 (2008) ; Mario Gerla *et al.*, „Internet of Vehicles : From Intelligent Grid to Autonomous Cars and Vehicular Clouds", *2014 IEEE World Forum on Internet of Things (WF-IoT)* (2014), pp. 241-246.

9. Michael Chui, James Manyika şi Mehdi Miremadi, „Where Machines Could Replace Humans – and Where They Can't (Yet)", *McKinsey Quarterly* (2016), http : //www.mckinsey.com/business-functions/digital-mckinsey/our-insights/where-machines-could-replace-humans-and-where-they-cant-yet, accesat pe 1 martie 2018.
10. Wu Youyou, Michal Kosinski şi David Stillwell, „Computer-based personality judgments are more accurate than those made by humans", *PANS*, vol. 112 (2014), pp. 1036-1038.
11. Stuart Dredge, „AI and music : will we be slaves to the algorithm ?", *Guardian*, 6 august 2017, https : //www.theguardian.com/technology/2017/aug/06/artificial-intelligence-and-will-we-be-slaves-to-the-algorithm, accesat pe 15 octombrie 2017. Pentru o analiză generală a metodelor, vezi : Jose David Fernández şi Francisco Vico, „AI Methods in Algorithmic Composition : A Comprehensive Survey", *Journal of Artificial Intelligence Research*, 48 (2013), pp. 513-582.
12. Eric Topol, *The Patient Will See You Now : The Future of Medicine is in Your Hands* (New York : Basic Books, 2015) ; Robert Wachter, *The Digital Doctor : Hope, Hype and Harm at the Dawn of Medicine's Computer Age* (New York : McGraw-Hill Education, 2015) ; Simon Parkin, „The Artificially Intelligent Doctor Will Hear You Now", *MIT Technology Review* (2016), https : //www.technologyreview.com/s/600868/the-artificially-intelligent-doctor-will-hear-you-now ; James Gallagher, „Artificial intelligence «as good as cancer doctors»", BBC, 26 ianuarie 2017, http : //www.bbc.com/news/health-38717928.
13. Kate Brannen, „Air Force's lack of drone pilots reaching «crisis» levels", *Foreign Policy*, 15 ianuarie 2015, http : //foreignpolicy.com/2015/01/15/air-forces-lack-of-drone-pilots-reaching-crisis-levels.
14. Tyler Cowen, *Average is Over : Powering America Beyond the Age of the Great Stagnation* (New York : Dutton, 2013) ; Brad Bush, „How combined human and computer intelligence will redefine jobs", *TechCrunch* (2016), https : //techcrunch.com/2016/11/01/how-combined-human-and-computer-intelligence-will-redefine-jobs.
15. Ulrich Raulff, *Farewell to the Horse : The Final Century of Our Relationship* (Londra : Allen Lane, 2017) ; Gregory Clark, *A Farewell to Alms : A Brief Economic History of the World* (Princeton : Princeton University Press, 2008), p. 286 ; Margo DeMello, *Animals and Society : An Introduction to*

Human-Animal Studies (New York : Columbia University Press, 2012), p. 197 ; Clay McShane şi Joel Tarr, „The Decline of the Urban Horse in American Cities", *Journal of Transport History*, 24 : 2 (2003), pp. 177-198.

16. Lawrence F. Katz şi Alan B. Krueger, „The Rise and Nature of Alternative Work Arrangements in the United States, 1995-2015", *National Bureau of Economic Research* (2016) ; Peter H. Cappelli şi J.R. Keller, „A Study of the Extent and Potential Causes of Alternative Employment Arrangements", *ILR Review*, 66 : 4 (2013), pp. 874-901 ; Gretchen M. Spreitzer, Lindsey Cameron şi Lyndon Garrett, „Alternative Work Arrangements : Two Images of the New World of Work", *Annual Review of Organizational Psychology and Organizational Behavior*, 4 (2017), pp. 473-499 ; Sarah A. Donovan, David H. Bradley şi Jon O. Shimabukuru, „What Does the Gig Economy Mean for Workers ? ", Washington, DC : Congressional Research Service (2016), https : //fas.org/sgp/crs/misc/R44365.pdf, accesat pe 11 februarie 2018 ; „More Workers Are in Alternative Employment Arrangements", Pew Research Center, 28 septembrie 2016, http : //www.pewsocialtrends.org/2016/10/06/the-state-of-american-jobs/st_2016-10-06_jobs-26, accesat pe 11 februarie 2018.
17. David Ferrucci *et al.*, „Watson : Beyond *Jeopardy !*", *Artificial Intelligence*, 199-200 (2013), pp. 93-105.
18. „Google's AlphaZero Destroys Stockfish in 100-Game Match", Chess.com, 6 decembrie 2017, https : //www.chess.com/news/view/google-s-alphazero-destroys-stockfish-in-100-game-match, accesat pe 11 februarie 2018 ; David Silver *et al.*, „Mastering Chess and Shogi by Self-Play with a General Reinforcement Learning Algorithm", *arXiv* (2017), https : //arxiv.org/pdf/1712.01815.pdf, accesat pe 2 februarie 2018 ; vezi şi Sarah Knapton, „Entire Human Chess Knowledge Learned and Surpassed by DeepMind's AlphaZero in Four Hours", *Telegraph*, 6 decembrie 2017, http : //www.telegraph.co.uk/science/2017/12/06/entire-human-chess-knowledge-learned-surpassed-deep minds-alphazero, accesat pe 11 februarie 2018.
19. Cowen, *Average is Over*, *op. cit.* ; Tyler Cowen, „What are humans still good for ? The turning point in freestyle chess may be approaching" (2013), http : //marginalrevolution.com/marginalrevolution/2013/11/what-are-humans-still-good-for-the-turning-point-in-freestyle-chess-may-be approaching.html.
20. Maddalaine Ansell, „Jobs for Life Are a Thing of the Past. Bring On Lifelong Learning", *Guardian*, 31 mai 2016, https : //www.theguardian.com/higher-education-network/2016/may/31/jobs-for-life-are-a-thing-of-the-past-bring-on-lifelong-learning.

21. Alex Williams, „Prozac Nation Is Now the United States of Xanax", *New York Times*, 10 iunie 2017, https://www.nytimes.com/2017/06/10/style/anxiety-is-the-new-depression-xanax.html.
22. Simon Rippon, „Imposing Options on People in Poverty: The Harm of a Live Donor Organ Market", *Journal of Medical Ethics*, 40 (2014), pp. 145-150; I. Glenn Cohen, „Regulating the Organ Market: Normative Foundations for Market Regulation", *Law and Contemporary Problems*, 77 (2014); Alexandra K. Glazier, „The Principles of Gift Law and the Regulation of Organ Donation", *Transplant International*, 24 (2011), pp. 368-372; Megan McAndrews şi Walter E. Block, „Legalizing Saving Lives: A Proposition for the Organ Market", *Insights to A Changing World Journal 2015*, pp. 1-17.
23. James J. Hughes, „A Strategic Opening for a Basic Income Guarantee in the Global Crisis Being Created by AI, Robots, Desktop Manufacturing and BioMedicine", *Journal of Evolution & Technology*, 24 (2014), pp. 45-61; Alan Cottey, „Technologies, Culture, Work, Basic Income and Maximum Income", *AI & Society*, 29 (2014), pp. 249-257.
24. Jon Henley, „Finland Trials Basic Income for Unemployed", *Guardian*, 3 ianuarie 2017, https://www.theguardian.com/world/2017/jan/03/finland-trials-basic-income-for-unemployed, accesat pe 1 martie 2018.
25. „Swiss Voters Reject Proposal to Give Basic Income to Every Adult and Child", *Guardian*, 5 iunie 2017, https://www.theguardian.com/world/2016/jun/05/swiss-vote-give-basic-income-every-adult-child-marxist-dream.
26. Isabel Hunter, „Crammed into squalid factories to produce clothes for the West on just 20p a day, the children forced to work in horrific unregulated workshops of Bangladesh", *Daily Mail*, 1 decembrie 2015, http://www.dailymail.co.uk/news/article-3339578/Crammed-squalid-factories-produce-clothes-West-just-20p-day-children-forced-work-horrific-unregulated-workshops-Bangladesh.html, accesat pe 15 octombrie 2017; Chris Walker şi Morgan Hartley, „The Culture Shock of India's Call Centers", *Forbes*, 16 decembrie 2012, https://www.forbes.com/sites/morganhartley/2012/12/16/the-culture-shock-of-indias-call-centres/#17bb61d372f5, accesat pe 15 octombrie 2017.
27. Klaus Schwab şi Nicholas Davis, *Shaping the Fourth Industrial Revolution* (World Economic Forum, 2018), p. 54. Pentru strategiile de dezvoltare pe termen lung, vezi Ha-Joon Chang, *Kicking Away the Ladder: Development Strategy in Historical Perspective* (Londra: Anthem Press, 2003).
28. Lauren Gambini, „Trump Pans Immigration Proposal as Bringing People from «Shithole Countries»", *Guardian*, 12 ianuarie 2018, https://www.theguardian.com/us-news/2018/jan/11/trump-pans-immigration-proposal-as-bringing-people-from-shithole-countries, accesat pe 11 februarie 2018.

29. Pentru ideea că o îmbunătăţire absolută a condiţiilor ar putea fi însoţită de o creştere a inegalităţii relative, vezi mai ales Thomas Piketty, *Capital in the Twenty-First Century* (Cambridge, MA : Harvard University Press, 2013).
30. „2017 Statistical Report on Ultra-Orthodox Society in Israel", *Israel Democracy Institute* şi *Jerusalem Institute for Israel Studies* (2017), https://en.idi.org.il/articles/20439, accesat pe 1 ianuarie 2018 ; Melanie Lidman, „As ultra-Orthodox women bring home the bacon, don't say the F-word", *Times of Israel*, 1 ianuarie 2016, https://www.timesofisrael.com/as-ultra-orthodox-women-bring-home-the-bacon-dont-say-the-f-word, accesat pe 15 octombrie 2017.
31. Melanie Lidman, „As ultra-Orthodox women bring home the bacon, don't say the F-word", *Times of Israel*, 1 ianuarie 2016, https://www.timesofisrael.com/as-ultra-Orthodox-women-bring-home-the-bacon-dont-say-the-f-word, accesat pe 15 octombrie 2017 ; „Statistical Report on Ultra-Orthodox Society in Israel", *Israel Democracy Institute* şi *Jerusalem Institute for Israel Studies*, 18 (2016), https://en.idi.org.il/media/4240/shnaton-e_8-9-16_web.pdf, accesat pe 15 octombrie 2017. Cât despre fericire, potrivit OCDE, Israelul s-a clasat recent pe locul 11 din 38 în privinţa satisfacţiei vieţii : „Life Satisfaction", *OECD Better Life Index*, http://www.oecdbetterlifeindex.org/topics/life-satisfaction, accesat pe 15 octombrie 2017.
32. „2017 Statistical Report on Ultra-Orthodox Society in Israel", *Israel Democracy Institute* şi *Jerusalem Institute for Israel Studies* (2017), https://en.idi.org.il/articles/20439, accesat pe 1 ianuarie 2018.

Capitolul 3

Libertatea

1. Margaret Thatcher, „Interview for *Woman's Own* («no such thing as society»)", Margaret Thatcher Foundation, 23 septembrie 1987, https://www.margaretthatcher.org/document/106689, accesat pe 7 ianuarie 2018.
2. Keith Stanovich, *Who Is Rational ? Studies of Individual Differences in Reasoning* (New York : Psychology Press, 1999).
3. Richard Dawkins, „Richard Dawkins : We Need a New Party – the European Party", *New Statesman*, 29 martie 2017, https://www.newstatesman.com/politics/uk/2017/03/richard-dawkins-we-need-new-party-european-party, accesat pe 1 martie 2018.

4. Steven Swinford, „Boris Johnson's allies accuse Michael Gove of «systematic and calculated plot» to destroy his leadership hopes", *Telegraph*, 30 iunie 2016, http://www.telegraph.co.uk/news/2016/06/30/boris-johnsons-allies-accuse-michael-gove-of-systematic-and-calc, accesat pe 3 septembrie 2017; Rowena Mason şi Heather Stewart, „Gove's thunderbolt and Boris's breaking point: a shocking Tory morning", *Guardian*, 30 iunie 2016, https://www.theguardian.com/politics/2016/jun/30/goves-thunderbolt-boris-johnson-tory-morning, accesat pe 3 septembrie 2017.
5. James Tapsfield, „Gove presents himself as the integrity candidate for Downing Street job but sticks the knife into Boris AGAIN", *Daily Mail*, 1 iulie 2016, http://www.dailymail.co.uk/news/article-3669702/I-m-not-great-heart-s-right-place-Gove-makes-bizarre-pitch-Downing-Street-admitting-no-charisma-doesn-t-really-want-job.html, accesat pe 3 septembrie 2017.
6. În 2017, o echipă de la Stanford a produs un algoritm care putea detecta dacă eşti gay sau heterosexual, cu o precizie de 91%, doar pe baza analizării câtorva imagini faciale (https://osf.io/zn79k). Totuşi, întrucât algoritmul a fost creat pe baza unor fotografii pe care bărbaţii înşişi le-au selectat pentru a le încărca pe site-uri de întâlniri, algoritmul ar putea identifica de fapt diferenţele de idealuri culturale. Nu trăsăturile faciale ale persoanelor gay diferă neapărat de cele ale heterosexualilor. Mai curând, homosexualii care încarcă fotografii pe un site de întâlniri gay încearcă să se conformeze unor idealuri culturale diferite de cele ale heterosexualilor care încarcă fotografii pe site-uri de întâlniri pentru heterosexuali.
7. David Chan, „So Why Ask Me? Are Self-Report Data Really That Bad?", în Charles E. Lance şi Robert J. Vandenberg (eds.), *Statistical and Methodological Myths and Urban Legends* (New York, Londra: Routledge, 2009), pp. 309-336; Delroy L. Paulhus şi Simine Vazire, „The Self-Report Method", în Richard W. Robins, R. Chris Farley şi Robert F. Krueger (eds.), *Handbook of Research Methods in Personality Psychology* (Londra, New York: The Guilford Press, 2007), pp. 228-233.
8. Elizabeth Dwoskin şi Evelyn M. Rusli, „The Technology that Unmasks Your Hidden Emotions", *Wall Street Journal*, 28 ianuarie 2015, https://www.wsj.com/articles/startups-see-your-face-unmask-your-emotions-1422472398, accesat pe 6 septembrie 2017.
9. Norberto Andrade, „Computers Are Getting Better Than Humans at Facial Recognition", *Atlantic*, 9 iunie 2014, https://www.theatlantic.com/technology/archive/2014/06/bad-news-computers-are-getting-better-than-we-are-at-facial-recognition/372377, accesat pe 10 decembrie 2017; Elizabeth Dwoskin

și Evelyn M. Rusli, „The Technology That Unmasks Your Hidden Emotions", *Wall Street Journal*, 28 iunie 2015, https://www.wsj.com/articles/startups-see-your-face-unmask-your-emotions-1422472398, accesat pe 10 decembrie 2017; Sophie K. Scott, Nadine Lavan, Sinead Chen și Carolyn McGettigan, „The Social Life of Laughter", *Trends in Cognitive Sciences*, 18:12 (2014), pp. 618-620.

10. Daniel First, „Will big data algorithms dismantle the foundations of liberalism?", *AI & Soc*, 10.1007/s00146-017-0733-4.
11. Carole Cadwalladr, „Google, Democracy and the Truth about Internet Search", *Guardian*, 4 decembrie 2016, https://www.theguardian.com/technology/2016/dec/04/google-democracy-truth-internet-search-facebook, accesat pe 6 septembrie 2017.
12. Jeff Freak și Shannon Holloway, „How Not to Get to Straddie", *Red Land City Bulletin*, 15 martie 2012, http://www.redlandcitybulletin.com.au/story/104929/how-not-to-get-to-straddie, accesat pe 1 martie 2018.
13. Michelle McQuigge, „Woman Follows GPS; Ends Up in Ontario Lake", *Toronto Sun*, 13 mai 2016, http://torontosun.com/2016/05/13/woman-follows-gps-ends-up-in-ontario-lake/wcm/fddda6d6-6b6e-41c7-88e8-aecc501faaa5, accesat pe 1 martie 2018; „Woman Follows GPS into Lake", News.com.au, 16 mai 2016, http://www.news.com.au/technology/gadgets/woman-follows-gps-into-lake/news-story/a7d362dfc4634fd094651afc63f853a1, accesat pe 1 martie 2018.
14. Henry Grabar, „Navigation Apps Are Killing Our Sense of Direction. What if They Could Help Us Remember Places Instead?", *Slate*, http://www.slate.com/blogs/moneybox/2017/07/10/google_and_waze_are_killing_out_sense_of_direction_what_if_they_could_help.html, accesat pe 6 septembrie 2017.
15. Joel Delman, „Are Amazon, Netflix, Google Making Too Many Decisions For Us?", *Forbes*, 24 noiembrie 2010, https://www.forbes.com/2010/11/24/amazon-netflix-google-technology-cio-network-decisions.html, accesat pe 6 septembrie 2017; Cecilia Mazanec, „Will Algorithms Erode Our Decision-Making Skills?", *NPR*, 8 februarie 2017, http://www.npr.org/sections/alltechconsidered/2017/02/08/514120713/will-algorithms-erode-our-decision-making-skills, accesat pe 6 septembrie 2017.
16. Jean-François Bonnefon, Azim Shariff și Iyad Rawhan, „The Social Dilemma of Autonomous Vehicles", *Science*, 352:6293 (2016), pp. 1573-1576.
17. Christopher W. Bauman *et al.*, „Revisiting External Validity: Concerns about Trolley Problems and Other Sacrificial Dilemmas in Moral Psychology", *Social and Personality Psychology Compass*, 8:9 (2014), pp. 536-554.

18. John M. Darley şi Daniel C. Batson, „«From Jerusalem to Jericho» : A Study of Situational and Dispositional Variables in Helping Behavior", *Journal of Personality and Social Psychology*, 27 : 1 (1973), pp. 100-108.
19. Kristofer D. Kusano şi Hampton C. Gabler, „Safety Benefits of Forward Collision Warning, Brake Assist, and Autonomous Braking Systems in Rear-End Collisions", *IEEE Transactions on Intelligent Transportation Systems*, 13 : 4 (2012), pp. 1546-1555 ; James M. Anderson *et al.*, *Autonomous Vehicle Technology : A Guide for Policymakers* (Santa Monica : RAND Corporation, 2014), mai ales pp. 13-15 ; Daniel J. Fagnant şi Kara Kockelman, „Preparing a Nation for Autonomous Vehicles : Opportunities, Barriers and Policy Recommendations", *Transportation Research Part A : Policy and Practice* 77 (2015), pp. 167-181.
20. Tim Adams, „Job Hunting Is a Matter of Big Data, Not How You Perform at an Interview", *Guardian*, 10 mai 2014, https : //www.theguardian.com/technology/2014/may/10/job-hunting-big-data-interview-algorithms-employees, accesat pe 6 septembrie 2017.
21. Pentru o discuţie extrem de profundă, vezi Cathy O'Neil, *Weapons of Math Destruction : How Big Data Increases Inequality and Threatens Democracy* (New York : Crown, 2016). Este o lectură cu adevărat obligatorie pentru oricine este interesat de potenţialele efecte ale algoritmilor asupra societăţii şi politicii.
22. Bonnefon, Shariff şi Rawhan, „Social Dilemma of Autonomous Vehicles".
23. Vincent C. Müller şi Thomas W. Simpson, „Autonomous Killer Robots Are Probably Good News", University of Oxford, Blavatnik School of Government Policy Memo, noiembrie 2014 ; Ronald Arkin, *Governing Lethal Behaviour : Embedding Ethics in a Hybrid Deliberative/Reactive Robot Architecture*, Georgia Institute of Technology, Mobile Robot Lab, 2007, pp. 1-13.
24. Bernd Greiner, *War without Fronts : The USA in Vietnam*, trad. de Anne Wyburd şi Victoria Fern (Cambridge, MA : Harvard University Press, 2009), p. 16. Pentru cel puţin un material despre starea emoţională a soldaţilor, vezi : Herbert Kelman şi V. Lee Hamilton, „The My Lai Massacre : A Military Crime of Obedience", în Jodi O'Brien şi David M. Newman (eds.), *Sociology : Exploring the Architecture of Everyday Life Reading* (Los Angeles : Pine Forge Press, 2010), pp. 13-25.
25. Robert J. Donia, *Radovan Karadzic : Architect of the Bosnian Genocide* (Cambridge : Cambridge University Press, 2015). Vezi şi : Isabella Delpla, Xavier Bougarel şi Jean-Louis Fournel, *Investigating Srebrenica : Institutions, Facts, and Responsibilities* (New York, Oxford : Berghahn Books, 2012).
26. Noel E. Sharkey, „The Evitability of Autonomous Robot Warfare", *International Rev. Red Cross*, 94 (886) 2012, pp. 787-799.

27. Ben Schiller, „Algorithms Control Our Lives: Are They Benevolent Rulers or Evil Dictators?", *Fast Company*, 21 februarie 2017, https://www.fastcompany.com/3068167/algorithms-control-our-lives-are-they-benevolent-rulers-or-evil-dictators, accesat pe 17 septembrie 2017.
28. Elia Zureik, David Lyon şi Yasmeen Abu-Laban (eds.), *Surveillance and Control in Israel/Palestine: Population, Territory and Power* (Londra: Routledge, 2011); Elia Zureik, *Israel's Colonial Project in Palestine* (Londra: Routledge, 2015); Torin Monahan (ed.), *Surveillance and Security: Technological Politics and Power in Everyday Life* (Londra: Routledge, 2006); Nadera Shalhoub-Kevorkian, „E-Resistance and Technological In/Security in Everyday Life: The Palestinian case", *British Journal of Criminology*, 52:1 (2012), pp. 55-72; Or Hirschauge şi Hagar Sheizaf, „Targeted Prevention: Exposing the New System for Dealing with Individual Terrorism", *Haaretz*, 26 mai 2017, https://www.haaretz.co.il/magazine/.premium-1.4124379, accesat pe 17 septembrie 2017; Amos Harel, „The IDF Accelerates the Crisscrossing of the West Bank with Cameras and Plans to Surveille all Junctions", *Haaretz*, 18 iunie 2017, https://www.haaretz.co.il/news/politics/.premium-1.4179886, accesat pe 17 septembrie 2017; Neta Alexander, „This is How Israel Controls the Digital and Cellular Space in the Territories", 31 martie 2016, https://www.haaretz.co.il/magazine/. premium-MAGAZINE-1.2899665, accesat pe 12 ianuarie 2018; Amos Harel, „Israel Arrested Hundreds of Palestinians as Suspected Terrorists Due to Publications on the Internet", *Haaretz*, 16 aprilie 2017, https://www.haaretz.co.il/news/politics/. premium-1.4024578, accesat pe 15 ianuarie 2018; Alex Fishman, „The Argaman Era", *Yediot Aharonot, Weekend Supplement*, 28 aprilie 2017, p. 6.
29. Yotam Berger, „Police Arrested a Palestinian Based on an Erroneous Translation of «Good Morning» in His Facebook Page", *Haaretz*, 22 octombrie 2017, https://www.haaretz.co.il/.premium-1.4528980, accesat pe 12 ianuarie 2018.
30. William Beik, *Louis XIV and Absolutism: A Brief Study with Documents* (Boston, MA: Bedford/St Martin's, 2000).
31. O'Neil, *Weapons of Math Destruction*, *op. cit.*; Penny Crosman, „Can AI Be Programmed to Make Fair Lending Decisions?", *American Banker*, 27 septembrie 2016, https://www.americanbanker.com/news/can-ai-be-programmed-to-make-fair-lending-decisions, accesat pe 17 septembrie 2017.
32. Matt Reynolds, „Bias Test to Prevent Algorithms Discriminating Unfairly", *New Scientist*, 29 mai 2017, https://www.newscientist.com/article/mg23431195-300-bias-test-to-prevent-algorithms-discriminating-unfairly, accesat pe

17 septembrie 2017 ; Claire Cain Miller, „When Algorithms Discriminate", *New York Times*, 9 iulie 2015, https://www.nytimes.com/2015/07/10/upshot/when-algorithms-discriminate.html, accesat pe 17 septembrie 2017 ; Hannah Devlin, „Discrimination by Algorithm : Scientists Devise Test to Detect AI Bias", *Guardian*, 19 decembrie 2016, https://www.theguardian.com/technology/2016/dec/19/discrimination-by-algorithm-scientists-devise-test-to-detect-ai-bias, accesat pe 17 septembrie 2017.

33. Snyder, *The Road to Unfreedom*, *op. cit.*
34. Anna Lisa Peterson, *Being Animal : Beasts and Boundaries in Nature Ethics* (New York : Columbia University Press, 2013), p. 100.

Capitolul 4

Egalitatea

1. „Richest 1 Percent Bagged 82 Percent of Wealth Created Last Year – Poorest Half of Humanity Got Nothing", *Oxfam*, 22 ianuarie 2018, https://www.oxfam.org/en/pressroom/pressreleases/2018-01-22/richest-1-percent-bagged-82-percent-wealth-created-last-year, accesat pe 28 februarie 2018 ; Josh Lowe, „The 1 Percent Now Have Half the World's Wealth", *Newsweek*, 14 noiembrie 2017, http://www.newsweek.com/1-wealth-money-half-world-global-710714, accesat pe 28 februarie 2018 ; Adam Withnall, „All the World's Most Unequal Countries Revealed in One Chart", *Independent*, 23 noiembrie 2016, http://www.independent.co.uk/news/world/politics/credit-suisse-global-wealth-world-most-unequal-countries-revealed-a7434431.html, accesat pe 11 martie 2018.
2. Tim Wu, *The Attention Merchants* (New York : Alfred A. Knopf, 2016).
3. Cara McGoogan, „How to See All the Terrifying Things Google Knows about You", *Telegraph*, 18 august 2017, http://www.telegraph.co.uk/technology/0/see-terrifying-things-google-knows, accesat pe 19 octombrie 2017 ; Caitlin Dewey, „Everything Google Knows about You (and How It Knows It)", *Washington Post*, 19 noiembrie 2014, https://www.washingtonpost.com/news/the-intersect/wp/2014/11/19/everything-google-knows-about-you-and-how-it-knows-it/?utm_term=.b81c3ce3ddd6, accesat pe 19 octombrie 2017.
4. Dan Bates, „YouTube Is Losing Money Even Though It Has More Than 1 Billion Viewers", *Daily Mail*, 26 februarie 2015, http://www.dailymail.co.uk/news/article-2970777/YouTube-roughly-breaking-nine-years-purchased-Google-billion-viewers.html, accesat pe 19 octombrie 2017 ; Olivia Solon, „Google's

Bad Week: YouTube Loses Millions As Advertising Row Reaches US", *Guardian*, 25 martie 2017, https://www.theguardian.com/technology/2017/mar/25/google-youtube-advertising-extremist-content-att-verizon, accesat pe 19 octombrie 2017; Seth Fiegerman, „Twitter Is Now Losing Users in the US", CNN, 27 iulie 2017, http://money.cnn.com/2017/07/27/technology/business/twitter-earnings/index.html, accesat pe 19 octombrie 2017.

Capitolul 5

Comunitatea

1. Mark Zuckerberg, „Building Global Community", 16 februarie 2017, https://www.facebook.com/notes/mark-zuckerberg/building-global-community/10154544292806634, accesat pe 20 august 2017.
2. John Shinal, „Mark Zuckerberg: Facebook can play a role that churches and Little League once filled", CNBC, 26 iunie 2017, https://www.cnbc.com/2017/06/26/mark-zuckerberg-compares-facebook-to-church-little-league.html, accesat pe 20 august 2017.
3. http://www.cnbc.com/2017/06/26/mark-zuckerberg-compares-facebook-to-church-little-league.html; http://www.cnbc.com/2017/06/22/facebook-has-a-new-mission-following-fake-news-crisis-zuckerberg-says.html.
4. Robin Dunbar, *Grooming, Gossip, and the Evolution of Language* (Cambridge, MA: Harvard University Press, 1998).
5. Vezi, de exemplu, Pankaj Mishra, *Age of Anger: A History of the Present* (Londra: Penguin, 2017).
6. Pentru o analiză și o critică generale, vezi: Derek Y. Darves și Michael C. Dreiling, *Agents of Neoliberal Globalization: Corporate Networks, State Structures and Trade Policy* (Cambridge: Cambridge University Press, 2016).
7. Lisa Eadicicco, „Americans Check Their Phones 8 Billion Times a Day", *Time*, 15 decembrie 2015, http://time.com/4147614/smartphone-usage-us-2015, accesat pe 20 august 2017; Julie Beck, „Ignoring People for Phones Is the New Normal", *Atlantic*, 14 iunie 2016, https://www.theatlantic.com/technology/archive/2016/06/ignoring-people-for-phones-is-the-new-normal-phubbing-study/486845, accesat pe 20 august 2017.
8. Zuckerberg, „Building Global Community", *op. cit.*
9. *Time Well Spent*, http://www.timewellspent.io, accesat pe 3 septembrie 2017.

10. Zuckerberg, „Building Global Community”, *op. cit.*
11. https://www.theguardian.com/technology/2017/oct/04/facebook-uk-corporation-tax-profit ; https://www.theguardian.com/business/2017/sep/21/tech-firms-tax-eu-turnover-google-amazon-apple ; http://www.wired.co.uk/article/facebook-apple-tax-loopholes-deals.

Capitolul 6

Civilizația

1. Samuel P. Huntington, *The Clash of Civilizations and the Remaking of World Order* (New York : Simon & Schuster, 1996) ; David Lauter și Brian Bennett, „Trump Frames Anti-Terrorism Fight As a Clash of Civilizations, Defending Western Culture against Enemies”, *Los Angeles Times*, 6 iulie 2017, http://www.latimes.com/politics/la-na-pol-trump-clash-20170706–story.html, accesat pe 29 ianuarie 2018. Naomi O'Leary, „The Man Who Invented Trumpism : Geert Wilders' Radical Path to the Pinnacle of Dutch Politics”, *Politico*, 23 februarie 2017, https://www.politico.eu/article/the-man-who-invented-trumpism-geert-wilders-netherlands-pvv-vvd-populist, accesat pe 31 ianuarie 2018.
2. Pankaj Mishra, *From the Ruins of Empire : The Revolt Against the West and the Remaking of Asia* (Londra : Penguin, 2013) ; Mishra, *Age of Anger*, *op. cit.* ; Christopher de Bellaigue, *The Muslim Enlightenment : The Modern Struggle Between Faith and Reason* (Londra : The Bodley Head, 2017).
3. „Treaty Establishing A Constitution for Europe”, European Union, https://europa.eu/european-union/sites/europaeu/files/docs/body/treaty_establishing_a_constitution_for_europe_en.pdf, accesat pe 18 octombrie 2017.
4. Phoebe Greenwood, „Jerusalem Mayor Battles Ultra-Orthodox Groups over Women-Free Billboards”, *Guardian*, 15 noiembrie 2011, https://www.theguardian.com/world/2011/nov/15/jerusalem-mayor-battle-orthodox-billboards, accesat pe 7 ianuarie 2018.
5. http://nypost.com/2015/10/01/orthodox-publications-wont-show-hillary-clintons-photo.
6. Simon Schama, *The Story of the Jews : Finding the Words 1000 BC – 1492 AD* (New York : Ecco, 2014), pp. 190-197 ; Hannah Wortzman, „Jewish Women in Ancient Synagogues : Archaeological Reality vs. Rabbinical Legislation”, *Women in Judaism*, 5 : 2 (2008), http://wjudaism.library.utoronto.ca/index.php/wjudaism/article/view/3537, accesat pe 29 ianuarie 2018 ; Ross S.

Kraemer, „Jewish Women in the Diaspora World of Late Antiquity", în Judith R. Baskin (ed.), *Jewish Women in Historical Perspective* (Detroit: Wayne State University Press, 1991), mai ales p. 49; Hachlili Rachel, *Ancient Synagogues – Archaeology and Art: New Discoveries and Current Research* (Leiden: Brill, 2014), pp. 578-581; Zeev Weiss, „The Sepphoris Synagogue Mosaic: Abraham, the Temple and the Sun God – They're All in There", *Biblical Archeology Society*, 26:5 (2000), pp. 48-61; David Milson, *Art and Architecture of the Synagogue in Late Antique Palestine* (Leiden: Brill, 2007), p. 48.

7. Ivan Watson şi Pamela Boykoff, „World's Largest Muslim Group Denounces Islamist Extremism", CNN, 10 mai 2016, http://edition.cnn.com/2016/05/10/asia/indonesia-extremism/index.html, accesat pe 8 ianuarie 2018; Lauren Markoe, „Muslim Scholars Release Open Letter To Islamic State Meticulously Blasting Its Ideology", *Huffington Post*, 25 septembrie 2014, https://www.huffingtonpost.com/2014/09/24/muslim-scholars-islamic-state_n_5878038.html, accesat pe 8 ianuarie 2018; pentru scrisoare, vezi: „Open Letter to Al-Baghdadi", http://www.lettertobaghdadi.com, accesat pe 8 ianuarie 2018.
8. Chris Perez, „Obama Defends the «True Peaceful Nature of Islam»", *New York Post*, 18 februarie 2015, http://nypost.com/2015/02/18/obama-defends-the-true-peaceful-nature-of-islam, accesat pe 17 octombrie 2017; Dave Boyer, „Obama Says Terrorists Not Motivated By True Islam", *Washington Times*, 1 februarie 2015, http://www.washingtontimes.com/news/2015/feb/1/obama-says-terrorists-not-motivated-true-islam, accesat pe 18 octombrie 2017.
9. De Bellaigue, *The Islamic Enlightenment*, *op. cit.*
10. Christopher McIntosh, *The Swan King: Ludwig II of Bavaria* (Londra: I.B. Tauris, 2012), p. 100.
11. Robert Mitchell Stern, *Globalization and International Trade Policies* (Hackensack: World Scientific, 2009), p. 23.
12. John K. Thornton, *A Cultural History of the Atlantic World, 1250-1820* (Cambridge: Cambridge University Press, 2012), p. 110.
13. Susannah Cullinane, Hamdi Alkhshali şi Mohammed Tawfeeq, „Tracking a Trail of Historical Obliteration: ISIS Trumpets Destruction of Nimrud", CNN, 14 aprilie 2015, http://edition.cnn.com/2015/03/09/world/iraq-isis-heritage/index.html, accesat pe 18 octombrie 2017.
14. Kenneth Pomeranz, *The Great Divergence: China, Europe and the Making of the Modern World Economy* (Princeton, Oxford: Princeton University Press, 2001), pp. 36-38. [trad. rom.: *Marea divergenţă. China, Europa şi*

naşterea economiei mondiale moderne, traducere de Gabriela Petrilă şi Paul Aneci, Polirom, Iaşi, 2012 - n.tr.]

15. „ISIS Leader Calls for Muslims to Help Build Islamic State in Iraq", CBC News, 1 iulie 2014, http://www.cbc.ca/news/world/isis-leader-calls-for-muslims-to-help-build-islamic-state-in-iraq-1.2693353, accesat pe 18 octombrie 2017 ; Mark Townsend, „What Happened to the British Medics Who Went to Work for ISIS ? ", *Guardian*, 12 iulie 2015, https://www.theguardian.com/world/2015/jul/12/british-medics-isis-turkey-islamic-state, accesat pe 18 octombrie 2017.

Capitolul 7

Naționalismul

1. Francis Fukuyama, *Political Order and Political Decay : From the Industrial Revolution to the Globalization of Democracy* (New York : Farrar, Straus & Giroux, 2014).
2. Ashley Killough, „Lyndon Johnson's «Daisy» Ad, Which Changed the World of Politics, Turns 50", CNN, 8 septembrie 2014, http://edition.cnn.com/2014/09/07/politics/daisy-ad-turns-50/index.html, accesat pe 19 octombrie 2017.
3. „Cause-Specific Mortality : Estimates for 2000-2015", World Health Organization, http://www.who.int/healthinfo/global_burden_disease/estimates/en/index1.html, accesat pe 19 octombrie 2017.
4. David E. Sanger şi William J. Broad, „To counter Russia, US signals nuclear arms are back in a big way", *New York Times*, 4 februarie 2018, https://www.nytimes.com/2018/02/04/us/politics/trump-nuclear-russia.html, accesat pe 6 februarie 2018 ; US Department of Defense, „Nuclear Posture Review 2018", https://www.defense.gov/News/Special-Reports/0218_npr, accesat pe 6 februarie 2018 ; Jennifer Hansler, „Trump Says He Wants Nuclear Arsenal in «Tip-Top Shape», Denies Desire to Increase Stockpile", CNN, 12 octombrie 2017, http://edition.cnn.com/2017/10/11/politics/nuclear-arsenal-trump/index.html, accesat pe 19 octombrie 2017 ; Jim Garamone, „DoD Official : National Defense Strategy Will Enhance Deterrence", *Department of Defense News, Defense Media Activity*, 19 ianuarie 2018, https://www.defense.gov/News/Article/Article/1419045/dod-official-national-defense-strategy-will-rebuild-dominance-enhance-deterrence, accesat pe 28 ianuarie 2018.

5. Michael Mandelbaum, *Mission Failure : America and the World in the Post-Cold War Era* (New York : Oxford University Press, 2016).
6. Elizabeth Kolbert, *Field Notes from a Catastrophe* (Londra : Bloomsbury, 2006) ; Elizabeth Kolbert, *The Sixth Extinction : An Unnatural History* (Londra : Bloomsbury, 2014) ; Will Steffen *et al.*, „Planetary Boundaries : Guiding Human Development on a Changing Planet", *Science*, 347 : 6223, 13 februarie 2015, DOI : 10.1126/science.1259855.
7. John Cook *et al.*, „Quantifying the Consensus on Anthropogenic Global Warming in the Scientific Literature", *Environmental Research Letters*, 8 : 2 (2013) ; John Cook *et al.*, „Consensus on Consensus : A Synthesis of Consensus Estimates on Human-Caused Global Warming", *Environmental Research Letters*, 11 : 4 (2016) ; Andrew Griffin, „15,000 Scientists Give Catastrophic Warning about the Fate of the World in New «Letter to Humanity»", *Independent*, 13 noiembrie 2017, http : //www.independent.co.uk/environment/letter-to-humanity-warning-climate-change-global-warming-scientists-union-concerned-a8052481.html, accesat pe 8 ianuarie 2018 ; Justin Worland, „Climate Change Is Already Wreaking Havoc on Our Weather, Scientists Find", *Time*, 15 decembrie 2017, http : //time.com/5064577/climate-change-arctic, accesat pe 8 ianuarie 2018.
8. Richard J. Millar *et al.*, „Emission Budgets and Pathways Consistent with Limiting Warming to 1.5 C", *Nature Geoscience*, 10 (2017), pp. 741-747 ; Joeri Rogelj *et al.*, „Differences between Carbon Budget Estimates Unraveled", *Nature Climate Change*, 6 (2016), pp. 245-252 ; Akshat Rathi, „Did We Just Buy Decades More Time to Hit Climate Goals", *Quartz*, 21 septembrie 2017, https : //qz.com/1080883/the-breathtaking-new-climate-change-study-hasnt-changed-the-urgency-with-which-we-must-reduce-emissions, accesat pe 11 februarie 2018 ; Roz Pidcock, „Carbon Briefing : Making Sense of the IPCC's New Carbon Budget", *Carbon Brief*, 23 octombrie 2013, https : //www.carbonbrief.org/carbon-briefing-making-sense-of-the-ipccs-new-carbon-budget, accesat pe 11 februarie 2018.
9. Jianping Huang *et al.*, „Accelerated Dryland Expansion under Climate Change", *Nature Climate Change*, 6 (2016), pp. 166-171 ; Thomas R. Knutson, „Tropical Cyclones and Climate Change", *Nature Geoscience*, 3 (2010), pp. 157-163 ; Edward Hanna *et al.*, „Ice-Sheet Mass Balance and Climate Change", *Nature*, 498 (2013), pp. 51-59 ; Tim Wheeler și Joachim von Braun, „Climate Change Impacts on Global Food Security", *Science*, 341 : 6145 (2013), pp. 508-513 ; A.J. Challinor *et al.*, „A Meta-Analysis of Crop Yield under Climate Change and Adaptation", *Nature Climate Change*, 4 (2014), pp. 287-291 ; Elisabeth Lingren *et al.*, „Monitoring EU Emerging

Infectious Disease Risk Due to Climate Change", *Science*, 336 : 6080 (2012), pp. 418-419 ; Frank Biermann şi Ingrid Boas, „Preparing for a Warmer World : Towards a Global Governance System to Protect Climate Change", *Global Environmental Politics*, 10 : 1 (2010), pp. 60-88 ; Jeff Goodell, *The Water Will Come : Rising Seas, Sinking Cities and the Remaking of the Civilized World* (New York : Little, Brown and Company, 2017) ; Mark Lynas, *Six Degrees : Our Future on a Hotter Planet* (Washington : National Geographic, 2008) ; Naomi Klein, *This Changes Everything : Capitalism vs. Climate* (New York : Simon & Schuster, 2014) ; Kolbert, *The Sixth Extinction*, *op. cit.*

10. Johan Rockström *et al.*, „A Roadmap for Rapid Decarbonization", *Science*, 355 : 6331, 23 martie 2017, DOI : 10.1126/science.aah3443.
11. Institution of Mechanical Engineers, *Global Food : Waste Not, Want Not* (Londra : Institution of Mechanical Engineers, 2013), p. 12.
12. Paul Shapiro, *Clean Meat : How Growing Meat Without Animals Will Revolutionize Dinner and the World* (New York : Gallery Books, 2018).
13. „Russia's Putin Says Climate Change in Arctic Good for Economy", CBC News, 30 martie 2017, http : //www.cbc.ca/news/technology/russia-putin-climate-change-beneficial-economy-1.4048430, accesat pe 1 martie 2018 ; Neela Banerjee, „Russia and the US Could be Partners in Climate Change Inaction", *Inside Climate News*, 7 februarie 2017, https : //insidecli matenews.org/news/06022017/russia-vladimir-putin-donald-trump-climate-change-paris-climate-agreement, accesat pe 1 martie 2018 ; Noah Smith, „Russia Wins in a Retreat on Climate Change", *Bloomberg View*, 15 decembrie 2016, https : //www.bloomberg.com/view/articles/2016–12-15/russia-wins-in-a-retreat-on-climate-change, accesat pe 1 martie 2018 ; Gregg Easterbrook, „Global Warming : Who Loses – and Who Wins ? ", *Atlantic* (aprilie 2007), https : //www.theatlantic.com/magazine/archive/2007/04/global-warming-who-loses-and-who-wins/305698, accesat pe 1 martie 2018 ; Quentin Buckholz, „Russia and Climate Change : A Looming Threat", *Diplomat*, 4 februarie 2016, https : //thediplomat.com/2016/02/russia-and-climate-change-a-looming-threat, accesat pe 1 martie 2018.
14. Brian Eckhouse, Ari Natter şi Christopher Martin, „President Trump slaps tariffs on solar panels in major blow to renewable energy", 22 ianuarie 2018, http : //time.com/5113472/donald-trump-solar-panel-tariff, accesat pe 30 ianuarie 2018.
15. Miranda Green şi René Marsh, „Trump Administration Doesn't Want to Talk about Climate Change", CNN, 13 septembrie 2017, http : //edition.cnn.com/2017/09/12/politics/trump-climate-change-silence/index.html, accesat

pe 22 octombrie 2017 ; Lydia Smith, „Trump Administration Deletes Mention of «Climate Change» from Environmental Protection Agency's Website", *Independent*, 22 octombrie 2017, http://www.independent.co.uk/news/world/americas/us-politics/donald-trump-administration-climate-change-deleted-environmental-protection-agency-website-a8012581.html, accesat pe 22 octombrie 2017 ; Alana Abramson, „No, Trump Still Hasn't Changed His Mind About Climate Change After Hurricane Irma and Harvey", *Time*, 11 septembrie 2017, http://time.com/4936507/donald-trump-climate-change-hurricane-irma-hurricane-harvey, accesat pe 22 octombrie 2017.

16. „Treaty Establishing A Constitution for Europe", European Union, https://europa.eu/european-union/sites/europaeu/files/docs/body/treaty_establishing_a_constitution_for_europe_en.pdf, accesat pe 23 octombrie 2017.

Capitolul 8

Religia

1. Bernard S. Cohn, *Colonialism and Its Forms of Knowledge : The British in India* (Princeton : Princeton University Press, 1996), p. 148.
2. „Encyclical Letter Laudato Si' of the Holy Father Francis on Care for Our Common Home", *The Holy See*, http://w2.vatican.va/content/francesco/en/encyclicals/documents/papa-francesco_20150524_enciclica-laudato-si.html, accesat pe 3 decembrie 2017.
3. Introdus pentru prima oară de Freud în tratatul său din 1930 *Civilization and Its Discontents* : Sigmund Freud, *Civilization and Its Discontents*, trad. de James Strachey (New York : W.W. Norton, 1961), p. 61.
4. Ian Buruma, *Inventing Japan, 1853-1964* (New York : Modern Library, 2003).
5. Robert Axell, *Kamikaze : Japan's Suicide Gods* (Londra : Longman, 2002).
6. Charles K. Armstrong, „Familism, Socialism and Political Religion in North Korea", *Totalitarian Movements and Political Religions*, 6 : 3 (2005), pp. 383-394 ; Daniel Byman şi Jennifer Lind, „Pyongyang's Survival Strategy : Tools of Authoritarian Control in North Korea", *International Security*, 35 : 1 (2010), pp. 44-74 ; Paul French, *North Korea : The Paranoid Peninsula*, ed. a II-a (Londra, New York : Zed Books, 2007) ; Andrei Lankov, *The Real North Korea : Life and Politics in the Failed Stalinist Utopia* (Oxford : Oxford University Press, 2015) ; Young Whan Kihl, „Staying

Power of the Socialist «Hermit Kingdom»", în Hong Nack Kim şi Young Whan Kihl (eds.), *North Korea : The Politics of Regime Survival* (New York : Routledge, 2006), pp. 3-36.

Capitolul 9

Imigrația

1. „Global Trends : Forced Displacement in 2016", *UNHCR*, http://www.unhcr.org/5943e8a34.pdf, accesat pe 11 ianuarie 2018.
2. Lauren Gambini, „Trump Pans Immigration Proposal as Bringing People from «Shithole Countries»", *Guardian*, 12 ianuarie 2018, https://www.theguardian.com/us-news/2018/jan/11/trump-pans-immigration-proposal-as-bringing-people-from-shithole-countries, accesat pe 11 februarie 2018.
3. Tal Kopan, „What Donald Trump Has Said about Mexico and Vice Versa", CNN, 31 august 2016, https://edition.cnn.com/2016/08/31/politics/donald-trump-mexico-statements/index.html, accesat pe 28 februarie 2018.

Capitolul 10

Terorismul

1. http://www.telegraph.co.uk/news/0/many-people-killed-terrorist-attacks-uk; National Consortium for the Study of Terrorism and Responses to Terrorism (START) (2016), Global Terrorism Database [Data file]. Accesat la https://www.start.umd.edu/gtd; http://www.cnsnews.com/news/article/susan-jones/11774-number-terror-attacks-worldwide-dropped-13-2015; http://www.datagraver.com/case/people-killed-by-terrorism-per-year-in-western-europe-1970-2015; http://www.jewishvirtuallibrary.org/statistics-on-incidents-of-terrorism-worldwide; Gary LaFree, Laura Dugan şi Erin Miller, *Putting Terrorism in Context : Lessons from the Global Terrorism Database* (Londra : Routledge, 2015); Gary LaFree, „Using open source data to counter common myths about terrorism", în Brian Forst, Jack Greene şi Jim Lynch (eds.), *Criminologists on Terrorism and Homeland Security* (Cambridge : Cambridge University Press, 2011), pp. 411-442; Gary LaFree, „The Global Terrorism Database : Accomplishments and challenges", *Perspectives on Terrorism*, 4 (2010), pp. 24-46; Gary LaFree şi Laura Dugan,

„Research on terrorism and countering terrorism", în M. Tonry (ed.), *Crime and Justice : A Review of Research* (Chicago : University of Chicago Press, 2009), pp. 413-477 ; Gary LaFree şi Laura Dugan, „Introducing the global terrorism database", *Political Violence and Terrorism*, 19 (2007), pp. 181-204.

2. „Deaths on the roads : Based on the WHO Global Status Report on Road Safety 2015", World Health Organization, accesat pe 26 ianuarie 2016 ; https : //wonder.cdc.gov/mcd-icd10.html ; „Global Status Report on Road Safety 2013", World Health Organization ; http : //gamapserver.who.int/gho/interactive_charts/road_safety/road_traffic_deaths/atlas.html ; http : // www.who.int/violence_injury_prevention/road_safety_status/2013/en ; http : // www.newsweek.com/2015-brought-biggest-us-traffic-death-increase-50-years-427759.
3. http : //www.euro.who.int/en/health-topics/noncommunicable-diseases/diabetes/data-and-statistics ; http : //apps.who.int/iris/bitstream/10665/204871/1/9789241565257_eng.pdf ? ua=1 ; https : //www.theguardian.com/environment/2016/sep/27/more-than-million-died-due-air-pollution-china-one-year.
4. Pentru bătălie, vezi Gary Sheffield, *Forgotten Victory : The First World War. Myths and Reality* (Londra : Headline, 2001), pp. 137-164.
5. „Victims of Palestinian Violence and Terrorism since September 2000", Ministerul israelian al Afacerilor Externe, http : //mfa.gov.il/MFA/Foreign Policy/Terrorism/Palestinian/Pages/Victims%20of%20Palestinian%20 Violence%20 and%20Terrorism%20sinc.aspx, accesat pe 23 octombrie 2017.
6. „Car Accidents with Casualties, 2002", Biroul Central de Statistică (în ebraică), http : //www.cbs.gov.il/www/publications/acci02/acci02h.pdf, accesat pe 23 octombrie 2017.
7. „Pan Am Flight 103 Fast Facts", CNN, 16 decembrie 2016, http : //edition.cnn.com/2013/09/26/world/pan-am-flight-103-fast-facts/index.html, accesat pe 23 octombrie 2017.
8. Tom Templeton şi Tom Lumley, „9/11 in Numbers", *Guardian*, 18 august 2002, https : //www.theguardian.com/world/2002/aug/18/usa.terrorism, accesat pe 23 octombrie 2017.
9. Ian Westwell şi Dennis Cove (eds.), *History of World War I*, vol. 2 (New York : Marshall Cavendish, 2002), p. 431. Pentru Isonzo, vezi John R. Schindler, *Isonzo : The Forgotten Sacrifice of the Great War* (Westport : Praeger, 2001), pp. 217-218.
10. Sergio Catignani, *Israeli Counter-Insurgency and the Intifadas : Dilemmas of a Conventional Army* (Londra : Routledge, 2008).

11. „Reported Rapes in France Jump 18% in Five Years", France 24, 11 august 2015, http://www.france24.com/en/20150811-reported-rapes-france-jump-18-five-years, accesat pe 11 ianuarie 2018.

Capitolul 11

Războiul

1. Yuval Noah Harari, *Homo Deus : A Brief History of Tomorrow* (New York : HarperCollins, 2017), pp. 14-19 [trad. rom. : *Homo deus. Scurtă istorie a viitorului*, traducere de Lucia Popovici, Polirom, Iaşi, 2018 – n.tr.] ; „Global Health Observatory Data Repository, 2012", World Health Organization, http://apps.who.int/gho/data/node.main.RCODWORLD?lang=en, accesat pe 16 august 2015 ; „Global Study on Homicide, 2013", UNDOC, http://www.unodc.org/documents/gsh/pdfs/2014_GLOBAL_HOMICIDE_BOOK_web.pdf, accesat pe 16 august 2015 ; http://www.who.int/healthinfo/global_burden_disease/estimates/en/index1.html.
2. „World Military Spending : Increases in the USA and Europe, Decreases in Oil-Exporting Countries", *Stockholm International Peace Research Institute*, 24 aprilie 2017, https://www.sipri.org/media/press-release/2017/world-military-spending-increases-usa-and-europe, accesat pe 23 octombrie 2017.
3. http://www.nationalarchives.gov.uk/battles/egypt/popup/telel4.htm.
4. Spencer C. Tucker (ed.), *The Encyclopedia of the Mexican-American War : A Political, Social and Military History* (Santa Barbara : ABC-CLIO, 2013), p. 131.
5. Ivana Kottasova, „Putin Meets Xi : Two Economies, Only One to Envy", CNN, 2 iulie 2017, http://money.cnn.com/2017/07/02/news/economy/china-russia-putin-xi-meeting/index.html, accesat pe 23 octombrie 2017.
6. PIB corespunde statisticilor FMI, calculat pe baza parităţii puterii de cumpărare : International Monetary Fund, „Report for Selected Countries and Subjects, 2017", https://www.imf.org/external/pubs/ft/weo/2017/02/weodata/index.aspx, accesat pe 27 februarie 2018.
7. http://www.businessinsider.com/isis-making-50–million-a-month-from-oil-sales-2015–10.
8. Ian Buruma, *Inventing Japan* (Londra : Weidenfeld & Nicolson, 2003) ; Eri Hotta, *Japan 1941 : Countdown to Infamy* (Londra : Vintage, 2014).

Capitolul 12

Smerenia

1. http : //www.ancientpages.com/2015/10/19/10-remarkable-ancient-indian-sages-familiar-with-advanced-technology-science-long-before-modern-era ; https : //www.hindujagruti.org/articles/31.html ; http : //mcknowledge.info/about-vedas/what-is-vedic-science.
2. Aceste cifre şi raportul pot fi văzute clar în următorul grafic : Conrad Hackett şi David McClendon, „Christians Remain World's Largest Religious Group, but They Are Declining in Europe", Pew Research Center, 5 aprilie 2017, http : //www.pewresearch.org/fact-tank/2017/04/05/christians-remain-worlds-largest-religious-group-but-they-are-declining-in-europe, accesat pe 13 noiembrie 2017.
3. Jonathan Haidt, *The Righteous Mind : Why Good People Are Divided by Politics and Religion* (New York : Pantheon, 2012) ; Joshua Greene, *Moral Tribes : Emotion, Reason, and the Gap Between Us and Them* (New York : Penguin Press, 2013).
4. Marc Bekoff şi Jessica Pierce, „Wild Justice – Honor and Fairness among Beasts at Play", *American Journal of Play*, 1 : 4 (2009), pp. 451-475.
5. Frans de Waal, *Our Inner Ape* (Londra : Granta, 2005), cap. 5.
6. Frans de Waal, *Bonobo : The Forgotten Ape* (Berkeley : University of California Press, 1997), p. 157.
7. Povestea a devenit subiectul unui documentar intitulat *Chimpanzee*, lansat în 2010 de Disneynature.
8. M.E.J. Richardson, *Hammurabi's Laws* (Londra, New York : T&T Clark International, 2000), pp. 29-31.
9. Loren R. Fisher, *The Eloquent Peasant*, ed. a II-a (Eugene : Wipf & Stock Publishers, 2015).
10. Unii rabini au permis profanarea Sabatului pentru a salva un nonevreu, bazându-se pe ingeniozitatea talmudică tipică. Aceştia au susţinut că, dacă evreii se abţin să salveze nonevrei, acest lucru îi va înfuria pe nonevrei şi îi va face să-i atace şi să-i ucidă pe evrei. Aşadar, salvând un nonevreu, ai putea salva indirect un evreu. Totuşi, până şi acest argument subliniază valoarea diferită atribuită vieţilor nonevreilor şi evreilor.
11. Catherine Nixey, *The Darkening Age : The Christian Destruction of the Classical World* (Londra : Macmillan, 2017).

12. Charles Allen, *Ashoka : The Search for India's Lost Emperor* (Londra : Little, Brown, 2012), pp. 412-413.
13. Clyde Pharr *et al.* (eds.), *The Theodosian Code and Novels, and the Sirmondian Constitutions* (Princeton : Princeton University Press, 1952), pp. 440, 467-471.
14. *Ibid.*, mai ales pp. 472-473.
15. Sofie Remijsen, *The End of Greek Athletics in Late Antiquity* (Cambridge : Cambridge University Press, 2015), pp. 45-51.
16. Ruth Schuster, „Why Do Jews Win So Many Nobels ? ", *Haaretz*, 9 octombrie 2013, https : //www.haaretz.com/jewish/news/1.551520, accesat pe 13 noiembrie 2017.

Capitolul 13

Dumnezeu

1. Lillian Faderman, *The Gay Revolution : The Story of the Struggle* (New York : Simon & Schuster, 2015).
2. Elaine Scarry, *The Body in Pain : The Making and Unmaking of the World* (New York : Oxford University Press, 1985).

Capitolul 14

Secularismul

1. Jonathan H. Turner, *Incest : Origins of the Taboo* (Boulder : Paradigm Publishers, 2005) ; Robert J. Kelly *et al.*, „Effects of Mother-Son Incest and Positive Perceptions of Sexual Abuse Experiences on the Psychosocial Adjustment of Clinic-Referred Men", *Child Abuse & Neglect*, 26 : 4 (2002), pp. 425-441 ; Mireille Cyr *et al.*, „Intrafamilial Sexual Abuse : Brother-Sister Incest Does Not Differ from Father-Daughter and Stepfather-Stepdaughter Incest", *Child Abuse & Neglect*, 26 : 9 (2002), pp. 957-973 ; Sandra S. Stroebel, „Father-Daughter Incest : Data from an Anonymous Computerized Survey", *Journal of Child Sexual Abuse*, 21 : 2 (2010), pp. 176-199.

Capitolul 15

Ignoranța

1. Steven A. Sloman şi Philip Fernbach, *The Knowledge Illusion : Why We Never Think Alone* (New York : Riverhead Books, 2017) ; Greene, *Moral Tribes*, *op. cit.*
2. Sloman şi Fernbach, *The Knowledge Illusion*, *op. cit.*, p. 20.
3. Eli Pariser, *The Filter Bubble* (Londra : Penguin Books, 2012) ; Greene, *Moral Tribes*, *op. cit.*
4. Greene, *Moral Tribes*, *op. cit.* ; Dan M. Kahan, „The Polarizing Impact of Science Literacy and Numeracy on Perceived Climate Change Risks", *Nature Climate Change*, 2 (2012), pp. 732-735. Dar, pentru o perspectivă contrară, vezi Sophie Guy *et al.*, „Investigating the Effects of Knowledge and Ideology on Climate Change Beliefs", *European Journal of Social Psychology*, 44 : 5 (2014), pp. 421-429.
5. Arlie Russell Hochschild, *Strangers in Their Own Land : Anger and Mourning on the American Right* (New York : The New Press, 2016).

Capitolul 16

Dreptatea

1. Greene, *Moral Tribes*, *op. cit.* ; Robert Wright, *The Moral Animal* (New York : Pantheon, 1994).
2. Kelsey Timmerman, *Where Am I Wearing ? : A Global Tour of the Countries, Factories, and People That Make Our Clothes* (Hoboken : Wiley, 2012) ; Kelsey Timmerman, *Where Am I Eating ? : An Adventure Through the Global Food Economy* (Hoboken : Wiley, 2013).
3. Reni Eddo-Lodge, *Why I Am No Longer Talking to White People About Race* (Londra : Bloomsbury, 2017) ; Ta-Nehisi Coates, *Between the World and Me* (Melbourne : Text Publishing Company, 2015).
4. Josie Ensor, „«Everyone in Syria Is Bad Now», Says UN War Crimes Prosecutor as She Quits Post", *New York Times*, 17 august 2017, http : // www.telegraph.co.uk/news/2017/08/07/everyone-syria-bad-now-says-un-war-crimes-prosecutor-quits-post, accesat pe 18 octombrie 2017.

5. De exemplu, Helena Smith, „Shocking Images of Drowned Syrian Boy Show Tragic Plight of Refugees", *Guardian*, 2 septembrie 2015, https://www.theguardian.com/world/2015/sep/02/shocking-image-of-drowned-syrian-boy-shows-tragic-plight-of-refugees, accesat pe 18 octombrie 2017.
6. T. Kogut şi I. Ritov, „The singularity effect of identified victims in separate and joint evaluations", *Organizational Behavior and Human Decision Processes*, 97 : 2 (2005), pp. 106-116 ; D.A. Small şi G. Loewenstein, „Helping a victim or helping the victim : Altruism and identifiability", *Journal of Risk and Uncertainty*, 26 : 1 (2003), pp. 5-16 ; Greene, *Moral Tribes*, *op. cit.*, p. 264.
7. Russ Alan Prince, „Who Rules the World ? ", *Forbes*, 22 iulie 2013, https://www.forbes.com/sites/russalanprince/2013/07/22/who-rules-the-world/#63c9e31d7625, accesat pe 18 octombrie 2017.

Capitolul 17

Post-adevărul

1. Julian Borger, „Putin Offers Ukraine Olive Branches Delivered by Russian Tanks", *Guardian*, 4 martie 2014, https://www.theguardian.com/world/2014/mar/04/putin-ukraine-olive-branches-russian-tanks, accesat pe 11 martie 2018.
2. Serhii Plokhy, *Lost Kingdom : The Quest for Empire and the Making of the Russian Nation* (New York : Basic Books, 2017) ; Snyder, *The Road to Unfreedom*, *op. cit.*
3. Matthew Paris, *Matthew Paris' English History*, trad. de J.A. Gyles, vol. 3 (Londra : Henry G. Bohn, 1854), pp. 138-141 ; Patricia Healy Wasyliw, *Martyrdom, Murder and Magic : Child Saints and Their Cults in Medieval Europe* (New York : Peter Lang, 2008), pp. 123-125.
4. Cecilia Kang şi Adam Goldman, „In Washington Pizzeria Attack, Fake News Brought Real Guns", *New York Times*, 5 decembrie 2016, https://www.nytimes.com/2016/12/05/business/media/comet-ping-pong-pizza-shooting-fake-news-consequences.html, accesat pe 12 ianuarie 2018.
5. Leonard B. Glick, *Abraham's Heirs : Jews and Christians in Medieval Europe* (Syracuse : Syracuse University Press, 1999), pp. 228-229.
6. Anthony Bale, „Afterword : Violence, Memory and the Traumatic Middle Ages", în Sarah Rees Jones şi Sethina Watson (eds.), *Christians and Jews*

in Angevin England : The York Massacre of 1190, Narrative and Contexts (York : York Medieval Press, 2013), p. 297.

7. Deşi citatul îi este deseori atribuit lui Goebbels, nici eu, nici devotatul meu asistent de cercetare nu am putut confirma că Goebbels a scris sau a spus vreodată aşa ceva.
8. Hilmar Hoffman, *The Triumph of Propaganda : Film and National Socialism, 1933-1945* (Providence : Berghahn Books, 1997), p. 140.
9. Lee Hockstader, „From A Ruler's Embrace To A Life In Disgrace", *Washington Post*, 10 martie 1995, accesat pe 29 ianuarie 2018.
10. Thomas Pakenham, *The Scramble for Africa* (Londra : Weidenfeld & Nicolson, 1991), pp. 616-617.

Capitolul 18

Ştiinţifico-fantasticul

1. Aldous Huxley, *Brave New World* (Londra : Vintage, 2018), cap. 17. [trad. rom. : *Minunata lume nouă*, ediţia a IV-a, traducere de Suzana şi Andrei Bantaş, Polirom, Iaşi, 2016, pp. 230-233 – n.tr.]

Capitolul 19

Educaţia

1. Wayne A. Wiegand şi Donald G. Davis (eds.), *Encyclopedia of Library History* (New York, Londra : Garland Publishing, 1994), pp. 432-433.
2. Verity Smith (ed.), *Concise Encyclopedia of Latin American Literature* (Londra, New York : Routledge, 2013), pp. 142, 180.
3. Cathy N. Davidson, *The New Education : How to Revolutionize the University to Prepare Students for a World in Flux* (New York : Basic Books, 2017) ; Bernie Trilling, *21st Century Skills : Learning for Life in Our Times* (San Francisco : Jossey-Bass, 2009) ; Charles Kivunja, „Teaching Students to Learn and to Work Well with 21st Century Skills : Unpacking the Career and Life Skills Domain of the New Learning Paradigm", *International Journal of Higher Education*, 4 : 1 (2015). Pentru website-ul P21, vezi : „P21 Partnership for 21st Century Learning", http : //www.p21.org/our-work/

4cs-research-series, accesat pe 12 ianuarie 2018. Pentru un exemplu privind implementarea unor noi metode pedagogice, vezi, de exemplu, publicaţia US National Education Association: „Preparing 21st Century Students for a Global Society", NEA, http://www.nea.org/assets/docs/A-Guide-to-Four-Cs.pdf, accesat pe 21 ianuarie 2018.

4. Maddalaine Ansell, „Jobs for Life Are a Thing of the Past. Bring On Lifelong Learning", *Guardian*, 31 mai 2016, https://www.theguardian.com/higher-education-network/2016/may/31/jobs-for-life-are-a-thing-of-the-past-bring-on-lifelong-learning.
5. Erik B. Bloss *et al.*, „Evidence for Reduced Experience-Dependent Dendritic Spine Plasticity in the Aging Prefrontal Cortex", *Journal of Neuroscience*, 31:21 (2011), pp. 7831-7839; Miriam Matamales *et al.*, „Aging-Related Dysfunction of Striatal Cholinergic Interneurons Produces Conflict in Action Selection", *Neuron*, 90:2 (2016), pp. 362-372; Mo Costandi, „Does your brain produce new cells? A skeptical view of human adult neurogenesis", *Guardian*, 23 februarie 2012, https://www.theguardian.com/science/neuro philosophy/2012/feb/23/brain-new-cells-adult-neurogenesis, accesat pe 17 august 2017; Gianluigi Mongillo, Simon Rumpel şi Yonatan Loewenstein, „Intrinsic volatility of synaptic connections – a challenge to the synaptic trace theory of memory", *Current Opinion in Neurobiology*, 46 (2017), pp. 7-13.

Capitolul 20

Sensul

1. Karl Marx şi Friedrich Engels, *The Communist Manifesto* (Londra, New York: Verso, 2012), pp. 34-35. [trad. rom.: *Manifestul Partidului Comunist*, Editura Politică, Bucureşti, 1962 – n.tr.]
2. *Ibid.*, p. 35.
3. Raoul Wootlif, „Netanyahu Welcomes Envoy Friedman to «Jerusalem, Our Eternal Capital»", *Times of Israel*, 16 mai 2017, https://www.timesofisrael.com/netanyahu-welcomes-envoy-friedman-to-jerusalem-our-eternal-capital, accesat pe 12 ianuarie 2018; Peter Beaumont, „Israeli Minister's Jerusalem Dress Proves Controversial in Cannes", *Guardian*, 18 mai 2017, https://www.theguardian.com/world/2017/may/18/israeli-minister-miri-regev-jerusalem-dress-controversial-cannes, accesat pe 12 ianuarie 2018; Lahav Harkov, „New 80-Majority Jerusalem Bill Has Loophole Enabling City to

Be Divided", *Jerusalem Post*, 2 ianuarie 2018, http://www.jpost.com/Israel-News/Right-wing-coalition-passes-law-allowing-Jerusalem-to-be-divided-522627, accesat pe 12 ianuarie 2018.

4. K.P. Schroder şi Robert Connon Smith, „Distant Future of the Sun and Earth Revisited", *Monthly Notices of the Royal Astronomical Society*, 386:1 (2008), pp. 155-163.
5. Vezi mai ales: Roy A. Rappaport, *Ritual and Religion in the Making of Humanity* (Cambridge: Cambridge University Press, 1999); Graham Harvey, *Ritual and Religious Belief: A Reader* (New York: Routledge, 2005).
6. Aceasta este cea mai frecventă interpretare, deşi nu singura, a combinaţiei hocus-pocus: Leslie K. Arnovick, *Written Reliquaries* (Amsterdam: John Benjamins Publishing Company, 2006), p. 250, n. 30.
7. Joseph Campbell, *The Hero with a Thousand Faces* (Londra: Fontana Press, 1993), p. 235.
8. Xinzhong Yao, *An Introduction to Confucianism* (Cambridge: Cambridge University Press, 2000), pp. 190-199.
9. „Flag Code of India, 2002", Biroul de Informaţii pentru Presă, Guvernul Indiei, http://pib.nic.in/feature/feyr2002/fapr2002/f030420021.html, accesat pe 13 august 2017.
10. http://pib.nic.in/feature/feyr2002/fapr2002/f030420021.html.
11. https://www.thenews.com.pk/latest/195493-Heres-why-Indias-tallest-flag-cannot-be-hoisted-at-Pakistan-border.
12. Stephen C. Poulson, *Social Movements in Twentieth-Century Iran: Culture, Ideology and Mobilizing Frameworks* (Lanham: Lexington Books, 2006), p. 44.
13. Houman Sharshar (ed.), *The Jews of Iran: The History, Religion and Culture of a Community in the Islamic World* (New York: Palgrave Macmillan, 2014), pp. 52-55; Houman M. Sarshar, *Jewish Communities of Iran* (New York: Encyclopedia Iranica Foundation, 2011), pp. 158-160.
14. Gersion Appel, *The Concise Code of Jewish Law*, ed. a II-a (New York: KTAV Publishing House, 1991), p. 191.
15. Vezi mai ales: Robert O. Paxton, *The Anatomy of Fascism* (New York: Vintage Books, 2005).
16. Richard Griffiths, *Fascism* (Londra, New York: Continuum, 2005), p. 33.
17. Christian Goeschel, *Suicide in the Third Reich* (Oxford: Oxford University Press, 2009).
18. „Paris attacks: What happened on the night", BBC, 9 decembrie 2015, http://www.bbc.com/news/world-europe-34818994, accesat pe 13 august 2017;

Anna Cara, „ISIS expresses fury over French airstrikes in Syria ; France says they will continue", CTV News, 14 noiembrie 2015, http : //www.ctvnews.ca/world/isis-expresses-fury-over-french-airstrikes-in-syria-france-says-they-will-continue-1.2658642, accesat pe 13 august 2017.

19. Jean de Joinville, *The Life of Saint Louis*, în M.R.B. Shaw (ed.), *Chronicles of the Crusades* (Londra : Penguin, 1963), p. 243 ; Jean de Joinville, *Vie de saint Louis*, ed. Jacques Monfrin (Paris, 1995), cap. 319, p. 156.
20. Ray Williams, „How Facebook Can Amplify Low Self-Esteem/Narcissism/Anxiety", *Psychology Today*, 20 mai 2014, https : //www.psychologytoday.com/blog/wired-success/201405/how-facebook-can-amplify-low-self-esteemnarcissismanxiety, accesat pe 17 august 2017.
21. *Mahasatipatthana Sutta*, cap. 2, secţiunea 1, ed. Vipassana Research Institute (Igatpuri : Vipassana Research Institute, 2006), pp. 12-13.
22. *Ibid.*, p. 5.
23. G.E. Harvey, *History of Burma : From the Earliest Times to 10 March 1824* (Londra : Frank Cass & Co. Ltd, 1925), pp. 252-260.
24. Brian Daizen Victoria, *Zen at War* (Lanham : Rowman & Littlefield, 2006) ; Buruma, *Inventing Japan*, *op. cit.* ; Stephen S. Large, „Nationalist Extremism in Early Showa Japan : Inoue Nissho and the «Blood-Pledge Corps Incident», 1932", *Modern Asian Studies*, 35 : 3 (2001), pp. 533-564 ; W.L. King, *Zen and the Way of the Sword : Arming the Samurai Psyche* (New York : Oxford University Press, 1993) ; Danny Orbach, „A Japanese prophet : eschatology and epistemology in the thought of Kita Ikki", *Japan Forum*, 23 : 3 (2011), pp. 339-361.
25. „Facebook removes Myanmar monk's page for «inflammatory posts» about Muslims", *Scroll.in*, 27 februarie 2018, https : //amp.scroll.in/article/870245/facebook-removes-myanmar-monks-page-for-inflammatory-posts-about-muslims, accesat pe 4 martie 2018 ; Marella Oppenheim, „«It only takes one terrorist» : The Buddhist monk who reviles Myanmar's Muslims", *Guardian*, 12 mai 2017, https : //www.theguardian.com/global-development/2017/may/12/only-takes-one-terrorist-buddhist-monk-reviles-myanmar-muslims-rohingya-refugees-ashin-wirathu, accesat pe 4 martie 2018.
26. Jerzy Lukowski şi Hubert Zawadzki, *A Concise History of Poland* (Cambridge : Cambridge University Press, 2001), p. 163.

Capitolul 21

Meditația

1. www.dhamma.org.
2. Britta K. Hölzel *et al.*, „How Does Mindfulness Meditation Work? Proposing Mechanisms of Action from a Conceptual and Neural Perspective", *Perspectives on Psychological Science*, 6:6 (2011), pp. 537-559; Adam Moore şi Peter Malinowski, „Meditation, Mindfulness and Cognitive Flexibility", *Consciousness and Cognition*, 18:1 (2009), pp. 176-186; Alberto Chiesa, Raffaella Calati şi Alessandro Serretti, „Does Mindfulness Training Improve Cognitive Abilities? A Systematic Review of Neuropsychological Findings", *Clinical Psychology Review*, 31:3 (2011), pp. 449-464; Antoine Lutz *et al.*, „Attention Regulation and Monitoring in Meditation", *Trends in Cognitive Sciences*, 12:4 (2008), pp. 163-169; Richard J. Davidson *et al.*, „Alterations in Brain and Immune Function Produced by Mindfulness Meditation", *Psychosomatic Medicine*, 65:4 (2003), pp. 564-570; Fadel Zeidan *et al.*, „Mindfulness Meditation Improves Cognition: Evidence of Brief Mental Training", *Consciousness and Cognition*, 19:2 (2010), pp. 597-605.

Index

IA indică inteligența artificială.

În colecția HISTORIA

au apărut :

Jean-François Soulet - *Istoria comparată a statelor comuniste din 1945 până în zilele noastre*

A.J.P. Taylor - *Originile celui de-al doilea război mondial*

Martin McCauley - *Rusia, America și războiul rece, 1949-1991*

Yuri Stoyanov - *Tradiția ascunsă a Europei. Istoria secretă a ereziei creștine în Evul Mediu*

Urs Altermatt - *Previziunile de la Sarajevo. Etnonaționalismul în Europa*

Andrei Pippidi - *Despre statui și morminte. Pentru o teorie a istoriei simbolice*

Max Weinreich - *Universitățile lui Hitler. Contribuția intelectualilor la crimele Germaniei împotriva evreilor*

Peter Calvocoressi - *Rupeți rândurile ! Al doilea război mondial și configurarea Europei postbelice*

Hélène Carrère d'Encausse - *Blestemul rușilor. Eseu despre asasinatul politic*

Anne-Marie Thiesse - *Crearea identităților naționale în Europa. Secolele XVIII-XX*

Bernard Wasserstein - *Dispariția diasporei. Evreii din Europa începând cu 1945*

Geoffrey Hosking - *Rusia, poporul și imperiul*

Dennis Deletant - *Teroarea comunistă în România. Gheorghiu-Dej și statul polițienesc, 1948-1965*

Carol Iancu - *Shoah în România. Evreii în timpul regimului Antonescu (1940-1944). Documente diplomatice franceze inedite*

Stevan Pavlowitch - *O istorie a Balcanilor. 1804-1945*

Lucian Leuștean - *România, Ungaria și Tratatul de la Trianon. 1918-1920*

Timothy Garton Ash - *Istoria prezentului : eseuri, schițe și relatări din Europa anilor '90*

Walter Kolarz - *Mituri și realități în Europa de Est*

Anneli Ute Gabanyi - *Cultul lui Ceaușescu*

Rebecca Haynes - *Politica României față de Germania între 1936 și 1940*

George F. Jewsbury - *Anexarea Basarabiei la Rusia : 1774-1828. Studiu asupra expansiunii imperiale*

Donald M. Nicol - *Împăratul fără de moarte. Viața și legenda lui Constantin Paleologul, ultimul împărat al romanilor*

Peter Calvocoressi - *Europa de la Bismarck la Gorbaciov*

Lucian Leuștean - *România și Ungaria în cadrul „Noii Europe” (1920-1923)*

Zoe Petre - *Practica nemuririi. O lectură critică a izvoarelor grecești referitoare la geți*

John Foran - *Teoretizarea revoluţiilor*

Liviu Rotman - *Evreii din România în perioada comunistă (1944-1965)*

Harold Zimmermann - *Papalitatea în Evul Mediu. O istorie a pontifilor romani din perspectiva istoriografiei*

Alexandru-Florin Platon, Laurenţiu Rădvan - *De la Cetatea lui Dumnezeu la Edictul din Nantes. Izvoare de istorie medievală* (secolele V-XVI)

Jean Ancel - *Preludiu la asasinat. Pogromul de la Iaşi, 29 iunie 1941*

Sorin Mitu - *Transilvania mea. Istorii, mentalităţi, identităţi*

Jean-François Soulet - *Istoria Europei de Est de la al doilea război mondial până în prezent*

Alexandru-Florin Platon, Laurenţiu Rădvan, Bogdan-Petru Maleon - *O istorie a Europei de Apus în Evul Mediu. De la Imperiul Roman târziu la marile descoperiri geografice* (secolele V-XVI)

Bogdan Murgescu - *România şi Europa. Acumularea decalajelor economice (1500-2010)*

Ştefan Lemny - *Cantemireştii : aventura europeană a unei familii princiare din secolul al XVIII-lea*

Victor Neumann, Armin Heinen (editori) - *Istoria României prin concepte. Perspective alternative asupra limbajelor social-politice*

Stéphane Courtois - *Comunism şi totalitarism*

Niall Ferguson - *Civilizaţia. Vestul şi Restul*

Paul Kennedy - *Ascensiunea şi decăderea marilor puteri. Transformări economice şi conflicte militare din 1500 până în 2000*

Bogdan Murgescu - *Ţările Române între Imperiul Otoman şi Europa creştină*

Kenneth Pomeranz - *Marea divergenţă. China, Europa şi naşterea economiei mondiale moderne*

Ian Morris - *De ce Vestul deţine încă supremaţia şi ce ne spune istoria despre viitor*

Timothy E. Gregory - *O istorie a Bizanţului*

Viorel Panaite - *Război, pace şi comerţ în Islam. Ţările române şi dreptul otoman al popoarelor*

Marian Coman - *Putere şi teritoriu. Ţara Românească medievală* (secolele XIV-XVI)

David S. Landes - *Avuţia şi sărăcia naţiunilor. De ce unele ţări sunt atât de bogate, iar altele atât de sărace*

Adam Burakowski, Aleksander Gubrynowicz, Paweł Ukielski - *1989. Toamna naţiunilor*

Jerry Brotton - *O istorie a lumii în douăsprezece hărţi*

Niall Ferguson (coord.) - *Istorie virtuală. Evoluţii alternative şi ipoteze contrafactuale*

Ernst H. Kantorowicz - *Cele două corpuri ale regelui. Un studiu asupra teologiei politice medievale*

Norman Davies - *Istoria Poloniei. Terenul de joacă al lui Dumnezeu*

Melinda Mitu, Sorin Mitu - *Ungurii despre români. Naşterea unei imagini etnice*

Simon Sebag Montefiore - *Stalin. Curtea ţarului roşu*

Niall Ferguson - *Marele Declin. Cum decad instituţiile şi mor economiile*

Marius Turda - *Eugenism şi modernitate. Naţiune, rasă şi biopolitică în Europa (1870-1950)*

Bernard Lewis - *Istoria Orientului Mijlociu. De la apariţia creştinismului până în prezent*

Dragoş Sdrobiş - *Limitele meritocraţiei într-o societate agrară. Şomaj intelectual şi radicalizare politică a tineretului în România interbelică*

Albert Hourani - *Istoria popoarelor arabe*

Lincoln Paine - *Marea şi civilizaţia. O istorie maritimă a lumii*

Simon Sebag Montefiore - *Tânărul Stalin*

Charles King - *Marea Neagră. O istorie*

Brendan Simms - *Europa. Lupta pentru supremaţie, de la 1453 până în prezent*

Miranda Carter - *Cei trei împăraţi. Trei veri, trei imperii şi drumul către Primul Război Mondial*

Gail Kligman, Katherine Verdery - *Ţăranii sub asediu. Colectivizarea agriculturii în România (1949-1962)*

Sam van Schaik - *O istorie a Tibetului*

Jonathan Haslam - *O nouă istorie a serviciilor secrete sovietice*

Niall Ferguson - *Ascensiunea banilor. O istorie financiară a lumii*

Marc Van De Mieroop - *O istorie a Orientului Apropiat în Antichitate* (cca 3000 - 323 î.Hr.)

Adam Burakowski - *Dictatura lui Nicolae Ceauşescu (1965-1989). Geniul Carpaţilor* (ediţia a II-a)

Bill Bryson - *1927. O vară care a schimbat lumea*

Robert Levy - *Gloria şi decăderea Anei Pauker (ediţia a II-a)*

Orlando Figes - *Revoluţia Rusă (1891-1924). Tragedia unui popor*

Niall Ferguson - *Civilizaţia. Vestul şi Restul*

Alexandru-Florin Platon - *„Corpul politic" în cultura europeană. Din Evul Mediu până în epoca modernă*

Paul Kennedy - *Ascensiunea şi decăderea marilor puteri. Transformări economice şi conflicte militare din 1500 până în 2000*

Yuval Noah Harari - *Sapiens. Scurtă istorie a omenirii*

Andrei Muraru - *Vişinescu, torţionarul uitat. Închisoarea, crimele, procesul*

Bill Bryson - *Acasă. O istorie a vieţii private*

Niall Ferguson - *Imperiul. Cum a creat Marea Britanie lumea modernă*

Orlando Figes - *Dansul Nataşei. O istorie culturală a Rusiei*

Thomas Asbridge - *Cruciadele. Istoria războiului pentru eliberarea Pământului Sfânt*

Valentin Naumescu (coord.) - *România, Marile Puteri şi ordinea europeană (1918-2018)*

Yuval Noah Harari - *Homo deus. Scurtă istorie a viitorului*

J.M. Roberts, Odd Arne Westad - *Istoria lumii. Din preistorie până în prezent*
Martin Puchner - *Lumea scrisă. Poveşti care au schimbat oamenii, istoria şi civilizaţia*
Yuval Noah Harari - *21 de lecţii pentru secolul XXI*

în pregătire :

Niall Ferguson - *Piaţa şi turnul. Reţele, ierarhie şi lupta pentru putere*

www.polirom.ro

Redactor : Cezar Petrilă
Coperta : Radu Răileanu
Tehnoredactor : Constantin Mihăescu

Bun de tipar : septembrie 2018. Apărut : 2018
Editura Polirom, B-dul Carol I nr. 4 • P.O. BOX 266
700506, Iaşi, Tel. & Fax : (0232) 21.41.00 ; (0232) 21.41.11 ;
(0232) 21.74.40 (difuzare) ; E-mail : office@polirom.ro
Bucureşti, Splaiul Unirii nr. 6, bl. B3A, sc. 1,
et. 1, sector 4, 040031, O.P. 53
Tel. : (021) 313.89.78 ; E-mail : office.bucuresti@polirom.ro

Tiparul executat la S.C. LUMINA TIPO s.r.l.
str. Luigi Galvani nr. 20 bis, sect. 2, Bucureşti
Tel./Fax : 211.32.60, 212.29.27, E-mail : office@luminatipo.com